炎黄文化研究

第二十辑

●中华炎黄文化研究会
●湖南省炎帝陵基金会
●山西省高平市炎帝文化研究会
主办

主编　王震中

中原出版传媒集团
中原传媒股份公司
大象出版社
·郑州·

U0881059

图书在版编目(CIP)数据

炎黄文化研究. 第二十辑 / 王震中主编. — 郑州 :
大象出版社, 2021. 6
ISBN 978-7-5711-0629-4

Ⅰ. ①炎… Ⅱ. ①王… Ⅲ. ①中华文化—研究
Ⅳ. ①K203

中国版本图书馆 CIP 数据核字(2021)第 025765 号

炎黄文化研究　第二十辑
YANHUANG WENHUA YANJIU　DI ERSHI JI
王震中　主编

出 版 人　汪林中
责任编辑　李小希
责任校对　安德华　牛志远
装帧设计　张　帆

出版发行　大象出版社(郑州市郑东新区祥盛街 27 号　邮政编码 450016)
发行科　0371-63863551　总编室　0371-63863572
网　　址　www.daxiang.cn
印　　刷　郑州新海岸电脑彩色制印有限公司
经　　销　各地新华书店经销
开　　本　720 mm×1020 mm　1/16
印　　张　20.5
字　　数　397 千字
版　　次　2021 年 6 月第 1 版　2021 年 6 月第 1 次印刷
定　　价　68.00 元

若发现印、装质量问题,影响阅读,请与承印厂联系调换。
印厂地址　郑州市鼎尚街 15 号
邮政编码　450002　　　　　　电话　0371-67358093

编辑委员会

名誉主任　许嘉璐

顾　　问　张岂之　赵德润　刘庆柱　张希清

主　　任　徐光春

副 主 任　王震中　任大援　高以忱　范兆森

主　　编　王震中

副 主 编　任大援　梁　枢　朱乃诚　米东明

编　　委　(以姓氏笔画为序)王震中　朱乃诚　任大援
　　　　　米东明　张　翀　贺尔丹　梁　枢

编辑部主任　张　翀

目　　录

专　论

从学理上确立炎黄在中国历史发展中的始祖地位和开创作用
——《炎黄学概论》序 …… 徐光春\1
传承炎帝精神　助力伟大复兴 …… 毛腾飞\5
炎帝文化与中华民族的伟大复兴 …… 阳卫国\13

2019 湖南“海峡两岸炎帝神农文化论坛”专栏

炎帝对农业的贡献与湖南在农业起源及早期发展上的独特地位 …… 王震中\26
炎帝神农的文化意蕴:湖湘与中华 …… 朱汉民\30
炎帝文化在台湾的传承与发展及其对台湾的社会影响 …… 李乾龙　游炎川\35
炎帝神农精神对台湾农业的贡献 …… 曾永红\37

炎黄二帝及其时代

黄帝与中华礼乐文明的创建 …… 杨赛\40
炎帝神话叙事与灾难记忆 …… 韩雷\50
女登与女登文化的考察
——兼谈女登文化的保护、开发和利用 …… 霍彦儒\60
两汉时期的炎帝文化 …… 高强\73
炎帝出生地望考 …… 彭雪开\83

民族文化与地域文化

传统文化中的诚信文化与现实意义 …… 周亚平\93
积极融入长江经济带战略,加快湖南经济社会发展 …… 邓微\98
“迦沙”考 …… 贾衣肯\104

思潮与学派

《周易》的“创业”之道 …… 刘永霞\116
楚竹书与《荀子》学术思想的承传 …… 杨博\122
《论语・学而》的当代价值
——浅谈孔子的幸福观 …… 蒋雨可\131

试论先秦名家思想中的“证实”问题
——以后期墨家的知识论思想为中心 …………………………… 雷博\134

文化丛谈

刍议农耕文明对后工业化时代文明构建的启示 …… 朱建军 陈艳娟\141
从湖南发现的秦(楚)汉(吴)简牍管窥古代长江流域的关联
——关于推动长江经济带发展问题的联想之一 ………………… 许康\144
孟姜女故事中的“城” …………………………………………… 任会斌\152

文物与考古

青铜器纹饰论丛(二) …………………………………………… 张翀\157
汉代画像与汉代人的农本观念 ………………………………… 宋艳萍\166
北魏布帛货币的二重性质 ……………………………………… 王申\190

文献整理与研究

《〈甲骨文合集〉材料来源表》订补 …………………………… 赵孝龙\198
白瑞华《甲骨卜辞七集》序言译注 ……………………………… 郅晓娜\203
关于晋文公“请隧”的讨论 ……………………………………… 王泽文\215
《曹刿论战》札记四则 …………………………………………… 刘义峰\229
《刘体智与容庚往来函札》补正 ………………………………… 李红薇\233
《黄帝内经·素问》成书年代考 ………………………………… 贺晓燕\241

海外中华文化研究

海上丝绸之路与中韩历史 …………………………………… 乌云高娃\249

探索与争鸣

中国古代循环史观评析 …………………………………………… 徐歆毅\255
从小字体例看《圣武亲征录》纂就时间成说 …………………… 张晓慧\261
元代真定史氏家族联姻补正
——以娶入为中心 …………………………………………… 罗玮\265

中华学人

唐文治先生的治学取向与经世情怀 ………………… 林存阳 韩晓\278

书评

乡村治理视野下妈祖文化研究的新高度
——评《闽台妈祖信俗与乡土文化互动发展研究——基于乡村治理视角》
…………………………………………………………… 王震中\303
孟子的历史地位、影响与当代价值 …………………………… 陈来\306
孟子文献与文化传承 ………………………………………… 王志民\310
新时代呼唤新作品
——"数读清史"丛书评介 ……………………………… 朱昌荣\314

综述

"海峡两岸炎帝神农文化论坛"综述……………………………… \318

从学理上确立炎黄在中国历史发展中的始祖地位和开创作用

——《炎黄学概论》序

◇徐光春

习近平总书记始终强调,中华民族有5000多年的文明发展史。在2019年9月召开的全国民族团结进步表彰大会上,习近平总书记更是明确地指出:"我们悠久的历史是各民族共同书写的。早在先秦时期,我国就逐渐形成了以炎黄华夏为凝聚核心、'五方之民'共天下的交融格局。"2019年9月在郑州召开的黄河流域生态保护和高质量发展座谈会上,在谈到"保护黄河是事关中华民族伟大复兴的千秋大计"的时候,习近平总书记又特别指出:"早在上古时期,炎黄二帝的传说就产生于此。"从这些重要讲话中,我们可以悟出这样一些深刻的思想和道理:一是早在先秦时期,我国就逐渐形成了以炎黄华夏为凝聚核心、"五方之民"共天下的交融格局,这是中华民族形成的初始形态,在这个初始形态形成的过程中,"炎黄华夏"发挥了凝聚作用,处于核心地位。二是黄河文化是中华文明的重要组成部分,是中华民族的根和魂,上古时期历史发展的主导人物是炎黄二帝,炎黄二帝率领先民们创造的炎黄文化,作为黄河文化的先导文化,开创了中华文明初始纪元,成为中华民族的根和魂。三是中华文明5000多年历史起步阶段的状况,与"上古时期""先秦时期"炎黄二帝在古中国的活动,在时空上是相符的,在内容上是相融的,在成果上是相当的。四是炎黄二帝是真实存在的历史人物,不是后人臆造的神话人物。

从这些思想和道理中,我们也可以明确地认识到:中华5000多年的文明史中,炎黄二帝是中华文明开拓者的主要代表;中华民族5000多年的形成发展历史中,炎黄二帝是中华民族的人文始祖;中国几千年艰苦卓绝的发展振兴史中,炎黄二帝是古老中国的创世英雄。总之,炎黄二帝在中国上古时期文明创造、民族发展、国家形成中的始祖、核心地位和开创、凝聚作用应该得到肯定和认可,特别是要从学理的角度有根、有据、有理地讲清楚。这是事关国家和民族利益的一件大事,也是《炎黄学概论》编纂的初衷。

现在呈现在读者面前的《炎黄学概论》,是国家社会科学基金委托信阳师范学院炎黄学研究院完成的"特别委托项目",也是一部集学科建设、学术前沿研究、学术体系创立为一体的具有开创意义的力作。我想从开创性、学科性、学术性、体系性讲起，谈谈对《炎黄学概论》的认识。

创建一个具有开创性、系统性、能反映出历史的真实和现实的需求的炎黄学学科，并使它确立起来，进入河南省优势特色学科群，是很不容易的。信阳师范学院做到了这一点，并取得了可借鉴的经验，这很值得点赞！

我们知道，炎黄学研究的对象属于追记式的记载，其中大部分都是中国文字定型之前民间和官方的传说。到底我们的老祖宗是怎么回事，是需要花大力气弄明白的。我认为，炎黄文化是中华传统文化的先导文化、核心文化。三皇五帝中，炎帝神农位列三皇，代表了三皇；黄帝为五帝之首，代表了五帝。炎黄二帝之中，最重要的是黄帝。他"合符釜山"，创建了部族联盟这样一种共同体。在炎黄文化中，黄帝的思想文化是起融会、传承、创新、发展作用的。历史文化探源工程应该探到炎黄时代，甚至探到炎黄身上。《炎黄学概论》中有一章讲的是"炎黄时代与中国文明的起源和形成"，这是信阳师范学院炎黄学公开课中的内容。信阳师范学院编纂《炎黄学概论》和在大学开设炎黄学公开课的做法，是一项创举，把炎黄学的研究与教学结合起来，相互促进，实现了双赢。

学科化是《炎黄学概论》写作的一个重要目标，绪论中特别讲到了"创建炎黄学学科的必要性、可行性与时代契机"。习近平总书记在党的十九大报告中强调了"文化自信"，并指出"没有高度的文化自信，没有文化的繁荣昌盛，就没有中华民族伟大复兴"，"中国特色社会主义文化，源自于中华民族五千多年文明历史所孕育的中华优秀传统文化"。文化自信的基础是文化自知。炎黄学学科建设，为我们全面、深刻地认识中国自远古而来的文化特质奠定了基础，也就是说，炎黄学学科建设有利于我们把炎黄二帝与中华民族的关系、炎黄精神与中华精神的关系、炎黄文化与中华文化的关系讲清说透，从而在对中华传统文化的自我认识的基础上，实现文化自信和文化自觉。

在由文化自知而达到文化自信和文化自觉这一点上，以往的炎黄文化研究有近似的作用，然而它远不如创立炎黄学这种方式更有意义。《炎黄学概论》提出：炎黄学与炎黄文化研究这两种方式，在培养和增强文化自信、自觉上，最主要的区别就在于：炎黄学是把我们对炎黄文化的自我认识，放在科学的、系统的学理基础之上，来进行学术建树、学科建设和文化弘扬的。所以，炎黄学凸显了炎黄文化研究的科学性和系统性。只有在科学性和系统性基础之上，才能实现从文化自知走向文化自信和文化自觉。这也是我们把炎黄文化研究提升为炎黄学的另一价值所在。

炎黄学走向学科化建设的时代契机，与党的十八大以来以习近平同志为核心的党中央提出的关于"中华优秀传统文化的创造性转化和创新性发展"的时代要求密切相关。2017 年 1 月，中共中央办公厅、国务院办公厅印发了《关于实施中华优秀传统文化传承发展工程意见》，提出要坚持中华优秀传统文化的"创造性转化和创新性发展”,要“推动高校开设中华优秀传统文化必修课,……开设中华文化公开课”等,提出了传统文化进校园、进课堂的要求。这吹响了包括炎黄学在内的国学学科化与进校园的集结号和动员令,成为炎黄学走向学科化建设的重要时代契机。

学科化建设需要设计课程和编写教材。《炎黄学概论》分为学术版和教材版两种,这里所呈现的是学术版。教材版是在学术版的基础上按照教材的体例格式进行编写的。炎黄学的课程设计直接体现了炎黄文化进课堂,变学问为学科的理念。两年多来,信阳师范学院始终坚持从大学二年级开始设置炎黄学课程,适合大学生已有的知识水平,遵循大学教学规律。2020 年,炎黄学成为河南省优势特色学科群。在师资建设上,信阳师范学院采取“两步走”策略:第一步聘请炎黄学领域全国知名专家学者组成炎黄学公开课的授课教师团队;第二步逐步由本校教师接手,实现授课教师的本土化。从 2020 年 9 月开始的第三次公开课,已迈入“两步走”的第二步,落实了《炎黄学概论》的绪论中所讲的由外聘专家授课转为本校教师主讲的“可行性措施”。

《炎黄学概论》一书的学术性很高,展现了诸位作者的学术前沿研究水平。各章的作者绝大多数原本就是其专业对炎黄文化有所涉及或有所研究的专家学者。这次撰写《炎黄学概论》,如何将各章诸位作者的学术观点与全书主基调和体系相统一,是一个具有挑战性的问题。众所周知,在炎黄文化研究中有许多问题和课题尚未形成定论,有的甚至在学术界和各地众说纷纭。为此,课题组经过反复讨论,达成共识:其一,各章在炎黄年代、古史传说人物究竟是人还是神、炎黄学中多学科的整合与互补等基本问题上,要照应绪论中的论述;其二,允许各章作者阐述自己的学术观点与学术见解,但必须是在充分阐述前人的各种观点的基础上,有根、有据、有理地来讲自己的学术观点,即在对众说纷纭的观点和说法有所交代的基础上展开深入研究。现在通观全书,基本做到了这一要求。

《炎黄学概论》是一部以突出学术性和学术创新为特色、以建立学术体系为宗旨的著作,是大手笔。全书由绪论,上、中、下三编共十五章组成。绪论是全书的总纲,带有建立体系的意义,其中论述了八个方面的问题:一、创建炎黄学学科的必要性、可行性与时代契机;二、炎黄学的学科构成与特点;三、炎黄学中的三皇与五帝的结构关系;四、炎黄时代的年代问题;五、炎黄与中国“大一统”思想的历史渊源;六、古史传说人物究竟是人还是神与炎黄名号的由来;七、炎黄学中多学科相整合而互补互益的必要性;八、《炎黄学概论》一书的结构。这些都是炎黄学中基础性、系统性的课题,放在绪论中加以阐述,奠定了全书的主基调。

上编“炎黄学本体论”由第一章到第六章组成,阐述了炎黄学的文献基础,以及炎帝、黄帝研究中的一些基本问题,例如炎黄名号的由来,神农与炎帝的区别和联系,炎帝族团的图腾,炎黄二帝的发祥地、活动地域与迁徙情况,黄帝何以成为华夏民族的共同始祖,炎黄族团与东夷和苗蛮的关系,炎黄二帝与五帝的关系,以及炎黄时代的发明创造等。这些属于炎黄学本体论。

中编"炎黄学与中华文明和传统文化"由第七章到第十章组成。这四章是从上编炎黄学本体论出发而引申出的炎黄学另一层次的课题,其路径和视角是把炎黄学与中国文明的起源及早期发展的研究紧密相联;把炎黄学与中国的龙文化、中华姓氏文化及中华传统文化紧密相联,从而印证了炎黄文化是中华传统文化的龙头文化、核心文化的命题,它与上编共同印证了炎黄学是跨学科、多学科相结合的学科特色。

下编"炎黄学与中华民族共同体"包括"炎黄祭祀与国家认同""黄帝与中华文化共同体溯源""炎黄文化与中华民族凝聚力""炎黄文化的民族认同价值""炎黄精神及其当代价值"五章。这五章是从炎黄学本体论出发延伸出的第二层次的课题。诚如书中所言,炎黄精神既是中华民族自立于世界民族之林的一面旗帜,又是中华文化和中华文明传承发展、与时俱进的不竭动力,同时为中华民族精神的形成孕育了最基础的"基因"。这种发端于上古、绵延数千年的炎黄精神,已成为不同时期、不同地域人们共有的一种民族精神和力量源泉,成为今天社会主义核心价值观和构建中华民族精神家园的重要内容,是"铸牢中华民族共同体意识"的重要基石,其创造创新精神在新时代仍然具有积极意义和强大生命力,为丰富今天"以爱国主义为核心的民族精神和以改革创新为核心的时代精神"提供了有益价值。炎黄文化既是历史文化,亦是活在当代的活生生的文化,炎黄精神的当代价值就是炎黄学的时代价值。

《炎黄学概论》篇幅弘厚,结构合理,层次递进,体系完备,是信阳师范学院炎黄学研究院推出的有分量的开创性之作,为深入学习贯彻习近平总书记关于保护、传承、弘扬中华优秀传统文化的重要论述,为确立炎黄二帝在中国历史发展中的重要地位和作用,提供了知识基础和学理支撑。我为他们所取得的这一成绩感到欣慰!特为此书作序。

(作者:徐光春,中央马克思主义理论研究和建设工程咨询委员会主任、中华炎黄文化研究会首席顾问)

传承炎帝精神　助力伟大复兴

◇毛腾飞

习近平总书记指出："实现中国梦必须弘扬中国精神。这就是以爱国主义为核心的民族精神，以改革创新为核心的时代精神。这种精神是凝心聚力的兴国之魂、强国之魂。"炎帝神农因开创中国远古文明的伟大功绩而被后世尊为中华民族的人文始祖，伟大的炎帝精神积淀于中华文明的基因中，流淌在中华民族的血脉里，是中华民族精神谱系的组成部分，是中国精神的活水源头。

株洲是中华民族始祖炎帝神农的陵寝所在地，是炎帝精神的创造地，也是中华五千年农耕文明的重要发祥地之一。得益于炎帝文化、优秀传统文化、革命文化、社会主义先进文化的长期积淀传承，株洲培育出与炎帝精神一脉相承，具有鲜明地方特点、时代特征的株洲精神——"火车头"精神。正是在"火车头"精神的激励下，400 万株洲人民艰苦创业、大胆创新，创造了令人瞩目的发展成就。进入中国特色社会主义新时代，株洲必将在实现中华民族伟大复兴中国梦的征程中，彰显炎帝精神，贡献株洲力量，展现株洲风采。

一、源远流长的炎帝精神是中国精神的重要基因和核心元素

惟帝神农，华夏之宗。炎帝神农是中华文明的开创者和奠基人。炎帝功盖天地，与黄帝并称"炎黄"，成为华夏儿女的精神图腾。炎帝神农在战胜洪荒、创造文明的进程中，为中华民族发展进步作出了伟大贡献，同时铸就了伟大的炎帝精神。中华民族五千年的文明发展史充分证明，炎帝精神作为一种优秀的文化传统，随着中华民族的形成、发展和壮大，其内涵在不断地丰富和扩大，升华为中华民族的民族精神、民族之魂，是中华儿女精神力量和智慧的源泉。炎帝精神内涵丰富、博大精深，笔者认为最为突出的是四大精神。

1. 炎帝精神是战胜洪荒的艰苦奋斗精神。炎帝时代之前是渔猎采集时代，中华先民靠渔猎和采集为生，经常流徙不定，只能"缘水而居""穴居而野处"。《白虎通义》载："古之人民皆食兽禽肉，至于神农，人民众多，禽兽不足，于是神农因天之时，分地之利，制耒耜，教民农作。神而化之，使民宜之，故谓之神农也。"炎帝选取植物逐一试种、逐样品尝，筛选出稻、黍、稷、麦、菽五谷，奠定了中华农耕文化的基础。《庄子 · 盗跖》载："神农之世，卧则居居，起则于于，民知其

母，不知其父，与麋鹿共处，耕而食，织而衣，无有相害之心。”《商君书·画策》云：“神农之世，男耕而食，妇织而衣。”这表明，炎帝所处的时代，是原始社会由母系氏族社会向父系氏族社会过渡的时代，既有“民知其母，不知其父”的母系氏族社会的特征，又有“男耕而食，妇织而衣”的父系氏族社会的特征。从母系氏族社会过渡到父系氏族社会，是人类社会的一次巨大进步。炎帝领导部族先民刀耕火种、艰辛创业，开创的农耕文明实现了从野蛮时代到文明时代的伟大飞跃。可以说，炎帝就是实现这一伟大飞跃的带头人、“火车头”。

千百年来，炎帝的艰苦奋斗精神被中华民族世世代代传承和发扬，不断丰富和充实其内涵。艰难困苦，玉汝于成。炎帝后代精卫填海、夸父逐日的故事，成为百折不挠精神的象征。《周易·象传》曰：“天行健，君子以自强不息；地势坤，君子以厚德载物。”孔子极力倡导：“发愤忘食，乐以忘忧，不知老之将至云尔。”（《论语·述而》）墨子以“摩顶放踵利天下，为之”（《孟子·尽心上》）的自强不息而闻名。从屈原“路曼曼其修远兮，吾将上下而求索”（《离骚》）、曹操“老骥伏枥，志在千里”（《步出夏门行·龟虽寿》），到孙中山提出“振兴中华”的口号，这种精神一直激励中华儿女前仆后继、不畏艰险、不屈不挠，为社会的进步顽强奋斗，为中华民族的发展壮大贡献力量。

2. 炎帝精神是敢为人先的开拓创新精神。史载，炎帝神农有“八大功绩”：始作耒耜，教民耕种；遍尝百草，发明医药；日中为市，首辟市场；治麻为布，制作衣裳；削桐为琴，结丝为弦；弦木为弧，剡木为矢；作陶为器，冶制斤斧；建屋造房，台榭而居。炎帝之首创，涉及衣食住商医乐，涵盖物质和精神层面，开中华文明之先河，极大地解决了部族的生存困难，促进了社会的发展。炎帝神农是中华文明历史上最早勇于探索、开拓创新的典范之一。“八大功绩”表现出炎帝神农面对困难、面对危机敢为人先的开拓创新精神。有学者研究得出结论，炎帝的创新创造达50多项，炎帝是农业、医学和商业等众多领域的创新者、奠基者和集大成者。

千百年来，炎帝的开拓创新精神在中华民族发展历程中闪耀着灿烂的光芒。这种精神历经夏商周三代，日益发扬光大。中国人民始终辛勤劳作，致力于发明创造，产生了老子、孔子、庄子、孟子、墨子、孙子、韩非子等闻名于世的伟大思想巨匠，发明了指南针、造纸术、火药、印刷术等深刻影响人类文明进程的伟大科技成果，创作了《诗经》、楚辞、汉赋、唐诗、宋词、元曲、明清小说等伟大文艺作品，传承了《格萨尔王》《玛纳斯》《江格尔》等震撼人心的伟大史诗，建设了万里长城、都江堰、大运河、故宫、布达拉宫等气势恢弘的伟大工程。这种精神不断激励中国人民顺天应时、与时俱进，从而使中华民族能够经历各种挫折而始终保持旺盛的生命力，屹立于世界东方。炎帝的开拓创新精神，也成为“心忧天下、敢为人先”的湖湘文化的精神源头之一，孕育了湖湘儿女“霸得蛮”、永不言弃的倔强性格。

3. 炎帝精神是厚德载物的民族团结精神。炎帝对内谋和谐和顺，对外求友好睦邻，不侵犯其他部落的利益，一度被各部落共推为盟主。炎帝时代是“大同”社会，虽然物质贫乏，但人人平等，财产公有，正如《礼记·礼运》所述：“大道之行也，天下为公，选贤与能，讲信修睦。”同时，炎帝“始削桐为琴，结丝为弦，以通神明之德，合天地之和焉”（《新论》），通过音乐“合天人之和”。“知礼”“人和”的思想，进一步增强了部落的凝聚力。炎帝以虚怀若谷、宽厚大度的品德赢得各部落的拥护和爱戴，促进了各部落间的密切交往，各部落开始出现和睦相处的局面。尽管炎帝时代部落间时有冲突，但往往是在冲突与争斗过程中经过磨合走向团结。特别是炎帝与黄帝缔结炎黄盟约，共同管理天下，政通人和，邻近部落纷纷投奔归附，炎黄联盟越来越强大，逐渐形成华夏族主体，体现了中华民族统一性的自我意识。

千百年来，炎帝的民族团结精神在中华民族演变发展的历程中，彰显出巨大的凝聚性和牢固的稳定性。尽管民族学和历史学已经证明华夏民族并非单一祖先，但后人却一直把炎黄二帝作为中华民族始兴和统一的象征及共同的祖先加以供奉。夏商周三代创始人虽然族源不完全一样，但均是在炎黄二帝所开创的大部落联盟的基础上发展而来的。春秋战国时期，各诸侯均与炎黄二帝存在着血缘或文化上的联系。《史记·秦本纪》曰：“秦之先，帝颛顼之苗裔。”《史记·楚世家》曰：“楚之先祖出自帝颛顼高阳。”屈原在《离骚》中自称：“帝高阳之苗裔兮。”秦始皇统一六国后，推行“车同轨、书同文”等政策，极大地加强了中国各地的联系，强化了大一统观念。魏晋以降，尽管有一些少数民族建立政权，但他们大多尊炎帝、黄帝、夏禹为先祖。在漫长的历史长河中，各民族之间尽管有分有合、有战有和，但主流始终是团结统一，统一的时间长于分裂的时间，而且越到后来，统一的时间越长，统一的局面越稳固。反观世界上其他古老文明，要么中断毁灭，要么被征服、改变，唯有中华文明经受住种种打击和考验，成为世界文明历史上唯一连续的文明，中华民族的强大凝聚力和认同精神发挥了不可替代的作用。

4. 炎帝精神是为民造福的崇高奉献精神。炎帝始种五谷以为民食，遍尝百草以治民恙，陶冶器物以储民用，治麻为布以御民寒，制作琴弦以为民乐，剡木弧矢以为民具，建造台榭以为民居。炎帝无数的发明创造，无不凸显一个“民”字。《淮南子·修务训》说：“（神农）尝百草之滋味，水泉之甘苦，令民知所辟就。当此之时，一日而遇七十毒。”体现了炎帝不计较个人得失、生命安危的奉献精神。民间传说炎帝误食断肠草而崩，虽无文献记载，但在百姓心中，炎帝把自己的生命都奉献给了天下黎民。《淮南子·齐俗训》说炎帝“身自耕，妻亲织，以为天下先”；《越绝书》也云：“昔者神农之治天下，务利之而已矣。不望其报，不贪天下之财，而天下共富之。”这种“以教天下”和“以致民利”的亲民务实精神，是民本思想的萌芽，其精髓是仁爱、奉献，对氏族具有强大的辐射力和影响力。在此后的社会中,它的基因依然得到潜移默化的延续和传承,影响到整个中华民族,成为中华民族优秀传统文化的重要内涵之一。

千百年来,炎帝的崇高奉献精神,在中华民族发展的历程中,一直为华夏子孙所推崇。后代众多名人无不阐述其丰富内涵,并塑造出中华民族的核心价值观之一,即强调个体生命的意义和价值并不在于索取,而在于对社会、对民族、对国家的贡献。大禹时代已经向阶级社会迈进,但还保留着炎帝时代的遗风,大禹全力治水、三过家门而不入的事迹即体现了这一遗风。商周之后,古代民本思想逐渐得到发展,由重天敬鬼升华为敬德保民,由重民轻天演化到民贵君轻。《尚书·五子之歌》提出"民惟邦本,本固邦宁"的著名民本思想,孟子说"民为贵,社稷次之,君为轻"(《孟子·尽心下》),荀子更形象地说"君者,舟也;庶人者,水也。水则载舟,水则覆舟"(《荀子·王制》)。从屈原"虽九死其犹未悔"(《离骚》)、孔明"鞠躬尽瘁,死而后已"(《后出师表》)、范仲淹"先天下之忧而忧,后天下之乐而乐"(《岳阳楼记》)、文天祥"人生自古谁无死,留取丹心照汗青(《过零丁洋》)、顾炎武"天下兴亡,匹夫有责"(《日知录·正始》),到孙中山的"天下为公",无不闪耀着这种精神,成为一种圣人的道德理想。

习近平总书记指出:中国人民是具有伟大创造精神、伟大奋斗精神、伟大团结精神的人民。以全心全意为人民服务为根本宗旨的中国共产党人,将艰苦奋斗、开拓创新、民族团结、崇高奉献的炎帝精神发扬光大,形成了红船精神、井冈山精神、长征精神、延安精神、大庆精神、"两弹一星"精神、改革精神、载人航天精神等勇于革命、不懈奋斗的红色精神谱系,并将这些精神升华到人人皆可为、人人皆愿为、人人尽力为的更高境界,创造出一个又一个人间奇迹,实现了中华民族从站起来到富起来、强起来的伟大飞跃。

二、株洲"火车头"精神是炎帝精神的历史传承与基因赓续

炎帝精神历久弥新。经过数千年的历史传承,炎帝精神在不同的地域,形成了不同的精神特质,如"忠诚、担当、求是、图强"的湖南精神,"心忧天下、敢为人先"的长沙精神,"精诚团结、苦干实干"的湘潭精神。在株洲,炎帝精神传承于当代的株洲精神,就是"火车头"精神。

茶山苍苍,洣水汤汤。宋罗泌《路史》云:炎帝神农"崩葬长沙茶乡之尾,是曰茶陵,所谓天子墓者"。王象之《舆地纪胜》载:"炎帝墓在茶陵县南一百里康乐乡白鹿原(今属炎陵县)。"炎帝陵是中华儿女的文化地标和精神家园。从唐代至 20 世纪 80 年代,围绕炎帝陵形成了一脉相承的"自古有陵,唐有奉祀,宋建陵庙,清定形制,当代整修"的建陵和祭祀史——唐代,陵前"时有奉祀";宋代,宋太祖赵匡胤"立庙陵前,肖像而祀,随之遣官诣致祭",此为炎帝陵官方立庙祭祀之始;明清两代,对炎帝陵的大规模修葺和御祭分别达到 12 次、53 次之多。

祭祀炎帝一直是当地百姓的传统，株洲人民成为炎帝陵的守陵人，在守护中华民族之根的同时，将炎帝精神发扬光大，形成了极具地方特色、时代特征的“火车头”精神，其核心内涵就是“奋勇争先、一往无前”。

株洲享有“神农福地、动力之都”的美誉，“火车头”精神是株洲的主旋律和精气神，蕴含了株洲的历史内涵和文化传承，体现了株洲的区位特点和产业优势，彰显了全市人民的使命担当和价值追求。“火车头”精神的本源是炎帝精神，传承于光耀千秋的炎帝文化，根植于历史悠久的优秀传统文化，激荡于改天换地的革命文化，飞扬于艰苦奋斗的社会主义先进文化。经历数千年的沧桑巨变，至近代株洲还只是一个县辖小镇，中华人民共和国成立后发展成为南方重要的交通枢纽、全国著名的工业重镇，以中国动力谷的轨道交通、汽车、航空等牵引动力产业闻名于世。株洲行政区域地图，极像一列昂首奔驰的列车，而株洲市区就处于火车头的位置。株洲精神被命名为“火车头”精神，形象又生动，准确且传神，得到了全市人民的广泛认同。

正是因为传承了战胜洪荒的艰苦奋斗精神，才成就了“奋勇争先、一往无前”的“火车头”精神。远古时期，株洲地区就有先民在此繁衍生息，考古发现茶陵独岭坳遗址、渌口区漂沙井磨山遗址出现人工栽培的水稻，属于新石器时代早期的大溪文化和新石器时代晚期的龙山文化。株洲及所辖县市历史悠久，茶陵、攸县置县超过两千年。一代代先民披荆斩棘、艰苦创业，农勤于耕、士勤于学，形成了底蕴深厚的耕读文化。株洲地区的书院数量在宋元明清时代一直处于湖南省前列，光绪《湖南通志》记载：全省有书院 252 所，株洲地区 43 所，远高于湖南其他地区，“茶陵书院之多，清居首位”。在历代科举考试中，株洲共产生进士 260 多人，其中茶陵进士 139 人，明清两代还出过刘三吾、李东阳、张治、彭维新四位大学士，享有“四相文章冠两朝”之美誉。醴陵是中国“花炮祖师”李畋的故乡，陶瓷和烟花均具上千年历史，釉下五彩瓷被称为东方陶瓷艺术的高峰，享有“国瓷”的美誉。株洲人民艰苦奋斗、艰辛创业，在株洲大地上描绘出了美丽的画卷。正是艰苦奋斗的精神特质，让株洲历史上人文荟萃，常常引领时代风气之先。

正是因为传承了为民造福的崇高奉献精神，才成就了“奋勇争先、一往无前”的“火车头”精神。株洲是一方红色热土、英雄沃土。革命年代，株洲是中国共产党初创时期中国革命的重要策源地，是湖南省境内工农运动发展最早和最好的地区之一。1925 年 1 月中共四大时，全国 994 名党员中，株洲籍和株洲地区的党员有 100 余人，占全国党员总数的十分之一强。土地革命战争时期，株洲是重要革命根据地，是井冈山、湘赣、湘鄂赣革命根据地的重要组成部分，茶陵、炎陵是井冈山革命根据地核心县。株洲更是毛泽东思想初步形成的重要实践地，毛泽东等老一辈无产阶级革命家在株洲进行了建党、建军、建政、土地革命、革命道路探索等一系列首创性革命实践。第一次实施连队建党、朱毛第一次会面、井冈山第一个县级红色政权茶陵县工农兵政府建立、第一次插牌分田、株洲转兵等在党史军史上具有重要地位和影响的事件都发生在株洲。株洲人民在中国共产党的领导下，为了人民解放与民族独立，勇于担当、敢于牺牲，无私奉献热血与生命。株洲人民共为革命牺牲17万多人，其中登记在册的烈士1.1万余名，著名烈士有左权、蔡申熙、宋乔生、何孟雄等。从株洲走出了李立三、谭震林、耿飚、杨得志、宋时轮等7位党和国家领导人，走出了41位开国将军。正是奉献不止的精神特质，让株洲红色基因代代传承，红色革命文化影响深远。

正是因为传承了敢为人先的开拓创新精神，才成就了“奋勇争先、一往无前”的“火车头”精神。株洲是一座古老而又年轻的城市。作为中国南方重要的铁路交通枢纽，“一五”“二五”时期，株洲被列入全国重点建设的8个工业城市，苏联援建的156个重点项目中的4项、694个限额以上项目中的7项布点株洲，国家先后安排50多个重点项目在株洲建设，成就了株洲的工业梦。株洲围绕大工业大办地方工业，通过大厂带小厂，逐步形成大中小型企业群体。株洲创造了290多项新中国工业第一和20多项世界第一，包括第一台电力机车、第一块硬质合金、第一台航空发动机、国内首列商业运营的中低速磁悬浮列车、国内第一款高速永磁同步牵引电机及系统、国内第一款拥有完全自主知识产权的航空发动机等，在新中国工业发展史上具有重要地位。株洲人民勇于探索、开拓创新、爬坡过坎，创造了改革发展的众多株洲经验、株洲模式，不断推动株洲制造向株洲智造转型升级。正是开拓创新的精神特质，让株洲在经济发展和现代科技竞争中始终占有一席之地。

正是因为传承了厚德载物的民族团结精神，才成就了“奋勇争先、一往无前”的“火车头”精神。中华人民共和国成立时，株洲只是一个7000人的小镇。“一五”“二五”时期，全国各地支援建设株洲，株洲企业职工由1949年的1755人增加到1957年的5万人，城区人口由1949年的7000人增加到1958年的17万人。作为一个移民城市，南北文化于此交融，株洲人民开放包容，待人以诚，团结合作，共图发展，使株洲成为海纳百川的开放之城、彬彬济济的创业之城。株洲芦淞服饰市场是全国十大服饰市场之一，吸引了全国各地从业人员达10万之众。株洲主动对接“一带一路”倡议，积极融入长江经济带，深度参与国际国内发展，构建大通道，参与大分工，成为湖南省极具影响力的开放型城市。80多家500强企业落户株洲，外贸“朋友圈”扩大至近200个国家和地区，每年落户株洲的各类优秀人才不计其数。正是团结合作的精神特质，让株洲始终站在改革开放的前沿。

在中国共产党的正确领导下，在“火车头”精神的激励下，株洲人民经过70多年的筚路蓝缕、励精图治，特别是贯彻践行习近平新时代中国特色社会主义思想，取得了经济社会发展的巨大成就，真可谓“人换精神地换装”。株洲是与新中国一起成长起来的城市，通过70多年的发展，实现了六大历史跨越：一是城市规模实现了由弹丸小镇到现代化大都市的历史跨越。株洲由1949年城区建成区面积不足1平方公里、人口不足1万人的小镇，发展成为建成区面积146平方公里、常住人口130万人的Ⅱ型大城市，成为中国南方的重要铁路枢纽、长江经济带的重要节点城市。二是综合实力实现了由弱到强的历史跨越。地区生产总值由1951年的1.2亿元增长到2019年的3003亿元，地方财政总收入由800万元增长到322亿元。所辖醴陵市成为全国百强县市、第一批全省十强县。三是工业实现了从无到有、从有到强的历史跨越。在全部41个工业行业大类中，株洲有37个，形成轨道交通、汽车、航空三大优势产业，新能源、新材料、电子信息、生物医药、节能环保五大新兴产业，陶瓷、服饰、烟花三大传统产业为特色的产业体系，株洲·中国动力谷“3+5+2”产业体系基本形成。株洲是世界最大的轨道交通研发生产基地、中国唯一的中小航空发动机研发生产基地、国内产业链最全的电动汽车研制基地、国内8英寸专业IGBT（绝缘栅双极型晶体管）生产基地、中南最大的服饰加工贸易基地及享誉世界的陶瓷生产基地、国家自主创新示范区、国家创新型城市。四是实现了从内陆小镇到开放型城市的历史跨越。改革开放以来，株洲全方位、多层次、广领域地推进改革，大胆探索实践、先行先试，强力推进国家“两型”社会建设、国家新型城镇化、全国水生态文明城市、国家首批产城融合示范区、长株潭国家自主创新示范区等100余个国家级、省级试点，闯出了新路，跑出了“加速度”；积极对接“一带一路”倡议，外向型经济快速发展，全市进出口总额由1978年的5373万美元增至2019年的29.3亿美元。五是生态环境实现了由污染到生态宜居的历史跨越。株洲清水塘老工业区和株洲市曾被列入全国“四大工业污染区”“全国十大空气污染城市”黑名单，株洲以壮士断腕的决心全面打响清水塘老工业区搬迁改造攻坚战，关闭污染企业1300多家，拆除烟筒700多根，成功使株洲成为全国文明城市、国家园林城市、国家卫生城市、国家森林城市、全国优秀旅游城市、中国绿水青山典范城市，成为中国制造的一张亮丽名片和践行新发展理念推动老工业城市转型的一个典型案例。六是人民生活实现了由贫穷到富裕的历史跨越，农民人均可支配收入由1949年的49元增加到2019年的21680元，城镇居民可支配收入由94元增加到46553元，提前3年率先建成全面小康社会，迈入实现基本现代化的新征程。与此同时，株洲经济稳增长、产业转型、质量强市等多项工作连续5年受到国务院表彰，2018年成功入选全国改革开放40年来经济发展最成功的40个城市、中国大陆最佳地级城市30强；创新竞争力、产业竞争力和民生发展等多项均入围社会机构评估的全国百强。

伟大的事业需要伟大的精神，伟大的精神托举伟大的梦想。当今世界正经历百年未有之大变局，我国正处于实现中华民族伟大复兴的关键时期。中国人民比历史上任何时期都更接近、更有信心和能力实现中华民族的伟大复兴。新时代、新使命、新任务，株洲将继续深入贯彻习近平新时代中国特色社会主义思想，传承炎帝精神，大力弘扬“火车头”精神，以高度的历史自觉、文化自觉汲取精神力量，不断增强历史使命担当意识；全面推动高质量发展，加快建成“一谷三区”（中国动力谷、“一带一部”开放发展先行区、老工业城市转型发展示范区、城乡统筹发展幸福区），加快实现基本现代化，为实现中华民族伟大复兴的中国梦贡献株洲力量，展现株洲风采。

“火车头”精神，必将引领和鼓舞株洲人民，奋力书写新时代的新华章。

（作者：毛腾飞，湖南省株洲原市委书记，原株洲市人大常委会主任）

炎帝文化与中华民族的伟大复兴

◇阳卫国

炎帝，中华民族的始祖。以炎帝为首的先民部族在炎帝神农时代建立的发明天文历法，开创稻作农耕、集市文化、草药文化等功绩奠定了中华文化的传统框架和基本体系，成为中华文明的滥觞。炎帝文化博大精深、源远流长，经后世在漫长的历史发展进程中传承、阐释和重构，形成日益鲜明的特色内涵，拥有巨大的文化创新开发价值。在走入21世纪的今天，如何在全球化背景下进一步认识炎帝精神、炎帝文化的伟大历史意义和现代意义，在日趋复杂多变的新世界格局中深入理解弘扬炎帝文化的必要性和重要性，共建中华民族共同的精神家园，是一个重大的文化命题。

一、炎帝文化是中国优秀传统文化的发轫与起源

中华文明之滥觞，始于炎帝。1904年，夏曾佑在中国"第一部新式通史"《中国古代史》中说："故言中国信史者，必自炎黄之际始。"①炎帝神农氏是中国农耕文明的开创者，创造了许多辉煌的业绩，概括起来主要有以下几个方面：1. 播种五谷，始创耒耜，开创农耕文化。炎帝最重要的成就是开创了中国的农耕文明，他从野生植物中选育农作物，发现五谷，奠定了中国人吃五谷杂粮的饮食习惯。《淮南子》云："古者，民茹草饮水，采树木之实，食蠃蚌之肉，时多疾病毒伤之害，于是神农乃始教民播种五谷。"炎帝发明了不少农具，《周易·系辞》说："包牺氏没，神农氏作，斫木为耜，揉木为耒，耒耨之利，以教天下。"种植和耒耜的发明，推动中国社会由渔猎经济向农业经济过渡，标志着一个新时代的产生。2. 遍尝百草，发明医药，开创医药文化。炎帝深入山野辨尝各种草木的性味，发明了草药医治疾病的方法，《淮南子·修务训》说他"尝百草之滋味，水泉之甘苦，令民知所辟就"，千年中医文化从此开始。3. "日中为市"，互通有无，开辟市场文化。《周易·系辞》言："日中为市，致天下之民，聚天下之货，交易而退，各得其所。"炎帝时期设立集市，聚集四方货物，以物易物，物品开始流通，这是社会出现分工后所产生的贸易活动，开市场之先河。4. 治麻为布，制作陶器，创造原始手工业

① 夏曾佑：《中国古代史》，石家庄：河北教育出版社，2000年，第14页。

文化。考古发现,炎帝时代的多处遗址中有纺轮、骨针和骨锥等纺纱、织布的工具。炎帝神农氏治麻为布,以兽骨为针,制作衣裳,使人们过上了“衣食饶溢,奸邪不生,安乐无事,而天下均平”的生活。并且,他教会民众把红黏土烧制成陶器用来取水、存储食物,制陶术的发明奠定了人类由原始蒙蛮时代向文明时代迈进的基础。5. 创立原始天文学和历法。炎帝神农时期已有地域观念,始立地形,甄别考察天下方位。又传说炎帝神农氏“造历日,正节气,审寒暑,定为八节,以治农功”,这正是天文历法中所谓的“观象授时”。6. 结丝为弦,制琴作乐,创制音乐文化。炎帝神农氏还是乐器的最早创始人。史载炎帝“削桐为琴,结丝为弦”。炎帝不仅自己作曲,还“命刑天作《扶犁》之乐,制《丰年》之咏”。音乐的发明与流传,使人类不仅有了物质生活,也开始有了精神生活。

以上略略陈述之语,已见炎帝的丰功伟绩。当然,作为史前人物的炎帝,后代文献记载真伪杂芜、相互抵牾。比如关于炎帝“火神”称谓的争论:一说炎帝为火神,《吕氏春秋·孟夏纪》云:“孟夏之月,日在毕,昏翼中,旦婺女中。其日丙丁,其帝炎帝。”高诱注:“丙丁,火日也。炎帝,少典之子,姓姜氏,以火德王天下,是为炎帝,号曰神农,死托祀于南方,为火德之帝。”一说为祝融,《国语·郑语》云:“夫黎为高辛氏火正,以淳耀敦大,天明地德,光照四海,故命之曰祝融,其功大矣。”那么,哪一说为真实?王震中教授指出:“‘炎帝’一名有祖先名和族名之义,也有以火神为宗神的意思,这一名号是部落融合的产物,是在历史被神化和各部族之神被人格化及民族文化发展的错综过程中,各地传说相同因素不断合并,经过相当漫长的时期民族文化相融的结果。”①具体讲来,无论北方崇拜火的姜姓族团,还是南方的烈山氏、列山氏、厉山氏等,其宗神都可以是火神炎帝;又因对于农业发展都有贡献,故而与三皇之一的神农氏合而为一,被汉代以后的人们称为“炎帝神农氏”。所谓“伏羲氏、燧人氏、神农氏等神话传说,依据的是战国诸子当时所掌握的文化人类学知识、社会经济类型知识,以人物为依托而创造出来的时代性符号”②,这是很精辟的见解。炎帝代表新石器早中期所有为原始农业做出杰出贡献的先民,成为中华民族农业文明的象征。

事实上,关于中华文明起源的探讨,自20世纪80年代就已开始。用目前关于文明起源的流行标准来衡量,至今还未发现炎帝时代的文字、城市、邦国等记载或考古遗址,但炎帝在农业、制陶、音乐、医药、商业交易等方面的创造和发明,尤其是对农耕文化的贡献,说明炎帝时代已处于中华文明起源的初期或者前夜的结论是无疑的。对于中国这个以农立国的国家来说,农业的出现在文明的起

① 王震中:《南北“炎帝”的由来与民族文化融合》,《炎黄文化研究》第十辑,郑州:大象出版社,2009年。

② 王震中:《古史传说中的“虚”与“实”》,《炎黄文化研究》第十二辑,郑州:大象出版社,2011年。

源和形成中无疑更具有特殊的意义。它标志着一个里程碑式的新时代的开始，为中华民族进入文明时代奠定了基础。各种文明因素，文字、城市、国家等，正是在这个基础上逐渐萌生出来的。① 因此，有学者认为农业革命标志着中华文明的起源是不无道理的。炎帝创立的以农耕文化为主要内涵的炎文化，在中华文明的起源和形成过程中起了重要的推动作用，对中华文明因素的产生做出了积极的贡献。有学者认为，炎帝神农时代是在更早文明基础上进一步发展的文明时代，形成了一个地域广阔、政治文化较为统一的国家社会，它为中国以后的发展，为中华举世无双的文化奇迹的产生奠定了坚实的基础。另有学者依据炎黄阪泉之战的历史传说，认为炎黄部落联合体在阪泉之战后渐有地缘关系的新因素渗入，出现了形成中的贵族国家，成为中国早期国家形成和演进的基本路径。这些理论还有待作进一步的探讨和研究，但炎帝文化对农业文明与中华文明起源和形成的作用都是肯定的。

需要补充说明的是，炎黄二帝同为"华夏始祖"，但后代对炎黄二帝的尊崇程度明显不同，存在尊崇黄帝远甚于尊崇炎帝的现象。中国"史学之父"司马迁在《史记》中尊黄帝为五帝之首，称赞其"法天则地，四圣遵序"，而对炎帝却未专门记述。这种"史从黄帝始"的正统史观在中国盛行两千多年而不衰，以至于当代中国颇具权威性的辞书《辞海》中也称黄帝是"传说中中原各族的共同祖先"，炎帝只是"传说中上古姜姓部族首领"。即便祭祀，祭黄也比祭炎更受统治者的重视。学者高强教授把这种现象称为"重黄轻炎"，认为该现象是以炎黄的传说事迹为基础，以大一统的需要为动力，在统治者的炒作下形成的，其形成过程伴随着中国农业文化主体及国家制度的形成，体现了更属于精英传统的、帝王官僚的文化价值取向。② 在这种认识偏置的情况下，学者强调，我们着实应该凸显炎帝及炎帝文化的研究与传播，以有利于更客观全面地评价传统文化，有助于广泛团结海内外的炎黄子孙。

二、炎帝文化精神构建中华优秀传统文化的价值内核

炎帝时代的丰富文化不仅是中国文明起源的基石之一，也是中华传统文化的重要组成部分。可以说，炎帝是一个开拓进取，富有生命力和创造力，具有民族代表性思想、品格和意志的远古部落集团首领，他构建出了中华民族赖以生存发展的精神力量和特色品格。

1. 珍视生命。原始社会，世界混沌，在极其恶劣的自然环境面前，人们只能

---

① 陈望衡：《试论炎帝精神》，《湖北社会科学》2001 年第 6 期。

② 高强、田延峰：《"重黄轻炎"现象及其文化透视》，《宝鸡文理学院学报（社会科学版）》1999 年第 1 期。

望天而食,随地而生,食鸟兽之肉,饮其血,茹其毛,衣其羽皮,“时多疾病毒伤之害”。因此,如何保有生命,使其得到延续,是摆在先民面前的一个亟待解决的大问题。炎帝作为部族首领,以超人的意志和胆略,艰苦备尝,教民耕作,品味百草,为民治病,表现出他超人的智慧、毅力及对生命的珍视和尊重。他播种了解决饥饿问题的粟谷,《史记·五帝本纪》集解曰:“皇甫谧曰:‘《易》称庖牺氏没,神农氏作,是为炎帝。’班固曰:‘教民耕农,故号曰神农。’”他编织了抵御严寒的织物,《淮南子·齐俗训》中载炎帝神农“身自耕,妻亲织,以天下为先”。他找到了医治民众疾病的草药,《淮南子·修务训》云,神农“尝百草之滋味,水泉之甘苦,令民知所辟就”。他发现了火,《左传》昭公十七年载炎帝为“火师”而“火名”,炎帝利用火蒸煮食物,以化腥臊,防治疾病。至此,族民衣食有继,生命得以延续。

有关炎帝的神话传说故事,如精卫填海、夸父逐日、瑶姬化草等,都充分展现了炎帝及其部族的伟大神力和生命不息的力量。《山海经·北山经》中记载:“发鸠之山,其上多柘木。有鸟焉,其状如乌,文首、白喙、赤足,名曰精卫,其鸣自詨。是炎帝之少女名曰女娃,女娃游于东海,溺而不返,故为精卫,常衔西山之木石,以堙于东海。”女娃溺于东海,由人化而为鸟,生命不仅不灭而且还能向大海复仇。唐余知古《渚宫旧事》引述了炎帝之季女瑶姬死后化为灵芝草的故事,她自称“我夏帝之季女也,名曰瑶姬,未行而亡,封乎巫山之台。精魂为草,摘而为芝,媚而服焉,则与梦期”。瑶姬为炎帝季女,尚未出嫁而亡,精魂化为灵草,栖息在巫山密林,与高唐之君相与媚好。这些神话传说无不表现出先民对生命的珍惜和敬重,无论刑天、瑶姬还是夸父都与炎帝相关,直接继承了炎帝精神,这种坚强的毅力和对生命的珍视是中华民族生生不灭的精神支柱。

2. 开拓创新。原始先民从采集经济、狩猎经济到农耕经济,是人类社会发展史的一次重大飞跃,炎帝神农时代正值这一重要历史时期。作为部族首领,炎帝率领族民在与自然界的斗争中生产实践、积累认知,创造了丰富的物质文明和精神文明。

创新是炎帝神农时代的主旋律。史传炎帝有有关耒耜、粟谷、医药、纺织、琴瑟、市场等多方面的创造发明。先秦两汉古籍中记载有许多反映炎帝创造精神的文献。比如,粟谷的发现:《拾遗记》言“有丹雀衔九穗禾,其坠地者,帝乃拾之,以植于田,食者老而不死”。比如,创造性地把火推广应用到农耕生产方面,用火烧荒,开垦土地,这种“刀耕火种”的农耕技术,把先民的生产、生活形态推进到新的篇章。发明耒耜、发明琴弦、发明医药,也在于他敢在他人未能或未敢闯入的“禁区”闯荡和创造性实验。尤其是陶器的发明,《太平御览》引《周书》佚文记载了这件大事——“神农耕而陶”。这一时期,制陶从选料到烧制都形成了一定工序,器类很多,炊具有鼎、甑、釜、灶等,饮食器有碗、钵、盆、盘、杯、瓮、罐、小口尖底瓶等。陶器的发明对人类生活有着重大意义,为人类进一步扩大居住和生活地域、从事农业生产提供了条件。陶器的制作是人类与自然界漫长斗争中一项划时代的发明创造，也成为新石器时代文化的一个重要标志。

专注炎帝文化研究的鲁谆先生曾在阅读古籍《世本》中记载炎黄时代发明创造事迹的卷九《作篇》时发现，不长的篇幅，竟用了20多个“作”字和“造”字。“作”和“造”，义即制作、制造，并有“开始”之意。鲁谆慨叹，如此大量的“作”和“造”，充分体现出炎帝的创造精神。① 当然，需要指出的是，这样多领域、大数量的发明创造非一两人可以完成，实际是在广大先民长期劳作的基础上由一批发明家所完成的，而炎帝是其中的倡导者、组织者和总代表，因他贡献最大，百姓感念，故而把功劳集中记在他的名下。这便是前文所说的炎帝是为原始农业文明做出重要贡献的所有杰出先民精神的时代性符号之内涵所在。

3. 自强不息。炎帝创造的诸多发明，不可能是一朝一夕完成的，更何况是在那样简陋的条件之下，其艰难程度不言而喻。先祖面对禽兽众多、人民衣食来源不足等威胁部族生存的大问题，自觉承担起历史赋予自己的责任，艰苦备尝，创原始农业，教民耕作，品味百草，为民治病，表现出超人的智慧与毅力。正是炎帝的这种坚韧不拔的意志力、不怕挫折和失败的战斗精神，使他在创业实践中敢为人先，大胆探索，做出了卓越贡献。

炎帝这种勇于进取、不怕困难的奋斗精神，为后代所继承并发扬光大。战国时孟子曰：“天将降大任于是人也，必先苦其心志，劳其筋骨，饿其体肤，空乏其身，行拂乱其所为，所以动心忍性，曾益其所不能。人恒过，然后能改；困于心，衡于虑，而后作；征于色，发于声，而后喻。入则无法家拂士，出则无敌国外患者，国恒亡。然后知生于忧患而死于安乐也。”这可谓是对炎帝自强不息精神的最佳诠释。在此之后，多少民族精英志士沿着这一路径，披荆斩棘，建功立业。这种大智大勇、百折不挠的奋斗精神，是鼓舞中国人民前行、支撑中华民族一步步走到今天且愈走愈强的精神武器。

4. 造福于民。不管是炎帝的创新精神，还是其自强不息的奋斗精神，都与他脚踏实地、造福于民的品格精神分不开。这是一种朴素的民本精神。作为一位部落首领，他一切以氏族、部落的利益为最高利益，以为全体氏族、部落成员谋福利为做事的出发点和归宿。

《淮南子·主术训》称：“昔者神农之治天下也，神不驰于胸中，智不出于四域，怀其仁诚之心。甘雨时降，五谷蕃植，春生夏长，秋收冬藏。月省时考，岁终献功，以时尝谷，祀于明堂。明堂之制，有盖而无四方，风雨不能袭，寒暑不能伤。迁延而入之，养民以公。其民朴重端悫，不忿争而财足，不劳形而功成。因天地之资，而与之和同。是故威厉而不杀，刑错而不用，法省而不烦，故其化如神。其地南至交趾，北至幽都，东至旸谷，西至三危，莫不听从。当此之时，法宽刑缓，图

① 鲁谆：《试谈炎帝精神》，《炎黄文化研究》第九辑，郑州：大象出版社，2008年。

圄空虚，而天下一俗，莫怀奸心。”炎帝有着为氏族大众献身的崇高精神，他的每一项杰出的发明创造，无不与氏族、部落的前途命运相关，为解决族民的生死存亡问题而诞生。他教民垦荒种地，是为了提高农耕技术，解决族民吃饭穿衣问题；他发明鼎、甑、釜、灶等陶器，是为了部族民众日常生活更加方便；他发明“日中为市”，搞物物交换，是为了给族民的生产生活提供便利，促进经济发展；他发明琴弦，是想丰富族民的精神文化生活，和谐族民之间的关系，加强姜炎、姬黄部族的团结。炎帝操劳过度，形容憔悴，而老百姓衣食有继，生活来源有了保障，生命得以延续。只可惜至炎帝末世孙榆罔时，随着财产私有制的出现，贫富不均、部落争财的情况也随之发生，昔日太平一去不返。

从炎帝利民精神出发，我们还可进一步归纳出“和合尚仁”精神。所谓和合就是和平、和谐、合作、融合。炎帝的共襄和合精神，体现在炎帝处理族与族、人与人、人与自然等关系时所表现出的虚怀若谷、包容宽厚、相互协作的品德上。《越绝书·外传枕中》载：“昔者神农之治天下，务利之而已矣。不望其报，不贪天下之财，而天下共富之。所以其智能自贵于人。”炎帝治理天下时，能秉公办事，不求回报，不贪天下之财，能以“仁诚心”对待族民，把“养民”当作部落的公事，所以，大家都拥戴他，面对财物没有纷争，互相谦让，彼此襄助，建立起了人与人、人与自然之间的和合关系。《庄子·盗跖》云：“神农之世，卧则居居，起则于于，民知其母，不知其父，与麋鹿共处，耕而食，织而衣，无有相害之心，此至德之隆也。”正是炎帝的这种共襄和合精神，使炎帝部族、黄帝部族和蚩尤部族形成了华夏联盟集团，开创了中国历史上第一个和谐社会，为形成华夏族乃至为中华民族建立大一统国家奠定了基础。

由上所言，可以想见炎帝文化精神的博大浩瀚。学界其实还对其有其他归结，比如霍彦儒将炎帝文化精神概括为敢为人先的实干精神、百折不挠的创新精神、造福于民的求真务实精神、自强不息的开拓进取精神、崇德尚仁的共襄和合精神、无私无畏的奉献精神等六个方面。① 还有学者将炎帝精神概括为“总结经验，发展生产；前仆后继，顽强奋斗；气吞山河，藐视困难；顾全大局，维护大局；足智多谋，灵活应变”等五个方面。可以说，无论哪一种归纳，都是一管窥豹，是对先祖无上品质的追从。张岱年先生曾论述道：“近几年来，关于中华民族的民族精神，我提出一项见解，认为《周易大传》的两句话‘自强不息、厚德载物’是民族精神的集中表述。炎黄二帝致力于发明创造以造福于人民，正是自强不息、厚德载物的具体形象。”②可谓一语中的。炎黄二帝共同代表了那个时代的创造精

---

① 霍彦儒：《试论炎黄精神及其当代价值》，《信阳师范学院学报（哲学社会科学版）》2018年第5期。

② 张岱年：《炎黄传说与民族精神》，王俊义、黄爱平编：《炎黄文化与民族精神》，北京：中国人民大学出版社，1993年。

神，在这一基础上，我们说炎帝文化是原创性文化，中华民族的内核精神根源于炎帝神农时代，应是无疑义的。炎帝为中华民族留下了宝贵的物质财富和精神财富，塑造了中华民族最优秀的人文品格。

三、炎帝文化在中华民族伟大复兴进程中的巨大使命与价值

炎帝文化作为优秀的文化传统，随着中华民族的形成、发展和壮大，其内涵在不断地丰富和深化。今天我们所处的时代，与炎帝生活时代有天壤之别，但炎帝精神作为一种升华了的民族精神和价值追求，在当下仍有着很强的现实意义。习近平总书记指出："中华文明源远流长，孕育了中华民族的宝贵精神品格，培育了中国人民的崇高价值追求。自强不息、厚德载物的思想，支撑着中华民族生生不息、薪火相传，今天依然是我们推进改革开放和社会主义现代化建设的强大精神力量。"炎帝文化和炎帝精神在实现中华民族伟大复兴的中国梦、推进中华文明现代发展征程中，具有强大的感召力和激励作用。

1. 不懈奋斗、战胜艰难险阻的精神基因

炎帝是大智大勇奋斗精神的象征。炎帝神农氏为了部落的生存和壮大，奋发图存，矢志不移，直至生命的最后一刻，体现了坚忍不拔的开拓精神。炎帝神农氏勤于钻研，勇于实践，一日遇七十毒也不退缩，突破自我，突破时代，发明创造了许多东西，掌握着当时最为先进的技术，体现了百折不挠的创新精神。炎帝神农氏钻木取火，制耒耕地，播谷得食，尝草启医，渍麻着裳，造房得居，依靠双手，创造奇迹，生命不止，奋斗不息，体现了自强不息的进取精神。

当今世界复杂多变，正处在大发展、大变革、大调整时期，随着世界多极化、经济全球化深入发展，科学技术日新月异，各种思想交流、交融、交锋更加频繁，世界各国之间的经济竞争、文化竞争和政治、军事竞争愈演愈烈。面对这些挑战和压力，我们更需要继承和发扬努力拼搏的创业精神和一往无前的奋斗精神。习近平总书记在2019年中央党校中青年干部培训班开班式上的讲话中指出，当前和今后一个时期，我国发展进入各种风险挑战不断积累甚至集中显露的时期，面临的重大斗争不会少。面对全面从严治党、坚持马克思主义在意识形态领域的指导地位、全面深化改革、推进供给侧结构性改革、推动高质量发展、消除金融领域隐患、保障和改善民生、打赢脱贫攻坚战、治理生态环境、应对重大自然灾害、处理群体性事件、打击黑恶势力等任务，我们需要发扬敢于斗争、善于斗争的精神。可以说，我们今天的社会主义精神文明，没有离开炎帝文化的实质内容。炎帝开拓进取的超凡智慧、惊人勇气和奋斗精神，是鼓舞人民创新创业、振兴中华的强大动力。

2. 助推中国梦实现的强大思想动力

炎帝文化精神也是助推中国梦实现的巨大思想动力。2012年习近平总书

记在参观“复兴之路”展览时首次提出“中国梦”，其一经提出就释放出强大的号召力和感染力，成为激励中华儿女团结奋进、开辟未来的一面精神旗帜。炎帝文化内涵博大，它体现出来的开拓、创新、进取、奉献的精神都是中华民族传统的精神的精髓，是我们能依托的中国道路、中国精神和中国力量。

比如炎帝的创新精神。作为中华文明史上勇于探索、开拓创新的典范，炎帝神农氏带领先民开展的作耒耜、兴纺织、制陶瓷、作弓箭、筑居室等创新性实践活动，对于推动人类社会的进步有着不可磨灭的作用，而蕴含在以上实践活动中的创新精神不断激励炎黄子孙顺应天时、与时俱进、大胆创新，经历各种挫折而始终保持旺盛的生命力。改革开放以来，我国各个方面取得了举世瞩目的辉煌成果，为实现中国梦奠定了坚实的物质和政治基础，同时也进入了攻坚时期。十九大报告提出，要坚持创新发展，必须把创新摆在国家发展全局的核心位置，不断推进理论创新、制度创新、科技创新、文化创新等各个方面的创新，让创新贯穿党和国家一切工作，让创新在全社会蔚然成风。尤其在新世纪信息时代，科技创新是一个民族崛起的关键性先导力量。承继先祖的创新开拓精神，投入科技创新洪流，是实现国家富强、民族振兴中国梦的动力源泉。

再如民本思想。炎帝神农文化是一种以民为本的文化，其民本思想在后世一直绵延：孔子“仁者爱人”，孟子“民贵君轻”，范仲淹“先天下之忧而忧，后天下之乐而乐”……中华人民共和国成立后，毛泽东把“全心全意为人民服务”作为党的根本宗旨，邓小平把“是否有利于提高人民生活水平”作为衡量一切工作是非得失的判断标准之一，习近平总书记在党的十八届五中全会上首次提出以人民为中心的发展思想。这些都是炎帝文化中民本思想的传承与延续，我们深知，中国梦是民族的梦，也是每个中国人的梦。在实现民族复兴的关键阶段，只有坚持以人为本，坚持发展依靠人民、发展为了人民、发展成果由人民共享，全面关注民生问题，才能最大程度动员全体人民的智慧，才能在追梦之路上始终有众志成城的民意支撑，同心共建全面小康社会，最后共筑中国梦。

3. 知识经济时代不可或缺的文化资本宝库

在新世纪，文化与经济一体化必将来临，文化将成为各国争先开发的无形资源。一方面，21 世纪的社会已进入知识经济时代，知识经济正在给中国的经济发展与社会发展注入更大的活力，带来更好的机遇。国家的富强、民族的兴旺、企业的发达和个人的发展，无不依赖于对知识的掌握和创造性的开拓与应用，知识已成了时代发展主流，尤其是以高科技信息为主体的知识经济体系迅速扩展令世人瞩目。另一方面，我国仍然是人口众多、经济文化发展相对不平衡的发展中国家，要完成现代化建设任务，其艰巨性、复杂性是空前的，而面对我国经济的高速发展，国际敌对势力也正以“西化”“分化”等各种手段干扰我国现代化建设进程。如学者言，如果说领土、领空和领海只是硬国土、有形国土，那么由一个国家的经济、政治和文化实力及其影响所及则是它的软国土、无形国土，我们不能忽视文化国土的安全和建设。既需要引领知识信息时代的经济潮流，又要打造文化国土的安全与建设，炎帝文化及精神是中华优秀传统文化中最珍贵的资源宝库，担当重要使命责无旁贷。事实上，文化资本的经济效应已在许多地区蓬勃上演，像湖南株洲，作为炎帝陵寝之地，斥资百亿建设炎帝文化广场、风景区、纪念馆，举办宏大的炎帝寻根祭祀活动，吸引了许多海内外企业家回国投资开发，带动相关产业链条建设，很好地促进了当地城市经济发展和人民收入增加。如此文化产业实践，确凿说明炎帝文化等优秀传统资源是促进社会经济发展的活力源泉。

炎帝文化既是传统的，也是现实的，其求富求强、自强不息的进取精神，为民谋利、为民造福的民生取向，凝聚统一、和谐团结的爱国精神，理应成为社会主义核心价值观的宝贵资源。十九大报告说得好，中华民族的伟大复兴，不仅要靠经济的发展，更需要有灵魂来支撑，这个灵魂就是文化。文化的力量，深深烙印在一个民族的生命力、凝聚力和创造力之中。伟大中国梦的进程，需要汲取炎帝文化的智慧与神髓。

四、炎帝文化在中国特色社会主义建设中的承继与践行

如上所述，炎帝精神对当今政治、经济、文化建设有重要价值及意义，那么，在现代化、全球化背景下，如何创造性地承继和发展中国优秀传统文化，如何使炎帝文化精神适应新时代的需要，找到与现实的契合点，深入挖掘蕴含其中的有用的价值观念、道德规范、治国智慧，将其转化成我们今天的价值观念、道德规范和治国智慧，是我们接下来要努力去践行的历史任务。

首先，紧紧围绕党的十九大报告进行文化创新，加快优秀传统文化建设步伐。

习近平总书记指出："中国人民的特质、禀赋不仅铸就了绵延几千年发展至今的中华文明，而且深刻影响着当代中国发展进步，深刻影响着当代中国人的精神世界。中国人民在长期奋斗中培育、继承、发展起来的伟大民族精神，为中国发展和人类文明进步提供了强大动力。"深入传承和弘扬炎帝文化精神，有助于培育和践行社会主义核心价值观，坚定文化自信和增强文化自觉，铸牢中华民族共同体意识和构建人类命运共同体。

在谈到今天对炎帝精神的继承与弘扬时，有学者认为，21 世纪的到来对炎黄文化是一场前所未有的挑战。这是信息社会、知识经济迅猛发展的时代，而这两者所蕴含的内涵并非我国传统文化的长处，有的还是短处，但这并不意味着没有与时俱进、后来居上的条件和机遇。高科技愈发展，愈要呼唤人文精神，这是学术界的共识。所以说 21 世纪是人的世纪，是高扬人文精神的世纪，这是人类社会持续发展的主流。用这一主流思想重新审视炎帝文化，用现代文明的观念

扬弃、继承、创新炎帝文化,从而促进传统文化的现代化,是社会主义精神文明建设中值得重视的重大课题之一。我们要坚持继承与创新相结合,实现炎帝文化的与时俱进。新时代文化为炎帝文化的创新特质提供了坚实的基础,我们必须善于吸收全人类的一切优秀文明成果,将民族传统文化、外来文化的精华,同我们党领导人民在长期革命和建设中形成的优良传统和革命精神有机地结合在一起,同地方的经济发展和社会进步及历史文化底蕴有机地融合在一起,并在新的实践基础上不断创新,为中国的经济发展和社会全面进步提供智力支持。

其次,整合优秀资源,打造海峡两岸炎帝神农文化经贸交流等文化品牌活动。

弘扬优秀传统文化,一定要建设中华民族共有的精神家园。祖先崇拜作为一种重要的传统文化基因,能够凝聚人心、团结海内外华人,有助于建立民族共有的精神家园。①《荀子·礼论》曰:"天地者,生之本也;先祖者,类之本也。"人类必然有其祖先。曾参曰:"慎终追远,民德归厚矣。"只有对先辈们给予应有的尊重和纪念,才能得到人民的支持和拥护,才能调动积极性,社会才能和谐稳定、健康发展。

1963年12月,时任中共湖南省委书记处书记的胡耀邦在酃县(今炎陵县)视察工作时,登上炎帝陵。面对年久失修的炎帝陵,他建议重修:"这里的塘田乡鹿原陂,安葬着我们中华民族的老祖宗——炎帝神农氏。炎帝神农氏一生勤勤恳恳,发明创造过很多东西,为后代的繁衍发展做了许多事情……因此,几千年来,大家都记住他,尊他为中华民族文明之始祖,亿万人民则皆以炎黄子孙自谓……好好地为人民服务,多做好事,多干实事。如果能这样,人民是不会忘记我们的。"②自1988年国家安排专款整修炎帝陵并对外开放以来,炎帝陵建设得到了国家和湖南省委、省政府及社会各界包括海外华人华侨的高度重视和广泛关注。目前,炎帝陵共举行了9任省长10次省级行政主官祭祀活动,14次市人民政府公祭活动,每年一次的县人民政府清明节公祭活动,同时承办了海峡两岸共祭活动97次,社会各界各行各业的公祭活动5000余次。陕西黄陵县、河南新郑黄帝故里的黄帝祭祀拜祖活动开展得不错,在长期的实践中形成了一定的规模格式和典礼礼仪,已为国祭。相较之下,同为二帝之一的炎帝,湖南炎帝陵祭祀还处于省级祭祀级别,迫切需要提升。应该说,无论是对炎帝的祭祀,还是对黄帝的祭祀,都是传承中华文明、凝聚华夏儿女之心、共谋祖国统一的重大活动。

弘扬炎帝文化有利于促进祖国统一,加强两岸交流。据了解,台湾拥有254座"神农大帝"宫庙、600多万信仰炎帝神农的信众。据不完全统计,20世纪80年代末,炎帝陵修复对外开放以来,台湾先后有80多万人次组团或自发前来拜

① 吉成名:《炎帝崇拜与精神家园》,《怀化学院学报》2014年第12期。

② 株洲市修复炎帝陵筹备委员会、酃县修复炎帝陵工程指挥部编:《炎帝和炎帝陵》,北京:光明日报出版社,1988年。

祭。目前,“世界华人华侨炎帝陵祭祖典礼”“海峡两岸神农文化祭”“炎帝圣驾赴台湾巡境赐福”等文化品牌影响深远,“炎帝陵祭典”在海内外具有广泛的影响力和感召力,日益成为凝聚民族情感、促进祖国统一、践行崛起梦想的桥梁和纽带。特别是海峡两岸炎帝神农文化经贸交流活动旨在增强海峡两岸民众同根共祖的思想认同,推动两岸经贸和文化融合发展,实现中国和平统一大业。这个活动自创立以来,已举办十届之多,在促进两岸贸易投资便利化、加强两岸经贸人员交往、维护两岸工商企业及人员的合法权益等方面开展了大量工作。2019年,为认真贯彻落实习近平总书记在《告台湾同胞书》发表 40 周年纪念会上的重要讲话精神,根据国务院台湾事务办公室和湖南省台湾事务办公室的任务安排,在湖南株洲市举办“己亥年海峡两岸炎帝神农文化经贸交流”系列活动。株洲市委市政府紧锣密鼓地筹划准备,紧扣中央及湖南省委要求,突出对台政治工作,落实惠台政策,期待以此密切株洲与台湾行业公会、台商协会的联系,发挥台湾工业园资源、平台优势,争取更多台资项目落户株洲。

再次,做好内核资源开掘,大力开拓炎帝文化理论研究创新与传播。

品牌的做大,依赖的核心是文化内涵的拓深。炎帝传统文化欲在新世纪得到弘扬与创新,一定要做好学术研究的内核。

作为半神话传说的古史人物,炎帝及炎帝文化研究有相当的难度,但自古以来有关其的研究从未曾断绝。近代以来,中华民族饱受列强侵凌,为了救亡图存,一批有识之士基于反封建反帝国主义的政治需要,将中国传说的夷夏观与西方民族主义结合起来,推崇汉民族的始祖和中国国魂,进一步确立了炎黄二帝的人文始祖地位,但是功利色彩也颇为明显。五四运动时期,在民主与科学思想的影响下,疑古思潮兴起,炎黄研究领域围绕古史辨伪考信,展开了广泛深入的讨论,出现了一批学术性很强、影响深远的论文和著作,形成炎帝及其文化的研究高潮。20 世纪改革开放后,炎帝文化研究逐步出现蓬勃发展的兴盛局面,尤其近十年进入高层次研究阶段。这些研究成果极大促进了炎帝文化建设的繁荣,但令人遗憾的是,由于没有更新的考古资料来支撑,基于“史影”基础上的学理研究进入一个新的瓶颈期。

湖南这二三十年对炎帝文化研究做出了很多努力。湖南神农炎帝研究会、株洲神农炎帝研究会、炎陵县炎帝文化研究会等研究单位先后成立,并多次举办炎帝文化研讨活动,出版了一批颇有价值的炎帝文化学术专著与文艺作品。1993 年举办的“中国湖南株洲炎帝文化学术研讨会”,是湖南省本土举办的第一次炎帝文化专题的学术研讨会。1999 年 10 月,株洲市人民政府、株洲工学院主办“稻作农业起源与炎帝文化暨第三届农业考古国际学术研讨会”。2007 年 10 月,中华炎黄文化研究会、黄帝陵基金会、湖南省炎帝陵基金会、株洲市人民政府联合主办,湖南省炎帝陵基金会承办“炎黄精神与和谐文化”炎黄文化学术研讨会。2014 年 10 月,湖南省炎帝陵基金会、湖南神农炎帝研究会接力承办了第二届“中部六省炎黄文化论坛”。这些活动近十年非常多①,不一一列举,内容都可圈可点,很好地推动了炎帝文化研究。尤其是2019年6月,在“湖南省社科普及活动周”启动仪式上,“湖南工业大学湖南炎帝文化研究与传播中心”喜获立项,这是第一个以炎帝命名的高校社会科学研究基地,对于如何组织高校研究力量、有效开展传统特色文化专题研究、倡导炎帝神农文化精神,起到了一个很好的平台示范效应。

不仅学术研究要深入拓展,在青少年群体当中做好炎帝文化的传播工作更有必要。2013年开始,湖南省炎帝陵基金会办公室响应株洲市委、市政府关于“做好炎帝文化文章”的号召,先后联系湖南工业大学、株洲市委党校及数所中小学校作为“炎帝文化进校园”实验学校进行试点,组织开展了丰富多彩的校园活动,让炎帝文化实实在在扎根于少年学子的心中。这项工作得到了株洲市委、市政府和湖南省、市、县、区各级教育部门的肯定和支持,目前,各实验学校均已取得不同程度的阶段性成效,深受广大师生及社会、家长的好评。株洲市委、市政府意欲把“炎帝文化进校园”工作打造成炎帝文化宣传与株洲教育相结合的一张特色名片,向全国推广。

最后,进一步促进文化与经济紧密结合,大力发展地方文化产业。

文化与经济的紧密结合,是当今世界经济社会发展的基本特征和总体趋势。在发展社会主义市场经济的条件下,要实现文化与经济的紧密结合,关键是要建立与市场经济体制相适应的价值观念、管理规则、制度体系、道德自律与法律规范等新的文化理念体系。文化的开放性、融合性等创新特质为实施文化理论创新奠定了坚实的文化底蕴,因此要将炎帝文化的深厚内涵与地方经济建设紧密结合起来,树立在经济全球化、政治多极化、文化多元化背景下新的开放意识和发展理念。

炎帝陵景区自1988年修复开放以来,累计接待海内外游客5000余万人次,接待党和国家领导人100余位。近三年接待游客646万人次,其中境外游客27.6万人次。2006年“炎帝陵祭典”被国家文化和旅游部列为中华民族文明发源文化发祥重点非物质文化遗产保护项目。

炎帝部族遍布大江南北,南迁者甚多,湖南很多地方都留下了炎帝及其族裔的足迹,蕴藏着炎帝文化的深厚积淀。不少自然景观和人文景观都与炎帝和炎帝文化有着千丝万缕的内在联系,不少山名、水名、地名都与炎帝密切相关。炎帝及其族裔在湖南株洲的事迹不仅留存在古代文献和地方史料中,也流传于民间闾里的传说故事中。这些都是我们宝贵的历史文化馈赠,我们要重视保护神农文化遗址和遗迹,要将以炎帝文化为代表的文化资源优势转化为经济优势和

① 湖南炎帝研究系列活动的详细综述,参考曹敬庄:《炎帝陵志》,长沙:湖南人民出版社,2019年。

产品优势，发挥龙头文化品牌的效应，带动株洲、湖南地域的文化事业和文化产业，使之形成强有力的规模竞争效应。

习近平总书记强调："一个国家、一个民族的强盛，总是以文化兴盛为支撑的，中华民族伟大复兴需要以中华文化发展繁荣为条件。"炎帝精神作为一种优秀的文化传统，铸造了中华民族的人文品格，升华为中华民族的民族精神之魂。因此，我们要坚定文化自信，做好炎帝精神的创造性转化和创新性发展。站在新的世纪，依凭我们的精神与智慧，迎风挑战，屹立于世界民族之林，这是我们巨大的荣光。

（作者：阳卫国，湖南省株洲市委副书记、市长）

炎帝对农业的贡献与湖南在农业起源及早期发展上的独特地位

◇王震中

一、文献记载中炎帝对农业的贡献

炎帝又号"烈山氏""列山氏""厉山氏""连山氏"。这里的"烈""列""厉""连",乃一声之转,是一回事情。《国语·鲁语上》说:"昔烈山氏之有天下也,其子曰柱,能殖百谷百蔬。夏之兴也,周弃继之,故祀以为稷。"韦昭注曰:"烈山氏,炎帝之号也,起于烈山。"《左传》昭公二十九年也说:"有烈山氏之子曰柱,为稷,自夏以上祀之。周弃亦为稷,自商以来祀之。"杜预注:"烈山氏,神农世诸侯。"《礼记·祭法》说:"厉山氏之有天下也,其子曰农,能殖百谷。夏之衰也,周弃继之,故祀以为稷。"东汉郑玄注:"厉山氏,炎帝也,起于厉山,或曰有烈山氏。"这些先秦文献和注释告诉我们,炎帝也号烈山氏或厉山氏,他的儿子叫作"柱",也叫作"农",能种植"百谷百蔬",对农业有重大贡献,因此被称为农业神——稷神,夏代以前的人们都祭祀他。所以,在文献记载中炎帝对农业的贡献是十分显著的。

二、湖南在中国农业起源及早期发展上的独特地位

西晋皇甫谧《帝王世纪》说:"(炎帝)在位百二十年而崩,葬长沙。"宋代罗泌《路史·后纪三》注引《帝王世纪》说:"神农葬茶陵。"南宋王象之《舆地纪胜》说:"炎帝墓在茶陵县南一百里康乐乡白鹿原。"这里的"白鹿原"又称为"鹿原陂",在今株洲市炎陵县。据《酃县志》记载,在酃县(今炎陵县)有炎帝陵。有关炎帝陵在湖南炎陵县的这些文献记载,是"南方炎帝说"的重要依据。那么,从考古发现来看,在农业起源上湖南居于什么样的历史地位呢?

关于农业的起源,在旧石器时代晚期,人们在高级采集-狩猎经济中,依据自己对动植物生长规律的认识,开始尝试谷物的栽培和牲畜的驯养,这种从采集植物过渡到培育植物的行为,就是所谓农业的起源。由此,远古社会也由旧石器时代进入新石器时代。

我国的原始农业分为两大系统:南方的稻作农业与北方的粟黍旱作农业。

根据笔者的研究，中国的农业是“多元分散起源”的①，其中在南方的稻作农业系统中，目前发现最早的属于农业起源阶段的遗址有湖南道县玉蟾岩遗址和江西万年仙人洞遗址，其中湖南道县玉蟾岩遗址出土有人工栽培的水稻，也出土有非常原始的陶器，该遗址的年代在距今 12000 年以上，是新石器时代早期农业起源阶段的遗址。②

图 1　湖南道县玉蟾岩遗址外景

12000 多年前的新石器时代早期的湖南道县玉蟾岩遗址，虽然是洞穴遗址，但在它的洞口下面是地势平坦的开阔地（图 1），站在洞口远望可见一片平原，植物茂盛，资源丰富。对于 12000 多年前的原始人来说，在沃野上采集食物固然不成问题，但更重要的是此时的他们已开始对稻谷等一些可食性植物进行有意识的栽培，因而这种洞穴内的经济生活与旧石器时代诸如北京猿人、山顶洞人的洞穴生活是不一样的。也就是说，在玉蟾岩、仙人洞等遗址中发现稻作遗存的存在，预示着新石器时代之初江南经济类型的发展方向。当然，在农业起源之初，作为食物的来源，主要还不是依靠栽培的农作物，农作物所占食物的比例是较小的。以玉蟾岩遗址为例，尽管当时已培育出一种兼有野生稻、籼稻、粳稻综合特征的栽培稻（图 2），发明了陶器（图 3），但从出土的生产工具和大量的动植物化石来看，当时的经济类型还主要是广谱的取食经济，也就是说，12000 多年前的

① 王震中：《中国文明起源的比较研究》（增订本），北京：中国社会科学出版社，2013 年，第 23—37 页。

② 张文绪、袁家荣：《湖南道县玉蟾岩古栽培稻的初步研究》，《作物学报》第 24 卷第 4 期（1998 年 7 月）。袁家荣：《玉蟾岩遗址》，《中华人民共和国重大考古发现》编辑委员会编，宿白主编：《中华人民共和国重大考古发现》，北京：文物出版社，1999 年。袁家荣：《湖南道县玉蟾岩 1 万年以前的稻谷和陶器》，严文明、安田喜宪主编：《稻作、陶器和都市的起源》，北京：文物出版社，2000 年。

这些洞穴居民，是在采集、捕鱼、狩猎和种植稻谷作物等多种经济共同作用下过着定居生活。

图 2　湖南道县玉蟾岩遗址出土的水稻

图 3　湖南道县玉蟾岩遗址出土的陶器

在湖南地区，紧接新石器时代早期而来的是距今 9000—8000 年的澧县彭头山遗址。澧县彭头山遗址是环壕聚落遗址，发现有房屋、墓葬、灰坑、陶器、石器、鹿和鱼等动物遗存，以及稻谷遗迹等。① 根据文物普查和重点发掘，类似彭头山的遗址还有八十垱、李家岗、刘家湾、肖家岗、黄麻岗、胡家坟、曹家湾等十余处。② 这些遗址都位于澧阳平原，多处于海拔 50 米的低岗上，少数处于澧水沿岸的二级阶地，有的属于彭头山文化的早期，有的属于彭头山文化的中期和晚期。彭头山文化先民的生产和生活，应该是采集、渔猎与规模有限的水稻种植兼而有之。

彭头山遗址之后，湖南澧县的城头山遗址是较为著名的。③ 城头山遗址前后经历了汤家岗文化、大溪文化、屈家岭文化三个时期，距今 7000—4500 年。在汤家岗文化时期它是一个环壕聚落，在大溪文化和屈家岭文化时期它是修筑有城墙的聚落。④ 六七千年前，澧县城头山的农业获得了显著的发展，其最重要的证明是在城头山遗址中发现了稻田遗迹。考古学者在城头山遗址发掘出了稻田和田埂，还有与水稻田配套的原始灌溉系统，即高出稻田的用于灌溉的水坑和水沟，并从稻田的土样中选出了有稻梗和根须及碳化稻谷、竹叶、田螺等动植物的

---

① 湖南省文物考古研究所等：《湖南澧县彭头山新石器时代早期遗址发掘简报》，《文物》1990 年第 8 期。裴安平：《彭头山文化的稻作遗存与中国史前稻作农业》，《农业考古》1989 年第 2 期。湖南省文物考古研究所编：《彭头山与八十垱》，北京：科学出版社，2006 年。

② 湖南省文物考古研究所：《湖南澧县梦溪八十垱新石器时代早期遗址发掘简报》，《文物》1996 年第 12 期。张文绪、裴安平：《澧县梦溪八十垱出土稻谷的研究》，《文物》1997 年第 1 期。裴安平：《澧阳平原史前聚落形态的特点与演变》，《考古》2004 年第 11 期。

③ 湖南省文物考古研究所：《澧县城头山——新石器时代遗址发掘报告》，北京：文物出版社，2007 年。

④ 王震中：《中国古代国家的起源与王权的形成》，北京：中国社会科学出版社，2013 年，第 180—190 页。

标本。① 稻田及其配套的原始灌溉系统的发现,说明原始的稻作农业有了很大的发展。

如果说玉蟾岩遗址代表了农业的发明,那么彭头山遗址和城头山遗址则代表了农业的早期发展。特别是城头山遗址经历了从平等的农耕聚落形态到不平等的中心聚落形态的发展历程,其稻田及其配套的原始灌溉系统应该是社会复杂化的重要支撑。

就农业的发明而言,英国考古学家柴尔德曾将其称为"农业革命"。他把"农业革命"与因城市的出现而命名的"城市革命"和近代的"工业革命"一同视为改变人类历史的"三大革命"。"三大革命"的前两项都与农业密切相关。当然,进入定居农耕聚落社会所带来的社会进步是逐渐显现的:社会的人口将会逐渐获得较为明显的增长,较大的地域集团将开始形成;农业可以提供稳定的食物储备,使得一些社会成员有可能脱离食物生产,转而从事其他行业,社会生产出现专业化分工,社会的经济、政治、艺术文化也将随之向前发展;稳定的农业经济还有助于促进财富积累、所有制意识的萌发,以及贸易和交换的发展;对于农业民族来说,农业的发生和发展将会使社会性、政治性组织变得愈来愈复杂;农耕礼仪、宗教祭祀等观念形态得到充分发展;社会不平等、阶层和阶级分化的经济基础更加巩固。总之,农业的起源是人类历史上的巨大进步,以农耕畜牧为基础的定居聚落的出现是人类通向文明社会的共同起点。包括中华文明在内的世界上几个最古老的人类文明,都发生在最早出现农业经济的地方,足以说明这一点。

既然农业的发明在人类文明史上占有如此重要的地位,湖南又有最早的农业起源的遗址和农业早期发展的遗址,因而湖南在我国农业起源上具有独特的历史地位,是值得称道的。

(作者:王震中,全国政协委员,中国社会科学院学部委员,中国社会科学院历史学部副主任,中国殷商文化学会会长,中华炎黄文化研究会副会长)

① 湖南省文物考古研究所:《澧县城头山城址 1997~1998 年度发掘简报》,《文物》1999 年第 6 期。

炎帝神农的文化意蕴：湖湘与中华

◇朱汉民

根据历史文献的记载，炎帝神农既是远古农业的始祖，又和黄帝一起被尊为中华民族的祖先。考察炎帝神农文化，我们会发现，炎帝神农不仅与湖湘文化有密切的关系，而且体现出了重要的中华文化的意义。

一、炎帝神农与湖湘文化

有关炎帝神农的文献记载散见于先秦两汉的各种文献典籍之中。从其内容来看，这些文献都具有浓厚的神话传说色彩。特别是其中常有一些关键性的疑问：炎帝神农究竟是一人还是两人？他代表的是南方文化还是北方文化？炎帝神农其实是由不同文化元素整合而成的，体现出了中华文化是由不同地域文化元素整合而成的特点。

炎帝神农是由先秦炎帝与神农两个不同的传说人物构成，两者的区别有三点：其一，从身份来看，炎帝的主要身份是"帝"，被列入中原王朝的政治谱系；而神农即农神，其主要身份是"神"，是原始多神宗教神谱中的一员。其二，从文化特质来看，炎帝是一位政治领袖，他引领其部族的成员参与中原争霸的战争；而神农则是一位从事农业、医药业的专业人士，对农业文明的建设做出了重要的贡献。其三，从地域文化来源来看，炎帝是出生于中原地区的民族首领，而神农则是早期长江文明的宗教神祇。

神农是早于炎帝的传说人物，属于后来所说的"三皇"时代，体现的是远古农耕文明的特点。先秦诸多文献中均明确地点明这一点："神农之世，男耕而食，妇织而衣，刑政不用而治，甲兵不起而王。"①"神农之世，卧则居居，起则于于，民知其母，不知其父，与麋鹿共处，耕而食，织而衣，无有相害之心。"②显然，神农时代是中华远祖较早由渔猎文明进入原始农业文明的时期，"神农之世"所代表的是"男耕而食，妇织而衣"的农耕文化初期阶段，这和进入"习用干戈"的

---

① 山东大学《商子译注》编写组：《商子译注・画策》，济南：齐鲁书社，1982 年，第 120 页。

② 〔清〕郭庆藩：《庄子集释》，北京：中华书局，2004 年，第 995 页。

炎黄争霸时代完全不一样。神农开创了农耕时代文明，在开发原始农业，创造耒、耜，教民耕种等方面做出了重大贡献。

炎帝是黄帝轩辕氏时代的人，和"甲兵不起"的神农时代完全不一样，这是充满干戈战争的古国时代。司马迁《史记·五帝本纪》中就十分明确地记载了这一点。汉代的学者常常会谈到炎黄部落之间的战争。贾谊《新书·益壤》："炎帝无道，黄帝伐之涿鹿之野。"《归藏·启巫》："黄帝与炎帝争斗涿鹿之野，将战，筮于巫咸。"

关于炎帝的世系、出生地，历史文献记载黄帝、炎帝均为少典所生。《国语·晋语》中"炎帝以姜水成"，说明炎帝氏族最初的发源地是姜水，姜水在陕西西部，与甘肃天水地区相邻，处于黄河中上游渭水支流的宝鸡地区岐山县境内。如果说炎帝源于黄河流域的话，那么神农则产生于长江流域，是南方文化的体现。根据先秦文献的记载，神农传说的出现与上古时代农耕文化的农神祭祀有关。我们知道，先秦诸子都有其地域文化的历史背景，如儒家之于鲁，法家之于秦。我们可以从崇拜神农的农家学派，看出对神农的崇拜是南方楚文化的历史传统。战国中期，农家学派的代表人物许行从楚地进入滕国，信奉神农之言，假托神农之言立说，按照神农之言实践，在滕地过着自食其力的耕织生活。许行以南方源远流长的祭祀农神的传统资源创建农家学派，以农家的身份开展活动，然后北上进入滕地传播其学说，可见，楚地是农家学派的创始之地，对神农的崇拜是长江流域地域文化的产物。

一些考古学材料也可以证明神农文化在湖湘大地有着十分久远的历史文化渊源。湖南龙山里耶秦简中有"祠先农简"22 枚，《后汉书·礼仪志》注引《汉旧仪》曰："官祀先农，先农即神农炎帝也。"该文献的发现，证明了这一地区相当久远的神农崇拜的文化渊源。①

神农能够产生于湖南及其所在的长江流域，是以这里发达的农耕文明为物质基础的。根据近几十年的考古材料，长江流域的农耕文明要早于黄河流域形成和发展，早在 12000 多年前就产生了农耕文化。如以湖南为例，在道县玉蟾岩洞穴遗存发现有超过 12000 多年的陶器和稻谷；另外，在洞庭湖区的澧县彭头山新石器遗址、石门县皂市下层新石器文化遗存都体现出早期农耕文化的特点。如果我们不拘泥于具体的位置，而是将湖南、湖北的长江中游地区作为神农崇拜的发源地区，这是完全没有问题的。我们可以把湖南、湖北为中心的长江流域地区新石器时期的农耕文明及其相关的宗教文化看成一个整体，包括道县玉蟾岩文化、澧县彭头山文化、洪江高庙文化、皂市下层文化、澧水中下游大溪文化与屈家岭文化，这里有着相当久远的神农崇拜的文化渊源。这和历史文献记载的神

---

① 赵润德主编：《神农"连山"名义推索》，《炎黄文化研究》第十一辑，郑州：大象出版社，2010 年，第 21—22 页。

农崇拜渊源于南方是一致的。

由此我们可以看到，从战国到西汉中期的历史文献中，神农和炎帝一直是两个不同时代、不同地域的人物。但是，从西汉末开始，神农、炎帝就被合称为炎帝神农了。据班固《汉书》引证《周易》说："炮牺氏没，神农氏作……以火承木，故为炎帝。教民耕农，故天下号曰神农氏。"①西汉末以后的历史典籍，大多是将两个不同时代、不同形象、源于不同地域的炎帝和神农等同起来，不作区分。

最初将炎帝和神农等同起来可能源于一个偶然的历史事件，但是，炎帝神农形成后能够被人们普遍地、长期地接受，则是有着深刻的历史文化原因。我们需要将炎帝和神农为什么会等同起来的历史问题，纳入到汉代文化甚至是中华文明建构的背景下进行思考。

从中华文明发展史来考察，汉代文化代表着中华文明的成熟阶段。汉代文化以其博大的胸怀和雄浑的气魄，结束了先秦百家争鸣的局面，建构了一个兼容并蓄的文明体系。当然，汉代文化的成熟是建立在先秦时期文明起源、形成、发展的基础之上的。秦汉以后，统一的中华帝国需要一个统一的文化，这个统一全国的思想文化不会是某一个地域的文化，而必须是一个整合了各个不同地域文化优长和特色的统一文化。正是在这一大的文化背景下，汉人将黄河流域的炎帝和长江流域的神农合一，炎帝神农不仅成为中国人共同崇敬的始祖，也成为中国人共同崇敬的农耕文明创始人，体现出古代中国人将宗法文化、农耕文化及不同地域文化合一以建构统一中华文化的要求。

二、炎帝陵的中华文化意义

最早记录有炎帝安葬地点信息的是晋朝。《太平御览》卷一七一引晋司马彪《续汉书·郡国志》中已有"炎帝神农氏葬于长沙"之说。晋皇甫谧所著《帝王世纪》也说，炎帝神农"在位百二十年而崩，葬长沙"。关于湖南炎帝陵的确切记录是从宋代开始的。不少学者指出，炎帝陵的修建与宋朝宣扬火德文化有关②。根据邹衍的"五德终始说"，汉人本来已经将炎帝与火德、南方联系在一起，如《淮南子·天文训》云："南方，火也，其帝炎帝，其佐朱明，执衡而治夏。"宋人以火运自居，将炎帝视为感生帝，推动了宋朝炎帝陵的建设。宋乾德元年(963)，太常博士聂崇义上言："皇帝以火德上承正统，请奉赤帝为感生帝。每岁正月，别坛而祭，以符火德。"③至宋乾德五年(967)，朝廷颁诏立庙于陵前，"肖像而

① 〔汉〕班固：《汉书》卷二十一下《历律志下》，北京：中华书局，2002年，第1012页。

② 刘复生：《宋朝"火运"论略——兼谈"五德转移"政治学说的终结》，《历史研究》1997年第3期。

③ 〔元〕脱脱等：《宋史》卷一百《礼三》，北京：中华书局，1977年，第2461页。

祀，三岁一举，率以为常”。

从汉代将炎帝与神农合而为一，到宋代修建祭祀炎帝神农的陵与庙，其起因和目的都非常明确，都是为新王朝的合法性服务的，也就是说湖南炎帝陵的修建、祭祀，具有表明政统的中国传统政治意义。但是，炎帝陵庙不仅仅是一种政治设施，同时也是一种文化设施；祭祀炎帝不仅仅是一种政治活动，也是一种文化活动。由于湖南地区有着相当久远的神农崇拜的文化渊源，加之炎帝陵及对其的祭祀活动具有十分丰厚、复杂的文化内涵，故而对宋以后的湖湘文化建构产生了深远的历史影响。

地域文化的意义、价值及地位确立，主要体现为两个向度——中华文化普遍意义的提升与贡献、湖湘地域特色的形成与体现。炎帝神农的陵庙建设及祭祀活动在湖南“茶乡之尾”鹿原陂的开展，确实在中华文化的普遍意义与湖湘文化的特殊意义两方面均有拓展，从而推动了湖湘文化的建构与发展。

炎帝陵及对其的祭祀活动体现的中华文化的普遍意义，主要表现在对炎帝神农崇拜中所包含的道统观念。炎帝陵庙是从宋初开始修建的，恰恰是宋代兴起的理学，强化了远古的英雄、圣王在文化上的道统意义。儒家道统论的确立者朱熹早就将神农纳入传授道统的圣王之列，他在《大学章句》序中说：“此伏羲、神农、黄帝、尧、舜所以继天立极，而司徒之职、典乐之官所由设也。”①朱熹这一道统观念对后世影响很大，如自明代开始，神农与伏羲、黄帝以“皇师”身份在文华殿东室奉祀。元、明、清朝廷遣官致祭炎陵时，其祭文主要内容大多具有“继天立极，宣著人文”②等道统意义。炎帝及对其的祭祀活动包含的道统意义，对湖湘道统意识的强化起到了推动作用。

道统意识本是宋、元、明、清朝的主流意识形态，是中华文化体系中具有普遍意义的文化内容。但是，从先秦儒家提出道的授受谱系以来，一直到唐宋完成道统学说，那些传授道统的圣王、圣贤主要是中原人士，湖南向来被认为是远离儒家主流文化的蛮夷之地。从宋代开始，炎帝陵建庙于湖南当时的茶陵县（1211年析康乐、霞阳、常平三乡置酃县，1994年酃县更名为炎陵县），祭祀炎帝神农的仪式持续在湖南举行；而恰恰是在宋代，湖南出现了理学的开山祖周敦颐，周敦颐被南宋湖湘学者胡宏、张栻认为是孔孟道统的“道学宗主”，湖湘之地成为“理学之邦”。这样，由炎帝、舜帝的陵庙所代表的上古道统文化和由周敦颐、张栻等湖湘学者所代表的宋代道学文化，奠定了湖湘道统意识的基础。这双重道统文化对湖湘道统意识的建构影响很大，并且表现得愈来愈明显。如曾国藩发布讨伐太平天国的《讨粤匪檄》，完全是以道统观念来动员湖湘士大夫与民众，他

① 〔宋〕朱熹：《四书章句集句》，北京：中华书局，2008年，第1页。

② 《成化初遣官告即位致祭文》，〔明〕蒋镆等纂，〔清〕吴绳祖修，梁颂成等点校《九疑山志两种·炎陵志》卷六，长沙：岳麓书社，2008年，第300页。

要求“抱道君子，痛天主教之横行中原，赫然奋怒，以卫吾道”①。因此，我们认为，“圣代崇陵寝，南邦奠古皇”的炎帝陵对湖湘士大夫树立以道统为核心的文化自信是做出了重大贡献的，湖湘学人的道统担当意识的确立，推动并完成了中华文化到湖湘地域文化的历史建构。同时，两宋以后，诸多儒家士大夫建立起对炎帝神农的“正祀”，使湖湘之地发生了“楚俗一变”。由于炎帝神农已经成为中华道统谱系中的主要人物，是中华文化中的农耕文明、政治文明与精神文明的代表，故而对炎帝神农的“正祀”既体现了湖湘地区的精英文化和通俗文化的融合，又体现了中华普遍文化对湖湘地域文化的历史影响，对湖湘地区的文化整合、文化建构具有十分重要的意义。

（作者：朱汉民，湖南大学岳麓书院国学院院长，湖南大学学术委员会副主任，国际儒学联合会副理事长，中华孔子学会副会长，湖南省政府文史馆馆员）

① 〔清〕曾国藩：《诗文·讨粤匪檄》，《曾国藩全集》第14册，长沙：岳麓书社，1995年，第233页。

炎帝文化在台湾的传承与发展及其对台湾的社会影响

◇李乾龙　游炎川

今天我们所要讲的题目是:炎帝文化在台湾的传承与发展及其对台湾的社会影响。我们以先啬宫为例,来做一个短暂的解说,希望我们两岸的民众对炎帝神农有更深的了解。

一

(一)炎帝文化何时渡海来台不可考,但在台湾供奉神农大帝的庙宇中历史最悠久的庙宇有建庙四百多年的,也有建庙近三百年的。以三重先啬宫为例,其建庙于清朝乾隆二十年,距今已经有260多年。淡水河边的各庙宇均有沿革志可考。现今福建永春金峰的真宝殿是闽南炎帝信仰的圣地,该庙建于唐朝,距今有1300多年的历史,因此推估渡台的先人大多由此庙分灵到台湾立庙供奉。

(二)中华神农大帝协进会的成立过程。2001年10月28日,在台北的三重先啬宫成立了中华神农大帝协进会。台湾省全省81个宫庙约5000人参加了此成立大会。协进会前身为神农大帝联谊会,未向政府立案,纯属联谊的性质,2001年正式登记为全省性社团,并选举李乾龙出任首届理事长并连任一届共六年。

二

(一)在台湾供奉神农大帝的庙宇共有146座,参加协进会的庙宇有78座,分配在全省各地。其中北部有31座,中部有11座,南部有23座,东部有13座。全省信众约200万人。神农大帝是"药王",因此中医界及中药业奉其为祖师爷。从事农业生产的人士也奉其为主神。

每年农历四月二十五、二十六两日为神农大帝的圣辰。各寺庙依当地风俗民情均举行盛大的祝寿活动,有的活动长达七天,其中巡境祈福活动及遵循古礼行三献大礼是主要的祭典活动,其他社会公益活动穿插其间,最终要行过火仪式后举行安座仪式。除了闽客家族群的祭典方式及北中南祭典方式略有不同,如苗栗祭祀时常用大公鸡、大山羊祭拜神农,其他地区的祭典方式大致相同。

(二)炎帝宗教文化的教化功能及公益活动。台湾的宗教活动如崇拜妈祖、关圣帝君、玄天上帝等,其最终目的是行教化功能,劝人为善,其取之于社会的善款,大部分投入社会公益,如有重大天灾,最大的捐款也往往来自宗教界。以先啬宫为例,每年的香油收入有40%投入社会公益事业。

(三)两岸的宗教文化交流。台湾近10年至大陆谒祖,以到湖南长沙炎帝陵为较多。2006年起,两岸的神农大帝研究团体开始了互访交流,中华神农大帝协进会先后于2006年率300余人的协进会成员和137名台湾学者赴湖南炎帝陵谒祖并立碑纪念。2010年至2012年连续三年率100余座宫庙的1000多人赴湖南炎帝陵谒祖。后亦有赴湖北炎帝庙的交流,最大规模乃数2016年山西高平的1080人的庞大谒祖团及2017年500人的谒祖团。2015年,湖南省省长及各级领导赴台参加了“恭迎炎帝圣驾莅台巡境赐福活动”,活动历时12天,全省42座宫庙参与,盛况空前,参与的人数超过50万。

三

炎帝神农是中华民族文明智慧的先驱,是古代先进生产力的代表,也是华夏民族发端的一位伟大的发明家和实践者,对中华民族的发展壮大做出了卓越的贡献。根据史料和民间传说,他教民开拓农耕,根据人类生存的需要,多方面、多层次地进行探索,以变革上古社会生活的形态和方式,使上古原始先民在极其恶劣的自然条件下,利用自然条件开拓生存空间,创造出许多“敢为天下先”的业绩。

概括而言,炎帝神农有八大业绩,即始作耒耜,教民耕种;遍尝百草,发明医药;日中为市,首倡交易;治麻为布,制作衣裳;削桐为琴,练丝为弦;弦木为弧,剡木为矢;作陶为器,冶制斤斧;建屋造房,台榭而居。炎帝神农是农业、医药业、商业、建筑业等多个关系到人类社会生计的行业鼻祖。祭祀炎帝神农,是为了更好地传承和扩展炎帝文化,传承中华民族的宝贵文化遗产,也是追寻中华文化之源泉。

回首历史,展望未来,希望炎帝文化在两岸能更加蓬勃地发展,让民众了解炎帝神农对中华文化的贡献,其功用可套用台湾的一句俗谚:“呷果子拜树头。”期望通过宗教文化的交流,两岸的和平发展更向前迈出一大步!

(作者:李乾龙,中华神农大帝协进会创会理事长;游炎川,中华神农大帝协进会理事长)

炎帝神农精神对台湾农业的贡献

◇曾永红

炎帝神农是中华民族的始祖,他教民农耕、发明农具、遍尝百草、勇于献身,带领氏族部落改造社会,创造了丰硕的物质财富和精神财富,凝聚造就了伟大的炎帝神农精神,是中华民族宝贵的文化遗产。对于台湾农民而言,他犹如最亲切的长者,也是引导台湾农民前进的精神导师。台湾农民在炎帝神农精神的感召下不断追求更好的生活,具体而言,炎帝神农对台湾农民的精神感召表现在以下几点:勇于开拓,不怕艰难;互助共荣,乐于分享;务实创新,追求卓越;自强不息,坚韧不拔。炎帝神农通过多项重要的发明将黎民百姓带向富庶的文明社会,台湾农民也本着这份精神创造出傲世的精致农业。

一、绪论

创新发展是一个国家或团体竞争力的指标,大多数国家或团体的创新发展依赖民间活跃的生命力,创新的成果亦是优势竞争力的所在,但创新常不容易为人们所接受,或者大家仅是赞叹创新的成果,却并不将这些创新成果有效地转为生产力,进而服务于产业发展,以创造更多的经济效益。以美国为例,1980 年联邦政府约拥有 3 万个创新发明的专利,但仅有 5%的专利真正被产业界运用。问题出现在哪里呢?因为人们在工作上更倾向于使用“省力、现成”的旧方法。有鉴于此,炎帝神农的创新精神就对启发人心、引领民众勇于尝试具有深远意义。

本文借由炎帝神农八大功绩中的务实创新精神来探讨台湾农业在新时代所面临的挑战。

二、台湾农业创新发展与炎帝神农精神的体现

(一)台湾农业发展历程

谈炎帝神农精神,就不能不提到炎帝神农的八大功绩,而这八大功绩无疑是最佳的创新务实典范。台湾农民一直以来秉承的新农业精神,无疑就是对炎帝神农精神的继承和发展。明末清初,福建、广东沿海一带生存不易,台湾先民背着炎帝神农神像渡过台湾海峡来到台湾这个荒芜之岛。在筚路篮缕的垦荒年

代，先民无时无刻不祈求炎帝神农带给他们五谷丰登的未来。在恶劣的环境下，先民秉承炎帝神农勇于创新发明的精神，尤其到晚清时期，在沈葆桢等清廷官员的有力推动下，为台湾农业打下了雄厚的发展根基。

1945年以后，台湾农民在研发改良新农业产品上不遗余力，造就了许多经济奇迹，不但为自己带来了丰厚的收益，而且带动了工业的发展，这些都是在炎帝神农的庇佑及精神感召下所取得的成果。此时，台湾设立了“神农奖”来鼓励现代的炎帝神农精神追随者，政府也将许多技术无偿提供给农民使用，重视农业技术的管理与应用，积极将农业智慧财产的观念向试验研究单位推广，让第一线的研究人员指导农业生产实践。科学化的农业管理进一步深耕于农民心里，使得台湾农民变成带着手提电脑上田的科技农民。

（二）炎帝神农精神在台湾农业发展中的实现

从台湾的农业创新发展历程中，我们深刻地发现炎帝神农精神始终产生着巨大影响。台湾农民普遍信仰炎帝神农，在台湾称炎帝神农为“神农大帝”“五谷王”“开天炎帝”“仙公祖”及“老祖”，台湾农民把炎帝神农当作他们的精神寄托、倾诉对象和无言的精神导师。炎帝神农精神主要表现在下列几点：

1. 勇于开拓、不怕艰难的创业精神

炎帝神农精神带给台湾农民最重要的启发就是勇于开拓的精神，面对险恶亦不畏艰难。《逸周书》曰：“神农之时天雨粟，神农耕而种之。作陶冶斤斧，破木为耜，锄耨以垦草莽，然后五谷兴，以助果蓏之实。”台湾农民初来台湾这个荒芜之岛，面对一片荆棘，便仿效炎帝神农破木为耜，锄耨以垦草莽。台湾农业在第二次世界大战后呈现破落不堪的局面，台湾农民用最简陋的农业工具，双手加锄头，开辟了农业新篇章。

2. 互助共荣、乐于分享的奉献精神

《周易·系辞下》载：“日中为市，致天下之民，聚天下之货，交易而退，各得其所，盖取诸噬嗑。”《路史》说炎帝“众金货、通有亡，列廛于国，日中为市，致天下之民，聚天下之货，交易而退，各得其所”。炎帝教导人民如何以物易物，本着公平交易的精神，追求更稳定的生活。这种不谋私利、天下为公的精神，若以西方心理学者马斯洛的需求理论为佐证，炎帝的功绩已将民众的生活需求从最原始的生理需求阶层提升到农耕文明的安全及归属需求层次。这是非常了不起的功绩，不仅中国历史上鲜有人能出其右，甚至在世界发展史上，也鲜有人可与之比拟。早期台湾农民不谋私利的行为，是强化农业创新普及的主要动力。农民彼此之间的产销班合作、农业推广体系及学术机构试验研究的成果，有效地将创新农业科技转介农民使用，提升了农业创新的加权乘数效益；农民在彼此分享农业研究心得的同时，又积极合作提高管理销售系统的效能。这一现象在一定程度上已经说明台湾农业是炎帝神农精神信仰的践行成果，也突出反映了民主友爱、人人平等、不谋私利、天下为公的崇高精神。

3. 务实创新、追求卓越的进取精神

《路史》说炎帝“斫木为耜，揉木为耒”，“教之麻桑，以为布帛；相土停居，令人知所趋避”，“尝草木而正名之。审其平毒，旌其燥寒，察其畏恶，辨其臣使，厘而三之，以养其性命而治病。一日之间而七十毒，极含气也”，“每岁阳月，盍百种，率万民蜡戏于国中，以报其岁之成”，“命刑天作《扶犁》之乐，制《丰年》之咏，以荐釐来，是曰‘下谋’。制雅琴，度瑶瑟，以保合太和而闲民欲，通其德于神明，同其和于上下”。炎帝神农是中华农耕文明的创始者，引领中华祖先从狩猎生活过渡到农耕生活。在恶劣的自然环境面前，他为了部落的生存及发展壮大，领导部族成员不断积累经验，与大自然斗争，改变了先民茹毛饮血、以渔猎为生的原始生活状态，由纯消费的社会进入创造性社会。炎帝神农亲自耕种，遍历千山寻尝百草，甚至“一日而遇七十毒”，终因误尝毒草中毒而崩，葬在今湖南省株洲市炎陵县的鹿原陂。除他留给后人的不朽贡献外，还有他的精神永照后世。

台湾先民在东汉末年从福建、广东沿海一带渡海到台湾开辟新天地，秉承这种艰苦创业、创新进取的精神，在宝岛台湾扎根并茁壮成长。这一路走来，是炎帝神农精神带给台湾先民榜样的力量，面对多风、多雨、多地震的台湾环境，祀奉炎帝神农的台湾先民总是想着其为了改善百姓生活而不断创新发明的行为。在这股精神的感召下，先民运用智慧克服恶劣环境，改善生产环境及条件，在探索实践中勇于开拓、勇于创造，从而铸就了现代台湾农业发展的辉煌。

4. 自强不息、坚韧不拔的牺牲精神

炎帝神农的众多传说故事，一直在教导我们要有自强不息、坚韧不拔的精神。《山海经》中记载了炎帝神农之女精卫填海、部落中的夸父追日的故事，虽然传说神话不可尽信，但他们显示出了炎帝神农族人为了生存和发展、为了人类美好的明天而自强不息、坚韧不拔、奋斗不止的精神。这精神深深烙印在台湾农民心里，台湾农民始终深知，唯有自强不息，重视研发、专利技术转让与授权，并重视农业技术的管理与应用，台湾农业才有发展和出路，才能创造出较大成果。

三、结论

台湾农民本着对炎帝神农的信仰，在有识之士的支持下汇集各方面力量，积极地推动台湾农业新潮流，取得了傲人的成果，为全球农业开辟了先河。炎帝神农在大陆被称为“人文始祖”，在台湾被称为“老祖”，也就是“老祖宗”的意思。由此可知，炎帝神农已成为台湾农民最重要的精神支柱。所以，弘扬炎帝文化、传承神农精神是台湾炎帝神农信众极力推动的工作，我们应该共同秉承并传播这份文化精神，以实现华人大团结之千秋大业。

（作者：曾永红，台湾妇女联合会副理事长）

黄帝与中华礼乐文明的创建

◇杨　赛

一、引言

陈旸《乐书》言："盖五帝之乐，莫著于黄帝。"①黄帝创建了中国第一个礼乐体系，奠定了中国礼乐的思想基础，是先王之乐的集大成者。但黄帝礼乐并非一时一世形成的，而是集前代圣王礼乐之大成。黄帝礼乐在后世的传承与传播也并不顺利，经历了多次反复。周以来的文献称五帝之乐与周初礼乐为先王之乐。先王之乐融入了先王之道、先王之圣、先王之制、先王之法、先王之行、先王之陈、先王之书、先王之命、先王之教、先王之官、先王之令、先王之业、先王之玩、先王之祀、先王之遗训等内容，与先周典章制度、风俗传统、治理经验密不可分，是早期中国人文精神的集中体现。班固《白虎通义》引《乐元语》曰："乐先王之乐，明有法也。"五帝先王之乐，时隔久远，资料缺失，自孔子时代已经难以究诘其详。然而，上古音乐史料不少，考古成果亦多，学界实在不当一概视为伪史。② 我们既不应该一味疑古，也不应该一味信古，而应采取释古的态度，缀合考古学、文献学、社会学、人类学的方法，进行深入研究，存其真，去其伪，得出平实有力的结论。

二、上古之乐

黄帝之乐，从上古之乐发展而来。乐起源于人类对天神的敬畏、崇拜与感恩。乐是人类内在的自觉要求，能疏导情感、提升认识，强化族群间的认同感和凝聚力。随着社会的发展，乐的内涵和形式不断丰富，从自然主义和泛灵论巫术时期，逐渐发展到有规律的礼拜和祭祀活动，最终形成礼乐思想和礼乐体系，成

---

① 〔宋〕陈旸：《乐书》卷十五，《四库全书》本。

② 王清雷：《西周乐悬制度的音乐考古学研究》，北京：文物出版社，2007 年，第 25 页。

为中国社会价值和制度的核心,是中国社会长期维持稳定的基础。①

伏羲氏、朱襄氏、葛天氏都制作了乐舞。伏羲氏最先制定了嘉礼乐。《通典·礼一》:"伏羲以俪皮为礼,作瑟以为乐,可为嘉礼。"②俪皮即两张鹿皮,是早期人们嫁娶的聘礼。《通典·乐一》:"伏羲乐名《扶来》,亦曰《立本》。"③其乐义不详,或可释为维系部落的根本原则。《周易·系辞下》:"刚柔者,立本者也。"④《商君书》有《立本》篇。⑤《隋乐志》:"伊耆有苇籥之音,伏羲有网罟之咏,葛天八阕,神农五弦,事与功偕,其来尚矣。"⑥元结《补乐歌十首·网罟》:"吾人苦兮,水深深。网罟设兮,水不深。吾人苦兮,山幽幽。网罟设兮,山不幽。"⑦乐歌比较朴实地反映了上古时期原始部落的人们用网罟捕鸟、捕鱼的情形,网罟的发明和运用,增强了人们改变自然的能力,改善了人民的生活。伏羲氏制作的乐舞,处于史前自然主义阶段。这一时期的骨笛等乐器,很少有装饰刻纹。陶制响器如埙等,也是仿照动植物的形状,刻有米字纹、方格纹、网纹、平行条纹、锯齿纹、水纹、涡轮纹等,其用途仅限于追捕野兽、扩声等⑧,一般不用作祭祀与娱乐,带有浓厚的自然主义风格。阿诺尔德·豪泽尔说:"原始猎人的经济处于非生产性的、带有寄生性质的发展阶段,他们的食品不是生产出来的,而是来自采集或者捕猎;根据各种迹象判断,他们生活在松散的、没有组织的社会群体当中,分属孤立的小部落,原始个人主义是其行为准则;估计他们不信神,不信彼岸,不相信死后的存在。很显然,在这个脚踏实地的时代,一切活动都要是为了生存这一核心作用。"⑨

朱襄氏命士达制造了五弦瑟作乐,用来调和阴阳,生育万物,求雨抗旱,获得收成。《吕氏春秋·古乐篇》载:"昔古朱襄氏之治天下也,多风而阳气畜积,万物散解,果实不成,故士达作为五弦瑟,以来阴气,以定群生。"⑩朱襄氏的乐舞带有浓厚的巫术色彩。此时,人类社会逐步转入定居形态,主要靠生产食物解决生

---

① 杨赛:《中国音乐美学原范畴研究》,上海:华东师范大学出版社,2015年,第86—106页。

② 〔唐〕杜佑撰,王文锦等点校:《通典》,北京:中华书局,1988年,第1119页。

③ 〔唐〕杜佑撰,王文锦等点校:《通典》,北京:中华书局,1988年,第3589页。

④ 〔清〕阮元刻:《十三经注疏》,北京:中华书局,1980年,第165页。

⑤ 〔秦〕商鞅撰,石磊译注:《商君书》,北京:中华书局,2009年,第97页。

⑥ 〔唐〕杜佑撰,王文锦等点校:《通典》,北京:中华书局,1988年,第3589页。

⑦ 〔清〕董浩:《全唐诗》卷二百四十,上海:上海古籍出版社,1996年。

⑧ 吴诗池:《中国原始艺术》,北京:紫禁城出版社,1996年,第66页。

⑨ 〔德〕阿诺尔德·豪泽尔:《艺术社会史》,黄燎宇译,北京:商务印书馆,2015年,第2页。

⑩ 〔战国〕吕不韦著,陈献猷校释:《吕氏春秋》,上海:上海古籍出版社,2002年,第284页。

计问题，和土地建立日益密切的联系，但对自然力量充满恐惧和依赖。[①]《汉书·古今人表》有朱襄氏，建都于株，即陈地之株邑。朱襄氏之乐应该保存于株地，后其部落流散，传承情形不可详考。

葛天氏之乐层次比较分明，功能比较完备，构建了早期礼乐的雏形。《吕氏春秋·古乐篇》："昔葛天氏之乐，三人操牛尾投足以歌八阕：一曰《载民》，二曰《玄鸟》，三曰《遂草木》，四曰《奋五谷》，五曰《敬天常》，六曰《达帝功》，七曰《依地德》，八曰《总万物之极》。"[②]《汉书·古今人表》有葛天氏之乐。葛天氏总的乐名已经失传，八个曲目可归入五个乐章：第一乐章为迎神曲《载民》，歌颂始祖；第二乐章为颂神曲《玄鸟》，歌颂部落图腾；第三乐章为享神曲《遂草木》《奋五谷》，再现部落刀耕火种的劳动情形并将收获奉献于神；第四乐章为送神曲《敬天常》《达帝功》《依地德》，表达对天地神明的感恩；第五乐章为撤馔终结曲《总万物之极》，是整个乐舞的高潮与尾声。其传承情形不可详考。阿诺尔德·豪泽尔认为，人类开始种植和畜牧生活之后，感觉自己的命运为理性的、按照冥冥天意行事的神秘力量所控制。在意识到天气的好坏——雨天和晴天、雷电和冰雹，瘟疫和灾害，土地的肥沃和硗薄，丰收和歉收对自身的制约作用后，人们开始想到鬼怪和精灵的存在。[③] 葛天氏制作的乐舞，是新石器时代泛灵论的反映。

三、炎帝作乐

炎帝，神农氏，姜姓。炎帝首制了吉礼乐。《通典·礼一》："神农播种，始诸饮食，致敬鬼神，禘为田祭，可为吉礼。"[④]《通典·乐一》："神农乐名《扶持》，亦曰《下谋》。"[⑤]其乐名难释，乐义难求。元结《补乐歌十首·丰年》："猗太帝兮，其智如神；分草实兮，济我生人。猗太帝兮，其功如天；均四时兮，成我丰年。"[⑥]乐歌赞颂了神农氏区分农作物和测定农时两大功德，人类社会的生活方式由游牧逐步转向农耕。桓谭《新论》："神农氏继而王天下，于是始削桐为琴，绳丝为弦，以通神明之德，合天人之和焉。"《庄子·盗跖》："神农之世，卧则居居，起则于于，民知其母，不知其父，与麋鹿共处，耕而食，织而衣，无有相害之心，此至德

---

① ［德］阿诺尔德·豪泽尔：《艺术社会史》，黄燎宇译，北京：商务印书馆，2015 年，第 5—6 页。

② ［战国］吕不韦著，陈献猷校释：《吕氏春秋》，上海：上海古籍出版社，2002 年，第 284 页。

③ ［德］阿诺尔德·豪泽尔：《艺术社会史》，黄燎宇译，北京：商务印书馆，2015 年，第 6—7 页。

④ ［唐］杜佑撰，王文锦等点校：《通典》，北京：中华书局，1988 年，第 1119 页。

⑤ ［唐］杜佑撰，王文锦等点校：《通典》，北京：中华书局，1988 年，第 3589 页。

⑥ ［清］董浩：《全唐诗》卷二百四十，上海：上海古籍出版社，1996 年。

之隆也。"①

人们发现万物有灵,敬畏精灵,相信灵魂的存在,祭祀死者。② 周武王曾分封炎帝之后于焦,祭祀炎帝。《史记·周本纪》:"武王追思先圣王,乃褒封神农之后于焦。"③集解引《地理志》曰:"弘农陕县有焦城,故焦国也。"《通典》:"亳州,今理谯县。周武王封神农之后于焦,即其地也。其后改为谯。春秋时为陈国之焦邑。战国时属宋。秦属砀郡。汉属沛郡。后汉为沛国,兼置荆河州。领郡六,理于此。"④郦道元《水经注·河水》:"焦国,武王以封神农之后于此。"《扶持》应保存于此地,其传承情形不可考。炎帝另一支封到许国,后国灭,子孙流散。《新唐书·宰相世系表》:"许氏出自姜姓。炎帝裔孙伯夷之后,周武王封其裔孙文叔于许,后以为太岳之嗣,至元公结为楚所灭,迁于容城,子孙分散,以国为氏。"⑤炎帝乐后来式微,其影响远不如黄帝乐。《新唐书·傅弈传》:"龙纪、火官,黄帝废之。"⑥在兼并其他部落后,黄帝很可能把其乐舞也废除了。黄帝以前的乐舞,到周王朝初建时都已经失传了,有的仅传乐名,汉唐注疏家没有释名,如今已经很难考察其乐义。

四、黄帝作乐

黄帝作《云门》《大卷》《咸池》三种乐舞,发明律吕,铸造乐钟,是中国礼乐的奠基人。黄帝,名轩辕,被奉为人文始祖。黄帝是早期礼乐的集大成者,首制了军礼乐、宾礼乐、凶礼乐,完善和丰富了吉礼乐和嘉礼乐。《通典·礼一》:"黄帝与蚩尤战于涿鹿,可为军礼;九牧倡教,可为宾礼;《易》称古者葬于中野,可为凶礼。又,'修贽类帝'则吉礼也,'厘降嫔虞'则嘉礼也,'群后四朝'则宾礼也,'征于有苗'则军礼也,'遏密八音'则凶礼也。故自伏羲以来,五礼始彰。"⑦

《云门》宣扬黄帝受命时出现云瑞,属文乐。"云"是指黄帝受命时出现了景云、黄云瑞象,黄帝以云纪事,以云为百官命名。《史记·五帝本纪》:"官名皆以云命,为云师。"⑧集解引应劭曰:"黄帝受命,有云瑞,故以云纪事也。春官为青

① 〔清〕郭庆藩:《庄子集释》,北京:中华书局,1961 年,第 995 页。

② 〔德〕阿诺尔德·豪泽尔:《艺术社会史》,黄燎宇译,北京:商务印书馆,2015 年,第 6—7 页。

③ 〔汉〕司马迁:《史记》,北京:中华书局,1959 年,第 127 页。

④ 〔唐〕杜佑撰,王文锦等点校:《通典》,北京:中华书局,1988 年,第 4665 页。

⑤ 〔宋〕宋祁、欧阳修编:《新唐书》,北京:中华书局,1975 年,第 2875 页。

⑥ 〔宋〕宋祁、欧阳修编:《新唐书》,北京:中华书局,1975 年,第 4059 页。

⑦ 〔唐〕杜佑撰,王文锦等点校:《通典》,北京:中华书局,1988 年,第 1119 页。

⑧ 〔汉〕司马迁:《史记》,北京:中华书局,1959 年,第 5 页。

云，夏官为缙云，秋官为白云，冬官为黑云，中官为黄云。”①《左传》昭公十七年：“郯子曰：‘昔者黄帝氏以云纪，故为云师而云名。’”②注曰：“黄帝受命有云瑞，故以云纪事，百官师长皆以云为名，号缙云氏，盖其一官也。”“门”是指黄帝能分门别类地管理各个部落和各种事务。《周礼·春官宗伯·大司乐》郑玄注曰：“黄帝能成名万物，以明民共财，言其德如云之所出，民得以有族类。”③《云门》有六个乐章，各章乐名不详。周代郊祀曾用以迎天神。《周礼·春官宗伯·大司乐》疏：“《云门》之舞，冬日至于地上之圜丘奏之，若乐六变，则天神皆降，可得而礼矣。”④元结《补乐歌十首·云门》：“玄云溶溶兮，垂雨蒙蒙；类我圣泽兮，涵濡不穷。玄云漠漠兮，含映逾光；类我圣德兮，溥被无方。”⑤元结此歌只取云雨润泽百姓之意，并没有完全切合“云”与“门”的含义。翁方纲《石洲诗话》的批评有一定道理：“然元次山之《补乐歌》，徒有幽深之韵，未为古雅之则。”⑥

《大卷》是彰显黄帝战功的武乐，亦谓军礼乐。《史记·五帝本纪》：“诸侯相侵伐，暴虐百姓，而神农氏弗能征。于是轩辕乃习用干戈，以征不享。”⑦吕思勉认为，黄帝作为北方游牧民族部落首领，好战，打败了很多不肯归顺他的部落。⑧《庄子·盗跖》：“然而黄帝不能致德，与蚩尤战于涿鹿之野，流血百里。”⑨《大卷》展现黄帝席卷了大量土地、财富和人口。《史记·五帝本纪》：“天下有不顺者，黄帝从而征之，平者去之，披山通道，未尝宁居。东至于海，登丸山，及岱宗。西至于空桐，登鸡头。南至于江，登熊、湘。北逐荤粥，合符釜山，而邑于涿鹿之阿。迁徙往来无常处，以师兵为营卫。”⑩据此，《大卷》至少应该包括四个乐章，分别展现黄帝在东、西、南、北四个战区的战绩。《大卷》以鼓乐为主，气势非凡。《庄子·秋水》注：“昔黄帝伐蚩尤，以蚿皮冒鼓，声闻五百里也。”⑪由于《大卷》再现了黄帝四方征伐的战绩，自然要受到被征服部落的长期抵触，接受基础不牢固，很难传承开去。

《咸池》是弘扬黄帝文治的文乐。“咸”释义“皆、备”，是全部、普遍的意思。《礼记·乐记》：“咸池，备矣。”叶梦得《礼记解》：“《咸池》言备者，德之全也。”

---

① 〔汉〕司马迁：《史记》，北京：中华书局，1959 年，第 6 页。
② 〔清〕阮元刻：《十三经注疏》，北京：中华书局，1980 年，第 835 页。
③ 〔清〕阮元刻：《十三经注疏》，北京：中华书局，1980 年，第 337—338 页。
④ 〔清〕阮元刻：《十三经注疏》，北京：中华书局，1980 年，第 977 页。
⑤ 〔清〕董浩：《全唐诗》卷二百四十，上海：上海古籍出版社，1996 年。
⑥ 〔清〕翁方纲：《石洲诗话》卷二，丛书集成初编本。
⑦ 〔汉〕司马迁：《史记》，北京：中华书局，1959 年，第 3 页。
⑧ 吕思勉：《先秦史》，上海：上海古籍出版社，2005 年，第 56—57 页。
⑨ 〔清〕郭庆藩：《庄子集释》，北京：中华书局，1961 年，第 995 页。
⑩ 〔汉〕司马迁：《史记》，北京：中华书局，1959 年，第 14 页。
⑪ 〔清〕郭庆藩：《庄子集释》，北京：中华书局，1961 年，第 592 页。

（卫湜《礼记集说》引）郑玄注曰："咸，皆也。"刘向《五经通义》①、《汉书·礼乐志》、宋均《乐协图征》同训。"池"的释义有两种：一为布施。郑玄《礼记·乐记》注曰："池之言施也，言德之无不施也。"班固《白虎通义·礼乐篇》："黄帝曰《咸池》者，言大施天下之道而行之，天之所生，地之所载，咸蒙德施也。"刘向《五经通义》："池，施也，黄帝时道皆施于民。"②《乐纬》注曰："池音施，道施于民，故曰《咸池》。"（《初学记》卷十五、《御览》卷五六六引）一为水池，引申为浸润万物和德泽万民。《汉书·礼乐志》颜师古注曰："池，言其包容浸润也，故云备矣。"③宋均《乐协图征》注曰："池，取无所不浸，德润万物，故定以为乐名也。"《史记》集解引王肃曰："包容浸润，行化皆然，故曰备矣。""池"两解都可通。《咸池》宣扬了黄帝普施恩惠、得到人民广泛拥护的德行。马晞孟曰："黄帝之德所施者博，故作《咸池》。德之所施者博，故曰池。民之所顺者众，故曰咸。"卫湜《礼记集说》引从释名而言，《咸池》集中体现了黄帝天下为公的执政理念，对中国社会治理产生了深远的影响。《咸池》有六个乐章，第一个乐章名为《经首》。《庄子·养生主》："乃中《经首》之会。"疏曰："《经首》，《咸池》乐章名。"其余五个乐章名称不详。《庄子·天运》虽系寓言，但也能略窥黄帝《咸池》演奏的盛况与独特的功效：

> 北门成问于黄帝曰："帝张《咸池》之乐于洞庭之野，吾始闻之惧，复闻之怠，卒闻之而惑，荡荡默默，乃不自得。"帝曰："汝殆其然哉！吾奏之以人，征之以天，行之以礼义，建之以太清。……四时迭起，万物循生；一盛一衰，文武伦经；一清一浊，阴阳调和，流光其声；蛰虫始作，吾惊之以雷霆；其卒无尾，其始无首；一死一生，一偾一起；所常无穷，而一不可待。女故惧也。吾又奏之以阴阳之和，烛之以日月之明；其声能短能长，能柔能刚；变化齐一，不主故常；在谷满谷，在坑满坑；涂郤守神，以物为量。其声挥绰，其名高明。是故鬼神守其幽，日月星辰行其纪。吾止之于有穷，流之于无止。子欲虑之而不能知也，望之而不能见也，逐之而不能及也，傥然立于四虚之道，倚于槁梧而吟。目知穷乎所欲见，力屈乎所欲逐，吾既不及已夫！形充空虚，乃至委蛇。汝委蛇，故怠。吾又奏之以无怠之声，调之以自然之命，故若混逐丛生，林乐而无形；布挥而不曳，幽昏而无声。动于无方，居于窈冥；或谓之死，或谓之生；或谓之实，或谓之荣；行流散徙，不主常声。世疑之，稽于圣人。圣也者，达于情而遂于命也。天机不张而五官皆备，此之谓天乐，无言而心说。故有焱氏为之颂曰：'听之不闻其声，视之不见其形，充满天地，苞裹六极。'汝欲听之而无接焉，而故惑也。乐也者，始于惧，惧故祟；吾又次

---

① 〔唐〕欧阳询：《艺文类聚》卷四十一，北京：中华书局，1965年，第738页。

② 〔唐〕欧阳询：《艺文类聚》卷四十一，北京：中华书局，1965年，第738页。

③ 〔汉〕班固：《汉书》，北京：中华书局，1962年，第1038页。

之以怠，怠故遁；卒之于惑，惑故愚；愚故道，道可载而与之俱也。”①

《咸池》生动地展现了圣人之道，通过再现四时万物的变化和自然神力的音响，听众感到敬畏和崇拜；通过音乐节奏和旋律出其不意的变化，听众感到劳神而不可企及。

黄帝用礼乐祭祀天地。《通典·礼一》：“黄帝封禅天地。”②周代曾用《咸池》来迎接地祇。《周礼·春官宗伯·大司乐》疏：“《咸池》之舞，夏日至于泽中之方丘奏之，若乐六变，则地祇皆出，可得而礼矣。”③

营援为黄帝制作了《咸池》。陈旸《乐书》：“黄帝命营援作《咸池》，以其感物而润泽之也。”④营援行谊不详，可能是负责求雨的巫师。伶伦为黄帝发明了乐律。《吕氏春秋·古乐》：“昔黄帝令伶伦作为律。伶伦自大夏之西，乃之阮隃之阴，取竹于嶰谿之谷，以生空窍厚钧者，断两节间，其长三寸九分，而吹之以为黄钟之宫，吹曰舍少。次制十二筒，以之阮隃之下，听凤皇之鸣，以别十二律。其雄鸣为六，雌鸣亦六，以比黄钟之宫适合。黄钟之宫皆可以生之，故曰黄钟之宫，律吕之本。”⑤乐律的发明，对礼乐的发展有重大意义。郭嵩涛《礼记质疑》：“律吕盖原于黄帝之世，故乐肇于黄帝。”黄帝又令荣将铸造了乐钟。《吕氏春秋》：“黄帝又命伶伦与荣将铸十二钟，以和五音，以施《英韶》，以仲春之月乙卯之日日在奎始奏之，命之曰《咸池》。”⑥元结《补乐歌十首·咸池》：“元化油油兮，孰知其然。至德汩汩兮，顺之以先。元化浘浘兮，孰知其然。至道泱泱兮，由之以全。”

五、黄帝乐的传承

黄帝在位多年而崩，其子少皞作《大渊》。《通典·乐一》：“少皞作《大渊》。”⑦其乐义失考。元结《补乐歌十首·九渊》：“圣德至深兮，奫奫如渊；生类娭娭兮，孰知其然。”⑧黄帝后裔分为二十五宗。《国语·晋语四》：“凡黄帝之子，二十五宗，其得姓者十四人为十二姓。姬、酉、祁、己、滕、箴、任、荀、僖、姞、

① 〔清〕郭庆藩：《庄子集释》，北京：中华书局，1961 年，第 501 页。

② 〔唐〕杜佑撰，王文锦等点校：《通典》，北京：中华书局，1988 年，第 1161 页。

③ 〔清〕阮元刻：《十三经注疏》，北京：中华书局，1980 年，第 977 页。

④ 〔宋〕陈旸：《乐书》卷十五，四库全书本。

⑤ 许维遹撰，梁运华整理：《吕氏春秋集释》，北京：中华书局，2009 年，第 120—122 页。

⑥ 〔战国〕吕不韦著，陈献猷校释：《吕氏春秋》，上海：上海古籍出版社，2002 年，第 284 页。

⑦ 〔唐〕杜佑撰，王文锦等点校：《通典》，北京：中华书局，1988 年，第 3589 页。

⑧ 〔清〕董浩：《全唐诗》卷二百四十，上海：上海古籍出版社，1996 年。

儇、依是也。唯青阳与苍林氏同于黄帝,故皆为姬姓。”①按理,黄帝乐应该在各个宗系中广泛传承并产生重大影响。然而,由于少皞的统治不牢固,黄帝礼乐受到周边民族的严重挑衅。《国语·楚语下》:“及少皞之衰也,九黎乱德,民神杂糅,不可方物。夫人作享,家为巫史,无有要质。民匮于祀,而不知其福。烝享无度,民神同位。民渎齐盟,无有严威。神狎民则,不蠲其为。嘉生不降,无物以享。祸灾荐臻,莫尽其气。”②直到其孙颛顼掌控局面,黄帝乐才重新得到弘扬。《国语·楚语下》:“颛顼受之,乃命南正重司天以属神,命火正黎司地以属民,使复旧常,无相侵渎,是谓绝地天通。”③

颛顼,高阳氏,黄帝生昌意,昌意生颛顼,传承了黄帝乐舞《云门》,改名为《承云》。《吕氏春秋·古乐篇》:“帝颛顼生自若水,实处空桑,乃登为帝。惟天之合,正风乃行,其音若熙熙凄凄锵锵。帝颛顼好其音,乃令飞龙作效八风之音,命之曰《承云》,以祭上帝。”④颛顼传承《承云》乐,制作《六茎》乐。⑤《承云》延续了黄帝《云门》的做法,是宣扬风祥瑞的文乐,飞龙可能是负责求风的巫师,因与“风”谐音而得名。

喾,高辛氏,黄帝生玄嚣,玄嚣生蟜极,蟜极生喾。喾 15 岁辅佐颛顼,30 岁掌位,统治时期没有发生大的灾害和战争,人民生活安定富足,广受拥戴。《史记·五帝本纪》:“普施利物,不于其身。聪以知远,明以察微。顺天之义,知民之急。仁而威,惠而信,修身而天下服。”⑥由于具备较好的社会基础,喾扩大了礼乐的规模,丰富了礼乐的内容,因《九招》《六列》,作《五英》。《史记·五帝本纪》:“取地之财而节用之,抚教万民而利诲之,历日月而迎送之,明鬼神而敬事之。”⑦将礼敬鬼神依时节常态化、规范化。喾延续黄帝、颛顼天下为公的治理理念,传承了前代乐舞“中”的精神。《史记·五帝本纪》:“溉执中而遍天下。”⑧

喾在位多年,其长子挚接位,势力微弱,三苗作乱。黄帝乐受到三苗乐的冲击。挚在位 9 年,尧取代挚后,统治稳定,重新弘扬了黄帝乐。《国语·楚语下》:“其后,三苗复九黎之德。尧复育重、黎之后,不忘旧者,使复典之。以至于夏、商,故重、黎氏世叙天地,而别其分主者也。”⑨

---

① 上海师范大学古籍整理组校点:《国语》,上海:上海古籍出版社,1978 年,第 356 页。

② 上海师范大学古籍整理组校点:《国语》,上海:上海古籍出版社,1978 年,第 562 页。

③ 上海师范大学古籍整理组校点:《国语》,上海:上海古籍出版社,1978 年,第 562 页。

④ 〔战国〕吕不韦著,陈献猷校释:《吕氏春秋》,上海:上海古籍出版社,2002 年,第 284 页。

⑤ 颛顼制《六茎》乐,将另撰文讨论。

⑥ 〔汉〕司马迁:《史记》,北京:中华书局,1959 年,第 13 页。

⑦ 〔汉〕司马迁:《史记》,北京:中华书局,1959 年,第 13 页。

⑧ 〔汉〕司马迁:《史记》,北京:中华书局,1959 年,第 14 页。

⑨ 上海师范大学古籍整理组校点:《国语》,上海:上海古籍出版社,1978 年,第 562 页。

尧为喾子,舜为颛顼六世孙,禹为颛顼之孙,都系黄帝宗脉,用黄帝乐祭祀黄帝,以强化其血源关系,巩固其正统地位。《通典·礼二》:“有虞氏禘黄帝。”“夏后氏禘黄帝而郊鲧。”①《国语·鲁语上》:“夫圣王之制祀也,法施于民则祀之,以死勤事则祀之,以劳定国则祀之,能御大灾则祀之,能扞大患则祀之。非是族也,不在祀典。昔烈山氏之有天下也,其子曰柱,能殖百谷百蔬;夏之兴也,周弃继之,故祀以为稷。共工氏之伯九有也,其子曰后土,能平九土,故祀以为社。黄帝能成命百物,以明民共财,颛顼能修之。帝喾能序三辰以固民,尧能单均刑法以仪民,舜勤民事而野死,鲧鄣洪水而殛死,禹能以德修鲧之功,契为司徒而民辑,冥勤其官而水死,汤以宽治民而除其邪,稷勤百谷而山死,文王以文昭,武王去民之秽。故有虞氏禘黄帝而祖颛顼,郊尧而宗舜;夏后氏禘黄帝而祖颛顼,郊鲧而宗禹;商人禘舜而祖契,郊冥而宗汤;周人禘喾而郊稷,祖文王而宗武王;幕,能帅颛顼者也,有虞氏报焉;杼,能帅禹者也,夏后氏报焉;上甲微,能帅契者也,商人报焉;高圉、大王,能帅稷者也,周人报焉。凡禘、郊、祖、宗、报,此五者国之典祀也。”②

周封黄帝后裔于祝,继承了黄帝乐。《史记·周本纪》:“黄帝之后于祝。”③服虔云:“东海郡祝其县也。”《新唐书·宰相世系表》:“周武王克商,封黄帝之后于祝,后为齐所并,其封域至齐之间祝阿、祝丘是也。”④黄帝乐应该在祝地得到传承。公元前768年,祝被齐吞并,其后裔流散,黄帝乐逐渐式微,但其影响并未完全消失。如《淮南子·泛论训》论汉高祖初创汉朝,传承黄帝乐,复兴礼乐:“逮至暴乱已胜,海内大定,继文之业,立武之功,履天子之图籍,造刘氏之貌冠,总邹、鲁之儒墨,通先圣之遗教,戴天子之旗,乘大路,建九斿,撞大钟,击鸣鼓,奏《咸池》,扬干戚。”⑤

六、结语

黄帝集上古乐舞之大成,作乐包括《云门》《大卷》《咸池》三种。《云门》表现祥瑞,用以祈福;《大卷》表现战功,为武乐、军乐,用来鼓舞士气和震慑敌方;《咸池》表现德政,用以拢聚民心。黄帝发明律吕,铸造乐钟,创建了比较完整的礼乐体系,是中华礼乐文明的奠基人。至尧舜时,礼乐体系基本全备。《通典·礼一》:“尧舜之时,五礼咸备,而直云‘典朕三礼’者,据事天事地与人为三耳。

① 〔唐〕杜佑撰,王文锦等点校:《通典》,北京:中华书局,1988年,第1161页。

② 上海师范大学古籍整理组校点:《国语》,上海:上海古籍出版社,1978年,第166页。

③ 〔汉〕司马迁:《史记》,北京:中华书局,1959年,第127页。

④ 〔宋〕宋祁、欧阳修:《新唐书》,北京:中华书局,1975年,第3256页。

⑤ 〔汉〕刘安撰,刘文典注:《淮南子》,北京:中华书局,1989年,第438页。

其实天地唯吉礼也，其余四礼并人事兼之。夏商二代，散亡多阙。”①

黄帝乐在传承过程中，历经曲折。少皞后期，其受到九黎乐的挑战；挚时期，其受到三苗乐的冲击。其后当政者，尧、舜、禹、汤、周都系黄帝宗脉，都用黄帝乐祭祀黄帝，以强化其血缘关系，巩固其正统地位。周建国之初，即访黄帝后裔，封于祝，保存黄帝乐，并将黄帝乐与六代乐一起吸收进入周乐体系。

（作者：杨赛，上海音乐学院副研究员）

① 〔唐〕杜佑撰，王文锦等点校：《通典》，北京：中华书局，1988 年，第 1119—1120 页。

炎帝神话叙事与灾难记忆

◇韩 雷

一、不成系统的神话叙事

中国上古神话叙事零碎、片断化，只有大纲而无细节，常留下一些需要探索的问题，用美国学者浦安迪的说法，中国神话的叙事性显得相当薄弱，“与希腊神话相比较，中国神话中完整的故事寥寥无几。如果我们肯定神话具有保留‘前文字记载时代’的传说（pre-literary lore）的功能，那么，西方神话注重保留的是这些传说中的具体细节，而中国神话注重保留的却只是它的骨架和神韵，而缺乏对于人物个性和事件细节的描绘。我们在先秦两汉的古籍中，几乎找不到对任何神话人物事迹的完整叙述”①。炎帝的神话叙事更是如此。

最早记述炎帝、黄帝的文献是大约形成于西周时期的《逸周书·尝麦解》。《逸周书·尝麦解》曰：“蚩尤乃逐帝，争于涿鹿之阿，九隅无遗。赤帝大慑，乃说于黄帝，执蚩尤，杀之于中冀。以甲兵释怒。”这里的赤帝显然就是炎帝，因为打不过蚩尤，他向黄帝求助，二帝联合，在涿鹿擒杀蚩尤；其中提及的赤帝、黄帝无疑是部落首领，而非单打独斗的英雄个体。在中国古史的传说时代，有关英雄个体的叙事无疑是最为重要的，我们仅从这些零散且不成系统的叙事中，也能感受到被先人们念兹在兹的大事和大人物，以至于司马迁在《史记·封禅书》中再次强调：“其后百余年，秦灵公作吴阳上畤，祭黄帝；作下畤，祭炎帝。”丁山认为，上畤祭黄帝，与“皇天上帝”名义相应，而炎帝乃地上的火神。② 为何要祭祀黄帝和炎帝？因为二者对我们太重要了，只有天地之神携手才能永葆大地民众的安全。《左传》成公十三年曰：“国之大事，在祀与戎。”祭祀可能是为了战争，也可能是为了稼穑之顺利。炎帝身兼火神、太阳神甚至灶神数种职能。《左传》昭公十七年云：“吾祖也，我知之。昔者黄帝氏以云纪，故为云师而云名。炎帝氏以火纪，故为火师而火名。共工氏以水纪，故为水师而水名。大皞氏以龙纪，故为龙师而龙名。我高祖少皞挚之立也，凤鸟适至，故纪于鸟，为鸟师而鸟名。”火既能使食

① ［美］浦安迪：《中国叙事学》，陈珏译，北京：北京大学出版社，1996 年，第 41 页。

② 丁山：《中国古代宗教与神话考》，上海：上海书店出版社，2011 年，第 407 页。

物变得易于消化,又是战争的重要利器。如《吕览·荡兵》说:“兵所自来者久矣!黄炎固用水火矣。”《淮南子·兵略》记述得比《吕览》稍详:“兵所由来者远矣!黄帝尝与炎帝战矣!炎帝为火灾,故黄帝禽之。”《左传》昭公十七年谈及炎帝,云其“为火师而火名”,《左传》哀公九年记史墨的占辞则云:“炎帝为火师,姜姓其后也。”炎帝为姜姓之祖,受天命而有火瑞,所以用火纪事,并命名百官。可见,至晚在春秋时期,人们就已将炎帝与火关联起来,炎帝被奉祀为火神。

《史记·五帝本纪》正义引皇甫谧《帝王世纪》:“神农氏,姜姓也。母曰任姒,有蟜氏女,登为少典妃,游华阳,有神龙首,感生炎帝。人身牛首,长于姜水。有圣德,以火德王,故号炎帝。初都陈,又徙鲁。又曰魁隗氏,又曰连山氏,又曰列山氏。”《宋书·符瑞志》:“有神龙首感女登于常羊山,生炎帝神农。”《古今图书集成·皇极典》卷七“帝王部”引《史记补·三皇本纪》:“炎帝神农氏,姜姓,母曰女登。有娲氏之女,为少典妃,感神龙而生炎帝。人身牛首,长于姜水,因以为姓,炎德王,故曰炎帝。以炎名官,始教耕,故号神农氏。神农本起烈山,故左氏称列山氏之子曰柱,亦曰厉山氏。”《册府元龟》卷一《帝王部》:“炎帝神农氏,姜姓,母任巳,有蟜氏女,为少典妃,生帝以炎承木,故为炎帝。教民耕农,故天下号曰神农氏。”总之,炎帝的身份比较复杂,但其作为火神的身份是毋庸置疑的。

火常常与太阳有关,干旱的灾难就是太阳肆意照射、长时间不下雨所导致的。但是,没有太阳照射的大地也就没有了生命,故对日神的崇拜是全世界普遍存在的信仰。

至于炎帝与太阳的关系,《白虎通义·五行篇》记载说:“炎帝者,太阳也。其神祝融,属续也。其精朱鸟,离为鸾故。”朱鸟为炎帝之精,《淮南子·天文训》高诱注作“朱雀”。离,系一种火鸟。《周易·旅卦》:“鸟焚其巢。”虞翻注:“离为鸟,为火。”《易经·说卦》:“离为雉。”“离为火,为日。”《文选·思玄赋》:“前长离使拂羽兮。”李善注:“长离,朱鸟也。”炎帝是火鸟之精,而火鸟代表日,换言之,炎帝即日神。

秦祭祀黄、炎二帝,立吴阳上、下畤。周平王东迁洛邑城,把岐周之地留给秦,秦人伐戎继周,收周余民,主要是姬、姜二姓。黄、炎是姬、姜主神,秦祭黄、炎主要是为了安抚这批居民。《吕氏春秋·十二纪》与《礼记·月令》都曾记载:

(春月)其帝太皞,其神句芒。

(夏月)其帝炎帝,其神祝融。

(中央土)其帝黄帝,其神后土。

(秋月)其帝少皞,其神蓐收。

(冬月)其帝颛顼,其神玄冥。

与黄帝部落相比,炎帝部落好像比较单纯,因为记录后者的文献实在太少,既有的叙事也不成系统,甚至自相矛盾。当然,在大的时空背景下,我们沿着炎帝神话叙事的缝隙,也能发现中国史前文化的信息,尤其是被神话叙事文本遮蔽的信息，对于我们理解先民的生活和心理很有助益。姜姓是氐羌从甘肃、青海进入陕西的，最初只有申、吕两支，僻处雍州，周初封建，移民东方，才从吕分出齐、许。申、吕、齐、许号称“四岳”。四岳是以岳山即吴山得名，吴山在今宝鸡西北。黄帝十二姓，姬姓是核心。姬、姜密迩相处，世代通婚，关系最密切。西周十二王，至少有一半娶姜姓女子为王后。[①] 徐旭生在《中国古史的传说时代》中把黄、炎两个集团统称为华夏集团，但姜姓不在黄帝十二姓之中，是个与它平行的集团。后世所谓“炎黄子孙”概念的提出，正是以汉藏语系的汉语族和藏、羌语族为背景的。汉与藏、羌关系最密切，这已经成为学界共识。

与对日神崇拜相对应的是，中国神话叙事中有关洪水灾难的神话颇占优势，几乎是以压倒性的数量占据着先人的文化记忆。放眼世界其他各地，洪水灾难也是民间叙事的永恒母题。这可能跟洪水肆虐大地的强度和广度有关，先民面对汹涌而至的洪水几乎束手无策、无路可逃，“茫然无际”的观念从此深入先民的骨髓。

面对大灾难，洪水成就了大禹的丰功伟绩。大禹治水厥功至伟，生活上克勤克俭，并能敬天。孔子所谓“禹，吾无间然矣”，“菲饮食而致孝乎鬼神，恶衣服而致美乎黻冕，卑宫室而尽力乎沟洫”，就是在赞美大禹的功劳和品德。有关大禹的历史叙事呈现片断化，在司马迁时代就已经如此了，很明显他对一些史料的真实性也没有十足的把握，甚至要通过猜测才能写作。重复部分是仪式性的重复，在叙事效果上起到某种强化其神圣性的作用，再加上古雅的誓词，其叙事的仪式感就极为强烈了。

大禹神话叙事的核心是治水，因大洪水泛滥成大灾难，才有治理洪水的神话想象。神话想象的背后隐含着世界大灾难的发生，虽然有夸张、有变形，但终有真实历史存在的影子或记忆。其他历史事件也曾发生过，唯独洪水灾难能成为神话想象的聚焦点，这说明上古时人们生活的历史现场，水灾所带来的毁灭性的影响实在太大。先秦思想家庄子在《庄子·秋水》中写道：“秋水时至，百川灌河，泾流之大，两涘渚崖之间不辩牛马。”大意是说：秋天霖雨绵绵，河水上涨，所有的小河都灌注到黄河里去，水面宽阔，两岸及河中水洲之间，连牛马都分辨不清。秋天洪水时常发生，此时再种植作物已然来不及。因此，每当洪水铺天盖地涌来时，先民自然渴望治水英雄的出现，最好从天而降，或大大异于常人。这样的重任便历史性或神话般地落到了大禹的身上。

先民对洪水这种大灾难的记忆，其实是跟其对大旱灾的记忆连接在一起的，二者互相建构着先民的历史记忆。同样是大灾难，对洪水灾难的神话叙事明显多于旱灾，并且治水英雄大禹成为中华民族的文化英雄乃至神灵，而跟旱灾相关

① 李零：《帝系、族姓的历史还原——读徐旭生〈中国古史的传说时代〉》，《文史》2017年第3辑。

的后羿和夸父等就没有如此幸运了。旱灾记忆是如何与太阳崇拜或火神崇拜纠缠在一起并互相修饰建构的？它们之间是如何协调生存的？夸父追日和后羿射日神话的背后是先民对旱灾的记忆。《山海经·海外北经》："夸父与日逐走，入日。渴，欲得饮，饮于河渭；河渭不足，北饮大泽。未至，道渴而死。弃其杖，化为邓林。"夸父的手杖最后化为邓林即桃树，而桃树能带来阴凉，但桃树能真正改变炎热的气候吗？当旱灾发生时，人们可以选择逃离或迁徙，朝向北方的逃离或迁徙主要在陆地空间里展开。

洪水神话叙事重新调整了先民生活世界的秩序，而且是以一种神圣的方式进行的。《史记·夏本纪》的叙事就存有某种仪式感，并通过重复或神圣的歌谣体来表现其神圣性。中国神话里的原型是非叙述性的，但神话本身是有叙事艺术的，且往往是神圣性的叙述。这样的论述是否自相矛盾？可以肯定的是，中国的神话确实很少叙事。中国神话与其说是在讲述一个事件，不如说是在罗列一个事件。浦安迪通过对比后认为："希腊神话的'叙事性'，与其时间化的思维方式有关，而中国神话的'非叙述性'，则与其空间化的思维方式有关。希腊神话以时间为轴心，故重过程而善于讲述故事；中国神话以空间为宗旨，故重本体而善于画图案。"①中国神话叙事为何如此，确是值得我们探究的问题。人类凭借对洪水灾难的生活体验，对神话口头叙事的时间维度进行弱化，似应在情理之中——大洪水涌来时漫无边际，消退时大地空间渐次呈现，这对先民认知的影响无疑最为深刻。被洪水围困，和人类漂浮在洪水之上，对人类感知世界的塑造是不一样的，因此形成不同风格的神话口头叙事。相对来说，被洪水围困的民众是静止的，而洪水是动态的，洪水涨退最明显的表现是陆地渐次浮出水面，空间驾驭了时间；西方诺亚方舟的神话叙事里则是民众与洪水都在动，陆地虽然也是渐次浮现，但是是次要的，人与洪水的流动最为重要，因而这里是时间驾驭了空间。

"中国时间性的神话叙事的传统似乎早已亡于周代，甚至在殷商以前就已失传，代之而起的是把现存的神话素材空间化的重礼倾向。"②如《史记·河渠书》："《夏书》曰：禹抑洪水十三年，过家不入门。陆行载车，水行载舟，泥行蹈毳，山行即桥。以别九州，随山浚川，任土作贡。通九道，陂九泽，度九山。然河灾衍溢，害中国也尤甚。唯是为务。故道河自积石历龙门，南到华阴，东下砥柱，及孟津、雒汭，至于大邳。于是禹以为河所从来者高，水湍悍，难以行平地，数为败，乃厮二渠以引其河。北载之高地，过降水，至于大陆，播为九河，同为逆河，入于勃海。九川既疏，九泽既洒，诸夏艾安，功施于三代。"以空间驾驭时间的大禹神话叙事，在司马迁的笔下已经被历史化了，虽然我们能从一连串唯有大英雄或神祇才能有的行动中窥测一点端倪，但过于离奇的事件已经被弱化。"禹的故

① [美]浦安迪：《中国叙事学》，陈珏译，北京：北京大学出版社，1996年，第42—43页。
② [美]浦安迪：《中国叙事学》，陈珏译，北京：北京大学出版社，1996年，第43页。

事是另外一个英雄故事,这和舜的故事连接着,却各人显出各人不同的个性。舜的故事是一个战争的故事,禹的故事却是一个旅行的故事。舜的故事是伊里亚德型的,禹的故事却是奥德塞型的。……大禹治水和女娲治水是矛盾的,可能属于两组不同民族的神话;也可能女娲神话是个纯粹早期的神话,而大禹神话又加入了巴蜀地区人工治水的神话后再传播到中原。此外,共工一族被认为是坏的,而共工又显然是禹所属的夏族,这也显示出原来传说不是出于一族的。大禹的王后涂山氏是山神之女,正和舜妃水神相对。"①

二、对洪水和旱灾的文化记忆

诚如李零所言:"西人治史,有史前时期和历史时期之分。历史时期有文字,靠文字史料;史前时期无文字,只能靠考古,两者分得很清楚。但传说形之文字,可能跨着两头。我国历史,书写传统太发达,传说当然有,但根本不靠史诗。……中国古史,我们的文献知识主要来自两周。夏、商,除司马迁提供的世表,我们几乎一无所知。我们对古代世系、年代、官制、地理多少有点儿了解,主要是两周以来。两周以前的古史,确实是个混沌。"②而被视作华夏治水英雄的大禹则拥有相对较为系统的神圣叙事。王国维以秦公簋和叔弓镈为例,说"举此二器,知春秋之世,东西二大国,无不信禹为古之帝王,且先汤而有天下也"③。保利艺术博物馆藏𤕌公盨作于西周中期。其铭文提到"天命禹敷土,随山浚川,乃别方设征"。与《禹贡》书序语句相似,说明西周中期已有大禹治水、任土作贡的传说。

近年来有不少学者也从自然科学的角度对这次的异常大洪水进行了分析。有研究指出,在相关遗址所发现的异常洪水地质记录,表明距今 4000 年前后确实是我国北方超大洪水多发的时期,黄河流域、淮河流域和海河流域在这一时期均普遍出现了不同形式的史前异常洪水事件。研究表明,此次异常洪水的出现与这一时期的降温有密切关系,气候变冷引发的相对湿度加大和降水量增多可能是造成大洪水的主要原因。④

大禹作为一个重要的文化符号,既有历史的真实又有神话思维的渗透,经过历代的建构,蔚为大观。对其研究离不开这一大的背景,甚至还要结合世界各地

---

① 劳榦:《古代中国的历史与文化》(上),北京:中华书局,2006 年,第 339—340 页。

② 李零:《帝系、族姓的历史还原——读徐旭生〈中国古史的传说时代〉》,《文史》2017 年第 3 辑。

③ 王国维:《古史新证——王国维最后的讲义》,北京:清华大学出版社,1994 年,第 4—6 页。

④ 夏正楷、杨晓燕:《我国北方 4 ka B. P. 前后异常洪水事件的初步研究》,《第四纪研究》2003 年第 6 期。

同时期的洪水神话,如《圣经》所记载的洪水与诺亚方舟。换言之,大禹治水神话应被置于中西文化比较的视域,如此方能深入考虑二者发生的背景及传承发展的历史轨迹。诺亚方舟的洪水神话重在惩罚而不是治水,让诺亚一家逃离,以验证上帝的神迹。上帝主宰一切,既能引发洪水,以惩罚不信仰上帝的人或"自作孽不可活"的罪人;涨洪水用以毁灭人类,上帝的目的就算达到了。洪水自然会退去,不需要类似大禹这样的治水英雄,上帝本人就是最大的英雄。而中国洪水神话大异其趣,暂且不考究其神话叙事上的动因,单就神话文本而言,中国洪水神话并没有跟人类堕落和上帝的惩罚结合在一起,很有可能归结到命运或天道上。在命运或天道面前,我们的祖先尚可勉力为之,想象禹父鲧去堵命运或天道是不行的,只有顺天道或命运地去疏才有更好的成效。当然在实际治水的实践中,湮与疏都可能用得上,即该湮的湮,该疏的疏——这是另一种意义上的顺天道。以今日眼光视之,湮与疏更多是从文化层面上来说的。

《圣经·创世纪》第六至第八章讲人类作恶,上帝后悔自己的创造,乃发洪水毁灭地上的一切,他只通知诺亚一人,让他预造方舟,拯救生灵。这类传说确属救世神话。救世神话是对创世神话的补充,有创就有毁,有毁就有救,有如一治一乱,反反复复。女娲补天、后羿射日属于这一类,鲧、禹治水,亦属这一类。古人讲灾变(陨星、火山爆发、地震、洪水等),往往会讲这类故事,有些早一点儿,有些晚一点儿,后面可能隐藏着某种自然史的大背景。

中国的洪水神话叙事为何发展成这样的面目?毕竟洪水对中西方民众都是极大的灾难,为何对其的讲述或叙事如此迥异?

首先,治水之所以被神化,是因为这对先民来说是重大事件,甚至超出人力之所为,必须借助超自然神灵才能顺利解决,治水工具因而具有神奇威力就在情理之中了。

其次,治水对于先民乃至今人都是非常棘手而迫切的,换言之,治水可以考验一个人的能力和道德,是一种最残酷的锻炼。正如《韩非子·五蠹》所言:"禹之王天下也,身执耒臿以为民先,股无胈,胫不生毛,虽臣虏之劳不苦于此矣。"大禹就是被考验或考察的对象,对德的考察尤其是重点。顾颉刚先生认为,尧、舜与大禹没有关系,系"层垒地造成中国古史"的结果。但当时创造传说的人为何用道德考验去焊接尧、舜、禹之间的关系呢?治水是一项巨大工程,为了应对这样的挑战,团结民众与认同观念就显得极为重要了,对抗洪水的共同体要靠道德去凝聚。口头叙事若对这一共同体中的人都加以叙述,显然是不现实的,只能退而求其次,选择其中贡献最大者或组织领导者去大书特书。

最后,从现代的眼光看,禹既不是好丈夫,也不是好儿子、好父亲。历史叙事如此吊诡的是,很少陪儿子、很少回家的大禹居然成为中华民族的英雄,仅仅是因为治水有功。这样的叙事肯定是历史的大叙事,个体的喜怒哀乐让位于民族或部落。大禹的父亲鲧因治水不力或违背帝命而被杀死或流放,作为儿子的大禹却踏着前辈的血迹前行,不计前嫌,确实很难想象。历史叙事的缝隙漏下多少纠结或心酸,我们已经无法从字面上去追索了。这到底是神话叙事的无奈,还是当时记载工具简陋使然,都已经不那么重要了。但有一点是可以肯定的,大禹治水神话为了宏大的部落或民族叙事而牺牲掉了个体的亲情或人情,使之弥漫在非叙述性的禹迹等纪念物上。

在中国古代,天尽管具有崇高的神性,但人们对天还有另外一面的看法。《吕氏春秋·有始览》引《商箴》云:"天降灾布祥,并有其职。"天或者自然界并非完美,现实的自然灾害在人们的经验知识中是重要的、不可回避的内容。灾害在现实社会生活中具有破坏作用,因而灾害的观念必然在人们关于自然界的基本思想中占据一席之地。

天灾有两种,一种是由于天的原始状况并不完美而产生灾害,被看作原始秩序的缺陷,在这个缺陷面前,仍需要神或英雄的力量来挽救、来弥补。《列子·汤问》云:"然则天地亦物也,物有不足,故昔者女娲氏炼五色石以补其阙。"这种原始的天灾经过神或英雄二次开创后得到解决,但天灾频发的事实仍需要另一种解释,这就是人间丧德而导致天灾。人间恶行不断,天灾当然频发,这是另一种天灾。这种天灾观念的背后有信仰,在眼前更有现实的政治作用,在西汉时曾被董仲舒等人大事宣扬。"灾害观念的本质是人文观念,是以人为核心的世界观的产物,离开人的利益,无所谓灾难。"①在中国古代的神话传说里,我们可以感受到世界秩序与人类生存的某种对应关系。

大禹治水是历史传说,或者说是神话传说,但神话传说背后的时代特征与表述的观念应当是真实的,也就是任何神话叙事都有现实生活世界的影子。在大禹治水、分划九州的传说中,我们最关心的是对大范围疆域得以整治的积极颂扬和对其作一体分区的认知方式。这些东西都是西周时期地理思想史上的重大成就。一些青铜器铭文证据显示,到了春秋时期,无论东方的齐国还是远在西方的秦国,都存在着这样的颂扬和认知方式。

先民拥有漫长的夜晚,他们有足够的时间去想象,所有神话就是在这一大背景下被讲述的。中国古人将创世称为"开辟";世界原来是混沌一团,称为"混沌"或"浑沌"。后来混沌一团被开辟出一个有秩序的世界,才有天地相分、江河流淌、山脉纵横等。从混沌到秩序的发育转变过程就是创世,创世与建立秩序是同一件事情。人类可以从这个头开始,依次认识世上万物,从自然到人文。诚如《鬼谷子·本经阴符七术》所言:"观天地开辟,知万物所造化,见阴阳之终始,原

① 唐晓峰:《从混沌到秩序:中国上古地理思想史述论》,北京:中华书局,2010年,第43页。

人事之政理。”“对于解释的愿望来源于对某些经验产生一种诧异的反应。”[①]解释会使诧异的反应变得可以理解，这便是一种认识成果。“从许多传说故事可以看出，水是破坏文明的最广泛、最频繁的环境因素。从环境角度看，制天地之命主要是解决灾害的问题，其中最要紧的是治水。在中国环境史中，治水仿佛是一个永恒的历史巨影，笼罩着几千年来地理学的发展。中国古人积累了大量治水文献。”[②]《史记·夏本纪》：“十年，帝禹东巡狩，至于会稽而崩。”或言禹会诸侯江南，计功而崩，因葬焉，命曰会稽。会稽者，会计也。禹陵在浙江绍兴。

大禹治水事迹的表层结构虽然呈现为一系列的神话，而其深层结构却完全可以看作可信度很高的历史。[③] 在上古时代的某一时期，由于天降大雨，江河暴涨。洪水引发了地震、山崩，致使许多江河故道堵塞而洪水泛滥。鲧奉命治水，他单纯采用筑堤防水的办法，结果使水路不通，引致了新的山崩或滑坡，洪水灾害更加严重。鲧因治水失败而死，死后其子继承了他的事业。禹以十三年的时间考察水路、疏浚水道、修筑堤坝，终于排干了许多地方的积水，引导开挖了使长江、黄河顺利东行的新水道。

大禹治水神话叙事中的两河其实涵盖九州。黄河水患主要在兖州，长江水患主要在扬州。神话叙事者把大禹治水设想成周行天下的过程，治完黄河治长江，终点选在会稽。尧、舜古迹遍天下也是如此叙事模式建构的结果。

三、后炎帝神话叙事的文化意义

上古史传说中，夏人因治水而崇奉炎帝，楚人的先民因曾依附于夏亦以炎帝为日神。据《国语·周语下》记载，炎帝氏族中的四岳辅佐夏禹治水有功，又传说炎帝之女瑶姬曾助禹治水。总之，夏人与炎帝发生联系很可能与治水有关。因此，有关炎帝和大禹的神话叙事可以说是水与火的神圣叙事。

后炎帝神话叙事主要围绕着其女儿展开。瑶姬可能是炎帝的大女儿，曾助大禹治水。到底是怎么帮助治水的，传世文献中没有记载，因为治水英雄几乎清一色是男性。女娃系炎帝的小女儿，关于她有精卫填海的神话叙事。这则神话出于《山海经》。《山海经》的成书时间大约是从战国初年到汉代初年，历经多人写集而成。《山海经·北山经》载：“发鸠之山，其上多柘木。有鸟焉，其状如乌，文首、白喙、赤足，名曰精卫，其鸣自詨。是炎帝之少女名曰女娃，女娃游于东海，

---

① [英]大卫·哈维：《地理学中的解释》，高泳源等译，北京：商务印书馆，1996年，第18页。

② 唐晓峰：《从混沌到秩序：中国上古地理思想史述论》，北京：中华书局，2010年，第58页。

③ 何新：《诸神的起源》，北京：北京工业大学出版社，2007年，第65页。

溺而不返,故为精卫,常衔西山之木石,以堙于东海。""发鸠之山"是什么山?为何上面多"柘木"?柘木是一种什么木?精卫鸟长相和声音都很特别,它是一种有灵性的鸟。

后世对精卫填海的神话又有补充。南朝任昉《述异记》卷上这样记述道:"昔炎帝女溺死东海中,化为精卫,其名自呼。每衔西山木石填东海。偶海燕而生子,生雌状如精卫,生雄如海燕。今东海精卫誓水处,曾溺于此川,誓不饮其水。一名鸟誓,一名冤禽,又名志鸟,俗呼帝女雀。"很显然,《述异记》中增补了精卫在填海过程中邂逅海燕并与之结婚生子的内容,丰富了精卫填海神话的故事内容。

统而言之,这则神话无疑透露出这样的文化讯息——先民的生存空间实在险恶多艰。有学者从人生礼仪的视角对精卫填海神话的核心情节进行解读。林美茂认为"女娃游于东海"是精卫填海的核心内容。根据该神话传承中的几种文献、考古学上文化地理数据及古文字字义等内容比较分析,论者发现所谓的"女娃"并不是具体的人名,而是炎帝族少女的泛称;"女娃"所游"东海",也只是指称东边的水域。因此,"女娃游于东海"的真正含义应该是女性在水边举行的一种与生殖崇拜有关的巫术祭祀活动,神话中"溺而不返"的"女娃"之死,是指少女们通过沐浴告别少女之身,成为生育年龄的女人。精卫填海的神话可能是炎帝族少女的一种巫术性成人仪式传承上的变形。①

至此,我们发现后炎帝神话叙事看似偏离了日神或火神的核心,有限的神话叙事都跟水相关。但这正从另一个方面印证了火或阳光的重要性,因为这更关系着先民个体或群体的幸福及幸福之绵延不绝。进而言之,法国思想家加斯东·巴什拉的现象学阐释尤其值得我们关注:"原始的现象学是一种感情的现象学:这种现象学制造出一些客观的有生命体,混杂着想象出来的虚幻物体,制造出一些混杂着欲念的形象,制造出物的和躯体的各种经历,制造出同爱情有关的火。"②因爱情而有家而有传宗接代而有生命的绵延;爱情之火源于抚摸——"抚摸只是具有象征意义的、理想化的摩擦而已"。颇具诗意的思想家加斯东·巴什拉进而推论道:"怀念,就是对窝的温暖的回忆,就是对'天生的热(Calidum innatum)'的爱的回忆,还有比此更确切的说法吗?窝的诗歌、圈舍的诗歌并无其他起源。沿着灌木林,在窝中寻找的任何客观印象都不可能为我们提供如此丰富的形容词来赞美窝的温暖、亲切、热情。若无由人温暖人的那种回忆,就像一种天然的热的重合那样,就不可能想象人们会谈论他们的小天地。温暖是幸

① 林美茂:《神话"精卫填海"之"女娃游于东海"文化原型考略》,《中国人民大学学报》2014年第1期。

② [法]加斯东·巴什拉:《火的精神分析》,杜小真、顾嘉琛译,郑州:河南大学出版社,2016年,第43—44页。

福意识的起源。更确切地说,它是幸福的各种渊源的意识。”①炎帝的神话叙事极有可能就是我们幸福意识的起源。

四、结语

炎帝神话叙事虽嫌单薄,但单薄不意味着不重要;炎帝身兼数职,但总有其核心职责,且其数职是相通的。从灾难记忆的视角去考量审视炎帝神话叙事,必然离不开对洪水神话叙事的参照。灾难神话叙事具有普适性,因此对炎帝神话的研究还需置于比较的视域。本文权作抛砖引玉,期待方家进一步的研究。

(作者:韩雷,浙江越秀外国语学院教授,浙江省高校中青年学科带头人,浙江省非物质文化遗产保护专家库入库专家)

① [法]加斯东·巴什拉:《火的精神分析》,杜小真、顾嘉琛译,郑州:河南大学出版社,2016年,第44—45页。

女登与女登文化的考察

——兼谈女登文化的保护、开发和利用

◇霍彦儒

在中华文明的开创和发展过程中,不能忽视女性的参与。女性和男性一样,为中华文化、中华文明、中华民族的产生、形成和发展做出了重要贡献。但从母系氏族社会进入父系氏族社会后,由于世系是以男性计算,男性处于社会和权力的中心地位,女性地位低下,失去政治上的支配权,因此,人们在追溯始祖时,往往只追溯男性始祖。在传世文献中,我们看到的更多是记载男性在经济、社会中的功绩和作用,如将农业的发明记在炎帝神农氏等人物的名下,将衣食住行的发明记在黄帝轩辕氏的名下,等等。尽管如此,在一些文献传说和民间传说中,仍为我们留下了一些杰出女始祖的名字,如华胥氏、女娲、嫘祖、姜嫄等。与男性的记载材料比较起来,这些女性的记载材料很少,但从这些有限的史料里,我们还是可以窥见其事迹素地的。

本文主要研究中华女始祖——女登与女登文化。通过对女登和女登文化在文献、传说、民俗及考古学等方面的考察,以实现以下五个目的:一是还原女登传说性历史人物的身份,而不是神话人物的身份。二是发掘和阐释女登文化的内涵及精神、意义。三是通过对女登与女登文化的考察,进而认识中华原始女性在中华文化、中华文明的初创,中华民族的早期孕育、形成中的作用和地位。四是通过研究女登与女登文化,补充和丰富炎帝与炎帝文化研究。文献传说炎帝"以姜水成","崩葬长沙",在这些地方留下了大量的传说性炎帝遗迹和炎帝文化,所以研究炎帝与炎帝文化也离不开对女登与女登文化的研究。五是通过创造性发展和创新性转化,开发和利用女登文化所包含的于今天有用的资源,古为今用,以优秀传统文化提高人民群众精神文明素质,促进和振兴当地新农村经济、文化,尤其是旅游文化的开发、建设和发展。

一、女登的考察

女登是新石器时代中期传说性的女性历史人物,属于有蟜氏族。民间传说她生活于宝鸡秦岭北麓一带,以养蜂为业,被誉为中华"蜂业之祖"。

1. 女登是人（传说人物）而不是神（神话人物）

关于传说人物与神话人物的区别，曾有专家学者对此作过较多论述。著名文学家茅盾先生说：

传说（Legend）也常被混为神话。实则神话自神话，传说自传说，二者绝非一物。神话所叙者，是神或半神的超人所行之事；传说所叙者，则为民族的古代英雄（往往即为此一民族的祖先或最古的帝王）所行的事。原始人对于自然现象如风雷昼暝之类，又惊异，又畏惧，以为冥冥之中必有人（神）为之主宰，于是就造作了一段故事（神话）以为解释；所以其性质颇像宗教记载。但传说则不然。传说内的民族英雄，自然也是编造出来的，同神话里的神一样，可是在原始人的眼中，这些英雄是他们的祖宗，或开国帝皇，而不是主宰自然现象的神。所以传说的性质颇像史传。这便是神话与传说的区别。①

著名哲学家张岱年先生说：

首先要明确传说与神话的区别。疑古派把三皇五帝都看作神话，认为尧舜禹都是神话人物，认为尧舜禹本来都是天神，后来转化为人王，炎帝黄帝就更是天神的称号了。事实上，这种看法不过是想当然耳。传说与神话是有区别的。神话是有意编造的，传说则是远古以来口耳相传的历史故事。例如“女娲补天”“盘古开天”，都是神话。而炎黄、尧舜禹的故事，则是传说。传说可能把传说人物过分夸大了，但仍然是人而不是神。②

神与人有一个重要区别，神是不死的，人是有死的。传说中的尧舜禹以及炎帝黄帝都是有死的，都是人而非神，这应该是比较明确的。③

著名秦史专家林剑鸣先生说：

神农氏，作为古代传说几乎是家喻户晓的。但是，正如赫胥黎所说的：“古代的传说如用现代严密的科学方法去检验，大都像梦一样平凡地消逝了，但奇怪的是，这种像梦一样的往往是一个半醒半睡的梦，预示着真实。”（《类人猿的自然史》）所以，像神农氏这样久远、古老的传说背后，一定隐蔽、孕蕴着远古时代大量的、真实的历史。④

除上面所引用外，王国维、钱穆、张荫麟、李学勤等著名学者也都有过这方面的论述。王国维先生说：上古“传说之中往往有史实为之素地”⑤。李学勤先生

① 茅盾：《神话研究》，天津：百花文艺出版社，1981 年，第 3—4 页。

② 张岱年：《炎文化研究》1994 年第 1 辑，第 28 页。

③ 张岱年：《炎黄传说与民族精神》，王俊义、黄爱平编：《炎黄文化与民族精神》，北京：中国人民大学出版社，1993 年，第 8 页。

④ 景明：《神农氏・炎帝》序，西安：西北大学出版社，1993 年，第 2 页。

⑤ 王国维：《古史新说》，北京：北京大学出版社，1994 年，第 2 页。

说："炎黄二帝及其后裔的种种传说都不是虚无缥缈的东西。"①又说："世界上任何古代民族，其古史总是富于神话色彩，甚至人神不分的。平心而论，中国传说的神秘意味是最淡薄的了。"②

从这些论述看，传说人物（故事）和神话人物（故事）有着很大的区别，前者是"史传""史实为之素地""口耳相传的历史故事""预示着真实"，后者是"有意编造""所叙者，是神或半神的超人所行之事"。归结到一点，便是传说人物是有生有死的，神话人物是无生也是永远不死的。

依此理论对照女登，我们说女登是位传说性历史人物，而非神话人物，原因有三：

其一，从文献记载看。《国语·晋语四》说："昔少典娶于有蟜氏，生黄帝、炎帝。"这句话点明炎帝的父族为少典氏，母族为有蟜氏。因为炎帝当时所处时代是母系氏族社会的后期，是以氏族为单位，还没有完全进入以家庭为单位的时期，实行的是对偶婚，即走婚制。一个男子既有主妻，也不排除还与其他女性结成关系，反之，女子也是一样，所以生下的孩子是生长在舅舅家，"只知其母，不知其父"。但在这句话里，未说明炎帝之母是谁。

《竹书纪年》前编"炎帝神农氏"："少典之君，娶于有蟜氏之女，曰安登，生神农。"《史记·五帝本纪》正义引《帝王世纪》云："神农氏，姜姓也。母曰任姒，有蟜氏女，登为少典妃，游华阳，有神龙首，感生炎帝。人身牛首，长于姜水。有圣德，以火德王，故号炎帝。"皇甫谧在《帝王世纪》里又说："炎帝神农，母曰任姒，有蟜氏女，名女登，少典妃。游华阳，有龙首感之，生神农于裳（常）羊山。"

上面三段文字中，前者说炎帝之母是"安登"，后两段中，一说是"任姒"，一说是"女登"。对此，已有学者认为这三个名字实指一个人，即"女登"。何为女登？登，《说文》曰："上车也。从癶豆，象登车形。"段玉裁注："引伸之凡上升曰登。"可见，"登"字可以引申为攀登、攀援之意。炎帝之母名叫"女登"，应该是个善于攀登的女子。这符合当时主要以采摘果实为生的社会现实。人们要采摘果实，必然要经常攀登树木。从这三段话和女登名字的含义看，并不含有神话色彩，是一种对客观状况的描述，"预示着真实"。至于其中提到的"感生"，这是当时人们对女性孕育生产不能科学认识的一种反映。这种"感生"说也表现在其他原始人物身上，可以说是当时一种普遍的认识现象。如黄帝的诞生，《竹书纪年》记载："黄帝轩辕氏，母曰附宝，见大电光绕北斗枢星，光照郊野。感而孕，二十五月而生帝于寿丘。"商人始祖契的诞生，《史记·殷本纪》记载："殷契，母曰简狄，有娀氏之女，为帝喾次妃。三人行浴，见玄鸟堕其卵，简狄取吞之，因孕生

---

① 李学勤：《古史、考古学与炎黄二帝》，《当代学者自选文库·李学勤卷》，合肥：安徽教育出版社，1999 年，第 50 页。

② 景明：《神农氏·炎帝》跋，西安：西北大学出版社，1993 年，第 262 页。

契。”秦人先祖的诞生，也与此相类似：“女修织，玄鸟陨卵，女修吞之，生子大业。”（《史记·秦本纪》）又如，周人先祖后稷（弃）的诞生，是“其母有邰氏女……姜原初野，见巨人迹，心忻然说，欲践之，践之而身动如孕者”（《史记·周本纪》）。这种“感生”说，正是母系氏族社会“只知其母，不知其父”的真实写照，是与“女娲抟土造人”完全不一样的。当然，也有以此炫耀出生之奇异、显赫的，如刘邦的出生，《史记·高祖本纪》说：“刘媪……梦与神遇。……蛟龙于其上。已而有身，遂产高祖。”这里也是说刘媪“感”而生刘邦，但与前说不一样，这是司马迁的一种“避讳”之说。

其二，从民间传说女登的事迹看。关于女登的事迹在文献里仅有“感生”炎帝这一点，而关于女登的其他事迹在文献中没有记载。实际上古代的文献记载也是从传说得来的，只不过经过了当时学者们的选筛、加工而已。在宝鸡凤翔一带的民间传说中，有比较多的关于女登的事迹，如发明养蜂、草鞋、围裙，接生，游艺，改制婚俗，抚养炎帝等。这些发明创造与炎帝发明的耒耜、五谷、陶器、医药、衣裳、音乐一样，都是当时先民日常生活所需要的，实实在在，不是“有意编造”，“是神或半神的超人所行之事”，而是一代一代口耳相传的历史记忆。

其三，从“已知”推“未知”。目前，学术界对炎帝、黄帝一类人物的研究，基本上认为是历史人物，即传说时代的历史人物，是“真有其事其人”。当然，这个具体的“人”，不同于今天我们所说的具体的人。他具有多重含义，他既是一个具体人（首领）的名号，也是他所在氏族或部落的名号，还具有时代、文化等象征的意义。既然我们承认炎帝为传说性的历史人物，真有其人，那么，作为炎帝之母，自然也就是传说性的历史人物，不可能是神，也就不是什么神话人物。因而，上面所引《竹书纪年》《帝王世纪》所说的女登“感生”炎帝有历史的“素地”，不是“有意编造”或荒诞不经之事。

另外，从少典氏和有蟜氏也可推知女登是人而非神。文献与传说都言炎帝的父族是少典氏。少典是古代中原古老氏族的首领，世代沿袭此号。这个氏族以熊为图腾，故称有熊氏。传说其氏族兴起于前仰韶文化时期，是“三皇”之一的太昊伏羲氏、女娲氏夫妇之子。天水《伏羲庙残碑》有“东迁少典君于颛顼，以奉伏羲之祀”的记载。《国语·晋语四》说，少典氏族中的一位男子娶有蟜氏族的一位女子（妊姒）为妻，生下了黄帝和炎帝。《史记·五帝本纪》的集解、索隐、正义中也都说到黄帝是有熊国君，为少典国君之子，其号曰有熊氏。其氏族部落处在伏羲、女娲时期或稍后，部落中心活动区域在今河南洛阳至开封之间。少典氏又写作“小典氏”，说明其前必有大典氏或太典氏，因事迹不多而失载了。有学者研究后认为：从“典”字本义看，它象串在一起的竹册、木牍置于祭台上以供祭祀的酋长查看本氏族人员情况和记载祭神过程之形。所以有人说少典氏可能是最早发明文字的人。仓颉发明文字，是将文字刻在陶器或者崖壁上，而少典氏发明文字则是将文字刻在竹片或木片上，用藤葛串连起来保存。河南舞阳县贾湖裴李岗文化遗址中,发现了距今8000年左右的一批契刻符号。当时的符号是刻在龟甲、骨器和石器上,有的契刻符号与商代殷墟甲骨文的某些字形相似。可见,少典氏族很可能与创造发明最早的文字有关系。①

关于有蟜氏,有研究者认为,有蟜氏是以蜜蜂幼虫(一说为野蚕或蛇)为图腾的氏族部落,居住在伊洛河(今河南洛阳)至华山(今陕西华阴)一带②,善于养蜂采蜜。其氏族中有一支西迁,进入今陕西宝鸡渭河流域,先后与迁入上邽(今甘肃天水)的少典氏族部落通婚,繁衍出了炎帝、黄帝部落。有蟜氏的一支又曾迁入北洛水(今陕北沮河流域),遂其居处的山脉被称为乔(桥)山。后来,活动在桥山的黄帝部落的一支西迁或东迁时,将桥山之名带到各地,于是西海(今青海省青海湖)有桥山(今称"日月山")之名,涿鹿(一说在今河北怀来县,一说在涿鹿县)也有桥山之名等。

有蟜氏属于前仰韶文化时期,其后裔延续了二三千年,迁居地广泛,文化遗存较多,仅就河南洛阳至陕西关中地区而言,河南西部的洛阳、孟津、渑池、嵩县、卢氏等地的裴李岗类型遗址,陕西渭水流域的老官台类型遗址如渭南北刘、临潼白家村遗址及宝鸡关桃园遗址、北首岭遗址下层遗存等,都可能与有蟜氏和西迁的少典支族有一定的关系(包含华胥、燧人、女娲等裔的支族)。

既然少典氏、有蟜氏为历史存在之氏族或部落,那么,作为有蟜氏之女女登,也就不是什么神话人物了。

2. 女登与九天元(玄)女无涉

有学者认为女登是九天玄女③。实际上,这是一种误解。我们知道,九天玄女也叫"元女""玄女""九天娘娘",是道教所信奉的至高女神之一。民间将其视为女性的高尚典范与感应随通的女性天神。关于她的故事,目前所知最早述及的文献是汉代纬书《龙鱼河图》。其大意说,黄帝时,有蚩尤兄弟八十一人,兽身人语,铜头铁额,食沙石子,造立兵仗和刀戟大弩,威振天下,诛杀无道,不仁不慈。万民欲令黄帝行天子事,黄帝仁义,不能禁止蚩尤。于是,黄帝仰天而叹。天遣玄女下凡,授黄帝六壬、遁甲、图策、印、剑等兵信神符,制伏蚩尤。此处玄女为上天之神。《诗经·商颂·玄鸟》载:"天命玄鸟,降而生商。"将玄女视为商人始祖。在《云笈七签·九天玄女传》中,玄女形象又被描绘成"人头鸟身"。九天玄女这一形象,还大量出现在《三遂平妖传》《水浒传》《女仙外史》等古典小说中,将其描写成"雍容华贵,兵法绝伦",既能扶危济弱、铲奸除恶,又能往来于天上与人间、穿梭于宇宙空间的神。

① 霍彦儒:《炎帝故里》,西安:陕西人民出版社,2014年,第50页。

② 另有一说:"有蟜氏应属东夷族,居于山东境内无疑。"刘宝山:《黄河流域史前考古与传说时代》,西安:三秦出版社,2003年,第65页。

③ 鲁旭、郃潇玮:《九天元女考》,《宝鸡社会科学》1998年第4期。

两相比较,女登与九天玄女完全是两种不同的形象,一个是无所不能、上天入地的具有神性的神话人物,一个是会创造发明生产生活工具、有生有死的具有人性的传说历史人物,二者风马牛不相及。那么,为什么有人将二者等同起来?其原因可能主要是因记载女登这位女始祖的材料太少,为了丰富其形象,便将神话人物九天玄女附会于女登。可能还有一种原因,即一般人既不了解九天玄女,也不了解女登,所以容易将二者混同。不仅在民间传说中,而且在一些传世文献中,也都将二者相混淆。

3. 女登所处时代之蠡测

关于女登所处时代,在文献中没有记载,只能依据少典氏、有蟜氏等氏族和炎帝所处时代进行推断。

从前文我们知道,女登是有蟜氏的女儿,是炎帝之母。炎帝的生活时代,现在研究者虽有多种说法,但多数学者认为,炎黄时代与考古学文化中的仰韶文化相对应,距今为7000—5000年,而炎帝又略早于黄帝,所以,炎帝时代为仰韶文化的早中期,即距今7000—6500年,黄帝时代为仰韶文化的中晚期,即距今6500—5000年。那么,炎帝之母女登所在氏族有蟜氏生活的时代可能与炎帝生活的时代基本相同或略早于炎帝时代,大约为距今7000年之前,属于前仰韶文化或仰韶文化的早期。与之相对应的文化遗址为宝鸡北首岭遗址下层遗存(前仰韶文化)和宝鸡关桃园遗址。有学者认为,宝鸡北首岭遗址是"代表的'炎帝祖先学'"①。这就是说宝鸡北首岭遗址下层遗存的主人有可能是炎帝的祖先部族即有蟜氏部落,女登有可能就生活在此期间。

宝鸡北首岭遗址分为上、中、下三层,时限距今为7100—5700年,大概延续了1400多年,上、中两层遗存为仰韶文化时期,下层遗存属于前仰韶文化时期。从出土文物看,丰富的生产、生活工具,反映了宝鸡这一时期先进的农耕文化。从社会形态上来说,此时期正处在母系氏族社会的繁荣期,并开始向父系氏族社会过渡。这正好与民间传说的女登事迹的年代基本吻合。如女登发明围裙、蓑衣等,从宝鸡北首岭遗址出土的陶纺轮、陶器上的席纹可见一斑。

二、女登文化的考察

女登文化在文献里很少涉及,但在民间却有比较多的流传。这些传说故事多集中在今陕西宝鸡凤翔槐原、陈仓区桥镇一带。

1. 女登文化民俗

传说女登去世后,葬在了桥镇。当地群众在这里建有安登(女登)亭、安登

---

① 文怀沙、邵盈午:《中华根与本——宝学概论》,北京:中国文联出版社,1996年,第2页。

庙。每年农历三月初三举办庙会,以祭祀女登。将女登传说归纳起来,主要有发明养蜂、草鞋、“遮腰”(围裙),接生,游艺和改制婚俗、提倡孝道等。这里主要就发明养蜂、草鞋和改制婚俗、提倡孝道几个方面加以考察。

发明养蜂。传说,女登所在的有蟜氏族原生活于渭河南岸、秦岭北麓一带,每年春季族人利用秦岭山上的花草养蜂。炎帝发明了刀耕火种,在秦岭北麓一带烧荒耕种,不仅毁坏了花草,也烧死了蜜蜂。于是,女登渡过渭河,将蜜蜂赶到今凤翔槐原一带,因槐原地处塬上,气候温和,生长有茂密的槐树,每到农历六、七月份,槐花盛开,正是蜜蜂采蜜的季节。于是,女登便在这里居住下来养蜂。民间称其为“中华蜂业之祖”“中华养蜂第一人”。尽管女登养蜂只是一个传说,但这个传说正好与有蟜氏族以“蟜”为图腾相吻合。今人研究,蟜是指一种蜜蜂的幼虫,说明有蟜氏族就是一个以养蜂为业的族群,女登是其代表人物。所以这则故事的背后隐藏着中华蜂业起源的史影。

实际上中国的人工养蜂,根据文献记载最早出现于2000多年前。《诗经·周颂·小毖》说“莫予荓蜂”,其后的《山海经·中次六经》有“蜂蜜”一词,一直沿用至今。但如果要追溯养蜂的最早起源,可追溯至人工采集天然蜂窝的时代。原始社会时期,蜜蜂处于天然状态,岩穴、树洞是天然蜂窝。人类以采集天然植物和渔猎为生,自然野生蜂窝也就成为采集对象。最初,先民捣毁蜂窝,火烧成蜂,掠食蜂蜜、蜂蜡,后来逐渐改变了“既毁我室,又取我子”的那种原始掠夺式的采集方法,有意识地利用蜂群的再生产能力,采取用烟驱蜂的方式保留蜂窝,索取蜂蜜、蜂蜡,开始由天然采集阶段过渡到人工养蜂阶段。①

发明草鞋。原始时期,先民没有衣裳,用兽皮、树叶遮风御寒。传说有一天,女登同族民一块儿上山采果觅食,不小心脚被树枝划伤了,流血不止。女登随手撕了把藤条缠在受伤处,血止住了。受此启发,女登按照脚的大小,用藤条编了双草鞋穿在脚上,走起路来舒服多了。一传十,十传百,族民们在她的教导下,都穿起了草鞋。

无独有偶,有关发明草鞋的故事还有另一个版本。古时候有个老汉叫张果老,以打柴为生。他赤脚上山,双脚被树枝、石子扎得鲜血淋淋。他日思夜想,终于想出了一个办法,用稻草做鞋。开始他用一束稻草裹脚,但散乱的稻草容易断,走起路来也很不方便。后来他把稻草搓成筷子般粗细的绳子,一根一根缠在脚上,这样虽好一些,但缠脚和脱掉都很费时间。后来他又想出一个办法,用稻草编成有底有面的草鞋。②

这两则故事有一个共同点,就是草鞋是在生产劳动中受到启发而创造出来的,这符合事物发生发展的规律。所以,这两则故事的内核具有一定的真实性。

---

① 《中国农业百科全书·养蜂卷》,北京:农业出版社,1993年。

② 骆崇骐:《中国历代鞋履研究和鉴赏》,上海:东华大学出版社,2007年,第12页。

实际上，关于中国鞋的产生，根据有关专家研究，最初是原始的“裹脚皮”，即用兽皮裹脚。距今7000年前后，产生了草鞋。考古发现浙江河姆渡遗址中出土了距今7000年的苇编席子，以此推测，先民自此开始用植物的根茎为原料编织穿戴的用品。从用兽皮裹足发展为草编鞋，这是鞋发展史上的一次飞跃。[①]当然，从目前研究来看，关于鞋的产生还有不同的观点，有说北方是由跣足发展为兽皮裹足，南方是从跣足发展为植物编鞋，但不论说法如何，有一点可以肯定，“兽皮裹足要比草编鞋履早得多。这是由社会生产力的发展所决定的，因为用来裹足的兽皮只需石器就能完成简单的切割，而编织草鞋则需要具备一定的技艺和更复杂的工具”[②]。随着葛麻的出现，麻鞋代替了草鞋，麻衣代替了兽皮、树叶。文献记载，炎帝时代，织麻为布，产生了衣裳。《淮南子·泛训论》云：“绂麻索缕，手经指挂，其成犹网罗。”联系女登发明草鞋的故事，女登所处时代正好是距今7000年前后，所以民间传说女登发明草鞋是有其历史素地的，有一定的可信度。

改制婚俗。传说女登所处时代之前是群婚，同一原始群体内的男女，不分年龄和族别任意婚配。女登被族民推选为有蟜氏首领后，提倡外族婚配，按年龄找配偶，禁止兄妹姐弟之间结合。外族男子到有蟜氏族找配偶时，手拿火把，男子在前面走，女子选择适合自己年龄的男子自愿跟随。

关于婚嫁的产生，从文献记载看，有说伏羲发明了族外婚，产生了男娶女嫁的制度。实际上，伏羲处于渔猎时代，是母系氏族社会的中早期，婚姻制度还是群婚制。这种婚姻关系与之前的杂婚不同，已排除了上下辈的婚姻关系，但不排除同辈即兄弟姐妹之间的婚姻关系，伏羲、女娲兄妹结合的传说就是一例。到了新石器时代的中晚期，婚姻从群婚过渡到对偶婚，逐渐演变为嫁娶婚姻，即男娶女嫁。而黄帝时代是处在新石器时代的中期稍晚时段，即仰韶文化的中晚期，社会形态已进入了母系氏族社会向父系氏族社会的转化阶段或父系氏族社会的初期，也就是说，有些氏族部落可能已进入了父系氏族社会，有些氏族部落还正处于转变阶段。反映在婚姻制度上，也可能处在对偶婚向一夫一妻制的转变或已部分出现一夫一妻制的时期。对偶婚，即“一个男子在许多妻子中有一个主妻（还不能称为爱妻），而他对于这个女子来说也是她的许多丈夫中的一个丈夫”[③]。在这种婚姻关系或一夫一妻制下，才有可能产生嫁娶制婚姻。《史记·五帝本纪》载：“黄帝居轩辕之丘，而娶于西陵之女，是为嫘祖。嫘祖是黄帝正妃。”这条记载正反映了黄帝时代男娶女嫁的婚姻制度。女登时代虽稍早于黄帝时代，但都处在新石器时代的中晚期，所以传说女登改制婚俗是有一定的历史

① 骆崇骐：《中国历代鞋履研究和鉴赏》，上海：东华大学出版社，2007年，第12页。
② 骆崇骐：《中国历代鞋履研究和鉴赏》，上海：东华大学出版社，2007年，第12页。
③ 《马克思恩格斯选集》第四卷，北京：人民出版社，1972年，第1页。

根据的。

炎帝"寻母""抬母"的传说。女登随着蜂群迁徙到凤翔槐原以后,炎帝寻找了很长时间都没有找到母亲的下落。正在一筹莫展的时候,他看到一群一群的蜜蜂向渭河对岸的塬上飞去。于是,炎帝跟随蜂群追到槐原,找到了母亲。炎帝让母亲跟随他回到渭河南的原住处,但女登考虑若离开这里,蜜蜂就会无人去养,便婉言谢绝了儿子的好意。从此以后,炎帝便于每年农历正月二十六日带上族民来到凤翔槐原看望母亲。为了让母亲高兴,炎帝做了副形似轿子的担架,让母亲坐上去,抬上母亲在槐原周围转几圈,以示孝心。岁月流逝,这种形似轿子的担架便慢慢演变成为今天的山社火。当地村民为了纪念这位发明养蜂的女始祖,在村里修了女登庙,于每年农历正月二十六日举行庙会,传承至今。每到庙会期间,村民都要自发去游演山社火、唱大戏,缅怀炎帝之母女登。

上面所述几则故事,反映了女登具有善于创造、利民、厚德等多种精神品格。这些精神品格,不仅是女登个人的精神品格,也是女登所在氏族即有蟜氏族的精神品格。这些精神品格不仅构成了中华民族精神的重要内容,也是中华民族精神的重要来源。

2. 女登祭祀活动

女登祭祀活动在凤翔槐原流传悠久,主要形式是每年一次的庙会。何时建女登庙,地方志书和文献都没有记载。1995 年女登庙内出土有一方清嘉庆二十一年(1816)的石碑,其碑文中记载了重修九天玄女庙的情况:"一则立庙唐时,一则著迹宋代,具非无稽者。此旧庙渐旧驳损,嘉庆十三年,阖村共议重修,于是……焕然一新。"从这段文字可以看出,女登庙至迟有可能修建于唐代。但碑文中将此庙说成是九天玄女庙不确,说明当时的人们已将九天玄女与女登混淆起来。

在女登祭祀活动中,除传统节日和庙会期间善男信女们烧香化纸跪拜外,流传至今的主要有三大民俗祭祀活动:唱大戏、游演山社火和挑排灯。这里主要介绍后两种。

山社火的起源,从传说来看与炎帝"抬母"巡游有关,至今已成为一种祭祀炎帝、女登有众多群众参与的盛大的游艺活动。所谓山社火,其形状象大山,一般有两丈余高,分三层,每层由大车轮做支架,便于转动,并用各种色布围拢,每层站立十多人,装扮成各种角色。因山社火形体庞大,制作复杂,游演起来需要成百上千人参与,所以此活动只在特别节日和年份演出。①

挑排灯的起源,传说也与炎帝和女登有关。对于凤翔槐原人来说,春节过后,临近庙会期间,家家户户开始制作排灯。在一米长的木杆顶端,装一个方形木制盒子,四周糊上窗花,里面点上一根蜡烛,挑上排成一行,就成为排灯。庙会

① 鲁旭:《凤翔民俗》(下),西安:三秦出版社,2016 年,第 587 页。

正会(农历正月二十六)的前一晚,六点过后,从各家各户陆续走出挑着排灯的男女老少,沿着乡间小路,渐渐地自觉汇聚成多条“火龙”,蜿蜒行进,向坐落在村子里的女登庙走来。随着夜幕降临,只见条条“火龙”蠕动,不见挑灯人身影,煞是好看。旧时,各路“火龙”为了争抢烧头香,你拥我挤,甚至相互动手打斗。现在有庙会会首组织,大家有序向女登塑像祭拜,上布施、放鞭炮、献供品、上香烧纸、叩头作揖。活动延续到深夜十二点,蜡尽灯灭,方才散去。

挑排灯既是一种文化娱乐活动,也是一种祭祀礼仪形式。采用挑排灯这种祭祀形式据说与火有关,火又与炎帝有关,炎帝“因火师而火名”。挑排灯的队伍在行进中形成的数条形似“火龙”的长阵,也与炎帝有关。炎帝因其母感“神龙首”而生,为“龙子”。所以挑排灯从古至今流传下来,成为祭祀炎帝、女登的一种重要礼仪形式,也成为女登文化、姜炎文化的组成部分。

如果深入挖掘挑排灯这种民俗活动的内涵和特点,大概有以下五个方面:

一是唯一性。挑排灯活动,除了凤翔槐原,陕西乃至全国各地均未见这一民俗事象。正因为它的唯一性,每年吸引周边各县区数万人观看,热闹非凡。

二是群众性。这种民俗文化活动的群众性表现在各家各户男女老少齐上阵,他们既是排灯的制作者,又是表演者,还是观赏者。

三是自发性。各家参与挑排灯活动,不需要组织,也不需要酬劳,都是村民自觉自愿参与,并能以参与这一活动而感到光荣、吉祥。

四是悠久性。这一活动有悠久的生命力,不论是遇到天灾,还是人祸,这项活动都没有因此而断绝、失传。

五是游艺性。这一民俗事象看起来古朴而简单,却将“游”与“艺”、“动”与“静”完美有机地结合起来,灯盒四周糊的窗花图案,既有人物又有花鸟,既有神话传说也有历史故事。在这林林总总、内容丰富的图案里,蕴含着庄稼人对幸福生活的憧憬和希冀。正是这种憧憬和希冀支撑着他们将这一民俗世世代代传承下来。

3. 女登文化的开发与利用

文化不仅是城市的灵魂,也是乡村的灵魂。2018 年 1 月中共中央国务院发布的《关于实施乡村振兴战略的意见》中指出:“乡村振兴,乡风文明是保障。必须坚持物质文明和精神文明一起抓,提升农民精神风貌,培育文明乡风、良好家风、淳朴民风,不断提高乡村社会文明程度。”乡村文化的建设,必须立足于本地本村文化。每个乡村在长期的历史发展过程中,都积淀和形成了自己的文化特色、文化氛围和文化环境。而生活于这种特色、氛围和环境中的村民,既是本乡本村文化、文明的创造者,也是本乡本村文化、文明的受益者,具有天然的文脉、文缘关系。这种文脉、文缘关系就成为剪不断的乡愁。当然,这不是说不需要吸收城市文明及外来优秀文化成果,而是说要立足本乡本村文化,“深入挖掘农耕文化蕴含的优秀思想观念、人文精神、道德规范,充分发挥其在凝聚人心、教化群众、淳化民风中的重要作用”①。

尽管自20世纪90年代以来,在凤翔当地热心乡贤的积极努力和推动下,女登文化研究会成立,相继召开了几次小型研讨会、座谈会,举办了几次祭祀女登的活动,也出版、发表了有关介绍、研究女登和女登文化的书籍、论文,但这仅仅是一个开始,对女登和女登文化的研究、祭祀等活动,还未引起政府的足够重视和参与,还处在自生自灭的尴尬境地。

为了充分挖掘这一优秀文化遗产,充分利用这一优秀文化传统在提升农民精神风貌,培育文明乡风、良好家风、淳朴民风,不断提高乡村社会文明程度等方面发挥作用,提出以下五个方面的思考:

(1)恢复女登祠,还女登祠以原本用途。自古以来,庙宇、祠堂是乡村中的政治、文化中心。乡村中各种活动,尤其是传统节日活动,大都是在当地的庙宇、祠堂中进行。每年一度的庙会,更是乡村各种文化展示的平台。据方志记载,旧时的乡村,几乎村村都建有自己的庙宇、祠堂。据碑文记载,凤翔槐原女登祠建于唐代,距今已有上千年的历史,一直作为槐原村及周围村民敬奉女登的场所而存在,在凤翔当地享有崇高的地位。每年农历正月二十六日为女登祠庙会日,周边民众前来烧香祭拜,是每年一次的盛大集会。女登祠庙会能够传承千年,是因它具有感恩还原、娱神娱人、祈福祛邪、求子求财、健身健心、教化传承、敦亲睦邻、交际交流等多方面的功能。② 但从目前女登祠的情况来看,主要有两大问题:一是挪作他用,敬奉的是九天玄女;二是因年久失修,祠院狭小,殿宇简陋,与女登的崇高地位极不相称,严重影响了女登的形象和女登祠的声誉。建议有关方面能根据广大民众的信仰意愿,还女登祠以本来用途和功能,使其成为当地群众真正意义上祭拜始祖女登、弘扬中华优秀传统文化的场所和平台。

(2)大力保护、开发女登文化,发展乡村特色旅游。悠久的历史,积淀了深厚的凤翔槐原女登文化。这不仅反映在流传至今的女登故事上,而且体现在与女登有关的挑排灯、山社火等民俗文化方面。这些颇具特色的民俗文化,不仅在当地有很大影响,而且在日本等周边国家也有一定的影响。据说20世纪80年代,日本国民从报纸上看到挑排灯报道后,专程来到凤翔槐原观赏、研究、了解这一民俗文化。因此,建议重视保护、开发女登文化和挑排灯民俗文化,创造性发展,创新性转化,发掘其中蕴藏的新的意义和价值,使其为乡村文明建设服务,为培育农民社会主义核心价值观服务。同时,建议政府有关部门高度重视女登文化的保护、开发和利用,加大投资力度,修建女登文化广场,塑造女登像,发展乡村特色旅游。

---

① 《中共中央国务院关于实施乡村振兴战略的意见》(2018年1月2日),http://www.gov.cn/zhengce/2018-02/04/content_5263807.htm。

② 侯仰军:《村落庙会何以能够传承千年》,《光明日报》2018年4月28日第12版。

(3)广种槐树,以槐树为村树,建设生态槐原新农村。槐树别名"国槐",俗名"土槐""老槐",是中国土生土长的一种树木,距今已有上万年的历史,在《周礼》《本草纲目》等古籍中多有记载。槐树具有经济、药用、人文等多种价值。《春秋元命苞》云:"槐之言归也。古者树槐,听讼其下,使情归实也。"在古人看来,槐树是决断讼狱公开公正之象征,亦有怀念家国之寓意。因此,在古时农村的村口或门前,多有栽种槐树的习俗,以表明游子魂归故里之意。槐原村以"槐"取名,具有丰富而深刻的文化内涵。槐原村不仅传说是女登创始中国蜂业的地方,而且是槐文化的象征之地。因此,建议街区巷院广植槐树,一来美化村容村貌,净化居住环境,提高村民生活质量;二来增加特色旅游项目,在槐花盛开之时举办槐花节,以吸引四方游客来此观树赏花;三来发展蜂业,以增加农民收入。

(4)弘扬孝德文化,提高村民精神文明素质。古人云:"百善孝为先。"孝德是中华民族的传统美德,弘扬孝德文化已经成为社会主义核心价值观的重要内容之一。在女登的传说故事里,有炎帝制轿抬母游的故事。这则故事虽简单质朴,却含有深刻寓意,反映了炎帝的孝德精神,体现了中华民族的传统美德。通过弘扬炎帝孝德精神,以文化人,以德育人,提高农民的精神文明素质。

(5)加强研究、宣传、普及女登文化,打造槐原文化名片。由于受到客观因素和主观因素的影响,女登文化研究会虽已成立 20 多年,但在研究方面还未取得突破性进展,也未引起学术界的广泛关注。因此,建议当地政府有关部门与槐原村村委会和女登文化研究会通力合作,以研讨会、编制课题等形式,组织有关方面专家学者开展女登文化及与女登文化有关的炎黄文化、民俗文化、乡贤文化等研究,出版和发表相关论文、书籍。同时,通过网络、电视、广播、报纸等多种媒体,广泛宣传女登文化和挑排灯、山社火等民俗文化;通过拍摄影视剧、建立村史馆、举办讲座和女登艺术节等多种形式,向群众普及女登文化和女登精神;还可在当地学校以女登文化为内容,编写乡土教材,向中小学生普及女登文化、女登精神和民俗文化的有关知识。相信通过以上系列活动,我们不仅可以将女登文化打造成为凤翔槐原一张文化名片,而且可以将这张文化名片逐步推向全县、全省、全国及海外。

另外,建议当地政府部门在已将"女登的故事"列入县、市级"非遗"名录的基础上,继续将女登祭祀和挑排灯等民俗文化活动申报省级和国家级"非遗"项目。

三、结语

通过对文献记载和民间传说及考古学文化的考察,我们认为,女登是位传说性历史人物,她大约生活于前仰韶文化或仰韶文化的早期,是有蟜氏之女,与少典族通婚,感“神龙首”而生炎帝;她是中华民族的女始祖,也是中华蜂业之祖;她先生活于宝鸡秦岭北麓,后因养蜂而迁徙于今宝鸡凤翔槐原村一带,传说她去世后葬于今陈仓桥镇。女登所创造的女登文化,内涵丰富。传说她不仅发明了蜂蜜、草鞋、蓑衣、围裙,还改进了原始婚俗,由群婚而进入对偶婚,为一夫一妻制婚姻打下了基础。传说炎帝“寻母”“抬母”的故事,体现了炎帝的原始孝道精神,为中华孝道文化的产生奠定了基础。女登祭祀是女登文化的重要内容。据碑文记载,槐原自唐代始建女登祠以来,以挑排灯、游演山社火等民俗礼仪形式祭祀女登,至今绵延不绝。随着乡村振兴战略的实施,保护、开发和利用女登文化这一独特文化资源,打造具有特色的乡村旅游文化十分必要。为此,应加强研究、宣传、普及女登文化,扩建女登祠,举办女登祭祀典礼和女登文化艺术节,发展寻根祭祖游,以期对提升农民精神风貌,培育文明乡风、良好家风、淳朴民风,不断提高乡村社会文明水平具有深远意义。

(作者:霍彦儒,宝鸡炎帝与周秦文化研究会会长,宝鸡市社会科学院研究员)

两汉时期的炎帝文化

◇高　强

炎帝文化发轫于新石器时代中后期，形成于春秋战国时期，成熟于两汉时期。本文拟从炎帝身份的重塑及政治、文化、宗教三个层面探讨两汉时期的炎帝文化，以期对厘清炎帝文化流变、认知炎帝文化实质有所助益。

一、炎帝与神农氏的合并：炎帝身份的重塑

关于炎帝与神农氏的关系，历来存在两种观点：一种观点认为炎帝与神农氏本为两人，应分而论之；另一种观点主张炎帝与神农氏并称，可合而论之。前说符合炎帝与神农氏关系的本来面貌，后说则反映了炎帝与神农氏关系的演变与现实。

先秦典籍在记载炎帝和神农氏时主要有三种情况。第一种以《左传》《国语》《山海经》为代表，只提炎帝，不提神农氏。第二种以《孟子》《庄子》《周易》《尸子》《韩非子》《商君书》《战国策》为代表，只提神农氏，不提炎帝。第三种以《逸周书》《管子》《吕氏春秋》为代表，同时提及炎帝（赤帝）、神农氏，但不连称"炎帝神农氏"。《逸周书·尝麦解》曰："赤帝大慑，乃说于黄帝，执蚩尤，杀之于中冀。以甲兵释怒。"又《逸周书·佚文》曰："神农之时天雨粟，神农耕而种之。"赤帝（炎帝）是与黄帝、蚩尤同时期的部族首领，神农氏是擅长农耕的农神，二人各有事迹，分为两人。《管子·封禅》曰："神农封泰山，禅云云。炎帝封泰山，禅云云。"神农氏和炎帝均曾封泰山，明显系两人。

先秦典籍中唯一连称"炎帝神农氏"的是《世本》。《世本·氏姓篇》曰："姜姓，炎帝神农氏后。"《世本》原本宋代已佚失，我们现在看到的《世本》皆为清人所辑，故而其中"炎帝神农氏"之称是否原本里就有，难以判定。唐代孔颖达在《左传》正义中说"《帝系》《世本》皆为炎帝即神农氏"，由此可证，唐代所见《世本》中确有"炎帝神农氏"之说。西汉时期的典籍要么像《新语》那样只提神农氏，要么像《新书》那样只提炎帝，同时提及炎帝、神农氏的《淮南子》《史记》中，炎帝、神农氏仍为两人。值得注意的是，董仲舒在《春秋繁露》中有"以神农为赤帝"一语，已显露出炎帝与神农氏合并之端倪。真正开始把炎帝与神农氏合而为一的是东汉学者班固和王符。班固在《汉书·古今人表》中明确使用了"炎帝

神农氏”一称，他在《汉书·律历志》中说：“以火承木，故为炎帝。教民耕农，故天下号曰神农氏。”王符在《潜夫论》中说：“有神龙首出常羊，感妊姒，生赤帝魁隗，身号炎帝，世号神农。”进一步将炎帝和神农氏的关系确定为“身号”与“世号”的关系。东汉末，蔡邕《独断》曰：“伏牺为太昊氏，炎帝为神农氏，黄帝为轩辕氏。”晋初皇甫谧整合前说，在《帝王世纪》里为炎帝神农氏撰写了一份相当完整的履历表：“神农氏，姜姓也。母曰妊姒，有乔氏之女，名女登，为少典妃。游于华阳，有神农首感女登于尚羊，生炎帝，人身牛首，长于姜水，因以氏焉。有圣德，以火承木，位在南方，主夏，故谓之炎帝。都于陈，作五弦之琴。凡八世：帝承、帝临、帝明、帝直、帝来、帝衰、帝榆罔。……在位百二十年而崩，葬长沙。”①开启了湖南炎帝陵之说。此后“千余年来，大家对于‘炎帝神农氏’一名安之若素，所有的历史书上都这样写了”②。

蜀汉学者谯周在《古史考》一书中批评了王符将炎帝与神农氏合为一人的做法，坚持分别叙述炎帝与神农氏。清代学者崔述在《补上古考信录》中说：“《汉书·律历志》以炎帝为神农氏，太皞为庖羲氏，后之学者编纂古史，皆遵之无异词。以余考之不然。……庖羲、神农在黄帝之前，炎帝、太皞在黄帝之后，然则庖羲氏之非太皞，神农氏之非炎帝也明矣。”③顾颉刚十分赞赏崔述的观点。徐旭生则断言：“炎帝绝不是神农。”④田昌五、龚维英、高景明等学者也有类似看法。⑤ 至于说将炎帝与神农氏合并的原因，徐旭生认为，“这全是受大一统观念的蔽塞，遂以为有相似的行为就是一个人”⑥。龚维英也认为，所谓“炎帝神农氏”的提法“当是战国末期的儒者为了适应大一统的历史趋势和时代潮流，而对古史作出系统的综合整理的结果”⑦。高景明则认为，东汉时政治中心东移，对于曾经是全国政治、经济、文化中心的关中地区文人来说，很有回顾自己地区人杰地灵的光荣传统的必要，于是，班固、王符、皇甫谧、司马贞等一班西部学者干脆将炎帝与神农氏合二为一⑧。两种说法比较起来，大一统说更为确实。

---

① 皇甫谧等：《帝王世纪　世本　逸周书　古本竹书纪年》，济南：齐鲁书社，2010 年，第 4 页。

② 顾颉刚：《古史辨》第五册，上海：上海古籍出版社，1982 年，第 563 页。

③ 崔述撰著，顾颉刚编订：《崔东壁遗书》，上海：上海古籍出版社，1983 年，第 38 页。

④ 徐旭生：《中国古史的传说时代》（增订本），北京：文物出版社，1985 年，第 124 页。

⑤ 田昌五：《古代社会形态研究》，天津：天津人民出版社，1980 年，第 130 页；龚维英：《“炎帝神农氏”形成过程探索》，《华南师范大学学报》1984 年第 2 期；景明：《神农氏·炎帝》，西安：西北大学出版社，1993 年，第 54 页。

⑥ 徐旭生：《中国古史的传说时代》（增订本），北京：文物出版社，1985 年，第 123—124 页。

⑦ 龚维英：《“炎帝神农氏”形成过程探索》，《华南师范大学学报》1984 年第 2 期。

⑧ 景明：《神农氏·炎帝》，西安：西北大学出版社，1993 年，第 72 页。

客观地讲,炎帝与神农氏本非一人,东汉以降学者们对二者的统一与合并,也确实带来了炎帝与神农氏事迹上的混杂和史料上的矛盾,造成了今人在认识炎帝神农氏时的困惑。然而,炎帝与神农氏的合并并非毫无道理,并非一无是处。探寻其合理性,发现其价值与意义,同样有助于我们了解中国文明起源与变迁的历史,这就是目前多数学者坚持继续合称"炎帝神农氏"的原因所在。

事实上,神农氏恐怕不是一个具体的人物,而是中国农耕初兴时期的代称。《逸周书·佚文》曰:"神农之时天雨粟,神农耕而种之。作陶冶斤斧,破木为耜,锄耨以垦草莽,然后五谷兴,以助果蓏之实。"《周易·系辞》曰:"包牺氏没,神农氏作,斫木为耜,揉木为耒,耒耨之利,以教天下。"《管子·形势解》曰:"神农教耕,生谷以致民利。"《管子·轻重戊》曰:"神农作,树五谷淇山之阳,九州之民乃知谷食,而天下化之。"《新语·道基》曰:"至于神农,以为行虫走兽,难以养民,乃求可食之物,尝百草之实,察酸苦之味,教民食五谷。"《尚书大传·略说》曰:"神农悉地力,种谷疏,故托农皇于地。"《淮南子·修务训》曰:"于是神农乃始教民播种五谷,相土地宜燥湿肥垸高下;尝百草之滋味,水泉之甘苦,令民知所辟就。"《春秋元命苞》曰:"神农耕桑得利,究年受福。"《白虎通义·号》曰:"谓之神农何?古之人民皆食禽兽肉,至于神农,人民众多,禽兽不足,于是神农因天之时,分地之利,制耒耜,教民农作。神而化之,使民宜之,故谓之神农也。"这些记载清楚地表明,神农氏与农耕密切相关,且泛指一个时代,也是赠予对原始农耕做出突出贡献者的荣誉称号。最初记载炎帝的史料多与火有关。《左传》昭公十七年曰:"炎帝氏以火纪,故为火师而火名。"《淮南子·泛论训》曰:"故炎帝作火,死而为灶。"火与早期农耕的关系密不可分,所谓"刀耕火种"是也。炎帝部族是神农时代后期最擅长农耕的部族之一,炎帝因其在农耕方面的突出贡献而被称作神农氏。神农氏并不专指一个人,炎帝是诸多享有"神农氏"称号的人当中的一个。炎帝不能完全代表神农氏,但完全可以被称作神农氏,因此"把他们两个说成一人,也不能说他完全无理由"①,"'炎帝神农氏'的名号是自古就有,还是刘歆创造的并不重要,以这个名号为标志的时代及其种种发明,在历史上确曾出现和存在过,它凝结在很多民俗中,更有大地这部'史书'为证,中华五千年文明的形成有赖于那个时代奠定的基础,所以'炎帝神农氏'一语能经受住时间的考验,一代代地流传下来"②。

炎帝与神农氏合称既是秦汉时期现实的需要,也具有一定的历史依据及合理性。如果我们仅仅以历史的真实性为由,将已经合称近两千年的炎帝与神农氏分离开来,那么神农氏必然因为远古时期农耕文化形成与发展的多元性,以及

---

① 徐旭生:《中国古史的传说时代》(增订本),北京:文物出版社,1985 年,第 242 页。

② 罗琨:《"炎黄"、"黄炎"与黄帝陵》,王俊义主编:《炎黄文化研究》第 1 辑,大象出版社,1994 年。

后世被尊为神农氏的人很多,而显得空泛。炎帝则会因为缺乏与农耕有关的功德,只剩下败给蚩尤和黄帝的记录,而变得空洞。炎帝与神农氏既已合并,也有理可通,我们现今无必要也没可能作硬性的分离①。这或许应该成为我们在认识和处理炎帝与神农氏关系时比较现实和正确的选择。

两汉时期炎帝与神农氏的合二为一,是秦汉时期大一统的产物,此后的炎帝文化已成为炎帝神农氏文化。炎帝与神农氏的合户,重塑了炎帝的形象,丰富了炎帝文化的内涵,突显了炎帝对中国早期农耕的贡献,强化了炎帝人文初祖的地位。

二、政治层面的炎帝:南方帝、赤帝子

两汉文化是秦文化和楚文化的融合,也可以说是北方文化和南方文化的融合。神农文化在两湖地区颇为流行,楚人始祖祝融与炎帝有着非常密切的关系。《山海经·海内经》曰:"炎帝之妻,赤水之子听訞生炎居,炎居生节并,节并生戏器,戏器生祝融。"据此,祝融是炎帝之后。《帝王世纪》曰:"神农氏起列山,谓列山氏,今随厉乡是也。"《水经注·溳水》曰:"溳水北出大义山,南至厉乡西,赐水入焉。水源东出大紫山,分为二水。一水西迳厉乡南,水南有重山,即烈山也。山下有一穴,父老相传,云是神农所出生处也,故《礼》谓之烈山氏。"蒙文通说:"炎、黄二族,至夏遂和辑之验,自炎黄以迄唐虞,始则南北二族,文化各殊,及接触既久,渐以孕育新文化,及于伯禹,遂大成熟,而灿然有辉。"②他认为炎帝族是居于江汉之间的南方民族。李学勤认为:"黄帝、炎帝代表了两个不同的地区,一个是中原的传统,一个是南方的传统。""黄帝可以代表中原地区是很清楚的",炎帝"是南方的传统"③。

有学者不赞同炎帝神农氏是南方民族的说法。张正明指出:"神农氏的遗迹,在今江汉地区较为多见。这是因为羌人和楚人南进到江汉地区之后,把神农氏的传说扩散了。"④西周中期和晚期,姜姓的周人多数迁居"南土",有申、吕、许、厉等国,他们把祖神炎帝也搬到南方来了。战国中期以后,五行与五方、五色相配,炎帝为赤色,别称为赤帝,就被派定在南方火位上了⑤。《孟子·滕文公上》曰:"有为神农之言者许行,子楚之滕。"楚人许行是战国时期以神农氏为祖

---

① 张序民:《炎帝·神农氏·烈山氏》,宝鸡市社科联编:《炎帝论》,西安:陕西人民出版社,1996年,第89页。

② 蒙文通:《古史甄微》,成都:巴蜀书社,1999年,第55页。

③ 李学勤:《古史、考古学与炎黄二帝》,《当代学者自选文库·李学勤卷》,合肥:安徽教育出版社,1999年,第48页。

④ 张正明:《楚文化史》,上海:上海人民出版社,1987年,第10页。

⑤ 张正明:《楚史》,北京:中国人民大学出版社,2010年,第3页。

师的重农学派的代表人物，这说明战国时期神农氏已在楚地有较大影响。赵世超认为："炎帝崇拜在南方广为流行，是阴阳五行说广布以后，炎帝被配为南方之帝而造成的。为了使大家在崇拜时有一个物化的对象和形式，所以就造了炎帝陵、炎帝庙。这是战国秦汉时，阴阳五行学说影响下产生出来的一种文化现象。"①李尚英则认为，赵先生的分析有其精彩的一面，但不够全面，"炎帝部族迁徙到南方是一个客观事实，而五行说的影响则为南方很多地方崇拜姜炎文化起了催化剂的作用"②。

东汉学者高诱在注《吕氏春秋·孟夏纪》时说："炎帝，少典之子，姓姜氏，以火德王天下，是为炎帝，号曰神农，死托祀于南方，为火德之帝。"由于炎帝族裔和炎帝文化的南迁，加之五行说的流行，炎帝死后托祀于南方，炎帝主火主夏、位在南方的观念被人们普遍接受，故而炎帝文化在南方广为流传，深入人心。无论是在传为神农氏出生地的湖北随州，还是在炎帝陵所在地湖南炎陵，都流传着许多炎帝神农氏的传说，都延续着祭祀炎帝神农氏的传统。

秦人继承了周人的天帝观念，继承了雍州天帝祭祀的传统，并根据自身需要，开创了独特的多元畤祭体系。《说文解字》释"畤"字："天地五帝所基址，祭地。"《史记》索隐曰："畤，止也，言神灵之所依止也。亦音市，谓为坛以祭天也。"《史记·封禅书》曰："自古以雍州积高，神明之隩，故立畤郊上帝，诸神皆聚云。盖黄帝时尝用事，虽晚周亦郊焉。"黄帝时究竟有无畤祭，我们不好断言，但畤祭在雍州古已有之，当为事实。秦的郊祀是以祭嬴姓（秦人的姓）"始祖"白帝为主，风姓（山东嬴姓的兄弟氏族）"始祖"青帝为辅，兼祭当地土著姬（周人的姓）、姜（与姬姓互为姻娅）二姓的"始祖"黄帝和炎帝，属于先秦时代的"五族共和"③。秦人先后设有六畤：秦襄公作西畤，祠白帝。秦文公设鄜畤，祭白帝。秦宣公设密畤，祭青帝。秦灵公作吴阳上畤，祭黄帝；作下畤，祭炎帝。秦献公作畦畤，祀白帝。《史记·封禅书》曰："秦灵公作吴阳上畤，祭黄帝；作下畤，祭炎帝。"这是首次有确切记载的帝王诸侯祭祀炎黄的活动。《史记·封禅书》集解徐广曰："凡距作密畤二百五十年。"秦宣公作密畤为公元前 672 年，其后 250 年是秦灵公三年（前 422），据此可以判定秦灵公畤祭黄帝、炎帝是在公元前 422 年。

据《史记·封禅书》记载，刘邦"问：'故秦时上帝祠何帝也？'对曰：'四帝，有白、青、黄、赤帝之祠。'高祖曰：'吾闻天有五帝，而有四，何也？'莫知其说。于

---

① 赵世超：《阴阳五行学说与炎帝文化的南迁》，宝鸡市社科联编：《姜炎文化论》，西安：三秦出版社，2001 年，第 27 页。

② 李尚英：《炎帝部落迁徙中几个问题的探讨》，霍彦儒主编：《炎帝与民族复兴》，西安：陕西人民出版社，2006 年，第 17 页。

③ 李零：《中国方术续考》，北京：东方出版社，2000 年，第 139—140 页。

是高祖曰：‘吾知之矣，乃待我而具五也。’乃立黑帝祠，命曰北畤。有司进祠，上不亲往”。西汉初年，刘邦把黑帝之畤补进去，凑齐了五畤。近年来在陕西宝鸡凤翔雍山血池村发现的秦汉祭祀遗址，证明雍州畤祭的存在与兴盛，证明雍山是秦汉时期祭祀天帝的中心。

《史记·高祖本纪》载：“高祖被酒，夜径泽中，令一人行前。行前者还报曰：‘前有大蛇当径，愿还。’高祖醉，曰：‘壮士行，何畏！’乃前，拔剑击斩蛇。蛇遂分为两，径开。行数里，醉，因卧。后人来至蛇所，有一老妪夜哭。人问何哭，妪曰：‘人杀吾子，故哭之。’人曰：‘妪子何为见杀？’妪曰：‘吾子，白帝子也，化为蛇，当道，今为赤帝子斩之，故哭。’”“祠黄帝，祭蚩尤于沛庭，而衅鼓旗，帜皆赤。由所杀蛇白帝子，杀者赤帝子，故上赤。”《史记·封禅书》：“汉兴，高祖之微时，尝杀大蛇。有物曰：‘蛇，白帝子也，而杀者赤帝子。’”汉高祖刘邦起兵时编造了赤帝子斩白帝子的故事，他自比赤帝子，以白帝子喻秦，暗示汉代秦乃天意，为自己建立新政权制造舆论。赤帝即炎帝，是汉王朝的感生帝。

《史记·封禅书》载：“鲁人公孙臣上书曰：‘始秦得水德，今汉受之，推终始传，则汉当土德，土德之应黄龙见。宜改正朔，易服色，色上黄。’是时丞相张苍好律历，以为汉乃水德之始，……色外黑内赤，与德相应。……后三岁，黄龙见成纪。文帝乃召公孙臣，拜为博士，与诸生草改历服色事。其夏，下诏曰：‘异物之神见于成纪，无害于民，岁以有年。朕祈郊上帝诸神，礼官议，无讳以劳朕。’……文帝始郊见雍五畤祠，衣皆上赤。”汉文帝听从方士新垣平建议，立渭阳五帝庙和长门五帝坛，与原有的五畤一起构成了祭祀五帝的中心场所。在五帝系统里，炎帝位在南方，为南方帝，主火主夏。光武帝刘秀建立东汉时，再度借助赤帝子的故事，声称汉为火德。于是，汉王朝在经历了长时间的土德、火德之争后，终于确定汉为火德。

三、文化层面的炎帝：以德服人的圣王

西汉陆贾的《新语》是最早论述三代及秦朝兴衰得失的著作。《新语·道基》云：“至于神农，以为行虫走兽，难以养民，乃求可食之物，尝百草之实，察酸苦之味，教民食五谷。”把炎帝视为开创文明的圣贤明君。成书于武帝初年的《淮南子》是对黄老学的理论总结，是“西汉道家思潮的理论结晶”①。《淮南子·主术训》曰：“昔者，神农之治天下也，神不驰于胸中，智不出于四域，怀其仁诚之心，甘雨时降，五谷蕃植。……其地南至交阯，北至幽都，东至旸谷，西至三危，莫不听从。”炎帝神农氏的管辖范围不可能如此之大，但其后裔、其文化有可能已经播迁至各地。《淮南子·道应训》曰：“宿沙之民，皆自攻其君，而归神

① 任继愈主编：《中国哲学发展史》（秦汉卷），北京：人民出版社，1985 年。

农。”宿沙的部落和神农的部落之间发生了冲突，宿沙之民认为错在自己的首领，纷纷站在神农氏一边，自攻其君。神农之德，可见一斑。

董仲舒《春秋繁露·三代改制质文》曰：“以神农为赤帝。……以轩辕为黄帝，推神农以为九皇。”这说明汉儒与基本不谈炎黄的先秦儒家已有明显的不同，体现出一种将炎黄传说与传统儒学糅合的时代倾向①。炎帝神农氏开始进入儒家道统，并最终成为道统之祖。

《汉书》基本上沿用了《史记》关于炎帝的记载，《史记》及以前文献中所没有的主要有两处：一是《汉书·古今人表》把炎帝神农氏列为上上之人，即圣人；二是《汉书·艺文志》里有6种托名神农氏的著作，如《神农》《神农兵法》《神农黄帝食禁》《神农大幽五行》《神农教田相土耕种》等，可见炎帝神农氏影响之大。《汉书·魏豹田儋韩王信传》赞曰：“周室既坏，至春秋末，诸侯耗尽，而炎、黄、唐、虞之苗裔尚犹颇有存者。”强调了圣王世系与贵族血统，后者炎黄并称，其顺序同于今，却与《国语·周语》中“黄、炎之后”的排序不同，当为东汉时炎帝与神农氏合并之产物。张衡作《东京赋》云：“昔常恨《三坟》《五典》既泯，仰不睹炎帝帝魁之美。”②颂扬了炎帝功德。

东汉学者王符的《潜夫论》、应劭的《风俗通义》中有大量记述三皇五帝的内容，大多称引前代典籍，进一步传播了炎帝文化。《潜夫论·志氏姓》曰：“炎帝苗胄，四岳伯夷，为尧典礼，折民惟刑，以封申、吕。”记述了炎帝的后裔世系。《风俗通义·三皇》引《含文嘉》记：“神农，神者，信也。农者，浓也。始作耒耜，教民耕种，美其衣食，德浓厚若神，故为神农也。”《风俗通义·姓氏》曰：“万类之中，惟人为贵。……盖姓有九：或氏于号，或氏于谥，或氏于爵，或氏于国，或氏于官，或氏于字，或氏于居，或氏于事，或氏于职。”其对姓氏的记述已不限于黄帝、神农氏的直系后裔如尧、舜、禹等圣王，而是扩展到汉代之人，扩展到诸多姓氏。这说明到了汉代，姓氏已逐渐大众化，不再是贵族的专利，越来越多的普通人可以循着姓氏的线索与炎、黄等赫赫有名的圣祖攀上亲。许慎之子许冲在进献《说文解字》时，可以自豪地宣称“曾曾小子，祖自炎神，缙云相黄，共承高辛”。

《后汉书·马融列传》记载，东汉经学家、教育家马融曾上《广成颂》曰：“自黄炎之前，传道罔记，三五以来，越可略闻。”明确将炎黄视为文明之开端。东汉典籍《越绝书》记载了春秋末年风胡子对楚王说的一段话：“轩辕、神农、赫胥之时，以石为兵，断树木为宫室……至黄帝之时，以玉为兵，以伐树木为宫室……禹穴之时，以铜为兵，以凿伊阙、通龙门，决江导河……当此之时，作铁兵，威服三

① 宋超：《战国秦汉时期炎帝传说的演变》，《秦汉史论丛》，北京：中国社会科学出版社，2012年，第357页。

② 陈宏天、赵福海、陈复兴主编：《昭明文选译注》第一卷，长春：吉林文史出版社，2007年，第148页。

军。”这段话划分出石、玉、铜、铁四个时代，与考古学划分的石器时代、铜石并用时代、铜器时代、铁器时代相吻合。

此外，《尚书大传》《新序》《新论》《白虎通义》《论衡》《独断》等两汉典籍都有对炎帝神农氏功德的颂扬。炎帝神农氏的功德主要表现为培育粟谷、创制耒耜、耕而作陶、发明医药、日中为市等，湖南的嘉禾、耒阳等应该就是炎帝神农氏传说的地名遗存。

四、宗教层面的炎帝：神仙化了的炎帝

炎帝为火神、灶神，楚人先祖祝融是其助手。《左传》昭公十七年曰："炎帝氏以火纪，故为火师而火名。"《说文解字》曰："炎，火光上也。从重火。"《淮南子·天文训》曰："南方火也，其帝炎帝。"《吕氏春秋·孟夏纪》曰："其帝炎帝，其神祝融。"《礼记·月令》曰："孟夏之月，其帝炎帝，其神祝融。"《独断》曰："南方之神，其帝神农，其神祝融。"《白虎通义·五行》曰："太阳……位在南方……其帝炎帝……其神祝融。"《史记·司马相如列传》张守节正义曰："祝融，南方炎帝之佐也。"长沙子弹库《楚帛书》曰："炎帝乃命祝融以四神降。"《淮南子·泛论训》曰："炎帝作火，死而为灶。"《礼记·礼器》孔颖达疏曰："颛顼氏有子曰黎，为祝融，祀以为灶神。"《尚书大传》曰："南方之极，自北户南至炎风之野，帝炎帝，神祝融司之。"作为火神、灶神，祝融成了炎帝最得力的助手。

汉代流行谶纬思想，谶是方士们制造的图录隐语，纬是对儒家经书的神学解读和附会，如河图洛书、占星望气、祥瑞灾异和神化帝王等。纬书是汉代阴阳五行、天人感应学说盛行的产物，虽然充斥着神学迷信思想，但也保存了不少古代历史和社会的资料，其中不乏炎帝神农氏的传说。《纬书集成·礼含文嘉》："神者，信也；农者，浓也，始作耒耜，教民耕种，其德浓厚若神，故为神农也。""神农作田道，就耒耜，天应以嘉禾，地出以醴泉。"《纬书集成·春秋元命苞》："伏羲、女娲、神农，为三皇。""神农生，三辰而能言，五日而能行，七朝而齿具，三岁而知稼穑般戏之事。""少典妃安登，游于华阳，有神龙首，感知于常阳。生神子，人面龙颜，好耕，是谓神农。"《纬书集成·春秋命历序》："神农八世，而帝临、帝魁，互为存废。""炎帝号曰大庭氏，传八世，合五百二十岁。"《纬书集成·春秋内事》："炎帝号大庭氏，下为地皇，作耒耜，播百谷，曰神农也。"《纬书集成·孝经援神契》："神农长八尺有七寸，弘身而牛头，龙颜而大唇，怀成铃，戴玉理。"其中"人面龙颜""龙颜而大唇""三辰而能言""五日而能行"等为神格化的炎帝，"始作耒耜，教民耕种""作耒耜，播百谷"等则为人格化的炎帝。纬书所呈现的是人神杂糅但神化色彩更浓的炎帝神农氏形象，是汉代神仙化上古帝王思潮的产物。

道教正式形成于东汉时期，是中国土生土长的宗教，草根性很强，"更具有

中国封建社会农民型的朴素意识”①,更接近于民间信仰。在道教的神仙谱中,炎帝有一席之地。《真诰》云:“炎庆甲者,古之炎帝也。今为北太帝君,天下鬼神之主也。”②炎帝竟成了天下鬼神之主,这多少有些出人意料,以至于陶弘景注释说:“炎帝,神农氏,造耕稼,尝百药,其圣功不减轩辕、瑞项(原文如此,应为颛顼之误),无应为鬼帝。又黄帝所伐大庭氏称炎帝,恐当是此,非神农也。”③认为此炎帝非神农,而是大庭氏。《真灵位业图校理》中有酆都北阴大帝,陶弘景释之云:“炎帝大庭氏,讳庆甲。天下鬼神之宗,治罗酆山,三千年而一替。”④按照陶弘景的解释,这个酆都北阴大帝就是北太帝君,就是炎帝大庭氏。

汉画像石为我们更加直观地展示了炎帝神农氏的形象。汉画像石是汉代人雕刻在墓室、祠堂四壁的装饰石刻壁画,萌发于西汉昭宣时期,流行于东汉时期,主要分布在山东、苏北、河南、四川、陕北和晋西等地。山东嘉祥武梁祠右壁的古帝王图描绘了伏羲、女娲、祝融、神农、黄帝、颛顼、帝喾、尧、舜、禹、夏桀等十一位古帝王,每位古帝王的画像上均有榜题,神农氏像铭曰:“神农氏因宜教田,辟土种谷,以振万民。”江苏徐州铜山苗山墓室门侧,有两幅相对应的石刻画像,东侧为《黄帝升仙》,西侧为《神农采药》。《黄帝升仙》中的黄帝,双脚如龙爪,背上长翅膀,身边有神马飞黄(訾黄、乘黄),左上方有三足乌(太阳鸟)。《神农采药》中的神农氏,头戴竹笠,身披蓑衣,右手执耒耜,左手牵凤凰(形似孔雀),右上方有蟾宫玉兔,下方是一头有翼正在衔草的神牛。神农氏与黄帝同时出现,相对而立,这在汉画像石中极为少见。山东临沂白庄出土的画像石,上部为操蛇之神,疑为伏羲;中部为一戴笠执臿的羽人,疑为神农氏,是一个农业始祖与羽化仙人结合的形象。陕西绥德出土的墓门立柱画像石,左立柱上部有一人身蛇尾的形象,左手握仙草,右手执嘉禾。神农氏是传说中的农神和药神,嘉禾和仙草是神农氏的典型手持物,学者们认为这个形象“似为神农氏”⑤。四川新津画像石《神农与苍颉》中,神农氏左手执杖,右手举物入口,作尝草状;仓颉手举一三歧之物。山东沂南县北寨村将军冢出土的画像石,上面刻有两位神人披发衣草,对坐于树下,左边神人下刻有“苍颉”二字,应与仓颉造字的传说有关;右边的神人手持草药或禾谷,下面有榜无题,应为神农氏无疑。为何神农与仓颉并列出现?这是对极具代表性的发明创造者的颂扬。神农氏尝百草以治病,仓颉观察鸟兽印迹以造字,都取自自然,惠赐于人类,只是形式和方法不同而已。⑥ 传说中炎

① 任继愈:《中国道教史》序,北京:中国社会科学出版社,2001年,第6页。
② 陶弘景:《真诰·阐幽微第一》,北京:中华书局,2011年,第269页。
③ 陶弘景:《真诰·阐幽微第一》,北京:中华书局,2011年,第269页。
④ 陶弘景:《真灵位业图校理》,北京:中华书局,2013年,第293页。
⑤ 《中国画像石全集》第5册,济南:山东美术出版社,2000年,第45页。
⑥ 张道一:《汉画故事》,重庆:重庆大学出版社,2006年,第16—23页。

帝神农氏“人身牛首”，在山西吕梁离石马茂庄出土的一件画像石的下部，有位持笏站立、人身牛首的神人，其身前有嘉禾，身后有神木①，很有可能就是炎帝神农氏。

汉画中的炎帝神农氏大致可以划分为四种类型：一是彰显炎帝神农氏的古帝王身份，并以榜题标明，以示尊崇；二是突出炎帝神农氏教民耕田、遍尝百草的形象，赞颂作为农神和药神的炎帝神农氏；三是受汉代仙化观念的影响，描绘出炎帝神农氏升仙的形象；四是依据炎帝神农氏的传说，刻画出“人身牛首”的炎帝神农氏形象②。汉画中的炎帝神农氏形象丰富多元，其神仙色彩颇为浓厚。

先秦文献记载的炎帝，地域多在黄河流域；记载的神农氏，地域多在长江流域。经过两汉时期的整合，炎帝的身份得到重塑，炎帝与神农氏合户，炎帝文化成为炎帝神农氏文化，地域跨度更大，内涵更加丰富。两湖成为南方炎帝文化的核心区，湖南炎帝陵也是建立在此基础之上。炎帝既是以德服人的远古圣王，又是护佑刘汉王朝的感生帝，还是五方帝中的南方帝，甚至是掌管鬼神的北太帝君，呈现出人神杂糅的多元面貌。两汉时期的炎帝文化承上启下，影响深远。

（作者：高强，宝鸡文理学院教授）

① 《中国画像石全集》第5册，济南：山东美术出版社，2000年，第72页。

② 黄剑华：《略论炎帝神农的传说与汉代画像》，《重庆文理学院学报》2013年第1期。

炎帝出生地望考

◇彭雪开

炎帝传为神农氏后裔,炎帝的出生地望,现有甘青说、宝鸡说、淮阳说、曲阜说、随州说几种,其中以宝鸡姜水说最为著称。我认为随州历山说可能更为可靠。

神农氏,传为远古部落联盟首领。《周易·系辞》、《左传》僖公二十五年、《庄子·缮性》中皆有"神农氏"的记载。《史记·五帝本纪》:"轩辕之时,神农氏世衰。"集解引班固曰:"教民耕农,故号曰神农。"①先秦文献如《礼记·曲记》《商君书·画策》《韩非子·五蠹》《山海经》等,皆认同远古有神农氏。其出生地望,《史记·五帝本纪》中未载。

一

神农氏源于北方,也源于南方。

1. 仰韶文化证实了北方神农氏时代的存在

仰韶文化遗址主要分布在陕、晋、豫黄河中游的渭、汾、洛黄河三角洲地带,北至长城沿线及河套地区,南达鄂西北,东抵豫东,西直到甘、青接壤地带。这一区域共发现1000多处仰韶文化遗址。其文化特征为:一是聚落有半地穴式等圆、方形草房子。二是聚落种植经济以粟为主,黍次之,饲养猪、狗等,采猎经济仍占主导地位。三是红陶瓷业相当成熟,纺编业较发达。四是多流行单人仰身直姿葬,亦有少量二人仰身直姿合葬。五是彩绘、雕塑业粗简朴实,相当成熟。②

仰韶文化遗址分布区域及其文化特征,与古文献描绘的上古神农氏社会状况有契合性。这证明上古北方神农氏并非面壁虚言。

北方神农氏渐次由西东迁,也被仰韶文化中晚期文化遗址所证实。东迁第一期以西安半坡遗址早期遗存(前5000—前4500)为代表,第二期以陕西渭南史家遗址(前4500—前4000)为代表,第三期以河南三门峡陕州老城东南庙底

---

① 〔西汉〕司马迁:《史记》,北京:中华书局,1999年,第3页。

② 中国大百科全书编辑委员会:《中国大百科全书·考古学》,北京:中国大百科全书出版社,2004年,第596—602页。

沟遗址(前3950—前3780)为代表,第四期以山西芮城王村遗址(前3600—前3000)为代表。这些遗址主要分布在关中渭水流域、陕北、晋南和豫西,其中包括河南荥阳大河村类型(又称秦王寨类型)及安阳大司空村类型。①

由以上情况分析,北方源于黄河主支渭水流域的神农氏部落,最早可能与游牧至今甘肃天水一带的西部牧羊部落——古羌争战后和平共处,族居农耕;后沿渭水两岸渐次东迁至今陕西渭水中游,聚落繁衍发展。由于新石器时代石器工具的不断改进、浅耕农业的发展、人口的增长,他们又渐次向黄河三角洲辐射迁徙,最后聚居于黄河中游及黄河中游的渭、汾、洛流域。

2. 河姆渡文化(前5000—前3300)及大溪文化(前4400—前3300)证实了南方神农氏时代的存在

河姆渡文化比大溪文化早600年。河姆渡文化主要分布在宁(波)绍(兴)平原、舟山群岛等地,大溪文化主要分布在长江中游西段两岸地区。其文化特征为:一是前者聚落有干栏式建筑;后者有红烧土建筑,分为圆形半地穴式和长形、方形地面房子。二是种植经济以稻作为主,饲养牲畜为猪、狗、鸡、牛、羊,采猎经济仍占一定比重。三是生产工具,前者主要有较发达的骨制器,数量超过石、木、陶质工具的总和;后者主要有石铲、石锛、石锄、石凿、石斧、陶响球等特色器物。四是手工业,前者以夹炭陶器业为主,夹砂红陶、红灰陶最多,而且编织业较成熟,木作工艺十分突出;后者薄胎彩陶突出,有较高工艺水平。五是墓葬,前者多流行单人侧身屈肢葬;后者多流行单人仰身直肢葬,另有将死者捆绑后埋葬的现象。绝大多数有随葬品,最多达30余件。六是艺术,前者早期刻画几何图案花纹,动植物图案突出,雕刻图案精美实用;后者彩陶纹饰有横“人”字纹、曲线网格纹,纹饰丰富有特色。②

我对比仰韶文化(前5000—前3000)、河姆渡文化(前5000—前3300)及大溪文化(前4400—前3300)之共性及个性后认为:三种古文化的原始聚落居住情况、种植经济、生产工具、原始手工业及墓葬、原始艺术等内质方面有共同特征,某些次质又各具特色。这是南北地理环境、气候条件、水文状况、生产工具、交通环境、交易状况、经济社会发展程度各有区别和差异所致。③“南方河姆渡文化比仰韶文化还要早一点”,表现形式更丰富些。④

南北方三种文化形态都处于新石器时代,长达2300年。早、中期处于母系

① 中国大百科全书编辑委员会:《中国大百科全书·考古学》,北京:中国大百科全书出版社,2004年,第596页。

② 中国大百科全书编辑委员会:《中国大百科全书·考古学》,北京:中国大百科全书出版社,2004年,第83—85页,第188—191页。

③ 彭雪开:《炎帝神农氏南迁湖湘考》,《长沙大学学报(哲社版)》2017年第6期。

④ 王玉哲:《中华远古史》,上海:上海人民出版社,2008年,第67页。

氏族社会繁荣期,晚期逐步向父系氏族社会转变。分布区域及其文化特征与古文献中描绘的上古神农氏社会状况有契合性。这证明无论南方北方,上古神农氏都是存在的。长江流域与黄河流域一样,同样为中华民族古文化的发生地,史载文献中南方文化长期落后的真正原因,是上古文字源于北方,南方文化很长时间缺乏系统的文字记载。

3. 南方厉山氏当为南方神农氏的后裔

厉山氏,又称烈山氏、连山氏。《礼记·祭法》云:"厉山氏之有天下也,其子曰农,能殖百谷。夏之衰也,周弃继之,故祀以为稷。"①《国语·鲁语》:"昔烈山氏之有天下也,其子曰柱,能殖百谷百蔬。"②《史记·五帝本纪》载其为"连山氏"。《汉书·古今人表》载其为"烈山氏"③。由此可知,厉山氏称名数种,以厉山氏、烈山氏、连山氏为著。

《水经注·渭水》载"岐水又东迳姜氏城南为姜水,……炎帝,神农氏,姜姓。母女登游华阳,感神而生炎帝。长于姜水,是其地也"④,炎帝"长于姜水",比较符合史实。

姜水位于何处?古今学者众说纷纭,但绝大多数学者认同陕西渭水流域清姜河或岐水一带。我们认为比较接近史实。

其一,先秦至汉魏古文献如《左传》昭公十七年、《国语·晋语四》、《竹书纪年》、《吕氏春秋》、《世本》、《史记·周本纪》等皆载。《帝王世纪》载:"神农氏,姜姓也。母曰任姒,有乔氏之女,名女登,为少典妃。游于华阳,有神农首感女登于尚羊,生炎帝。"这是依上古传说而虚造,可信度不高。

其二,地下出土文物有证。一是在今宝鸡渭滨区神农镇发现仰韶文化晚期姜城堡遗址。二是宝鸡渭水流域发现700余处新石器时代遗存,仅清姜河流域20平方公里内,有距今8000—4000年新石器时代遗址80余处。⑤ 三是宝鸡关桃园遗址(距今8000年左右)、福临堡遗址(距今6000—5000年),北首岭遗址(距今5100—3700年)中、下层遗存均发现有陶祖、石祖(生殖崇拜物)及未使用的精制石斧,这表明当时正处于母系氏族社会比较繁荣的阶段,氏族中有了权威人物。

新石器时代晚期末段是阶层分层、私有制产生的过渡时期,这与上古文献中记载这一时期"民知其母,不知其父""斫木为耜,揉木为耒""男耕而食,妇织而衣""不贪天下之财,刑政不用,甲兵不起"等状况大体相合。虽然上古文献及历

① 《周礼·仪礼·礼记》,长沙:岳麓书社,1989年,第463页。

② 《国语·战国策》,长沙:岳麓书社,1988年,第39页。

③ 〔汉〕班固撰:《汉书》,北京:中华书局,1999年,第742页。

④ 〔北魏〕郦道元著,陈桥驿校证:《水经注校证》,北京:中华书局,2007年,第442页。

⑤ 陕西省地方志编纂委员会:《陕西省炎帝》,西安:三秦出版社,2009年。

史神话传说中有不少虚构成分,但也有一些史实片段及渊源。

战国《尸子》:“神农七十世有天下。”《罗泌题炎陵碑》:“神农有天下传七十世……”①这与今本《吕氏春秋·慎势》载“神农十七世有天下”相违。这可能是罗泌之后学者篡改所致。《说文解字》:“世,三十年为一世。”这样看来,神农世系约有2100年,这恰与南北方三种文化遗址所跨年代大体一致。

由此证实,今湖北随州厉山氏当为南方神农氏的后裔。

二

《左传》昭公十七年:“昔有黄帝氏以云纪,故为云师而云名;炎帝氏以火纪,故为火师而火名。”②《国语·晋语四》亦载:“昔少典娶有蟜氏,生黄帝、炎帝。黄帝以姬水成,炎帝以姜水成。成而异德,故黄帝为姬,炎帝为姜,二帝用师以相济也,异德之故也。”以后依《国语》之说,炎帝以姜水成,黄帝以姬水成,似乎已成定论。姬水位于何处?多认同在新郑溟水(溱水、洧水、熊水)流域。③然而,炎帝以姜水成(出生地)值得商榷。

炎帝出生地,当在随州厉山。

1. 先秦文献有载

《竹书纪年》:“神农生于姜水,其起于烈山氏。”《山海经·海内经》:“炎帝之妻,赤水之子听訞生炎居,炎居生节并,节并生戏器,戏器生祝融,祝融降处于江水,生共工,共工生术器,术器首方颠,是复土穰,以处江水。共工生后土,后土生噎鸣,噎鸣生岁十有二。”④

《战国策·秦策一》:“昔者神农伐补遂,黄帝伐涿鹿而禽蚩尤,尧伐驩兜,舜伐三苗。”又《魏策》:“黄帝战于涿鹿之野,而西戎之兵不至。”《管子·五行篇》:“昔日黄帝得蚩尤而明于天道……得祝融而辩于南方。”《世本·作篇》“神农”条下云:“蚩尤以金作兵器。蚩尤作五兵,戈、矛、戟、酋矛、夷矛,黄帝诛之涿鹿之野。”《吕氏春秋·荡兵》:“兵所自来者久矣,黄、炎故用水火矣,共工氏固次作难矣,五帝固相与争矣。”以上所引文中“神农”,应代指炎帝无疑。

以上所列先秦典籍,多言炎帝起于南方。

2. 两汉后国史、地方文献等有辑考

《汉书·地理志》:“随,故国。厉乡,故厉国也。”颜师古注曰:“厉读曰赖。”《左传》僖公十五年:“秋,伐厉,以救徐也。”可见烈山氏后裔在殷、商、西周前建

---

① 〔清〕《同治酃县志·炎陵志》,清同治十二年。

② 左丘明著,陈戍国撰:《春秋左传校注》(下),长沙:岳麓书社,2006年,第979页。

③ 《周礼·仪礼·礼记》,长沙:岳麓书社,1989年,第70—71页。

④ 《山海经》,呼和浩特:内蒙古人民出版社,2010年,第357页。

有厉国,春秋时被灭。《汉书·古今人表》:"炎帝神农氏,张晏曰:'以火德王,故号曰炎帝。作耒耜,故曰神农。'"

郦道元《水经注·溾水》:"(赐)水源东出大紫山,分为二水。一水西迳厉乡南,水南有重山,即烈山也。山下有一穴,父老相传,云是神农所生处也,……亦云,赖乡,故赖国也,有神农社。赐水西南流入于溾,即厉水也。赐、厉声相近,宜为厉水矣。"①《后汉书·郡国志》"南阳郡"条下:"随,西有断蛇丘。"刘昭注曰:"杜预曰有赖亭。《左传》僖公十五年齐伐厉,在县北。《帝王世纪》曰:'神农氏起列山,谓列山氏,今随厉乡是也。'《荆州记》曰:'县北界有重山,山有一穴,云是神农所生。又有周回一顷二十亩地,外有两重堑,中有九井。相传神农既育,九井自穿,汲一井则众井动,即此地为神农社,年常祠之。'"②

唐代的《艺文类聚·井》《括地志》《初学记》等皆有此类记载。《元和郡县志》卷二十四更明载:"厉山,亦名烈山,在县北百里,《礼记》曰:'厉山氏,炎帝也,起于厉山,故曰厉山氏。'"③

自此后至北宋《太平寰宇记》《太平御览》《荆州图记》《册府元龟》《元丰九域志》,南宋郑樵《通志·三皇纪一》、罗泌《路史》,清代《湖北通志·舆地志·古迹》《大清一统志》等历代文献,皆记载炎帝神农的出生地在湖北随州厉山。

3. 出土文物有证

随州共发掘旧石器、新石器时代遗址50多处,出土文物3000余件。其中最具代表性的西花园遗址属屈家岭文化,该文化早期约在前3970—前3544年,中期约在前3780—前3380年,晚期约在前3000—前2600年。早中期文化中发现有骨、石、陶制作的工具等,生活用具主要有陶器、装饰陶器等。少数土坑墓中发现多件朱绘陶器及两件"凤"字形孔石钺,显示两座墓主人生前的重要地位。④晚期文化以种植水稻为主,与长江流域栽培水稻相似,发现猪、狗、鸡、羊等饲养动物,其社会处于母系氏族社会繁荣期及父系氏族社会初期末段。

西花园遗址有房基、灰坑、墓葬,未见完整房基。居住面加工平整,常用白石灰抹面,墙壁为木骨泥墙,屋顶盖稻草之类的植物茎秆,再加抹一层草泥土。有儿童瓮棺葬6座,陶器多为薄胎,造型规整美观。鼎、罐纹饰以素面为主,还附加堆纹、弦纹、篮纹、镂孔;彩陶有涂白衣、红、紫、黑等多种,多用圆点、三角、锯齿、卵点、网格、平行线、直线、斜线等为母题绘制多种美观图案。⑤

---

① 〔北魏〕郦道元著,陈桥驿校证:《水经注校证》,北京:中华书局,2011年,第745页。

② 〔宋〕范晔撰,〔唐〕李贤等注:《后汉书》,北京:中华书局,1956年,第3476—3478页。

③ 李吉甫撰,贺次君点校:《元和郡县图志》,北京:中华书局,2008年,第542页。

④ 中国大百科全书编辑委员会:《中国大百科全书·考古学》,北京:中国大百科全书出版社,2004年,第403—406页。

⑤ 武汉大学随州考古发掘队:《随州西花园遗址发掘简报》,《江汉考古》1991年第2期。

虽然随州西花园遗址至今未发现与澧县城头山类似的城址，但不排除屈家岭文化早、中期已跨入文明都市的门槛。当然，这有待于今后屈家岭文化遗址中“城邦”都市的发现。

屈家岭文化早、中期及晚期前段的出土文物证实：一夫一妻家庭私有制已出现，这与上古传说神农氏时代及《史记·五帝本纪》中载的“神农氏衰”后出现炎帝、黄帝的描述基本一致。由此推断在前3600年左右，厉山氏就已出现在今随州一带；约在前3000年，南方神农氏后裔厉山氏演变成炎帝始祖，后被先秦典籍《左传》《国语》等追述记载。

4. 炎帝由南北迁，证实炎帝始祖出生在随州厉山镇

炎帝始祖的一支，何时沿汉水北迁，史无载，我们仅从出土文物中得知端倪。在具有仰韶文化向龙山文化过渡性质的河南禹州谷水河第三期及郑州大河村第四期文化遗存中，分别出土有双腹豆、高领圈足壶、高圈足杯、盆形瓦足鼎等，与屈家岭文化的器形相同或近似，显然是屈家岭文化影响的结果。在陕西庙底沟二期文化遗存中，存在与屈家岭文化相同的喇叭红衣小陶杯、圆底罐形鼎等器物，反映了二者相互间的联系。①

屈家岭文化主要以汉江平原为中心，东起大别山南麓，西至三峡，北到豫西南，南抵洞庭湖北岸。炎帝始祖先辈很可能在距今5600—5000年间从今湖北随州一带，沿汉水经今湖北襄阳、丹江口、十堰郧阳区（原郧县），进入河南三门峡陕州区（原陕县）而入陕西渭水流域，这些地方均发现有屈家岭文化遗址。② 亦有可能沿汉水上溯至源头，再翻越秦岭入陕西渭水流域，因在仰韶文化中也发现有与大溪文化及关山庙文化遗址相同的器物。③

2016年发掘的宝鸡石鼓山墓地，其族属可能是古代族群墓地，石鼓山墓地主人为姜太公之女——邑姜。根据地下出土文物初步推断，这一支族居在姜水流域的炎帝部落，是从今湖北江汉腹地迁徙而来的。炎帝部落最远一支沿渭水而上，到达今甘肃天水一带，与羌人部落子女通婚，后又沿渭水中下游迁徙，最终族居清姜流域，仍与羌人女子世代为婚，故后世称炎帝“以姜水成”。

这一支羌人部落后因生产发展，人口增多，又沿渭水下游回迁，与原居地炎帝部族融合，发展成为渭水流域最大的部落，并由沿渭水两岸族居扩展至关中平原四周。西安半坡遗址早期遗存（前4800—前4300年）极可能就是这一支炎帝

---

① 中国大百科全书编辑委员会：《中国大百科全书·考古学》，北京：中国大百科全书出版社，2004年，第406页。

② 中国大百科全书编辑委员会：《中国大百科全书·考古学》，北京：中国大百科全书出版社，2004年，第404—406页。

③ 中国大百科全书编辑委员会：《中国大百科全书·考古学》，北京：中国大百科全书出版社，2004年，第602页。

部落的文化遗存，而其中盛行的儿童瓮棺葬及大多数房屋流行的"小木柱编篱涂泥作成"，几乎与屈家岭文化的儿童瓮棺葬、"墙壁为木骨泥墙"相同或近似。①由此推断，这一支炎帝部落后裔当是湖北随州炎帝始祖的后裔。

先秦文献与庙底沟二期文化考古充分证实，炎黄两大部落联盟在200年的时间内，多次在黄河三角洲（今陕、晋、豫交界处）发生争战，而世传第八代炎帝部落联盟首领榆罔被黄帝打败，黄帝以"和合"之策，封榆罔于山西榆次。《竹书纪年》《战国策·秦策四》皆载有"榆次"地名。榆国都城设在耆（今山西黎城），后榆国被曲沃国（春秋时晋国）吞灭。榆罔子裔被迫迁于今河南郑州北部立国，创造了大河村类型文化。王震中先生考证后认为：大河村类型文化（大河村遗址第三、四期）当为祝融部落先民②，其中第四期出土的陶尊、背水壶、陶锅，分别与大汶口文化、屈家岭文化相同或相似。

祝融部落当为榆罔支族。史载在尧、舜、禹时代，祝融部落首领历任诸夏王朝火正官，受到尊崇。这一支炎帝后裔最后迁于鲁（今山东曲阜），可能为祝融部落主支封邑。其中另一支又南迁随州厉山，与江南神农氏后裔炎帝融合成"炎帝神农氏"。

5. 夏禹为政时，炎帝神农氏又继续南迁湖湘，也佐证炎帝出生地在南方

南迁湖湘的炎帝神农氏，与三苗后裔、古越人后裔争战融合成祝融部落联盟，其首领族居在今湖南南岳衡山四周，以夏禹司徒之职，主政南方。以上实难稽考，不过亦有史踪可寻。笔者写就的《炎帝神农氏南迁湖湘考》一文认为：

其一，古籍有载。《尚书·大传》《山海经·海内经》《管子·五行》《列子·汤问》《吕氏春秋·孟夏纪》《越绝书》《淮南子·时则训》皆载：主政南方的祝融氏，仍袭神农氏号。《礼记·月令》明载："南方曰炎天，其帝炎帝……祀夏，配神农，从祝融。"这表明烈山氏主支祝融氏一支在南迁过程中，已号炎帝神农氏。

其二，出土楚帛书、楚简可证。楚帛书《五星占》："南方炎，其帝赤帝，其臣祝庸（融）。"此载与长沙子弹库楚帛书乙篇中"炎帝乃命祝融，以四神降，奠三天"相吻合。长沙子弹库楚帛书中的"雹（伏）戏"和"祝融"，道出了楚人远祖与祝融的世承关系，填补了神话传说史的空白。③

楚帛书中"融"字字形，与包山竹简217、237号简中"融"字字形相近。陈梦家先生认为"蚰"（即古"融"字）与神及"五土"（东、西、南、北、中土）关系密切。这与楚帛书中"五行"观念相合。

其三，地下文物出土有证。今衡阳市南岳区南岳镇彭家岭遗址、衡阳县福溪

① 中国大百科全书编辑委员会：《中国大百科全书·考古学》，北京：中国大百科全书出版社，2004年，第405页。

② 王震中：《大河村类型文化与祝融部落》，《中原文物》1986年第2期。

③ 沈建华：《由出土文献看祝融传说之起源》，《东南文化》1998年第2期。

乡金山岭遗址、衡南县泉湖乡罗卜滩遗址、耒阳市大市乡宜塘坳遗址等，其中龙山文化遗存与中原文化有渊源关系，而商代文化遗存多属古越人文化。

综合古文献所载及文物考古发现，我们可以初步推断：约在新石器时代晚期龙山文化时代早期，即相传为炎黄时代黄帝之孙颛顼时期，高阳之曾孙重黎为帝喾高辛，居火正，命曰祝融，族裔属祝融部落，其首领历为炎黄部落联盟火官，功高威重，后为华夏族部落所尊崇。至尧、舜、禹时代，祝融部落首领仍袭华夏部落联盟火正之职，且分居四方。其中一支在距今 4500—4600 年仍继任火官，并担任司徒重任，主政南方。与南方上古历史传说中的神农氏后裔争战后共居一处或各分支族居，共同接受炎帝部落第八代首领榆罔的后裔的管理。《路史》载其首领“其治百年，葬衡阳之阳，是谓祝融峰也”。祝融氏族居南岳（今衡阳市南岳区）四周，是有一定依据的。

三

炎帝神农氏后裔族居湖湘何处？国史、典籍无明载，但在地方志及文献中多有记载。

其一，清代《衡湘稽古录》：“帝之匠赤制氏作耒耜于郴州耒山。”其源出何处，至今难考。今考耒水源头为今桂东县黄洞乡青竹村烟竹堡，并非汝城县井坡乡城头寨（古耒山），城头寨水，是耒水上游源流之一，并非源头。

然而，耒水自宋代史籍所载，皆云源于耒山（城头寨）。宋代《太平寰宇记》《九域志》，明代《徐霞客游记》《万历郴州志》，清代《湖广通志》《桂阳县志》皆有明载。细察明清方志所载，文中凡言“义昌”“桂阳”者，皆今汝城县旧称。

其二，湘东一带的传说与习俗，也佐证祝融部落的一支——炎帝神农氏曾生活在今耒水、洣水上游流域。今郴州市城南有“神农与犀牛井”的传说；桂东县有“月桂有幸落桂月”的传说；汝城县有“神农炎帝作耒耜于耒山（城头寨）”的传说，且农历四月二十六日历有祭神农之俗；资兴市有“炎帝在汤市与狗脑贡茶”的传说；安仁县有古神农殿遗址及“药王炎帝”、神农与“元宵米塑”的传说；嘉禾县有“天降嘉禾，神农教耕”的传说；耒阳市有神农氏制耒耜教民耕稼的传说及“狗与‘尝新’”活动的民俗。

湘东茶陵县有“云阳山神农种五谷尝百草后崩驾于此”的传说和“神农‘太子坟’”“跺田的来历”的传说。① 炎陵县留下了炎帝潞人的传说，还有“吊鲤子茅”“春分赶社”“植杖跺田”“抬狗求雨”“火龙烧虫”“尝新赏狗”“逢圩赶场”

① 湖南省茶陵县地方志编纂委员会：《茶陵县志》，北京：中国文史出版社，1993 年，第 574 页。

“过年息民”“崇火祀灶”等民俗活动，皆与神农炎帝密切相关。① 攸县有“神农归葬泊攸水”的传说。②

以上历史传说与民俗活动，皆集中于湘江支流洣水、耒水流域，多指向“炎帝神农氏”，这值得我们追根溯源。

其三，文物考古有证。《衡阳古遗址》载：耒阳市大市乡长洲村宣塘坳、大市乡大市村贺家山、遥田镇跃进村高陂冲、雅江乡新华村大岭，均发现新石器时代遗址，从出土文物看，多属屈家岭文化及龙山文化。③ 前者距今5000—4600年，后者距今4900—3900年。衡南县泉湖镇罗卜滩，衡阳县福溪乡育新林场金山岭，郴州市资兴市唐家岭，汝城县文明镇、泉水镇柏（百）园村、热水镇牛头岭、卢阳镇石寨脚、三星镇殿华村狮子山，均发现新石器时代早期及屈家岭文化晚期、龙山文化等新石器时代晚期人类居住遗存。

株洲市所辖各县、市、区之洣水流域、渌水流域，至1991年统计共发现龙山文化遗址11处④，其中炎陵县东风乡梅山口遗址、鹅坡上遗址，霞阳镇樟树下（原城东乡，1996年并入霞阳镇）平头岭、太平岭新石器时代遗址，皆有一定代表性。樟树下遗址面积6400平方米，为县内文化堆积层最厚的遗址。⑤

炎帝神农氏的后裔，在漫长的新石器时代晚期及金石时代，因在南方创制了更先进的木耒耜、石耒耜及金石耒耜，使浅耕原始稻作农业逐步向深耕原始稻作农业转变，创造了南方稻作文化。耒阳市之“耒”，传为神农氏所改，故称族居于今耒水流域的河流为“䢚”（下部非“土”字，实为河流流向状），即今耒水。战国晚期《鄂君启舟节》有“入䢚”铭文，专家考证后认为“入䢚”即“入耒阝”。其后一支旺族聚落成邑，名“耒阝”。秦始皇二十六年（前221）于此置耒阝县，以耒阝邑为名，汉高祖五年（前202）县治迁今耒阳市城区耒水之北岸，故改耒阝县为耒阳县，耒阝水也改称为耒水。

结合古籍及地方志记载与地名考释、民间传说、民间习俗，以及地下文物考古诸情况，我们有理由推定：在距今4600—4700年，即新石器时代晚期，即传说中的榆罔时代，炎帝后裔祝融氏之一支，越过长江、洞庭湖平原，溯湘水而上，首先族居在今衡阳市南岳区四周，时常在衡山顶峰祭祀先祖祝融，故后有祝融峰之称，其后裔又多族居在今耒水流域。另一支族裔或溯湘水而入上中游，或溯耒水而上并翻越八面山，再沿洣水源头而下，族居在今茶陵、炎陵洣水中上游，与古越人争战后和合共居。其中一位杰出首领，为耒耜农耕文明做出了杰出贡献，相传

---

① 周新发：《神土炎天》，长沙：湖南人民出版社，2015年，第141—147页。

② 王厚成：《攸县牛下脑——神农传说的地方》，《湘东文化》2017年第2期。

③ 耒阳市志编纂委员会：《耒阳市志》，北京：中国社会出版社，1993年，第744页。

④ 《株洲文物名胜志》，北京：中国文史出版社，1991年，第134—135页。

⑤ 酃县志编纂委员会：《酃县志》，北京：中国社会出版社，1994年，第468页。

有七大功绩——制耒耜教民耕稼、尝百草首创医药、立市为集、治麻为布教民着衣帛、作五弦琴以娱百姓、剡木为弓以威天下、作陶器改善民生，后世称其为炎帝神农氏，死后葬于今炎陵县鹿原镇鹿原陂，世谓“炎帝陵”。炎帝一直为人们所尊崇，对其的祭祀活动始终未断绝，自宋代之后，历为官祀，影响深远。

（作者：彭雪开，民政部地名研究所科研基地首席专家，湖南工业大学地名历史文化研究院院长）

传统文化中的诚信文化与现实意义

◇周亚平

一、从习近平对长春长生生物疫苗案件作出重要指示谈起

2018 年 7 月 23 日,正在国外访问的习近平总书记对吉林长春长生生物疫苗案件作出重要指示指出,长春长生生物科技有限责任公司违法违规生产疫苗行为,性质恶劣,令人触目惊心。有关地方和部门要高度重视,立即调查事实真相,一查到底,严肃问责,依法从严处理。要及时公布调查进展,切实回应群众关切。习近平总书记强调,确保药品安全是各级党委和政府义不容辞之责,要始终把人民群众的身体健康放在首位,以猛药去疴、刮骨疗毒的决心,完善我国疫苗管理体制,坚决守住安全底线,全力保障群众切身利益和社会安全稳定大局。

李克强总理作出批示要求,国务院立即派出调查组,到所有疫苗生产、销售等全流程全链条进行彻查,尽快查清事实真相,不论涉及哪些企业、哪些人都坚决严惩不贷、绝不姑息。对一切危害人民生命安全的违法犯罪行为坚决重拳出击,对不法分子坚决依法严惩,对监管失职渎职行为坚决严厉问责。尽早还人民群众一个安全、放心、可信任的生活环境。

对该案件,李克强总理于 7 月 22 日曾作出批示:“此次疫苗事件突破人的道德底线,必须给全国人民一个明明白白的交代。”

国家药监局发布《关于长春长生生物科技有限责任公司违法违规生产冻干人用狂犬病疫苗的通告》说:“现已查明,企业编造生产记录和产品检验记录,随意变更工艺参数和设备。上述行为严重违反了《中华人民共和国药品管理法》《药品生产质量管理规范》有关规定。”国家药监局“已责令企业停止生产,收回药品 GMP 证书,召回尚未使用的狂犬病疫苗”。国家药监局会同吉林省局“已对企业立案调查,涉嫌犯罪的移送公安机关追究刑事责任”。

按照有关规定,疫苗生产应当按批准的工艺程序流程在一个连续的生产过程内进行。但长春长生生物科技有限责任公司为降低成本、提高狂犬病疫苗生产成功率,违反批准的生产工艺组织生产,包括使用不同批次原液勾兑进行产品分装,对原液勾兑后进行二次浓缩和纯化处理,个别批次产品使用超过规定有效期的原液生产成品制剂,虚假标注制剂产品生产日期,生产结束后的小鼠攻毒实

验改为在原液生产阶段进行。为掩盖上述违法违规行为，该企业有系统地编造生产、检验记录，开具填写虚假日期的小鼠购买发票，以应付监管部门检查。

长春长生生物科技有限责任公司的行为，是危害人民生命安全的违法犯罪行为，既失信又违法，已经大大超出了不守诚信的一般商业行为。同时，该公司违法违规生产疫苗的行为造成了严重危害，无论从坚决守住安全底线、全力保障群众切身利益和社会安全稳定大局来说，不是从不能突破人的道德底线，尽早还人民群众一个安全、放心、可信任的生活环境来说，都为构建诚信社会的必要性、紧迫性提供了反面教材。

二、守诚信是取得天下的重要条件

习近平总书记指出：中华文明积淀着中华民族最深层的精神追求，代表着中华民族独特的精神标识，为中华民族生生不息、发展壮大提供了丰厚滋养。拿诚信来说，大道惟诚，无信不立，诚信是立人之本、成事之基，也是搞好市场经济之基。从远古的五帝开始，几千年来中华民族就有守诚信的传统美德。我们通过对这些优秀传统的挖掘和阐发就会体悟到，老祖宗这种守诚信的传统美德，对于今天维持整个社会秩序、健康发展市场经济，是一种强大的正能量。

先看看炎黄二帝。炎黄二帝可以说是中华原始商业的开创者。《周易·系辞下》说神农氏做了这样一件事："日中为市，致天下之民，聚天下之货，交易而退，各得其所。"这里所说的"日中"，指中午；"市"即集市、市场。"交易而退，各得其所"，就是双方把货物交易完了就走，各有各的收获。有了商品交易，就得规范道德，得守诚信。《吕氏春秋·上德》曰："为天下及国，莫如以德，莫如行义。以德以义，不赏而民劝，不罚而邪止，此神农、黄帝之政也。"黄帝在统一中原后，"以信与仁为天下先"，把诚信与仁爱当作首要的道德准则加以倡导，促成"天下太平"。

再看看中华道德始祖——舜帝。舜帝是诚信文化的典范性人物。早在辅佐尧帝期间，尧帝问舜要治理好天下，有什么好办法，舜提出"允执厥中"的理念，就是说他把守诚信的地位提得很高，认为这是得天下的重要条件，"执一无失，行微无怠，忠信无倦，而天下自来"。在商品经济萌芽时期，舜做过小生意，贩卖过小商品。《史记》记载："舜耕历山，渔雷泽，陶河滨，作什器于寿丘，就时于负夏。"集解引郑玄曰："负夏，卫地。"索隐曰："就时犹逐时，若言乘时射利也。《尚书大传》曰'贩于顿丘，就时负夏'，《孟子》曰'迁于负夏'是也。"他在雷泽捕鱼，不仅仅是自己吃，还要出卖一些。他在河滨制造陶瓷器具，在寿丘制作什器，即百姓常用的器具，也是为了出卖而生产。贩卖商品，当然要"乘时射利"，要赚钱。但是，舜做生意，不以次充好，拿不合格的陶器去坑害消费者，谋取不正当利益。他是以诚信为本的，"陶河滨，河滨器皆不苦窳"，把优质产品以优惠价格卖给老百姓，自己也赚了钱，百姓也得了实惠，互利互惠，生意越做越红火。“一年而所居成聚，二年成邑，三年成都。”这也可以解读为以诚信为本，使人气越来越旺盛，市场经济越来越繁荣。

儒家的祖师爷“至圣先师”孔子是言必称尧舜的，他继承了尧舜的诚信道德并把它发扬光大。孔子把“信”列为教育学生的“四大科目”（言、行、忠、信）和“五大规范”（恭、宽、信、敏、惠）之一，强调要“言而有信”。孔子主张“民无信不立”，把诚信提到治理国家基本准则的高度。“亚圣先师”孟子认为“诚”是最高的道德范畴，是做人的根本道德原则，是普天下通行的规律，所谓“诚者，天之道也；思诚者，人之道也。至诚而不动者，未之有也；不诚，未有能动者也”。《中庸》《大学》是儒家的经典，都把诚信作为人生的最高境界，作为道德修养的主要原则。《中庸》说：“诚者，天之道也；诚之者，人之道也。”“诚身有道，不明乎善，不诚其身矣。”《大学》说：“所谓诚其意者，毋自欺也。”“君子必诚其意。”中华传统文化，不局限于儒家，法家商鞅也很重视诚信，他重视取信于民。据说商鞅变法之前，为了取信于民，下令在秦国都城南门外立一根三丈长的木头，当众许下诺言，谁把这根木头搬到北门，赏十金。人们以为是戏言，不信，不去搬。商鞅为表诚意，赏金提到五十金。一位壮汉把木头扛到了北门，马上得到五十金的赏钱。商鞅以此事树起了言而有信的形象，取得了人们的信任，新法很快在秦国推广开来。汉代以后，历朝历代的统治者和学者都一直提倡和维护诚信。“自古驱民在信诚，一言为重百金轻。”这是王安石对商鞅“立木树信”的赞扬。“君子所以感人者，其性诚乎！”这是司马光对诚信感人抒发的感慨。周敦颐说“诚”是“五常之本，百行之源”，把“诚”作为区分人的行为善恶的道德标准。

几千年的中华文明史，从“天下明德皆自虞帝始”，一直到共产党执政的社会主义社会，我们都继承和弘扬了诚实守信的传统道德，甚至把诚信道德提到党的建设、社会主义核心价值观的建设高度来认识。我国改革开放的总设计师邓小平把诚实守信作为党和国家经济政治生活的重要准则，反复强调：“中国是信守自己诺言的国家。”“领导要取信于民，使党内信得过，人民信得过。”“一切企业事业单位，一切经济活动和行政司法工作，都必须实行信誉高于一切。”在民主革命、社会主义建设、改革开放和建立社会主义市场经济的过程中，诚信都提供了强大的正能量。今天，我们要全面深化改革，要一步一个脚印地去实现中国梦，就一定要认真研究和用心领悟守诚信的传统美德，将它内化为理念追求，外化为实际行动，让它切实发挥出应有的巨大能量。

三、推动长江经济带战略发展不能离开诚信

我们知道，社会主义市场经济是诚信经济，资源基本上是通过信用渠道配置的。诚实守信是建立市场秩序的基石，是市场经济的灵魂。经济活动中的各个

环节，缺少信用是不可想象的；各种交易活动，是建立在互利互惠、互相情愿的基础上的，各方都要对自己的行为负责。如果有人言而无信、背信弃义，正常的交易活动便会被破坏。生产、运输、购销各个环节，都存在委托代理关系，都有信用问题，任何一个环节出现信用问题，交易链条就会中断。

2018 年 4 月 26 日，习近平总书记在湖北武汉主持召开长江经济带发展座谈会并发表重要讲话，进一步明确了以长江经济带发展推动经济高质量发展这一重大国家战略的指导思想、实践路径和根本目标，成为新时代推动长江经济带高质量发展的重要遵循。而这个战略的实施与推进要靠整个社会来推动，更要靠社会经济的发展来实现。推动社会经济发展的很重要的因素就是社会主义市场经济的稳步健康发展，社会主义市场经济的稳步健康发展，就得以诚信为基础。今天，作为传统文化中的诚信道德，不仅成为社会主义核心价值观形成的重要源头，而且成为社会主义核心价值观在整个社会经济发展中必须倡导的重要内容。

中共中央办公厅《关于培育和践行社会主义核心价值观的意见》对经济行为作出了道德要求，对市场行为作出了诚信要求，强调了社会主义核心价值观对市场经济提供的正能量。该意见指出："确立经济发展目标和发展规划，出台经济社会政策和重大改革措施，开展各项生产经营活动，要遵循社会主义核心价值观要求，做到讲社会责任、讲社会效益、讲守法经营、讲公平竞争、讲诚信守约，形成有利于弘扬社会主义核心价值观的良好政策导向、利益机制和社会环境。与人们生产生活和现实利益密切相关的具体政策措施，要注重经济行为和价值导向有机统一，经济效益和社会效益有机统一，实现市场经济和道德建设良性互动。建立完善相应的政策评估和纠偏机制，防止出现具体措施与社会主义核心价值观相背离的现象。"这里告诉我们，要实现市场经济和道德建设良性互动，发展社会主义市场经济，发挥市场在资源配置中的决定性作用，离不开良好道德，讲诚信、讲公平正义的良好风气对市场提供的正能量。

四、必须清除市场经济建设中不守诚信的道德缺失现象

市场经济的建立和发展，使人们的竞争观念、时间观念、效益观念、创新观念和民主法制观念得到增强，推动生产力的解放和发展，与之相适应的道德品格也得以形成，促使那些真正想把生意做好的人感到，市场经济需要道德，非讲诚信、讲互利不可，非讲守法、讲德性不可。

市场经济的自发运行，也能导致道德失范。在追求利润最大化的前提下，如果失去监管，"一切向钱看"，道德就被排斥在外了。假冒伪劣商品泛滥、虚假广告遍地、诈骗行为横行、偷税漏税严重等，会造成全社会的信用危机。没有诚信的环境，人人自危，人们生存在这样的市场环境中，不堪其苦。在这样的思想影

响下，如果一些党员领导干部把对共产主义的追求变为对钱财的向往，只顾自身利益，忘记了国家和人民的长远利益，把应尽的职责变为有偿服务，就会使权力商品化、市场化。

市场经济是契约经济，践约需要健全的社会信用制度作保障。马克思说："竞争和信用是资本集中的两个最有力的杠杆。"市场不仅表现为实际的买卖场所，更有一套法律规则和道德伦理体系。我们必须增强法治意识，倡导契约精神，完善社会信用体系，让良好信用成为个人的第二身份证。有人就湖南人的诚信观作过如此解析，说湖湘文化一方面保留了经世致用、敢为人先、隐忍挺立的精神，一方面努力注入了现代精神元素，诸如合作意识、契约精神、双赢思想等。此话不无道理，湖南人继承了炎帝的诚信思想，发扬了优秀传统文化中的坚忍不拔、创新求进精神，对确立诚信的社会主义核心价值观，培育倡导诚信、鼓励诚信的社会环境，自觉提升信奉诚信、坚守诚信的道德信仰，有很好的借鉴意义。

总之，发展市场经济，发挥好市场在资源配置中的决定性作用，必须化解市场经济自发运行的道德悖论，必须德法并举清除市场经济中的道德缺失现象，使我们的市场经济真正成为诚信经济、道德经济。

（作者：周亚平，湖南省社会科学院研究员）

积极融入长江经济带战略，加快湖南经济社会发展

◇邓　微

实施长江经济带战略是我国深入改革开放、加快推进全国经济社会可持续发展的重大战略。作为被纳入长江经济带战略的湖南必定会抓住这一重大发展机遇，积极融入长江经济带发展战略，推动长江经济带发展，加快湖南经济社会发展。

一、吃透长江经济带战略意义，明确湖南融入的优势与定位

长江是亚洲第一长河、世界第三长河，是哺育中华民族的母亲河，是一条黄金般的自然经济带，战略地位十分重要，发展潜力巨大。改革开放以来，我国实施了沿海经济发展战略，地处我国沿海的长江三角洲、珠江三角洲和环渤海地区超常规发展，而另一条重要的发展主轴线长江沿岸区域未能得到应有的发展。

随着改革开放的深入，长江流域经济发展问题开始引起学界、政界和社会各界的重视。20 世纪 80 年代中期，中国生产力经济学研究会首次提出了“长江产业密集带”的概念；1992 年中央召开长三角及长江沿江地区经济规划会议，提出了发展“长三角及长江沿江地区经济”的战略构想；1995 年召开的十四届五中全会进一步明确指出，要建设以上海为龙头的长三角及沿江地区经济带。至此，长江经济带联合开发已被提上国家战略的议事日程。

2014 年国务院颁发了《国务院关于依托黄金水道推动长江经济带发展的指导意见》。2016 年 3 月，中共中央政治局召开会议，审议通过了《长江经济带发展规划纲要》，这个纲要是推动长江经济带发展重大国家战略的纲领性文献，长江经济带战略由此大力度推进。

《长江经济带发展规划纲要》从规划背景、总体要求、大力保护长江生态环境、加快构建综合立体交通走廊、创新驱动产业转型升级、积极推进新型城镇化、努力构建全方位开放新格局、创新区域协调发展体制机制、保障措施等方面描绘了长江经济带发展的宏伟蓝图，确立了长江经济带“一轴、两翼、三极、多点”的发展新格局。“一轴”即以长江黄金水道为依托，发挥上海、武汉、重庆的核心作

用；“两翼”指沪瑞和沪蓉南北两大运输通道；“三极”指长江三角洲、长江中游、成渝三个城市群；“多点”意为发挥三大城市群以外地级城市的支撑作用。

长江经济带横跨我国东中西三大区域，覆盖上海、江苏、浙江、安徽、江西、湖北、湖南、重庆、四川、云南、贵州等11省(市)，拥有6亿人口，面积约205万平方公里，GDP占全国45%，具有独特优势和巨大发展潜力。同时长江经济带发展也面临诸多亟待解决的困难和问题，主要有生态环境状况形势严峻、长江水道存在瓶颈制约、区域发展不平衡问题突出、产业转型升级任务艰巨、区域合作机制不健全等。

党中央、国务院明确要求充分发挥长江经济带横跨东中西三大板块的区位优势，以“共抓大保护，不搞大开发”为导向，以生态优先、绿色发展为引领，依托长江黄金水道，推动长江上中下游地区协调发展和沿江地区高质量发展。打造长江经济带，将国家经济和人口的核心区由沿海向内陆拓展，形成一个“T”字形核心带，是整体推进、加快发展我国经济社会建设的伟大壮举。

长江，让湖南成为令人艳羡的“鱼米之乡”，也为湖南工业文明发展提供了丰厚土壤，这一区域优势给予湖南良好的发展基础。湖南具有东部沿海地区和中西部地区过渡带、长江开放经济带和沿海开放经济带结合部的区位优势；坐拥163公里长江岸线，洞庭湖水直入长江，境内“四水”将全域80%的发展极和节点与长江顺畅相联，具有利用江河优势快速发展开放型经济的自然禀赋。

2013年11月，习近平总书记在湖南考察时指出，湖南要发挥作为东部沿海地区和中西部地区过渡带、长江开放经济带和沿海开放经济带结合部的区位优势，抓住产业梯度转移和国家支持中西部地区发展的重大机遇。这一指示确定了湖南“一带一部”的崭新定位，令内陆湖南的区位优势进一步凸显，为湖南新时期开放发展指明了新的经济坐标。2016年发布的《长江经济带发展规划纲要》将湖南纳入其中，为湖南发挥“一带一部”区域作用、加快自身发展提供了重大的机遇。

在发展定位上，湖南融入长江经济带发展，以习近平总书记“一带一部”的战略定位为坐标，抓住洞庭湖生态区建设这个契机；依托岳阳城陵矶港这个黄金点主动做好与长江经济带的互动对接；加强与长三角和珠三角联动对接，主动积极地与长江中部城市群对接互动；创新驱动产业转型升级、积极推进绿色发展，紧紧抓住长江经济带发展战略机遇，探寻大发展的新路径。

二、注重融入长江经济带战略质量，确保湖南融得快、融得好

2014年《国务院关于依托黄金水道推动长江经济带发展的指导意见》发布后，湖南认识到了长江经济带发展的巨大动力，遂结合沿江流域的总体情况和自身的特色优势，着力打造现代农业示范区、传统产业转型升级的先行区、中部地

区重要的物流聚散区、长江中游重要的新型城镇集群区、沿江流域绿色生态区。

现代农业示范区，即以洞庭湖生态区建设为重点，完善农产品生产、加工、包装、储运标准和技术规范，大力发展优质农业、高效农业、生态农业、现代农业。传统产业转型升级的先行区，即以环长株潭城市群、湘南地区为重点，加快传统产业改造升级，增强沿海产业向内陆转移的承接与对接能力，以发展战略性新兴产业为重点，打造全国先进制造业中心，培育万亿级装备制造业集群。中部地区重要的物流聚散区，即以岳阳、长沙为中心，以农产品、建材、机械设备、有色金属、汽车等为重点，以水运、公路、铁路互连为突破，以发展现代物流为目标，着力打造成为中部地区乃至全国的重要物流聚散区。长江中游重要的新型城镇集群区，即以长江经济带为依托，加大对岳阳市的建设支持，将岳阳市建设成为湖南对接长江经济带的“桥头堡”，以岳阳为端点，在全省构建通江“1 小时”的新型城市群。沿江流域绿色生态区，即以“两型”社会建设为重点，加强沿江、沿河环境污染治理，加大湖南“四水”的保护与利用，加速形成集旅游观光、生态绿化、道路防洪于一体的沿岸绿色经济长廊。

2016 年《长江经济带发展规划纲要》颁布后，长江经济带各省市区均在符合国家总体战略定位的前提下，结合自身的地理位置、自然资源、基础条件、发展阶段，选取更加有效、更加可行的战略定位，更好地融入长江经济带建设，湖南亦然。为确保在长江经济带战略实施中既“融得快”又“融得好”，湖南从基础保障、项目建设、区域合作、服务企业主体四个方面着手，量身定制了行动计划，围绕融入长江经济带的目标全线行进。

一是构建高效的综合交通港口岸线体系。规划了“一纵五横”的水路体系、“七纵七横”的公路体系、“六纵六横”的铁路体系、“一枢纽一干多支”的航空体系。目前湖南建立了完备的口岸平台体系，拥有长沙、张家界航空口岸，岳阳城陵矶、长沙霞凝、常德盐关口岸，6 个公路口岸，7 个铁路口岸，以及郴州国际快件中心等其他 9 个口岸，形成了以“两空三水十三陆”为重点的口岸平台体系。

二是注重发展载体型项目建设。围绕基础设施、产业发展、开放平台、生态环境等四个方向，确定了 112 个重大项目。就对接长江经济带建设方面，建立了投资和开发重大项目库。

三是加强合作，抱团融入。注重加强与长江沿线兄弟省市的交流合作，全面加强与兄弟省市在产业发展、科技创新、市场开拓、航空海运、海关出口等方面的合作。与江西签署了《共建湘赣开放合作试验区战略合作框架协议》，探索在湖南长株潭地区和江西赣西地区共建开放合作试验区。与湖北签署了《长江中游城市群战略合作协议》，商定共同打造中国经济发展“第四极”。与上海签署了《关于加强两地战略合作共促长江经济带发展的框架协议》，全面加强合作。

四是注重产业优化，积极为企业服务。重视夯实产业发展平台支撑力，已经建设了 3 个综合保税区、6 个国家承接产业转移重点承接地、13 个国家级园区、

80个省级以上园区等开放平台，开放型经济平台个数居中西部前列。将积极为企业提供贴心服务，倡导并落实“主动服务、畅通服务、跟踪服务、贴身服务”理念，出台了支持湖南外贸稳步增长的18项支持措施，以及服务湖南加强进口的10项措施。长沙海关实现了与长江经济带区域11个海关顺利对接，实现了全国“一体化”，区域限制的打破使企业“多地通关，如过一关”。

认识到位、规划科学，措施到位、行动高效，湖南以“共抓大保护，不搞大开发”为总遵循，寻求创新大发展路径，积极对接长江经济带发展战略，在岸线整治、生态修复、产业调整等方面取得了积极的成效。

三、积极助力长江经济带建设，加快湖南经济社会发展

国家推出长江经济带发展战略以后，同饮一江水、共舞长江龙的沪、苏、浙、皖、赣、鄂、湘、渝、川、滇、黔等省市纷纷出台新举措，融入长江经济带，谋划发展新棋局。时至今日，长江经济带各省市正在以更加冷静的思考、更加严谨的规划、更加有效的措施强力推进长江经济带和自身的发展。笔者以为，作为“龙腰”组成部分的湖南也必须进一步有所作为。

（一）主动对接经济带全区域经济辐射，加强区域合作，力求提高整体水平

长江流域是一个不可分割的自然、经济、社会综合体。长江经济带发展的实质是区域经济的发展。长江中游城市群山水相连、人文相亲，自古以来就有着特殊的经济文化渊源，在发展长江经济带战略中，跨区域的城市群相互合作、先进生产力相互辐射必定迸发出巨大的发展动力，创造巨大的成就。

在长江经济带格局中，从单个城市看，上海、武汉、重庆在长江经济带中分别处于“龙首”“龙腰”“龙尾”的位置。但是就长江经济带本质而言，只有通过更开阔的视野、先进生产力辐射作用更大的战略，才能带动更大区域的提质发展。因此对“龙首”“龙腰”“龙尾”的定位，对应的不应是单个的城市，而应该是以围绕上海为中心的长三角城市群为“龙首”，以包括武汉、长沙、南昌等在内的长江中游城市群为“龙腰”，以成渝城市群为“龙尾”。在这个定位中，以长株潭为中心的湖南属于长江经济带的“龙腰”，这个位置可以使湖南“过渡带”“结合部”的功能得到更好的发挥，既有利于湖南自身的发展，也有利于湖南在推进长江经济带发展中发挥更加积极的作用。

第一，积极与长三角城市群对接，作为“龙腰”的湖南可以获得长三角城市群这个“龙头”经济增长极的辐射。长三角城市群发展水平高，已处于工业化的后期，今后的重点是推动转型升级，着力提高国际竞争能力，提高参与经济全球化和国际分工的层次，提高自主创新能力，使中国在世界创新体系中有一席之地。这种转型升级既给湖南的经济提质发展吹来了春风，又给予了湖南承接产业的机会，湖南应抓住机会，在尽力接纳“龙头”新先进生产力辐射的同时，积极

迎接“龙头”产业的梯度转移，抓紧实现产业结构优化。

第二，进一步与长江中游城市群加强战略合作。长江中游城市群经贸往来非常密切，具有发展成为跨区域特大型城市群的良好基础。长江中游城市群开展战略合作能够打通长江经济带的“肠梗阻”，实现长江上、中、下游的联通，建成横贯东西、辐射南北、通江达海、经济高效的长江经济带。湖南要在长江中游城市群中展开更积极的沟通合作，进行全方位的对接和互动。通过优势互补、开放合作，发挥自身资源要素禀赋比较优势，积极探索重大项目、平台共建和利益共享机制，推进长江中游城市群发展，培育中国经济新增长极。

（二）认清融入经济带中湖南地域差异化的现实，充分发挥岳阳“桥头堡”作用

长江在湖南岳阳入华容出临湘，形成了蜿蜒 163 公里的江岸线。在长江经济带上，岳阳处于极特殊的地位，其北临长江，南扼洞庭湖及湘、资、沅、澧四水，境内有京广线、京广高铁、京港澳高速、随岳高速、杭瑞高速等交通干线经过，是洞庭湖区的中心城市，是我国中部的交通物流枢纽，是湖南融入长江经济带的主阵地。湖南省委、省政府从战略视角将岳阳作为湖南融入长江经济带的“桥头堡”，发挥其湖南通江达海新的优势。要通过将岳阳建设成水陆并举的“大流通、大通关、大口岸”，着力加强岳阳的水陆联运功能，加快物联网、智能网的建设，构建高效率的集装箱多式联运系统，发挥其通江达海的交通枢纽战略优势，对接长三角、上海自贸区、大武汉城市群，打造湖南开放型经济的新高地。成为“桥头堡”的岳阳，也将辐射带动洞庭湖生态经济区、“四水”沿线区域新型开放型经济发展。

（三）重磅打造湖南经济增长新优势，充分发挥经济增长极作用

在湖南经济发展中形成的长株潭三市城市群，一直以来是湖南发展的经济增长极。长株潭三市总面积 2.8 万平方公里，占全省总面积的 13.3%；人口数量 1408.5 万，占全省总人口的 20.9%；2018 年长株潭三市对全省经济增长的贡献率为 46.4%。长株潭辐射周边岳阳、常德、益阳、衡阳、娄底五市的区域，形成了“3+5”城市群。在湖南融入促进经济带发展战略的新形势下，大港口、环境大容量、大腹地，将是湖南长江沿岸最大的经济地理优势。湖南将积极培育重磅打造岳阳经济增长极，通过这一新的增长极的打造，形成长株潭与岳阳双星式开发结构，以长株潭为核心，岳阳为门户，通过岳阳口岸，加强长株潭城市群与武汉城市圈、鄱阳湖生态经济区的发展联系，全面对接长江经济带，力争成为我国中部崛起的主体增长极。长株潭与岳阳双星式经济增长极共同发力，可加大湖南全面对外开放力度，实现湖南由内陆型经济向开放型经济的转型。

（四）坚持生态优先绿色发展之路，着力保护长江母亲河

湖南坐拥 163 公里的长江岸线，连通的是三湘四水的广阔经济腹地。湖南境内大大小小 5000 多条河流涌向湘、资、沅、澧四大河流，通过湖南大面积版图注入洞庭湖,经由岳阳一路奔腾汇入长江。“一湖四水”的水运体系,将湖南74个县市区、80%地域及全省70%大中型工矿企业与长江连为一体。由此可见湖南境内的的水系环保、绿色发展与保护长江母亲河生态息息相关。

2016年1月,习近平总书记在重庆主持召开推动长江经济带发展座谈会,他在发表重要讲话时强调,要走生态优先绿色发展之路,让中华民族母亲河永葆生机活力。2018年4月,习近平总书记来到岳阳市,实地了解湖南推进长江经济带发展战略实施情况,叮嘱湖南要“共抓大保护,不搞大开发”。

为保护长江这条母亲河,为推动长江经济带“共抓大保护,不搞大开发”进一步落地见效,湖南省加大力度推进洞庭湖和湘、资、沅、澧四大河流的环境治理。作为“长江之肾”,洞庭湖关乎着整个长江生态系统的平衡。2017年,湖南省全面推开洞庭湖生态环境专项整治工程,突出推进洞庭湖生态环境十大重点领域和九大重点区域整治。2018年实施的《湖南省深入推动长江经济带发展重点工作实施方案》,制定了33条具体细则,明确了具体责任单位和任务完成时间,誓把湖南长江岸线变成美丽风景线,把洞庭湖区变成大美湖区。

作为有色金属之乡、非有色金属之乡和传统农业大省,湖南省重金属污染、农业面源污染历史欠账多、污染程度重,对长江经济带生态优化具有负面影响。因此,必须加大湖南境内湘、资、沅、澧四大水系大小5000多条河流流域的生态保护力度,重拳治理沿岸有污染的大小企业,下大气力治理废水、污水、工业用水对江河水质的污染。要坚持不懈地全面开展环境保护生态修复,守护好一江碧水、美丽水岸,展现一幅“水清、岸绿、滩净、景美”的生态画卷。

(作者:邓微,中共湖南省委党校、湖南行政学院原副校长、巡视员)

“迦沙”考

◇贾衣肯

传世文献中保留了不少汉字音译的中古时期北方民族语词，涉及部族（落）名、人名、地名、物名、官号和日常用语等。在汉文化语境中，这些词语从字面上看没有实际意义，但在所属民族语言文化中却有着具体含义，对于了解北方民族语言、文化乃至相关史实都有着重要价值。结骨（坚昆）语词“迦沙”即是其中一例。

“结骨（坚昆）”是隋唐时期对分布于剑河流域（今南西伯利亚叶尼塞河上游，包括唐努乌梁海地区及萨彦岭以北①）、金山（今阿尔泰山）以北和伊吾（今新疆哈密附近）之西，焉耆（今新疆焉耆西南一二公里处）之北②的 Qïrqïz 一族族名的译写③。此族名在两汉魏晋南北朝时期作“鬲昆”“坚昆”“纥骨”“契骨”“居勿”等，唐初多称“结骨”“坚昆”，唐中、后期又作“纥扢斯”“黠戛斯”，宋时称“辖戛斯”，元朝作“乞儿吉思”“吉利吉思”，今谓“吉尔吉斯”（在中亚者）、“柯尔克

① 陈庆隆：《坚昆、黠戛斯与布鲁特考》，《大陆杂志》1975 年第 5 期；韩儒林：《唐努都波》，《韩儒林文集》，南京：江苏古籍出版社，1985 年，第 557 页；[法]韩百诗：《谦河考》，耿升译，《蒙古学信息》1999 年第 1 期。

② 〔唐〕魏征等撰：《隋书》卷八四《铁勒传》（北京：中华书局，2019 年，第 2114 页）载：“伊吾以西，焉耆之北，傍白山，则有契弊、薄落职、乙咥、苏婆、那曷、乌讙、纥骨、也咥、于尼讙等，胜兵可二万。”这里的“纥骨”即“纥扢斯”。〔宋〕王溥撰《唐会要》卷一百有《结骨国》，上海：上海古籍出版社，2006 年，第 2120 页，下文简写为《唐会要 · 结骨国》。又《新唐书》卷二一七下《黠戛斯传》（下文简写为《新唐书 · 黠戛斯传》，北京：中华书局，1975 年，第 6146 页）作：“黠戛斯，古坚昆国也。地当伊吾之西，焉耆北，白山之旁。或曰居勿，曰结骨。”可见，唐宋时期的人已知“坚昆”“结骨”“居勿”“纥骨”“纥扢斯”“黠戛斯”等称谓所指为相同对象。另外，董逌《上〈王会图〉叙录》（〔宋〕董逌撰，赵伟校注：《广川画跋》卷二，太原：山西教育出版社，2015 年，第 77 页）言：“又《王会篇》黠戛斯，……本名居勿，……在隋谓结骨。”可知“结骨”之名在隋朝即有。关于伊吾、焉耆今地，参阅李锦绣、余太山：《〈通典〉西域文献要注》，上海：上海人民出版社，2009 年，第 69 页。

③ 岑仲勉：《〈新唐书〉卷二一七下〈黠戛斯传〉（竹简斋本）校注》，《突厥集史》（下），北京：中华书局，2004 年，第 729 页；韩儒林：《唐代都波》，《社会科学战线》1978 年第 3 期；E. G. Pulleyblank, “The Name of the Kirghiz”, *Central Asiatic Journal*, Vol. 34, No. 1-2, 1990, p. 98-108.

孜”(在中国者)。搞清“迦沙”一词在结骨(坚昆)语中的含义及原形,对于分析、推测结骨(坚昆)语所属语种,进而了解南西伯利亚古代民族语言文化和今之吉尔吉斯和柯尔克孜人古代历史文化都有着重要的学术价值。本文在前人研究基础上,就“迦沙”一词具体所指及原形问题作进一步探讨,不当之处,敬请学界同仁批评指正。

一、相关研究

一个多世纪以来,中外学者对此问题的研究始终没有形成共识,且意见分歧较大。19 世纪国外学者就中文史籍中所见与 Qïrqïz 人有关的“迦沙”一词做过有益的探讨①。1864 年朔特(W. Schott)称在萨莫耶德语词中找到了完全对应于《新唐书》记载的黠戛斯的一个有关特殊的“铁”的词,认为“迦沙”一词源自萨莫耶德语②。1950 年李盖提(L. Ligeti)以坚实的语言学论据证明了朔特的推测③,认为把“迦沙”一词与奥斯恰克-萨莫耶德语联系起来是非常有吸引力的。他将“迦沙”一词原形构拟为 qaša 或 qaš,认为黠戛斯人在 8 世纪开始采用突厥语,qaša 或 qaš 有可能是更为古老的黠戛斯语词④。丹尼斯·塞诺(Denis Sinor)对李盖提所说的黠戛斯人 8 世纪开始采用突厥语的观点持异议,他倾向于把“迦沙”一词理解为是说突厥语方言的黠戛斯人在与说萨莫耶德语的人接触时传入黠戛斯语言中的一个萨莫耶德语词。他同时强调了 8 世纪突厥统治者所说的突厥语言中有不少乌戈尔语和萨莫耶德语词汇。塞诺在黠戛斯人早期语言归属的问题上虽与李盖提有分歧,但在“迦沙”一词的释读上认同李盖提的观点⑤。蒲立本(E. G. Pulleyblank)则对李盖提的论说提出质疑,认为李盖提的研究仅采用了《新唐书》的资料,而忽略了其他中文史料,并依据《通典》记载,认为“迦

---

① Louis. Ligeti, “Mots de civilization de Haute asie en transcription chinoise”, *Acta Orientalia Academiae Scientiarum Hungaricae*, Vol. 1, No. 1 (1950), pp. 150-155.

② W. Schott “Über die ächten Kirgisen”, Aus den Abhandlungen der Königlichen Akademie der Wissenschaften zu Berlin, 1864. p. 442. 乌拉尔语系分为芬兰-乌戈尔语族和萨莫耶德语族。萨莫耶德语族分南、北两个语支。奥斯恰克-萨莫耶德语(即塞尔库普语)属南语支。[《中国大百科全书》(第二版)卷 23“乌拉尔语系”条,北京:中国大百科全书出版社,2009 年,第 402 页]

③ Denis Sinor, “Some components of civilization of the Türks (6th to 8th century A. D.)”, in *Altaistic Studies*, Papers presented at the 25th meeting of the permanent International Altaistic Conference at Uppsala June 7-11, 1982, edited by Gunnar Jarring and Staffan Rosén, Kungl. Vitterhets Historie och Antikvitets Akademien, Konferencer 12 (Stockkolm, 1985), pp. 145-149. Also see, *Studies in Medieval Inner Asia*, by Denis Sinor, Ashgate, VARIORUM, 1997, p. 151.

④ Louis Ligeti, pp. 150-155.

⑤ Denis Sinor, *Studies in Medieval Inner Asia*, p. 151.

沙”指陨石或陨铁。在具体论证中，蒲立本认为，唐史资料中的记载表明，黠戛斯人当时操突厥语，李盖提构拟的“迦沙”原形 qaša 或 qaš 有可能是突厥语词，A. 冯 · 加班(A. von Gabain)《古代突厥语语法》中的 qaš，意为“贵重的石头、宝石”，更接近“迦沙”词义①。此后，又有国内外学者就“迦沙”词源、词义问题进行过讨论，但基本不出李、普二氏藩篱②。

二、文献记载

上述主要是从语言学角度对“迦沙”一词进行探讨而得出的不同结论，主要基于中文史料，故在此有必要对相关记载进行一番梳理。

据《唐会要》，唐朝与结骨国的交往始于贞观六年(632)。是年，唐遣偃师尉王义宏“将命镇抚”结骨③。结骨国于贞观十七年(643)遣使献貂裘及貂皮④，其

---

① E. G. Pulleyblank “The Name of the Kirghiz”, *Central Asiatic Journal*, vol. 34, No. 1-2, 1990, p. 105. 另外，德博 (А. В. Дыбо, Лексический фонд. Пратюркский период, Москва: Восточная литература, 2007, с. 97-98)、徐文堪(《关于“迦沙”》,《中华文史论丛》2008 年第 3 期，又见《欧亚大陆语言及其研究说略》，兰州：兰州大学出版社，2013 年，第 177 页)持相同观点。

② 例如，20 世纪 60 年代国内有学者以现代柯尔克孜语释读“迦沙”，认为该词可能指一种陨铁[中国科学院民族研究所新疆少数民族社会历史调查组编:《柯尔克孜简史简志分编初稿》，1963 年，第 15 页；郭平梁:《从坚昆都督府到黠戛斯汗国——柯尔克孜史研究之一》,《西域史论丛》(第二辑)，乌鲁木齐：新疆人民出版社，1985 年，第 10 页]。在现代柯尔克孜族语中，jaa 一词表示雨、雪和冰雹等的降落。jaa 加上 sa 这一表示条件格的词缀，构成 jaasa 一词，意为“如果(雨、雪、冰雹等)降落……”。以“迦沙”的现代读音，在现代柯尔克孜语中寻求中古时期“迦沙”一词的含义，似不妥。还有学者将“迦沙”与古突厥语(或 Qïrqïz 语)词 kesek (块儿、大块儿)相对应(曼拜提 · 吐尔地主编:《汉文史籍中的柯尔克孜族资料选译》，阿图什：克孜勒苏柯尔克孜文出版社，2004 年，译文第 272 页)，但这明显与“迦沙”一词词尾不含 k 音相悖。徐文堪《关于“迦沙”》一文完全认同蒲立本之说。张旭东《“迦沙”非陨铁》(《中华文史论丛》2008 年第 2 期)、《再谈“迦沙”》(《中华文史论丛》2008 年第 4 期)则认为“迦沙”指铁(铁砂)；夏德曼 · 阿合买提《kes 一词词源》(《新疆社会科学》哈萨克斯坦文版 2012 年第 4 期)一文亦取蒲立本“迦沙”为陨铁之说，认为文献所见“迦沙”为黠戛斯语词 kes 的汉译，但其论说缺乏充分的依据。此外，俄罗斯联邦哈卡斯共和国学者托达耶娃试图从哈卡斯语中寻求对“迦沙”一词的解释，认为哈卡斯语词 keš 有“铁”之意，似可与“迦沙”一词相对应(Б. Х. Тодаева, Большой хакасско-русский историко-этнографический словарь, Абакан, 1999, p. 144)。

③ 《唐会要 · 结骨国》，第 2120 页。

④ 《太平寰宇记》卷一九九《四夷二十八 · 北狄十一 · 黠戛斯》，北京：中华书局，2007 年，第 3820 页。(下文简写为《太平寰宇记 · 黠戛斯》)此书于宋太宗雍熙年间(984—987)修成。(黄永年:《唐史史料学》，北京：中华书局，2015 年，第 94 页)

使者形象及国风物产被载入《王会图》及与图并行的说明文字《王会篇》①中。贞观二十二年(648)正月其使者来朝②,二月其俟利发失钵屈阿栈亲至长安③,唐以其地为坚昆府,授之左(右)屯卫大将军、坚昆都督。此后,逮天宝时,坚昆朝贡不绝④。安史之乱后,唐朝中衰,漠北回纥兴起,隔断了坚昆与唐朝的交通。直至开成五年(840),黠戛斯推翻漠北回鹘汗国后,才恢复了与唐朝的交往,并多次遣使至唐。唐武宗会昌三年(843),黠戛斯注吾合索⑤将军一行七人来朝,"武宗大悦,……诏宰相即鸿胪寺见使者,使译官考山川国风"⑥,"诏太子詹事韦宗卿、秘书监吕述,往莅宾馆,以展私觌,稽合同异,觇缕阙遗。传胡貊兜离之音,载山川曲折之状。条贯周备,文理恰通,……饰以绘事",遂成《黠戛斯朝贡图传》⑦。此书后来失佚,所幸其部分内容保留于宋人著述中,为我们今天探讨"迦沙"一词提供了线索。

就传世文献而言,"迦沙"一词见于先《新唐书》问世的杜佑的《通典》⑧。兹引相关内容如下:

> 结骨在回纥西北三千里。胜兵八万。其国南阻贪漫山。多林木,夏沮洳,冬积雪,往来险阻,有水从回纥北流逾山经其国。人并依山而居,身悉长大,赤色,朱发绿睛。有黑发者,以为不祥。人皆劲勇,邻国惮之。……其俗

---

① 董逌:《上〈王会图〉叙录》云:"颜籀请比周之王会作《图》以叙传后世,使著事得以考焉。又为《王会篇》上之,今其书具存,可以察也。"(《广川画跋》,第76页)《上〈王会图〉叙录》撰于宋徽宗崇宁五年(1106)七月五日,由此可见,《王会图》《王会篇》降至宋代崇宁年间犹存。

② 《册府元龟》卷九七〇《外臣部(十五)·朝贡第三》,南京:凤凰出版社,2006年,第11231页。是书修成于祥符六年(1013)。(黄永年:《唐史史料学》,第260页)

③ 关于结骨君长入朝之年,李德裕《与纥扢斯可汗书》作贞观二十一年(647)(傅璇琮、周建国校笺:《李德裕文集校笺》,石家庄:河北教育出版社,2000年,第79页),《唐会要·结骨国》《太平寰宇记·黠戛斯》《新唐书·黠戛斯传》《资治通鉴》均作贞观二十二年(见《唐会要》第2120页,《太平寰宇记》第3820页,《新唐书》第6149页,《资治通鉴》卷一九八《唐纪十四·太宗贞观二十二年》,北京:中华书局,2017年,第6365页)。本文采纳二十二年之说。通常按外交礼节,一国之首出访,使者先行。

④ 《太平寰宇记·黠戛斯》,第3821页。

⑤ 《新唐书·黠戛斯传》(第6150页)和李德裕《黠戛斯朝贡图传序》《与黠戛王书》均作"注吾合素"(《李德裕文集校笺》,第21页,第713—714页)参阅李锦绣:《会昌、大中年间黠戛斯来唐的翻译问题》,余太山、李锦绣主编:《欧亚学刊》(新9辑),北京:商务印书馆,2019年,第89—90页。

⑥ 《新唐书·黠戛斯传》,第6150页。

⑦ 李德裕:《黠戛斯朝贡图传序》《进黠戛斯朝贡图传状》,《李德裕文集校笺》,第20—22页,第247页。

⑧ 《通典》卷二〇〇《边防一六·北狄七·结骨》(下文简写为《通典·结骨》),北京:中华书局,2016年,第5471页。

大率与突厥同。……天每雨铁，收而用之，号曰迦沙，以为刀剑，甚铦利。其国猎兽皆乘木马，升降山磴，追赴若飞。自古未通中国。

大唐贞观二十一年，其君长遂身入朝。

关于结骨国“雨铁”一事，《唐会要》①《册府元龟》②的记载与《通典》基本相同，《太平寰宇记》的记载则有所异。其文曰：

(黠戛斯)土俗物产：……其五金出铁与锡，《王会图》云：“其国每有天雨铁，收之以为刀剑，异于常铁。”曾问使者，隐而不答，但云铁甚坚利，工亦精巧，盖是其地中产铁，因暴雨淙树而出，既久经土蚀，故精利尔。若每从天而雨，则人畜必遭击杀，理固不通。贾耽曰：“俗出好铁，号曰迦沙，每输之于突厥。”此其实也。③

此处《王会图》应为《王会篇》。岑仲勉认为，“其国每有天雨铁，收之以为刀剑，异于常铁”为韦宗卿、吕述《黠戛斯朝贡图传》引颜师古之言；下文所辨为韦、吕之辞。贾耽“俗出好铁，号曰迦沙，每输之于突厥”出自其《古今四夷述》(即《古今郡国县道四夷述》)；“此其实也”乃韦、吕之言④。可见，《黠戛斯朝贡图传》中转引《王会篇》关于结骨(坚昆)国“雨铁”的记载及韦、吕关于“雨铁”的辨析，为乐史《太平寰宇记》所征引。

《王会篇》作于贞观年间⑤，其中关于结骨(坚昆)国“雨铁”、制剑的内容应是这方面最早的记载。《通典》中这部分内容与《王会篇》中的大同小异。从上引《通典》相关内容中“自古未通中国”一句，似可推测《通典》结骨部分的内容源自《王会篇》。贞观十七年(643)为结骨国使者首次朝贡。大概《王会篇》有

① 《唐会要·结骨国》(第2120页)：“结骨在回纥西北三千里。胜兵八万，口数十万。南阻贪漫山。有水从回纥北流，逾山经其国。人并依水而居。身悉长大，皙面绿睛朱发，有黑发以为不祥。人皆劲勇，邻国惮之。其俗大率与突厥同。……天每雨铁，收而用之，以为刀剑，甚铦利。”《唐会要》是在唐人苏弁《会要》(四十卷)、苏冕《续会要》(四十卷)的基础上，增加唐宣宗以后的事，合并统编而成一百卷。苏弁《会要》撰成于贞元时期，与《通典》几乎同时成书，二者采用的史料应基本相同。(黄永年：《唐史史料学》，第69—70页)

② 王钦若等：《册府元龟》卷九六一《外臣部(六)·风土第三·结骨部》(第11139页)：“结骨部，在驳马国南，其人并依水而居，身悉长大，赤发绿睛，有黑发者以为不祥。人皆劲勇，邻国惮之。其俗大率与突厥同。……天每雨铁，收而用之，以为刀剑，甚铦利。”《册府元龟》中的“人皆劲勇，邻国惮之。其俗大率与突厥同”和“天每雨铁，收而用之，以为刀剑，甚铦利”这两句话与《唐会要》的完全相同，此两书与《通典》所不同的是，都略去了“号曰迦沙”一句。

③ 《太平寰宇记·黠戛斯》，第3821—3823页。

④ 岑仲勉《〈太平寰宇记〉一九九〈黠戛斯〉(嘉庆八年重校刊本)校注》，《突厥集史》(下)，第727—728页。

⑤ 从文献所记贞观年间四夷朝贡时间及《王会篇》有“结骨”条来看，《王会篇》始作于贞观三年(629)，成于贞观十七年(643)。

"自古未通中国"之语,《通典》因袭之,亦作"自古未通中国",之后又言"大唐贞观二十一年,其君长遂身入朝"。显然,《通典》中"自古未通中国"一句为照抄前人之语,并不能反映降至杜佑创作《通典》那个时代结骨(坚昆)与唐朝交往的实际情况。从文献记载知,到《通典》编撰时期即大历六年(771)至贞元十七年(801)①,结骨(坚昆)来朝十余次②,不应是"自古未通中国"了,《通典》之结骨部分内容很可能为沿袭《王会篇》③,只是在文字表述上略有改变。会昌三年(843)韦宗卿、吕述亲访黠戛斯使者,就前人所记"雨铁"等事"稽合同异",推测结骨(坚昆)地中产铁,而非天"雨铁",并肯定贾耽之说,未将"雨铁"一事载入《黠戛斯朝贡图传》④。显然,韦宗卿或吕述看到过《王会篇》和贾耽的《古今四夷述》,也应读过《通典》相关内容。至于黠戛斯使者"隐而不答",有可能出于保密,毕竟铁在冷兵器时代为贵重资源,同时,也有可能是会昌三年出使唐朝的使者对于贞观时期结骨(坚昆)国是否曾"雨铁"并不清楚。

韦、吕所以取信贾耽之说,当与贾耽"通习荒情,洽而不误"⑤有关。《旧唐书·贾耽传》载"耽好地理学,凡四夷之使及使四夷还者,必与之从容,讯其山川土地之始终。是以九州之夷险,百蛮之土俗,区分指画,备究源流"⑥。会昌三年,黠戛斯使者注吾合索等人来朝,唐朝廷"以其久不修贡,且莫详更改之名,中旨访求,唯贾耽所撰《四夷述》,具载黠戛斯之号"⑦。贾耽对包括黠戛斯在内的四夷情况的熟稔于此可见一斑,而韦、吕关于黠戛斯国"雨铁"的辨析不无道理,故欧阳修、宋祁编撰《新唐书·黠戛斯传》时写道:"(黠戛斯)有金、铁、锡,每雨,俗必得铁,号迦沙,为兵绝犀利,常以输突厥。"⑧采用了韦、吕和贾耽之说,而没有因袭杜言⑨。

---

① 韩升:《杜佑及其名著〈通典〉新论》,《传统中国研究集刊》2006 年第 1 期。

② 朱萧静:《黠戛斯"朝贡"考》,余太山、李锦绣主编:《欧亚学刊》(新 9 辑),北京:商务印书馆,2019 年,第 76 页。

③ 另外,韩升《杜佑及其名著〈通典〉新论》(第 125—128 页)认为,《通典》是杜佑入仕以来在为现实行政需要而收集各类资料的基础上编纂而成,其在任抚州刺史期间基本完成《通典》的编纂,此亦证明《通典》关于结骨部分内容承自前人著述。

④ 董逌:《上〈王会图〉叙录》,《广川画跋》,第 77 页。

⑤ 《唐会要·结骨国》,第 2120 页。

⑥ 刘昫等:《旧唐书》卷一百三十八《贾耽传》,北京:中华书局,1975 年,第 3785 页。

⑦ 《唐会要·结骨国》,第 2120 页。

⑧ 《新唐书·黠戛斯传》,第 6147 页。

⑨ 蒲立本认为《新唐书》将"雨铁"改为"每雨,俗必得铁",是编撰者误解《通典》相关内容所致(E. G. Pulleyblank, "The Name of the Kirghiz", p. 105),其实不然。

三、相关史实

上文所述《王会篇》中有关结骨(坚昆)国"雨铁"的记载,应是根据贞观十七年结骨使者朝贡时交流内容而书。结骨(坚昆)国也许曾有陨铁降落,但陨铁不应总落在结骨(坚昆)国内,否则于理不通,这一点唐人韦宗卿、吕述已指出,亦受到今人质疑①,故《王会篇》"其国每有天雨铁"的记载不一定准确②,《通典》因袭《王会篇》,作"天每雨铁"亦存在问题。从相关史实、考古发现和柯尔克孜族民间史诗来看,欧阳修等对前人关于结骨(坚昆)国"雨铁"记载的裁定是有道理的。

《通典》载结骨国"胜兵八万"。自6世纪中叶突厥兴起于漠北,至840年黠戛斯取代回鹘在漠北的统治,其间结骨(坚昆)人与突厥、回鹘的战事不断,与邻部也多有交战③。倘若其刀剑等兵器的制作取材于偶尔才会自天而降的陨铁,装备八万兵马,或能保一时之用,恐难济一世之需,更何况三百年间的作战需求。又,突厥称霸漠北时(552—630,680—744),结骨人常以铁输之。8世纪中叶至9世纪初回纥(回鹘)与坚昆曾有过两次大规模交战。至9世纪20年代回鹘再启战火,双方由是交战20年,最终黠戛斯十万铁骑攻破回鹘汗国④。倘若结骨(坚昆、黠戛斯)国无稳定的铁矿资源供其铠甲兵器制作,这些都是难以想象的。

据考古学研究,叶尼塞河流域发现有旧石器、新石器、青铜器、铁器等序列相对完整的不同时期文化遗址⑤。这说明以叶尼塞河上游米努辛斯克盆地为中心的南西伯利亚地区是人类文明发源地之一。考古研究发现,前3世纪至前1世纪米努辛斯克盆地开始出现铁器,公元初至4世纪叶尼塞河流域的冶铁和铁的加工发生了巨大变化,即铁由制作装饰品的贵金属变为制作兵器和工具的基本材料⑥。5世纪至10世纪,叶尼塞结骨(坚昆、黠戛斯)人之地已成为萨彦-阿尔

---

① 张旭东:《再谈"迦沙"》,《中华文史论丛》2008年第4期。

② 譬如,在不同语言交流过程中,由于对对方情况了解不多,翻译时出现的不准确现象等。

③ 《通典》卷二百《驳马》,第5472页。

④ 《旧唐书》卷一九五《回纥传》(下文简写为《旧唐书·回纥传》),北京:中华书局,1975年,第5213页。

⑤ [苏联]C. B. 吉谢列夫:《南西伯利亚古代史》,王博译,乌鲁木齐:新疆人民出版社,2014年。

⑥ [苏联]C. B. 吉谢列夫:《南西伯利亚古代史》,王博译,乌鲁木齐:新疆人民出版社,2014年,第299—438页。

泰广大地区箭镞等兵器加工和使用的中心①。今萨彦岭、阿尔泰山支脉、库兹涅茨阿拉套山等地发现的结骨(坚昆、黠戛斯)人采集铁矿的遗迹②,叶尼塞河流域发现的结骨(坚昆、黠戛斯)人冶铁遗址,以及墓葬出土的双刃剑、短剑、大军刀、矛、铁镞、鳞甲、尖顶盔等兵器甲胄,马镫、马衔、马镳等马具部件,生产工具和金、银、铜饰物等③,与文献记载和柯尔克孜族民间史诗《玛纳斯》有关古代 Qïrqïz 人军工制作的描述④互为印证,反映了结骨(坚昆、黠戛斯)人采矿,冶铁,锻造兵器、马具和生产工具等的金属加工活动。结骨(坚昆、黠戛斯)国产铁,还可从元人著述和相关史实中得到进一步证明。李志常《长春真人西游记》载“西北千余里俭俭州,出良铁”⑤。“俭俭州”又称“谦谦州”“谦州”“欠欠州”“缣缣州”等,该地名源自流经此地的谦河。元时的谦河,即《周书》之剑水、《新唐书》之剑河⑥,古之结骨(坚昆、黠戛斯)人、元代吉利吉思人居处所在。1219 年成吉思汗再举西征,冀州贾塔剌浑受命率炮军进驻谦州,1270 年蒙古人又于谦州设制造、修理和管理兵器的机构⑦,说明降至元朝时期,这里仍是南西伯利亚地区产铁、加工兵器的地方之一。

四、“迦沙”词义、词源

从《太平寰宇记》引贾耽之言和《通典》相关内容可知,结骨(坚昆)语词“迦沙”指“铁”。李盖提构拟的“迦沙”原形之一 qaša,似与奥斯恰克-萨莫耶德语词“铁”有关,而与突厥语或阿尔泰语系等其他语言无涉⑧;他构拟的“迦沙”的另一个原形 qaš,在古代突厥语中有“眉毛”和“玉”之意。qaš 指玉时,常与 tashi

---

① [苏联]C. B. 吉谢列夫:《南西伯利亚古代史》,王博译,乌鲁木齐:新疆人民出版社,2014 年,第 635 页。

② [苏联]C. B. 吉谢列夫:《南西伯利亚古代史》,王博译,乌鲁木齐:新疆人民出版社,2014 年,第 633 页。

③ [苏联]C. B. 吉谢列夫:《南西伯利亚古代史》,王博译,乌鲁木齐:新疆人民出版社,2014 年,第 632—641 页。墓葬中出土的兵器甲胄、马具部件和金属饰物基本属于 6 至 8 世纪和 9 至 10 世纪。需要说明的是,原著中的 Киргиз(Qïrqïz)在中译本中笼统地被译为了“黠戛斯”,从墓葬遗址及出土文物所属时代看,这些墓葬的主人不仅仅是中、晚唐时期被称为“黠戛斯”的 Qïrqïz 人,还有隋、唐时期称为“结骨”“坚昆”的 Qïrqïz 人。

④ 贾衣肯:《论〈玛纳斯〉史诗中有关军工制作的描述》,《炎黄文化研究》第十九辑,郑州:大象出版社,2019 年,第 120—136 页。

⑤ 〔元〕李志常著,尚衍斌、黄太勇校注:《长春真人西游记校注》,北京:中央民族大学出版社,2016 年,第 220—221 页。

⑥ 韩百诗(Louis hambis)撰:《谦河考》,耿升译,《蒙古学信息》1999 年第 1 期。

⑦ 韩儒林:《元代的吉利吉思及其邻近诸部》,《中国史研究》1979 年第 1 期。

⑧ Louis. Ligeti, p. 150.

(石)连用,在中世纪不大知晓玉石的地方,qaš 常引申为“贵重的石头、宝石”,尤其当指戒指上镶嵌的玉石时①。qaš 在读音上接近“迦沙”一词的中古音,但在意思上与“迦沙”本义相去甚远。李盖提将 qaš 作为 qaša 之外“迦沙”的又一原形,应与他见到《新唐书·黠戛斯传》中关于黠戛斯文字语言②“与回鹘正同”的记载及同传中若干突厥语词有关③。“回鹘”在贞元四年(788)④之前写作“回纥”,故此记载应出现于贞元四年之后。而自乾元年间(758 或 759)⑤至开成五年(840),坚昆(黠戛斯)与唐朝的交往为回纥(鹘)所阻,至会昌三年(843)黠戛斯来朝,唐朝廷才又对其各方面情况作具体了解,因此,《新唐书·黠戛斯传》中关于其人语言文字的记载和同传中的“哀”(月)、“甘”(巫)等突厥语词,当源自韦宗卿、吕述的《黠戛斯朝贡图传》⑥,反映的是当时的黠戛斯人情况。依《新唐书·黠戛斯传》,塞诺推测 Qïrqïz 语为突厥语方言,认为“迦沙”一词由萨莫耶德语借入 Qïrqïz 语中;蒲立本则认为《新唐书》所反映出的 Qïrqïz 语明显为突厥语,故“迦沙”应为突厥语词。蒲立本读过《通典》相关内容,但似乎没有考虑到《通典》关于结骨的记载有可能源自《王会篇》,反映的是贞观时期结骨(坚昆)人的情况,与《新唐书·黠戛斯传》所反映的会昌时期黠戛斯人的情况可能存在差异。果然,宋人董逌发现《王会图》《王会篇》所描写的结骨(坚昆)人形象,与《黠戛斯朝贡图传》中的黠戛斯人不同。前者“长大、赤发、白面、绿睛”,后者则“形质不长,而面赤色”“发黑”,二者的服饰、“木马”(雪橇)也不尽相同,反映了贞观时期占主导地位的结骨(坚昆)人与会昌时期居统治地位的黠戛斯人出自

---

① Clauson, *An etymological dictionary of pre-thirteenth Turkish*, p. 669.

② 漠北回鹘使用古突厥如尼文(耿世民:《古代突厥文碑名研究》,北京:中央民族大学出版社,2005 年,第 23 页),当时的黠戛斯人也使用古突厥如尼文,但其语言与古突厥语、回鹘语存有差异(胡振华:《黠戛斯文献语言的特点》,《民族语文》1992 年第 6 期)。

③ 《新唐书·黠戛斯传》,第 6148 页。

④ 杨圣敏校注:《〈资治通鉴〉突厥回鹘史料校注》,北京:社会科学出版社,2012 年,第 249 页。

⑤ 《旧唐书·回纥传》(第 5200—5201 页)载:“乾元元年……九月甲申,回纥使大首领盖将等谢公主下降,兼奏破坚昆五万人。”《新唐书·黠戛斯传》(第 6149 页)记:“乾元中,为回纥所破,自是不能通中国。”

⑥ Rachel Lung, *Interpreters in Early Imperial China*. Philadelphia-Amsterdam, John Benjamins Publishing Co. 2011, pp. 117-134.

不同部落①。

关于坚昆国“发黑”者,《唐会要》引盖嘉运《西域记》道:“坚昆国人皆赤发绿睛,其有黑发黑睛者,则李陵之后。”②又,段成式《酉阳杂俎》言“其人发黄目

---

① 董逌:《上〈王会图〉叙录》,《广川画跋》,第76—77页。汤开建先生据此认为,黠戛斯可能并不是坚昆(汤开建:《唐〈王会图〉杂考》,《民族研究》2011年第1期),此说非矣。如文献记载,唐代结骨(坚昆)国既有“朱发绿睛”者,又有“黑发黑睛”者。汉武帝天汉二年(前99)李陵率五千步卒北征匈奴,在浚稽山遭遇单于兵马,寡不敌众,兵败投降,单于封其为右校王。当时,坚昆“乃匈奴西鄙也”(《新唐书·黠戛斯传》,第6147页)。“匈奴西鄙”即匈奴右边之地。坚昆之“黑发黑睛”者或许与李陵及其兵卒有关亦未可知,然坚昆国有“朱发绿睛”和“黑发黑睛”这两种体貌特征明显不同的部落,是不争之事实。《黠戛斯朝贡图传》所绘会昌三年之朝贡使者,有可能出自“黑发黑睛”者部落(见下文)。现以会昌时期黠戛斯人体貌特征与贞观时期结骨(坚昆)人的不同,而否认二者之间的关系,似不妥。此外,汤先生根据董逌转引的《黠戛斯朝贡图传》“今阿啜谓本国不知有坚昆,相承以黠戛斯为国,自此以上八十年矣。尝经朝贡,后为回鹘所破,阻隔不通中国”这段话,认为唐人将坚昆视为黠戛斯先人的看法有误。汤先生认为这里的“阿啜”即黠戛斯君长名,“今阿啜”指会昌时期朝贡的黠戛斯君长(《唐〈王会图〉杂考》,第85页),但会昌时期黠戛斯君长并未来朝。《黠戛斯朝贡图传》创作于会昌三年,注吾合索将军一行来朝,阿啜有可能是其中一员,而非黠戛斯君长,这从时任宰相李德裕《黠戛斯朝贡图传序》及其以武宗之名写给黠戛斯君长的《与纥扢斯可汗书》《与黠戛斯可汗书》(《李德裕文集校笺》,第20—21页,第79—81页,第83—85页)等书信可以看出,还可以从《旧唐书·武宗本纪》(第595页)、《唐会要·结骨国》(第2121页)、《太平寰宇记·黠戛斯传》(第3821页)和《新唐书·黠戛斯传》(第6150页)均载注吾合索来朝而不曾提黠戛斯君长来朝得到进一步证明,亦可见当时黠戛斯使团职位最高者为注吾合索将军。至于“阿啜谓本国不知有坚昆,相承以黠戛斯为国,自此以上八十年矣”,可作如下理解:阿啜说其国不知有坚昆,黠戛斯为国至会昌三年(843),已有80年之久。紧接着这句话,阿啜又道:“尝经朝贡,后为回鹘所破,阻隔不通中国”,似乎是针对会昌三年之前黠戛斯与唐朝的关系而言。然而,“尝经朝贡,后为回鹘所破”者为坚昆(《新唐书·黠戛斯传》,第6149页)。显然,阿啜把坚昆这段历史看作黠戛斯国史的一部分。但阿啜说“本国不知有坚昆”颇令人费解,有可能是韦宗卿、吕述与黠戛斯使者“稽合同异”时,以文献所载“坚昆”一词的汉语读音询问,而该词的汉语读音与黠戛斯(或古突厥、回鹘)语读音有别,故使者不知其所指,而作如是答复。最后,汤先生以董逌“盖百余年间,容有改制殊礼。故衣服冠冕,不可必其尽同。至面赤白,则异见;发朱黑,则殊传。雨铁不应遂绝,自应图误”之语“间接地否认了坚昆即黠戛斯之说”。如上文所述,韦宗卿、吕述质疑前人关于结骨(坚昆)国“雨铁”的记载,推测结骨(坚昆、黠戛斯)国地中产铁,故而在《黠戛斯朝贡图传》中不再有“雨铁”图文。董逌对比《王会图》《王会篇》和《黠戛斯朝贡图传》相关内容而言“雨铁不应遂绝,自应图误”,是说“雨铁”之事不应在《黠戛斯朝贡图传》中没有反映,应该是此图有误。从董氏对韦、吕《黠戛斯朝贡图传》中何以无“雨铁”图文情况不了解而得出“自应图误”的结论来看,他撰写此文时似并未留意《太平寰宇记》《新唐书》相关内容。现以董氏此论,否认坚昆与黠戛斯之间的关系,似缺乏说服力。

② 《唐会要》,第2120页。

绿，赤髭髯。其髭髯俱黑者，汉将李陵及其兵众之胤也”①。可见，结骨（坚昆）国有“赤发绿睛”“赤髭髯”者和“黑发黑睛”“髭髯俱黑者”，而以前者居多。会昌三年载入《黠戛斯朝贡图传》中之“形质不长”“面赤色”“发黑”，语言文字“与回鹘正同”的注吾合索一行，有可能出自被称为“汉将李陵及其兵众之胤”的坚昆国部落②。以此部落为主的黠戛斯人经历了回鹘称霸草原时期，并最终推翻回鹘汗国，与唐朝建立联系。会昌三年其使者来朝，在与韦、吕、译官交流时，使用的有可能是回鹘语③，且黠戛斯人与回鹘人都使用突厥如尼文，二者的语言差异不大，故韦、吕认为黠戛斯语言文字“与回鹘正同”也在情理之中。现以会昌时期黠戛斯人语言，推断贞观时期结骨（坚昆）语词“迦沙”为突厥语词，忽略了会昌时期的黠戛斯人和贞观时期的结骨（坚昆）人出自不同部落，其语言文化可能存在的差异④，以及结骨（坚昆）语随其人与突厥、回鹘等周边部族的频繁交往而逐渐发生变化的可能性，其结论难免失之偏颇。此外，将突厥语词 qaš 作“陨石”或“陨铁”解释，亦显牵强。

李盖提构拟的“迦沙”原形 qaša 不见于突厥语词中，说明该词有可能不是突厥语词。李盖提还发现“迦沙”（qaša）与契丹语词“曷术”（qašu）、达斡尔语词 xašō、k‘aso、kašō 音极近，认为这些词都是由地理位置接近而形成的同一单词的不同变体，其中达斡尔语词 xašō、kašō 是契丹语词 qašu 的一种方言形态⑤。王静如则认为此三者应为一名⑥。达斡尔语词 xašō、kašō、k‘aso 意为“铁”⑦。“曷术”（qašu）一词指铁，与契丹国的冶铁密切相关。《辽史·食货志》载：

> 坑冶，则自太祖始并室韦，其地产铜、铁、金、银，其人善作铜、铁器。又有曷术部者多铁。“曷术”，国语铁也⑧。

---

① 〔唐〕段成式撰，许逸民校笺：《酉阳杂俎校笺》，北京：中华书局，2015 年，第 430 页。

② 《册府元龟》卷九九七《外臣部·悖慢》（第 11541 页）载：“黠戛斯以武宗会昌初破回纥，自称李陵之后，与国同姓，令达干等十人送太和公主至塞上。”护送太和公主的黠戛斯使团途中遭遇回鹘兵马，达干十人被杀，太和公主被劫走。“会昌中，（黠戛斯君长）阿热以使者见杀，无以通于朝，复遣注吾合素上书言状。”（《新唐书·黠戛斯传》，第 1650 页）

③ 乾元之后的 80 余年，唐朝与坚昆不复交通，与回纥（鹘）交往频繁，唐廷译官通晓回纥（鹘）语自不待言，而黠戛斯使者有可能通习回鹘语，并在交流中使用回鹘语。

④ 《黠戛斯朝贡图传》中的黠戛斯人与《王会图》《王会篇》中之结骨（坚昆）人不仅体貌有别，在服饰、习俗上也有不同之处（见《广川画跋》，第 77 页），故不排除二者在语言上存在差异的可能性。

⑤ Louis. Ligeti, p. 167.

⑥ 王静如：《关于达斡尔语言问题的初步意见》，史金波主编、杜建录副主编：《王静如文集》下，北京：中国社会科学出版社，2015 年，第 608 页（原载《中国民族问题研究集刊》1955 年第 1 辑）。

⑦ 恩和巴图等编：《达斡尔语词汇》，呼和浩特：内蒙古人民出版社，1984 年，第 140 页。

⑧ 《辽史》卷六十《食货志》，北京：中华书局，1974 年，第 930 页。

关于曷术部,同书《营卫志》言:

曷术部。初,取诸宫及横帐大族奴隶置曷术石烈,"曷术",铁也。以冶于海滨柳湿河、三黜古斯、手山。圣宗以户口蕃息置部。属东京都部署司。①

除了被征服的室韦人,契丹国中还有专事冶铁、拥有较多铁的部落,被称为曷术部。György Kara 认为契丹语是南部鲜卑语的一个分支②。至于奥斯恰克-萨莫耶德语与南部鲜卑语又存在怎样关系的问题,已溢出本文讨论范围,但从"迦沙"与契丹语词"曷术"的亲缘关系,可进一步肯定该词非突厥语词。"迦沙"与结骨(坚昆)人的冶铁活动密不可分,它有可能指结骨(坚昆)人采掘、冶炼而得到的铁,其原形应为 qaša。

五、结语

结骨(坚昆)语词"迦沙"及结骨(坚昆)国"雨铁"之俗最早见于唐贞观时期《王会篇》。其中,《王会篇》关于结骨(坚昆)国"雨铁"之俗的记载为《通典》所沿袭并流传后世。至会昌时期,结骨(坚昆)国"雨铁"之俗受到质疑,而未被编入时人所撰《黠戛斯朝贡图传》。故宋人撰《新唐书》,亦不提其国"雨铁"之俗。因唐宋文献对结骨(坚昆)国"雨铁"之俗的不同记载,今人对"迦沙"一词之义有陨铁和非陨铁之争。从相关史实、考古发现和民间史诗及该词与契丹语词"曷术"的亲缘关系来看,它应指结骨(坚昆)国人采掘、冶炼而得到的铁,而非陨铁。"迦沙"非突厥语词,其原形为 qaša。

中国社会科学院大学历史系 2017 级硕士研究生张筱舟将李盖提文章由法文译为中文,为本文的撰写提供了便利,在此表示感谢!

(作者:贾衣肯,中国社会科学院古代史研究所副研究员)

① 《辽史》卷三十三《营卫志下》,第 389 页。

② György Kara, *Books of the Mongolian Nomads*, Indiana University Bloomington, Research Institute for Inner Asia Studies, 2005, p. 5.

《周易》的“创业”之道

◇刘永霞

《周易》是传承中国古典文化的重要经典，被儒家称为“六经之首”，其内容由六十四卦构成，每个卦都可以用代表阴阳爻的图形即卦象来表示。《周易》的六十四卦虽然寓意深刻，但其主旨无外乎中国古代的“帝王之道”。相传上古圣王伏羲氏通过取象于万物而创造了八卦，而后周文王与周公旦以卦爻辞附之。孔子所作的《十翼》（即《易传》，是孔子及其儒家学者对《易经》所做的解释，包括“十翼”，或者说是有十个部分，即《彖传》上、下，《象传》上、下，《文言》，《系辞》上、下，《说卦》，《序卦》，《杂卦》）则是《周易》义理化体系成熟的象征。可以说，《周易》从产生到义理化的定型与成熟，都是古代圣王与贤人殚精竭虑而用以治世的智慧结晶。

从源头来看，孔子应是《周易》义理派学说形成的倡导与奠基者。在易学几千年的传承与发展中，历代大儒们都做出了自己的诠释。宋代，易学的发展又走向了一个高峰，高水准的著作大量涌现，如程颐的《周易程氏传》、朱熹的《周易本义》等，当然，这跟两宋时期的理学兴盛息息相关。之后，晚明儒学家王夫之传承并大大发展了义理派易学的思想，其易学造诣可用“炉火纯青”来形容。

具体来说，义理派易学是想通过对《周易》六十四卦的解释，来为人们的行为提供指导。如果我们把《周易》的每个卦都看作一种“时局”的展现的话，那么，“卦、爻辞”就是用来说明处在高低不同职位（即爻位）上的人的不同行为所导致的或“吉”或“凶”的结果。“吉”“凶”的结果在于人主动的行为选择，能为人的理性所掌控。

人的一生会遇到多种时局，但我们不能笼统地说哪种时局是好的，哪种时局是坏的。时局是整体，每个时局都包含着处于不同职位上的人，不同职位上的人之间都会产生多种互动，要知道某一职位上的人的或吉或凶的结果，就得搞清楚这个人和其他人的关系。我们可以举个例子来说明，比如“水雷屯卦”，它象征着一个人创业初期的艰难。

水雷屯卦

屯:元、亨、利、贞。勿用有攸往,利建侯。

上六:乘马班如,泣血涟如。

九五:屯其膏,小贞吉,大贞凶。

六四:乘马班如,求婚媾,往吉,无不利。

六三:即鹿无虞,惟入于林中。君子几,不如舍,往吝。

六二:屯如邅如,乘马班如,匪寇婚媾。女子贞不字,十年乃字。

初九:磐桓,利居贞,利建侯。(从下至上)①

既然"水雷屯卦"象征着创业初期的艰难,那么在《三国演义》里什么人的创业很艰难呢?当然,三分天下的曹、孙、刘都经历了无数困难,虽说各有各的难,但相较之下,白手起家的刘备则倍加困难。我们知道,刘备是个织席贩屦的小手工业者,但他有帝王梦,而且还梦想成真了。他最困窘的时期,是他依附刘表的那个时期。刘备那时没有一个根据地,刘表对他是既利用又防备,"刘皇叔跃马过檀溪"这一回后,他可谓狼狈到了极点。所以隐士司马徽的一句话点出了他困窘的原因,即"左右不得人",之后就有了"刘玄德三顾草庐"的故事。

在王业的草创时期,贤人的辅佐至关重要。这就好比是"水雷屯卦"的"初九爻",我们可将其看作诸葛亮。诸葛亮是刘备"三顾草庐"才请来的军师,有了他后,刘备如鱼得水,之后便有了三分天下之一的帝业。"屯卦"的时局就好比是刘备刚请到诸葛亮出山的时期。"六二爻"就好比是庞统,他也在到处寻找明主。但当刘备最需要人才的时候,庞统没有去投靠,这说明他那时还不太瞧得上刘备。直到被东吴拒绝,庞统才在鲁肃和诸葛亮的推荐下和刘备君臣际会。他和刘备的际会是诸葛亮已经建立了一番功业之后的事,因此,在刘备的眼里,他没有诸葛亮那么重要。"六三爻"就好比是徐庶,他在刘备最需要人才的时候不仅毛遂自荐,而且还帮助刘备打了几次胜仗。但是,徐庶被曹操用计骗到了许昌,这就使他在刘备这里变成了一个有始无终的人。徐庶从一个有智慧的谋士

---

① 李学勤主编:《十三经注疏》,北京:北京大学出版社,1999年,第33—37页。

变成了一个没用的人。“六四爻”就好比是刘备身边的关羽、张飞等人，他们是最早追随刘备的人，和刘备是出生入死、情同手足的关系。可是，正是由于他们和刘备的关系很近，所以当刘备请到诸葛亮并以“师礼”相待时，他们就觉得很不服气。他们所要调整的是自己的心态，所要搞清楚的是自己的位置，最后，诸葛亮在博望坡上的一把火获得了他们的信服。“九五爻”就好比是陷入困窘的刘备，他这时候非常需要贤良之臣的辅佐而草创帝业。“上六爻”就好比是在许都的曹操，这时候他正想吞并荆襄，所以他首先要对付的便是刘备。在曹操眼里，刘备才是英雄，而刘表只是徒有虚名而已。他派出的夏侯惇骄傲轻敌，导致了他讨伐新野第二仗的失败。虽然曹操此时把刘备追得仓皇逃窜，但刘备的基业却是日渐壮大了起来。

这一则“三国”故事正好和“屯卦”的时局相契合，我们从中可以学习到：第一，君主擅用贤能的重要性；第二，创业是一个由小到大的渐变、积累过程；第三，当遇到明君时，自负有才者应该积极靠近，不应优柔寡断而错失良机。

下面，我们再回到“屯卦”的卦爻辞，来看看它们的具体含义。

水雷屯卦

屯：元、亨、利、贞。勿用有攸往，利建侯。

上六：乘马班如，泣血涟如。（曹操）

九五：屯其膏，小贞吉，大贞凶。（刘备）

六四：乘马班如，求婚媾，往吉，无不利。（关羽、张飞等人）

六三：即鹿无虞，惟入于林中。君子几，不如舍，往吝。（徐庶）

六二：屯如邅如，乘马班如，匪寇婚媾。女子贞不字，十年乃字。（庞统）

初九：磐桓，利居贞，利建侯。（从下至上）（诸葛亮）

屯（卦辞）：元、亨、利、贞。勿用有攸往，利建侯。

草芽穿土而出，名之为“屯”。“屯卦”象征着冬春相交之际，气动地中而生机达于地上，于时又有风雨凝寒未尽之雪霜袭来，遏制阳气而使之不能舒畅。“屯卦”具有元、亨、利、贞四德，其下卦“震卦”为物之始，一阳发动于下，震动万物，使物亨通。九五阳爻又刚健中正，虽陷于阴中而不自失，足以利物而得其正。

所以“屯卦”具有“乾卦”的四种德性，它象征着天地开始化生之时。但在屯难之时，初九之阳潜于地下，九五之阳陷于阴中，阳被阴覆盖，阳气无法舒展，九五虽在天位也不能飞跃，因而“勿用有攸往”。九五处于尊位，阳刚得位，但陷于群阴之中而孤掌难鸣，因而必须有在下之初九的资助而可在险而无忧。“屯卦”象征一个君子的王业初开、艰难未就之时，必须以贤能者遥为羽翼，鼓动民心而归己，以期出险而成就功业。“利建侯”即建立初九为辅助王业之元侯。

《彖》曰：屯，刚柔始交而难生，动乎险中，大亨贞。雷雨之动满盈。天造草昧，宜建侯而不宁。

“始交”，指“屯卦”是继“乾”“坤”两卦之后的阴阳相杂之始卦。《周易》并建“乾”“坤”二卦为首卦，而立天地阴阳之全体。以阴为质，以阳为神。阳气先动，与阴交而生物。“屯卦”下卦为“震卦”，初九一阳爻处于下而震动群阴，九五阳爻再与阴交而施润，象征着草木之阳气方兴而欲出之象。“难生”，指九五之阳陷于二阴之中，阴质凝滞，阳欲散其滞气而施泽于下，但为上六所覆盖遮蔽，因而有阴阳相争之象，故而产生困难。雷动于下，险在上，九五之阳不为险难所阻，下阳动而使九五出险，因而无所不利。一阳起于阴中，象征着王业的草创期。九五处尊位，但在阴中，必须立初九为辅助之侯以感动人心而出险难。

《象》曰：云雷屯，君子以经纶。

在“屯卦”之时，阴阳初交，云已形成但雨还未降下，因而说“云雷屯”。“经纶”即分合。雷动以开导晦蒙，分阴阳；云则合阴阳。开合运于一心，不怕艰难而救济险阻，所以君子用“屯卦”可以拨乱反正。

初九：磐桓，利居贞，利建侯。（诸葛亮）

“磐”与“桓”皆为不易动摇者。“磐”，大石。“桓”，邮亭表木。初九作为阳爻而处于三阴爻之下，象征着贤人正当潜藏而未行之时，但他寻求明主并辅助之的心智就如磐、桓一样坚定。此时不仅利于初九守正，而且还利于作为明君的九五将其分封为侯爵，从而使其一心一意地辅佐自己。

《象》曰：虽“磐桓”，志行正也。以贵下贱，大得民也。

初九坚立而安处于下，还没有足够大的行动力，但初九的志向在于匡扶正义与帮助九五脱险。阳在阴下，即为“以贵下贱”。初九的志向在于鼓动民心，共事九五之尊。

六二：屯如邅如，乘马班如，匪寇婚媾。女子贞不字，十年乃字。（庞统）

“邅”，指迟回不进。“班”，指相别而往。初九之阳震动欲出，而六二之阴居于其上，怀疑初九为寇而阻止初九前进。初九之阳欲与六二之阴交合以生成万物，所以其目的是婚媾而已。六二居中而不与初九相合，就如女子年已到结婚生子之时，却抗拒不嫁一样。六二的正应是九五，但九五处于尊位，六二错过与初九的和合之后，在很多年后才嫁给九五，表明其时已过。这就如女子十年后才能够有生育之功的情景一样。

《象》曰:六二之难,乘刚也。十年乃字,反常也。

六二阴爻居于初九阳爻之上,为"乘刚"。六二遮藏着初九,使其不得进升而生发万物。初九与之抗争,于是产生了矛盾。六二上应九五,这就好比女子摈弃了与初九时机成熟的婚姻,而在多年后才能有机会嫁给九五那样,是一种非常逆反常规的现象。

六三:即鹿无虞,惟入于林中。君子几,不如舍,往吝。(徐庶)

六三处于下卦"震卦"里,又为进爻,但在上卦的上六并不与它感应。六三的前面有险难,因为上卦是"坎卦",它如果一意前往则会一无所获。但六三也知道见难而止,"舍",指止。这一点也跟六三的柔弱本质有关。

但六三还处在躁进的"震卦"之体中,因而有"往吝"的担忧。"往吝",指一味前往则会走向穷途末路。虞人是古代的一种官职,在《周礼》里有记载。虞人还有"山虞"和"泽虞"的区别。"山虞"指掌管山林政令的官员,而"泽虞"则是掌管国家水泽政令的官员。在古代,一国之君在打猎的时候,都会安排虞人作为向导。如果打鹿的时候没有虞人领着入林,不熟悉森林路径的人不仅没有胜算,而且还很危险。

《象》曰:"即鹿无虞",以从禽也。君子舍之,"往吝"穷也。

如果六三只知贸然前进而不知前路有险,这就说明它不仅很贪婪而且还很躁动,"从禽"即从欲,这样的行为当然不应是君子的举动,一意前往只能自取穷困。

六四:乘马班如,求婚媾,往吉,无不利。(关羽、张飞等人)

六四为阴爻,它在下卦的正应为初九,但六四又有不太相信初九的迹象,因而有"班如"的举动。"班如",指徘徊不进之象。由于六四的上面是阳爻九五,因而六四还有专意追随九五的心思。但六四不仅处位很正,而且还是退爻,它会慢慢揣摩九五的心意而逐渐消除对初九的不信任。初九前来求婚姻之合,六四则往而顺受,这说明阳动阴受就能成就万物的生化之功,因而六四最终获得了吉祥的结果,能够无所不利。

《象》曰:求而往,明也。

六四位正柔顺,有可求之美,初九阳刚健进,有可往之情。

九五:屯其膏,小贞吉,大贞凶。(刘备)

初九求合而六四往应,明于情理,则疑惑之心冰释。九五阳刚位正,但它被上六压迫而陷于险难之中,并不能利物,这正与雷动云兴、时雨不能降下的情景一样。"膏",指膏泽,具体指的是能够滋润万物的时雨。九五只能委任初九以辅助之任,小试初九正物之功效而可获吉。如果想建大功于天下,则必与阴险相争而不能获救,因而于大事为凶。打个比方,九五就如初春的嫩芽,如果刚刚出土就长成茂盛之苗,必然会被疾风寒雨摧毁。初九的力量还不够强大,因而不能即刻入险而施救于九五。

《象》曰:"屯其膏",施未光也。

九五上被阴爻上六遮掩与压迫,所以还不能施发大作为之功。

上六:乘马班如,泣血涟如。(曹操、夏侯惇等人)

上六怀有异志,意欲为难九五。上六在九五之上,而九五为处中的君主尊位,象征着"膏泽"。而九五在下又有初九的辅助,因此最终会脱离险难而像时雨那样润泽万物。屯难之时已过,上六落得个只能悄无声息悲泣的结局。

《象》曰:"泣血涟如",何可长也?

上六为阴爻,阴留于阳生之后,其势不能持久,故而悲泣。

概而言之,"屯卦"的卦爻辞含义主要包括:第一,草创王业的君主迫切需要德才兼备的大臣辅佐;第二,六爻之间必须处理好矛盾,争取到尽量多的贤人来齐心地辅佐君主。

"刘玄德三顾草庐"的"三国"故事说明,若没有智谋杰出的良臣辅佐,任凭君主多么贤明也只能是孤掌难鸣,成不了大业。用"三国"故事来说明艰涩难懂的卦爻辞含义,不失为《易经》学习的一条有效路径。

(作者:刘永霞,中国社会科学院古代史研究所副研究员)

楚竹书与《荀子》学术思想的承传①

◇杨　博

战国楚竹书为研究先秦学术史、思想史提供了丰富材料。学界借助简牍典籍披露的大量新信息,对其涉及的有关“天命”“君子”“治世”等内容多层面地展开研究,从不同方面关注儒、道诸家在春秋战国时期错综复杂的政治形势下,如何区别与完善自己的政治理论体系。如晁福林先生深入分析了先秦社会思想中“天命”与“彝伦”的观念②,黄武智先生在文献编联、释读的基础上综合讨论了上博竹书“礼记”类文献所反映的先秦儒家政治思想。③

荀子对儒家思想的贡献主要体现在对儒家核心思想的理论深化及对儒家经典的完善与传承上。出土文献大发现的今天,楚竹书与《荀子》的思想的关系,亦是学界关注的重点。④ 但是我们也可发现,相关研究多在于就某一篇或某个重要论断发表看法,综合出土文献与《荀子》思想,揭示出土文献对于《荀子》思想研究的重要价值的讨论方面,则尚不多见。笔者曾以古史人物活动事迹为切入点探讨过郭店、上博等楚竹书与《荀子》思想的互摄等相关问题,⑤下面拟就楚竹书与《荀子》政治思想研究的重要价值再作讨论,以就教于师友同好。

一、《荀子》书与楚竹书的时代交叠

出土文献是学者在反思与重构《荀子》思想的研究模式时着重强调的研究

---

① 本文为教育部、国家语委甲骨文等古文字研究与应用专项重点项目(YWZ-J020)“北京大学藏秦、汉简牍文字、文本综合研究”的阶段性成果之一,得到国家社科基金重大项目(16@ZH022)和国家社科基金青年项目(17CZS005)的资助。

② 晁福林:《天命与彝伦——先秦社会思想探研》,北京:北京师范大学出版社,2012年,第164—181页。

③ 黄武智:《上博楚简“礼记”类文献研究》,台湾中山大学中国文学系博士学位论文,2009年,第251—266页。

④ 梁涛:《清华简〈保训〉与儒家道统说——兼论荀子在道统中的地位问题》,《邯郸学院学报》2013年第1期。

⑤ 杨博:《论楚竹书与〈荀子〉思想的互摄——以古史人物活动事迹为切入点》,《出土文献》第五辑,上海:中西书局,2014年,第180—189页。

面向，可以说研究与建构包括《荀子》思想在内的古代哲学思想时，出土文献的发现提供了新的契机；学界也逐渐形成了运用出土文献修正与重建思想史的热潮，并取得了相当的成果。具体到《荀子》研究方面，则应利用“同时代”的及尽可能接近荀子时代的相关文献，理解《荀子》思想产生的历史语境，如是才有可能摆脱日益复杂的“荀学”体系对荀子思想本义的遮蔽，以尽可能追索“荀学”之本来面目。①

楚竹书为上述研究愿景的实现提供了很大的可能。荀子，名况，战国末期赵国人，祖上可能是春秋时期晋国的卿族荀氏②，也就是六卿智氏的祖先。关于其生卒年份，史无明文，至今学界仍有种种不同意见③，但学界公认前 298—前 238 年这 60 年间是荀子一生活动的重要时期。

根据考古发掘等相关资料可知，出土郭店竹书的墓葬年代在公元前 4 世纪中期至前 3 世纪初，李学勤先生指出不晚于前 300 年。④ 根据清华竹书的文字特征，李学勤先生推断其年代在战国中晚期之际，即前 300 年上下。对清华楚简无字残片，北京大学加速器质谱计实验室及第四纪年代测定实验室曾受委托进行了 AMS 碳 14 年代的测定，经树轮校正后的结果是前 305±30 年。⑤ 根据中国科学院上海原子核研究所回旋加速器质谱计实验室对上博竹书的检测，其距今时间为 2257±65 年⑥。由此，经文物保护科技测定的竹简年代上下限，约为前 324—前 194 年。由于竹简年代还应该不晚于白起拔郢那年（前 278），故而上博竹书年代范围约是前 324—前 278 年。如此，以前 278 年作为楚竹书文献的成书时代下限似是可以令人接受的看法。

楚竹书中既有“诗”“书”类文献等对先秦史研究大有裨益的经、史类典籍，

---

① 崔存明：《荀子思想研究模式的反思与重构》，《哲学动态》2010 年第 10 期。

② 沈长云：《荀子故里考辨》，《邯郸学院学报》2012 年第 3 期。

③ 近代以来，即有：钱穆认为其生卒年约为前 340—前 245 年，钱穆：《先秦诸子系年》，北京：九州出版社，2011 年，第 636 页。陈登元认为荀子生卒年约为前 335—前 238 年，陈登元：《荀子哲学》，上海：上海书店出版社，1992 年，第 8—32 页。胡适认为荀子生年为前 315—前 310 年间，卒于前 230 年左右，胡适：《中国哲学史大纲》，上海：上海古籍出版社，1997 年，第 218—244 页。郭志坤则定之为前 315—前 217 年，郭志坤：《荀学论稿》，上海：生活·读书·新知三联书店，1991 年，第 1—15 页。游国恩认为在前 314—前 217 年，游国恩：《荀卿考》，罗根泽编著：《古史辨》（第四册），海口：海南出版社，2005 年，第 61—66 页。梁启超认为其生卒年为前 308—前 213 年，梁启超：《荀卿及〈荀子〉》，罗根泽编著：《古史辨》（第四册），第 67—74 页。

④ 李学勤：《先秦儒家著作的重大发现》，中国哲学编辑部、国际儒联学术委员会：《中国哲学》第二十辑，沈阳：辽宁教育出版社，1999 年，第 13—17 页。

⑤ 李学勤：《论清华简〈保训〉的几个问题》，《文物》2009 年第 6 期。

⑥ 马承源主编：《上海博物馆藏战国楚竹书（一）》前言，上海：上海古籍出版社，2001 年，第 1—4 页。

又有“语”类文献如上博竹书《容成氏》《举治王天下》,清华竹书《赤鹄之集汤之屋》,“子”类文献如郭店竹书《唐虞之道》《穷达以时》,上博竹书《子羔》《鬼神之明》《武王践阼》等珍贵的有关政治与学术思想的典籍。这些出土文献所记载的史实与传世文献相对比,往往会出现大量的材料交叠与时间交错重合的现象,这就为当前利用出土文献与传世文献结合的方法重新认识先秦学术与政治思想提供了良好的契机。众所周知,荀子在楚近二十年,其著述也主要是在楚国兰陵完成的,且楚竹书与《荀子》书中所体现之学术与政治思想在年代顺序上亦相似,这些均吸引人们探究二者在学术、思想等方面的承传异同。①

二、楚竹书所见孔、荀之间的学术传承

上列楚竹书“诗”“书”诸类文献,《荀子·劝学》中将“书”“诗”“礼”“乐”列为四教:“故书者,政事之纪也;诗者,中声之所止也;礼者,法之大分,类之纲纪也,故学至乎礼而止矣。”②“四教”是当时贵族教育的重要内容,与《国语·楚语上》申叔时所述傅太子之道中“书”“诗”“礼”“乐”相类。这一方面说明战国时期诸家传承的文献性质相近,成为共同的文化背景,另一方面也为学术传承提供了契机。楚竹书与《荀子》中于此亦有所体现。

《荀子》对子弓十分推崇。“子弓”一名在《荀子》中共出现四次,其中《非十二子》两次、《非相》一次、《儒效》一次,四次皆与仲尼(孔子)相提并论,且称之为“圣人”“大儒”。如《非相》云:“盖帝尧长,帝舜短;文王长,周公短;仲尼长,子弓短。”《非十二子》:“无置锥之地而王公不能与之争名,在一大夫之位则一君不能独畜,一国不能独容,成名况乎诸侯,莫不愿以为臣,是圣人之不得埶者也,仲尼、子弓是也。……今夫仁人也,将何务哉?上则法舜、禹之制,下则法仲尼、子弓之义,以务息十二子之说,如是则天下之害除,仁人之事毕,圣王之迹著矣。”《儒效》亦有:“通则一天下,穷则独立贵名,天不能死,地不能埋,桀、跖之世不能污,非大儒莫之能立,仲尼、子弓是也。”③

但是《荀子》中子弓的具体所指则说法各异,主要有三说:一是指孔门十哲之一的冉雍,字仲弓;二是指传《易》的馯臂子弓,名臂,字子弓;三是指《论语·微子》中提到的朱张,字子弓。

朱张说,清人胡元仪已指出:“王弼注《论语》云:‘朱张字子弓,荀卿以比孔子者。’朱张字子弓,或有所据,以为即荀卿所称子弓,诬亦甚矣。朱张在孔子之

① 杨博:《论楚竹书与〈荀子〉思想的互摄——以古史人物活动事迹为切入点》,《出土文献》第五辑,上海:中西书局,2014年,第180—189页。

② 王先谦:《荀子集解》,北京:中华书局,1988年,第11—12页。

③ 王先谦:《荀子集解》,北京:中华书局,1988年,第73页,第96—97页,第138页。

前，荀卿不能受业，即以为荀所受业，亦孔子前之圣人，何以荀卿动曰‘孔子、子弓’，先孔子而后子弓邪？”徐鼒《读书杂释》亦云：“荀子学于子弓之门人，故尊其师之所自出，是不以为朱张也。杨倞《荀子注》亦不以子弓为朱张，知弼注妄言也。”①由是可知朱张一说不合情理。

唐人杨倞之外，南宋孙奕亦指出“仲弓，《荀子》作子弓”。② 王天海先生据《荀子·非相》综合诸说指出：“此文尧舜、文王、周公并称，皆同时人也。此子弓与孔子并称，亦当为同时人也。冉雍，字仲弓，孔子弟子，居德行科，孔子尝谓‘可使南面’，故杨注认为子弓即仲弓是也，俞说（按俞樾）亦当。馯臂虽字子弓，但为战国时人，且未载其贤，难与孔子并。”③其说得到多数学者赞同。④ 如此，似可认为《荀子》书中推崇的子弓应是孔门十哲之一的冉雍。

宋立林先生指出，上博竹书《仲弓》虽然主于记述仲弓与孔子有关从政的问对，但似可从中看到仲弓及仲弓之儒的关注之所在。从《仲弓》简文的内容看，仲弓将孔子学说中“为政以德”思想和“刑政”思想兼收并蓄。其云：

> 刑政不缓，德教不巻（倦）。【17】⑤

简文中孔子所谓“刑政不缓，德教不倦”，正与其“德主刑辅”的一贯主张相合。《仲弓》反映的仲弓之儒的政治思想与德刑观念，与《荀子》中所推崇的子弓的思想观念正相符合⑥，印证了王天海先生等关于“子弓是仲弓”的看法。

《论语·雍也》：“子曰：‘雍也可使南面。’”孔颖达正义云：“言冉雍有德行，堪任为诸侯，治理一国者也。”⑦上博竹书《仲弓》记述仲弓向孔子请教的多是临民为政之道。《说苑·修文》亦有“仲弓通于化术，孔子明于王道，而无以加仲弓

---

① 徐鼒：《读书杂释》，北京：中华书局，1997 年，第 170 页。

② 孙奕：《履斋示儿编》，北京：中华书局，2014 年，第 327 页。

③ 王天海：《荀子校释》，上海：上海古籍出版社，2005 年，第 16 页。

④ 梁启雄、高亨、李启谦、马积高、杨朝明、罗新慧、刘冬颖、吴龙辉、林志鹏等学者多从此说。参见梁启雄：《荀子简释》，北京：中华书局，1983 年，第 47 页；高亨说参见王天海：《荀子校释》，上海：上海古籍出版社，2005 年，第 212 页；李启谦：《孔门弟子研究》，济南：齐鲁书社，1987 年，第 35—37 页；马积高：《荀学源流》，上海：上海古籍出版社，2000 年，第 143 页；杨朝明：《从孔子弟子到孟、荀异途——由上博竹书〈中弓〉思考孔门学术分别》，《齐鲁学刊》2005 年第 3 期；罗新慧：《孔子的历史观、入仕观及其它——从上博楚竹书〈仲弓〉篇谈起》，《史学史研究》2005 年第 3 期；刘冬颖：《上博简〈中弓〉与早期儒学传承的再评价》，《社会科学战线》2005 年第 3 期；吴龙辉：《〈论语〉是儒家集团的共同纲领》，《湖南大学学报》（社会科学版）2010 年第 1 期；林志鹏：《仲弓任季氏宰小考》，《孔子研究》2010 年第 4 期。

⑤ 马承源主编：《上海博物馆藏战国楚竹书（三）》，上海：上海古籍出版社，2003 年，第 275 页。

⑥ 宋立林：《仲弓之儒的思想特征及学术史地位》，《现代哲学》2012 年第 3 期。

⑦ 阮元校刻：《十三经注疏》，北京：中华书局，2009 年，第 5381 页。

之言”①。《史记·李斯列传》记载李斯“乃从荀卿学帝王之术”②,这些皆可间接证明荀子承传了孔子、仲弓一系的儒学。《孟子》中提到孔门十哲中的九位,唯独少了仲弓,而荀子则极力批判子思和孟子。照此看来,弓荀学派之外王儒学,与思孟学派之内圣儒学相区分,并非向壁虚造。③

由上述可见,楚竹书补充了孔子身后早期儒家学派传承的新资料,使我们得窥弓荀学派的学术轨迹。

三、楚竹书所见《荀子》“天人关系”等政治思想

笔者曾经简论儒家性质的郭店竹书《唐虞之道》《穷达以时》,上博竹书《子羔》诸篇与儒家经典《荀子》之间在政治思想的“禅让”“臣道”等层面存在着千丝万缕的联系。④ 此外,《荀子》的性恶论与郭店竹书《性自命出》之“好恶,性也”有一定的关联,《荀子》对思孟学派的批判可以在郭店竹书《五行》中找到支点。⑤ 这里可以“天人关系”为例再加讨论。

天人关系一直是思想史研究的重大课题。过去学者依据传世文献有关天人关系的体会大体有两种:一种是“天人合一”,另一种是“天人有分”。一般认为在先秦时期,孟子讲道德天,主张“天人合一”。实际上孟子并未直接讲“天人合一”,而是说“尽其心者,知其性也,知其性则知天矣”。⑥ “天人合一”一词始见于宋人张载的《正蒙·乾称》,其云:“儒者则因明致诚,因诚致明,故天人合一,致学而可以成圣,得天而未始遗人。”⑦孟子虽未明言“天人合一”,但其“知其性则知天”的说法却被宋儒张载、程颢、程颐等人发扬,可见“天人合一”的历史脉络。⑧

荀子谈论自然之天,主张“天人有分”,与孟子等的思想是有所对立的。“明于天人之分”确实是《荀子》的一大特色⑨,《荀子》中的天人关系理论是战国晚

---

① 刘向撰,向宗鲁校证:《说苑校证》,北京:中华书局,1987年,第499页。

② 司马迁:《史记》,北京:中华书局,1959年,第2539页。

③ 李福建:《荀子之“子弓”为“仲弓”而非“馯臂子弓”新证——兼谈儒学之弓荀学派与思孟学派的分歧》,《孔子研究》2013年第3期。

④ 王先谦:《荀子集解》,北京:中华书局,1988年,第180—189页。

⑤ 李均明、刘国忠、刘光胜、邬文玲:《当代中国简帛学研究(1949—2009)》,北京:中国社会科学出版社,2011年,第161页。

⑥ 阮元校刻:《十三经注疏》,北京:中华书局,2009年,第6014页。

⑦ 张载撰,王夫之注:《张子正蒙注》,北京:中华书局,1975年,第333页。

⑧ 张岱年:《中国哲学中“天人合一”思想的剖析》,《北京大学学报(哲学社会科学版)》1985年第1期。

⑨ 王先谦:《荀子集解》,北京:中华书局,1988年,第308页。

期诸子有关天人关系的论述中最为集中也最具代表性的，以至于长期以来学者以为中国古代哲学思想中尤其是儒家思想是以"天人合一"为本质特征的，"天人有分"直到战国晚期以后才由荀子提出。① 但根据楚竹书的内容，"天人有分"其实也有着深刻的历史渊源，可能是早期儒家的一个基本看法，其具体内涵同样值得关注。

裘锡圭先生曾指出《穷达以时》"天人之分"的"分"与《韩非子·外储说左上》"夫不明分，不责诚，而以躬亲位下"②中"夫不明分"的"分"类似，应该读去声。③《淮南子·本经训》云："古者天子一畿，诸侯一同，各守其分，不得相侵。"高诱注曰："分，犹界也。"④故而《穷达以时》讲的"天人有分"，主要是强调天时与人事的分界。明确天人之间的分界，就明了行动的方向了，是"察天人之分，而知所行矣"，这似与《荀子》"天人之分"的概念在内涵上有所不同。《荀子》的"天人之分"，强调的是"职分"。《礼记·礼运》："男有分，女有归。"郑玄注："分，犹职也。"⑤如《荀子·富国》："掩地表亩，刺草植谷，多粪肥田，是农夫众庶之事也。守时力民，进事长功，和齐百姓，使人不偷，是将率之事也。高者不旱，下者不水，寒暑和节而五谷以时孰，是天下之事也。"⑥可见天的职分、权能就是施以雨露，调节寒暑，以保证五谷丰收。人则根据身份各有其职分。农夫的职分是种好地，将帅的职分是帮助君主治理好天下，由是可见天人职分的明确。所以说"天有其时，地有其财，人有其治，夫是之谓能参。舍其所以参而愿其所参，则惑矣"⑦。

《穷达以时》虽然对天、人作了区分，但在人世的显达上，似看重天的作用。其云：

遇不遇，天也。【11】⑧

简文中这种"遇不遇"的"天"显然不同于《荀子》中"不为尧存，不为桀亡"的自然之天，而是一种命运之天⑨，但是竹书主旨又并非片面强调"天"的作用。简

① 梁涛：《竹简〈穷达以时〉与早期儒家天人观》，《哲学研究》2003年第4期。

② 王先慎：《韩非子集解》，北京：中华书局，1998年，第264页。

③ 裘锡圭先生2004年春季北京大学"郭店楚简研读"课上讲授之语。转引自李锐：《战国秦汉时期的学派问题研究》，北京：北京师范大学出版社，2011年，第332页。

④ 何宁：《淮南子集释》，北京：中华书局，1998年，第602页。

⑤ 阮元校刻：《十三经注疏》，北京：中华书局，2009年，第3062页。

⑥ 王先谦：《荀子集解》，北京：中华书局，1988年，第183—184页。

⑦ 王先谦：《荀子集解》，北京：中华书局，1988年，第308页。

⑧ 陈伟等：《楚地出土战国简册(十四种)》，北京：经济科学出版社，2009年，第177页。

⑨ 冯友兰先生总结出了"天"在中国哲学史上的五种含义："物质之天"、"主宰之天"或"意志之天"、"命运之天"、"自然之天"、"义理之天"或"道德之天"。参见冯友兰：《中国哲学史新编》，北京：人民出版社，1998年，第103页。

文有：

穷达以时，德行弋(一)也……【14】故君子惇(敦)于反己。【15】①

简文是说穷达取决于时运，时运属于天的权责而与人事无涉。与之相关，个体的德行更要取决于自身，与天时、时运无关。故完善德行才是“君子”应努力追寻的目标，明了此意义的“天人之分”，就不会烦扰现实的际遇，更重要的在于“敦于反己”。这里的“天”和“人”是被分开看待的，相应的《穷达以时》表达的“天人有分”的思想主旨是听天命，尽人事。

郭店竹书《语丛》(一)亦有：

知天所为，知人所为，【29】虗(然)后知道，知道虗(然)后知命。【30】②

此处亦将“天”“人”之权责分为了“天所为”与“人所为”。这种“天人二分”的思路似亦与《穷达以时》“察天人之分，而知所行矣”接近，同样点出了“天人有分”下如何行事的主题。但上述《穷达以时》的关注点在于强调“敦于反己”，《语丛》(一)则更进一步要求知天、知人，并认为如此才能知道、知命，与《穷达以时》的不求知天相比有所增益。

《语丛》(一)要求知天、知人的思想与“天人相参”思想亦有一定的渊源。《荀子·天论》中论述“天有其时，地有其财，人有其治，夫是之谓能参”，指出天有四时变化，地有万物出产，人能治理社会，三者既各自独立，又相互补充。在此基础上《荀子·王制》又有“君子者，天地之参也，万物之总也，民之父母也。无君子则天地不理，礼义无统”，这就在分清天、地、人关系的基础上，指出人可以与天、地相参，强调了人的主体性地位。《礼记·中庸》中同样体现出“天人相参”的思想：“唯天下至诚，为能尽其性；能尽其性，则能尽人之性；能尽人之性，则能尽物之性；能尽物之性，则可以赞天地之化育；可以赞天地之化育，则可以与天地参矣。”③将《语丛》(一)要求知天、知人的思想与《荀子》《中庸》合观，似可看出其与“天人相参”思想的内在联系。

楚竹书中其他篇章亦可看出上述“天人有分”思想的影响。上博竹书《曹沫之陈》记述有曹沫与鲁庄公之间有关“为大钟”的对话，其云：

戕(庄)公曰：“昔施伯语寡人曰：【6】‘君子得之遊(失)之，天命。’今异于尔言。”散(曹)穢(沫)曰：“□不同矣。臣是故不敢以故答。然而古亦【7】有大道焉。必恭鲁(俭)以得之，而骄泰以遊(失)之。君其亡以异于臣之言。君弗晝(尽)，臣闻之曰：君【8】子以臤(贤)称而遊(失)之，天命；以亡道称而旻(没)身遷(就)荡(死)，亦天命。不然，君子以臤(贤)称，曷有弗【9】得？以无道称，曷有弗遊(失)？”戕(庄)公曰：“曼哉，吾闻此言。”乃命

---

① 陈伟等：《楚地出土战国简册(十四种)》，北京：经济科学出版社，2009年，第177页。

② 陈伟等：《楚地出土战国简册(十四种)》，北京：经济科学出版社，2009年，第245页。

③ 崔存明：《天人相参：中国文化的智慧》，《光明日报》2014年5月14日第16版。

毁钟而听邦政。不昼【10】寝,不饮酒,不听乐。居不设虞(席),食不脅(二)味……【11】兼悉(爱)万民,而亡有厶(私)也。【12】①

《曹沫之陈》的内容是曹沫以钟小邦大告诫庄公,庄公以上引简文施伯所谓得之、失之俱由天命的观点为自己辩解,曹沫则详细解说施伯此语,最终使庄公悔悟。庄公引施伯语"君子得之失之,天命",天命决定一切成败得失。曹沫以庄公所闻之语并非完备,补充其所闻之语:"君子以贤称而失之,天命;以亡道称而没身就死,亦天命。"意思是说君子虽有贤德之名而有失,是因天命。名声狼藉却又全寿而卒者,仍由天命。由是观之,此种天命观对于贤德的认识,是明晰了即便贤德亦有不得的情形,故云"不然,君子以贤称,曷有弗得?"由简文中曹沫的意思及庄公最后"毁钟而听邦政"的行为可知,简文的主旨还是落实到"君子以贤称"上,与《穷达以时》一样强调的是一种尽人事、听天命的行事方式。②

若将与"天"存在密切联系的"鬼神"亦归入此范畴讨论,楚竹书中还有不少篇幅论及先秦时期灾异、祭祀与为政方略等方面的问题,如上博简《鲁邦大旱》《柬大王泊旱》《鲍叔牙与隰朋之谏》及《竞公疟》等篇,均比较明晰地反映了战国时人借助鬼神灾异来表达政治观念的现象。③ 与鬼神有关的篇章以上博竹书《鬼神之明》最为重要:

伍子胥者,天下之圣人也,鸱夷而死。荣夷公者,天下之乱人也,长年而没。【3】④

《鬼神之明》引述的伍子胥和荣夷公的事例似可分别与《曹沫之陈》"君子以贤称而失之""以亡道称而没身就死"相对应,只是"天"的概念被"鬼神"替换。《穷达以时》亦引述伍子胥的例子来论证"遇不遇,天也":

子胥前多功,后戮死,非其智【9】衰也……【10】⑤

将《穷达以时》与《鬼神之明》《曹沫之陈》的相关简文合观,似可看出它们同样表达出"天"的重要作用。李锐先生指出《穷达以时》仍在强调"敦于反己",与《鬼神之明》意在阐述"鬼神有所明有所不明"不同。⑥

---

① 马承源主编:《上海博物馆藏战国楚竹书(六)》,上海:上海古籍出版社,2003 年,第 247—251 页。

② 李锐:《战国秦汉时期的学派问题研究》,北京:北京师范大学出版社,2011 年,第 332—342 页。

③ 杨博:《论史料解读的差异性——由楚竹书灾异文献中的旱灾母题入手》,《烟台大学学报(哲学社会科学版)》2015 年第 1 期。

④ 马承源主编:《上海博物馆藏战国楚竹书(五)》,上海:上海古籍出版社,2005 年,第 316 页。

⑤ 陈伟等:《楚地出土战国简册(十四种)》,北京:经济科学出版社,2009 年,第 177 页。

⑥ 李锐:《战国秦汉时期的学派问题研究》,北京:北京师范大学出版社,2011 年,第 332—342 页。

由上述可知，楚竹书为“天人有分”的思想提供了年代更早的文献实例，显示出“天人有分”在先秦时期的历史渊源。

顺带一提的是，楚竹书中亦可见儒家学派文献借用道家学派言论、概念，改造其意以宣扬己说的实例。如郭店竹书《性自命出》云：

> 衍（道）者，群物之衍（道）。凡衍（道），心术为宔（主）。衍（道）四术，唯【14】人衍（道）为可衍（道）也。其三术者，衍（道）之而已……【15】①

类似的表述还见于上博竹书《性情论》：

> 道也［者］，［群］［物］［之］［道］。［凡］［道］，［心］［术］【7】为宔（主）。道四术也，唯人道为可道也。其三术者，道之而已……【8】②

此句似针对《老子》首章“道可道，非常道”而言。上文已述，《性自命出》文学派归属为儒家子思学派，儒家学派讲“道”，即已体现儒学受到道家学派的影响。林志鹏先生以为《性自命出》这里的“可道”之“道”意为行走、践履③，其强调的也是“人道”，并为儒家后学所继承，如《荀子·儒效》有：“道者，非天之道，非地之道，人之所以道也，君子之所道也。”④而《老子》所说之“道”为天地万物之道，“可道”之意为可言说。《性自命出》《性情论》的上述简文即体现出儒家化用道家“道”的概念宣传儒家自身“人道”理论的情况，显示出当时儒、道两家相互之间的文本改造、互摄与渗透。

（作者：杨博，中国社会科学院古代史研究所、出土文献与中国古代文明研究协同创新中心助理研究员）

---

① 陈伟等：《楚地出土战国简册（十四种）》，北京：经济科学出版社，2009年，第222页。

② 马承源主编：《上海博物馆藏战国楚竹书（一）》，上海：上海古籍出版社，2001年，第229—230页。

③ 林志鹏：《战国诸子评述辑证——以〈庄子·天下〉为主要线索》，上海：复旦大学出版社，2014年，第29—30页。

④ 王先谦：《荀子集解》，北京：中华书局，1988年，第122页。

《论语·学而》的当代价值

——浅谈孔子的幸福观

◇蒋雨可

幸福是个闪光的字眼,人人需要,人人追求。《现代汉语词典》对幸福作了如下定义:使人心情舒畅的境遇和生活。应当说,获得幸福是人类社会发展进步的不竭动力,给予别人幸福,则是一种无私奉献的品格。唱响一个时代的《东方红》中有这样一句歌词:"东方红,太阳升,中国出了个毛泽东,他为人民谋幸福,他是人民大救星。"共产党人为人民服务的宗旨明白表示党的使命就是为民众谋幸福。邓小平所言的"我是中国人民的儿子",说的就是把为人民谋幸福作为自己的责任担当。习近平总书记以人民为中心、人民至上的思想,也是新时代为人民谋幸福的宏大表达。幸福何种模样,幸福从何而来,孔子在《论语·学而》中给了我们千古教诲。

其一,人生幸福是《论语·学而》的精神主旨。《论语》开篇云:"学而时习之,不亦说乎?有朋自远方来,不亦乐乎?人不知而不愠,不亦君子乎?"此段文字几乎国人尽知,专家学者也各有解说。究竟是何原因使此段话语成为《论语》开篇,其在整部《论语》之中又占有何种地位?孔子给我们的指引是:"不曰'如之何,如之何'者,吾末如之何也已矣。"(《论语·卫灵公》)深究"如之何",我们发现《学而》一段有三个关键词需要整体理解把握,即"说""乐""不愠"。显然,"说"在这里所表达的是人心中的喜悦,"乐"所表达的是人心中的快乐,"不愠"表达的是人心中的坦然宁静。这三种状态整体看来,说的就是人幸福的心理感受。由此可见,《学而》篇的主旨体现了孔子的幸福观。同时,《学而》这一段还明白示人达于幸福的三条路径:学而时习之、有朋自远方来、人不知而不愠。这就使得人们对如何获得幸福的认识更加深入,提出了幸福之论,又搭建了幸福之路。

其二,"学而时习之"是幸福的基础层面。孔子论幸福,把"学而时习之"摆在第一位,此语何意?许多人解"学"和"习"时说:学习而又不断复习,不也很高兴吗?此解看起来也有道理,因为不断地学习,确实使人自身不断获得进步,因而获得喜悦。南怀瑾先生则提出了另一种解读思路,此处的"习"应是实习之意,指的是"做"、是"实践",如此便把"学"与"习"连贯起来。"学"属思想理论范畴,“习”属行为实践范畴;“学”是吸收能量,提升自己,“习”是释放能量,成就事业,彰显人生价值。《中庸》曾明确提出,人生价值在于参赞天地之化育,也就是我们今天所说的对客观世界的改造,也就是“习”。如此解“学”与“习”,把“学”与“习”构成了一个认识与实践的闭合回路,使“学”与“习”形成一个相互促进、螺旋上升的人生过程。“学”是为了“习”,“习”又会不断给“学”提出新的要求,而人就在这不断的“学”与“习”、吸收与释放能量的过程中达于自身的成功和事业的辉煌。人不断自我提升,事业日益发展,便会感觉活得更有意义,更幸福。人不精于“学”,又不擅于“习”,就必然失去了幸福的基础,也就无幸福可言。

今日之“学”,当向书本学,吸收人类积累的各种成果,并当以科技为重,人文为先,在道与术两个方面齐头并进;今日之“学”,当向社会学,学实践经验,学人情世故,做到人情练达、世事洞明,以更好地融入社会;今日之“学”,当向天地学,明白天地之理、自然之道,养成自强不息、厚德载物的精神品格。今日之“习”,当立足新时代、新观念、新格局,融入中华民族伟大复兴事业,为实现中国梦而奋斗;今日之“习”,当做到在每一天、每一年,在各自的岗位上踏实努力、勤奋劳动,用汗水书写自己的人生辉煌。

把握“学”与“习”,应格外注意“时”,即要审时度势,把握时机,当行则行,当止则止。孔子曾大声疾呼:“时哉时哉!”(《论语·乡党》)《素书》中亦言:“得机而动,则能成绝代之功。”说的是“时”可将“学”与“习”推向巅峰。《周易》有言:“几者,动之微,吉之先见者也……君子见几而作,不俟终日。”说的是洞察时机,不可失“时”。“时”一旦来临,就要抓住,马上行动,不可错过。可见,在“学”与“习”之间,“时”之含义大矣!

其三,“有朋自远方来”是幸福的核心要素。有人解“有朋自远方来”,将“远”解为空间距离,说朋友从远方来,让人高兴。此解似有道理,但放到人情世故中去体察,却觉得往往不是这样。首先这个“远”是多远呢?其次,远方的朋友来了,如果自己忙得不可开交,没时间接待,或者手中拮据,无钱招待,这就不是乐乎,而是为难乎,难堪乎。所以这里的“远”当作心理距离解。常言道,人生有一怕,就是孤独。人有一种群体性存在的需求,人走进群体、融入群体,才可避免孤独,才会心里踏实,也才会心中快乐。“有朋自远方来”其实说的是人与人之间心理距离的拉近,是人与人心理上的密切,这种心理密切使人获得情感的满足。中华文化十分重视搭建密切的人际关系,《周易》有言:“同人先号啕而后笑。”孔子解此语:“君子之道,或出或处,或默或语,二人同心,其利断金。同心之言,其臭如兰。”密切的人际关系给予人生的力量,带来心理上的愉悦。“德不孤,必有邻”,用修己之德融入社会,友爱他人,才能实现自己的人生幸福。

其四,“人不知而不愠”是幸福的至高境界。“人不知而不愠”的“不愠”通常被解为心中没有气恼,“人不知”多被解为别人不了解、不理解自己。关键是如何做到“人不知而不愠”呢？“人不知而不愠”表达的是人心里的宁静，是一个人情绪世界的高度稳定状态，这对任何人来说都非常重要，却又极为艰难，得失之心、荣辱之心时刻左右着我们的情绪。老子在《道德经》第十三章开出了“人不知而不愠”的处世良方：“宠辱若惊，贵大患若身。何谓宠辱若惊？宠为下，得之若惊，失之若惊，是谓宠辱若惊。”教人放下宠辱，方可不知不愠。《道德经》第四十四章，老子还提出著名三问：“名与身孰亲？身与货孰多？得与亡孰病？”教人明白孰轻孰重，知轻知重，以达不愠。老子还在《道德经》第十六章中对今人有这样的指引：“致虚极，守静笃。”把守静不愠作为万物之根本。孔子在《论语·为政》中言“君子不器”，教人冲破有限性，达于无限性，《论语·里仁》中又明白示人：“人之过也，各于其党，观过，斯知仁矣。”教人不被具体的喜怒哀乐束缚，达到不愠的情绪状态。《大学》开篇言：“知止而后有定，定而后能静，静而后能安，安而后能虑，虑而后能得。”在“定”“静”“安”“虑”“得”这五字心法中突出强调了“静”，即“不愠”这一核心要诀。我们如今所处的时代，变化日新月异，社会快速发展，急躁是不少人的心理状态，用不愠克服浮躁，建立幸福的内心世界，是今人必修的重大课题。

《学而》一篇所表达的孔子的幸福观，还有两点应当关注，一是在“学”与“习”的基础上达于事业成功，在“有朋自远方来”的关系中达于情感满足，在“不知而不愠”的修养中达于情绪稳定，是构成人生幸福的一个三位一体的结构，应当从整体上来理解和把握，不能顾此失彼，偏向一端。如片面强调“学而时习之”以达事业成功而不顾其他，则虽有事业，却难免心中苦楚，这已经是今天不少人的生活现状，应当引起警觉。如片面强调“有朋自远方来”的情感世界满足，一门心思于构建人际关系而不顾其他，这种人际关系必是无根浮萍，不可能长久。如片面强调“不知而不愠”，而不追求事业成功、情感满足，则必会陷入毫无实际意义的自我安慰的境地。事业成功、情感满足、情绪稳定应当是与人生幸福紧密关联的三条路径，只有并行不悖，才能实现其真正的价值。二是《学而》篇中的三个“不亦”值得关注：“不亦说乎”“不亦乐乎”“不亦君子乎”。孔子为何不直言“说乎”“乐乎”“君子乎”，而皆以“不亦”修饰之。本文以为，这“不亦”强调的是，“学而时习之”“有朋自远方来”“不知而不愠”都不能直接带给人幸福，其实现的过程往往以吃苦为前提。如“学而时习之”，必先有“书山有路勤为径，学海无涯苦作舟”，幸福只在勤苦之后，是勤苦的结果；何况“习”乃是终日辛劳，只有辛劳所结出的硕果才是幸福。“有朋自远方来”需要花费时间精力去付出情感。“人不知而不愠”更是如此，一个人的聪明、智慧、贡献不被他人、社会理解和认可，其心理煎熬可想而知，而化解这些煎熬需要长期修炼，冲出小我，达于大我。

（作者：蒋雨可，安徽大学外语学院德语系 2018 级本科生）

试论先秦名家思想中的"证实"问题

——以后期墨家的知识论思想为中心

◇雷　博

在中国传统的认识论思想中,"证实"是一个非常重要的问题。从先秦名家开始,对于"实"的探求就一直是其孜孜不倦坚持的课题。而对于"实"之含义的不同理解,也构成了不同性质的"实学"与"证实"方法,如"名实""虚实""幻真""真伪"等不同类型的对立概念。其中"证实"的含义既相互联系,又有哲学层面的明显差别。

在现代知识论体系中,"证实"问题主要研究外部世界的真实性问题,与上述对立概念中的"幻真"相关。然而在中国哲学传统中,对"实"的讨论更多出现在"循名责实""即伪求真"的语境中,虽然也是在探求世界的真实性与合理性,但侧重点并不在于考察现象世界是"真相"还是"幻相",而更多关注的是概念与实质的对应关系,表面现象与深层本质之间的联结与张力。

因此在研究中国古代"证实"问题的时候,不必完全按照西方知识论的范畴进行取舍,而应当回归文本脉络,深入概念本身,探究这一问题发生与展开的过程,分析"真实""实相"与"实学"等表述在原始语境中的意义。这方面中国逻辑史学界已经有不少相关的研究。① 本文试图以后期墨家(《墨子·经说上》《墨子·经说下》《墨子·大取》《墨子·小取》)为例,参较同时代或稍早的名学著作,对"证实"这一对后来思想史有深刻影响的问题在源头层面做一些辨析。

首先,从"名实"关系的角度来分析"实"的地位与通达"实"的方式。《说文》云:"名,自命也。从口从夕。夕者,冥也。冥不相见,故以口自名。"②古人认为,"名"的原始含义即通过发声指称,在黑暗当中将个体辨识出来,从此比喻出发,可以认为,"名"的作用在于从理解的混沌状态中将个体性与特殊性标示出来,使得具体的认知成为可能。"名者自命"的阐述,意味着这种具体认识的前

---

① 参郑文杰:《中国墨学通史》,北京:人民出版社,2006 年;温公颐、崔清田:《中国逻辑史教程》,天津:南开大学出版社,2012 年;汪奠基:《中国逻辑思想史》,武汉:武汉大学出版社,2012 年;晋荣东:《中国近现代名学研究》,上海:上海古籍出版社,2015 年。

② 许慎撰,段玉裁注:《说文解字注》,上海:上海古籍出版社,1981 年,第 56 页。

提首先是对自我的辨别和认知,而这样一种自我辨别必定发生于群体的社会生活中,即彼此借助对方的意识来建构自我意识。在这个本源的意义上,“名”的认知方式意味着它与“实”的关联不是一种基于个体主观的判断,而是在社会生活中为了协作与交流而建立名称体系,故荀子曰:“约定俗成谓之名。”(《荀子·正名》)“名”“实”这一对范畴所预设的就是在群体当中的共同认知和彼此认知。因此“证实”问题就转化为“因名责实”和“以名举实”的问题——“名”“实”之间的逻辑关系,特别是建构“名”“实”之间关联的方法,成为首先要加以审查的对象。

对于这一问题,先秦名家进行了大量深入细致的探讨,其学始于邓析,成于别墨,而盛于庄周、惠施、公孙龙与荀卿。从《史记·孟子荀卿列传》可窥知彼时名学之盛,流风被于天下,而儒、法、墨皆有所与。《太史公论六家要指》称名家“控名责实,参伍不失”①。《史记》集解引晋灼对“参伍不失”的定义是:“参错交互,明知事情。”②《汉书·艺文志》则引刘向《七略》之说,称“名家者流,盖出于礼官。古者名位不同,礼亦异数”。③ 如果把“礼”解释为生活世界中的秩序和意义,那么它所代表的“差异”与对差异的比较分析就是讨论“名”“实”关系的起始点。

晚期墨家中对名辩之学有系统的总结,见于《墨子·经说上》《墨子·经说下》与《墨子·大取》《墨子·小取》诸篇。其中“经说”篇以概念分析的方式,对认知的过程进行梳理。第一个概念是“故”。“故,所待而后成也。”④即“故”是认识或思辨的根据、理由。有了这个基本的所以然,下面的认知、证明才可能发生。

伍非百先生认为“故”的概念是名家的重要术语,其意义有其源流。见于同时代的其他著作,则有《墨子·小取》“以说出故”,《荀子·正名》“则尽故”,《荀子·解蔽》“持之有故”,《孟子·离娄下》“苟求其故”。⑤ 从字源的角度来看,“故”的本来含义是“故事、历史”。《说文》:“古,故也。从十、口。识前言者

① 司马迁:《史记》,北京:中华书局,1982年,第3291页。

② 司马迁:《史记》,北京:中华书局,1982年,第3292页。

③ 班固:《汉书》,北京:中华书局,1962年,第1737页。

④ 伍非百:《墨辩解故》,《中国古名家言》,北京:中国社会科学出版社,1983年。关于伍非百的墨学思想,参见王向清、余维发:《论伍非百的别名谓思想》,《中国社会科学院研究生院学报》2007年第2期;晋荣东:《伍非百的先秦名学研究与新名学的可能性》,《社会科学》2015年第12期;卢芸蓉:《伍非百名理思想探微》,《湘潭大学学报(哲学社会科学版)》2014年第3期。

⑤ 伍非百:《墨辩解故》,《中国古名家言》,北京:中国社会科学出版社,1983年,第17页。

也。"[①]《广雅》曰："故，事也。"[②]有谚曰："不习为吏，视已成事。"[③]所谓"故""古""事"，均有前代典故的含义，即孔子所谓"述而不作，信而好古"，"我非生而知之，好古敏以求之者也"（《论语·述而》）。《说文》又云："故，使为之也。"段玉裁注曰："凡为之必有使之者。使之而为之则成故事矣。"[④]桂馥《说文解字义证》引《史记》索隐解释"故行不行"为"故命人行，而身不自行"。[⑤]

在这组字源分析中我们可以看到，"故"的哲学含义"所以然"，根源来自于"故事"，即认识与思辨的根据在于群体经验和历史经验。而且，"故"不是一个被动的等待被发觉、被使用的静态对象，而具有"使命"和"驱迫"的主动性。"大故，有之必然，兼也，若尺之成尺也。"[⑥]这里的"兼"是与"小故"中"若尺有端"的譬喻相对。仅得一端，则不能往来该贯，而必然有所蔽；唯有兼总条贯，知始知终，才能够构成认知与思辨的充分性，"故"才具备真正的使动性。

因此，我们可以把"求其故"的思维方法作如下概括：通过对自身与族群历史的考证和体验，把"我"这样一个认知的主体放在贯通因果始终的时间源流中，从而获得具体认知的充分条件。这就意味着当这种历史的、动态的认知情境被构成时，情境反过来会促成认知的发生（使动），这样的主体具备根源的开放性，因为这时候"知"已经不是"要去知"，而是"必知""不得不知"。

有了"故"的前提，就可以进一步分析"知"的结构。在《墨辩解故》中"知"被分为四个层面，逐渐深化。

第一层是"知"。经曰："知，材也。"说曰："知，知也者，所以知也。而必知，若明。"[⑦]此知为"知的材质"，即人的基本认知能力，能力一旦与外物相接，则必然能知。

第二层为"虑"。经曰："虑，求也。"说曰："虑，虑也者，以其知有求也。而不必得之，若睨。"[⑧]这里的"虑"可以通俗地理解为自体的思考活动，用更精确的语言来描述，是一个知的"动作"，即"以其知有求"。这里存在一个无法规避的疑惑，就是所谓"有求"是作为本体的"知"因自身内在的亏欠而发生的向外攫取，

---

① 许慎撰，段玉裁注：《说文解字注》，上海：上海古籍出版社，1981年，第88页。

② 徐复编：《广雅诂林》，南京：江苏古籍出版社，第272页。

③ 班固：《汉书》，北京：中华书局，1982年，第2251页。

④ 许慎撰，段玉裁注：《说文解字注》，上海：上海古籍出版社，1981年，第123页。

⑤ 桂馥：《说文解字义证》，上海：上海古籍出版社，1987年，第258页。

⑥ 伍非百：《墨辩解故》，《中国古名家言》，北京：中国社会科学出版社，1983年，第17页。

⑦ 伍非百：《墨辩解故》，《中国古名家言》，北京：中国社会科学出版社，1983年，第22页。

⑧ 伍非百：《墨辩解故》，《中国古名家言》，北京：中国社会科学出版社，1983年，第23页。

还是在“知”的材质之外有主体意念而强制发生作用。与此问题相伴的是，思虑是否有必然的所指对象？是否需要与外物相接，抑或只是纯粹的动作而不必有所指涉？在此问题上，儒家与墨家的论断迥乎不同。《大学》曰：“知止而后有定，定而后能静，静而后能安，安而后能虑，虑而后能得。”整个思虑之链条自“知止”始，至于虑而有得，一一皆在，具有不容辩驳的确定性。而《墨辩解故》则认为“虑”“不必得之”，所谓“若睨”，即睨视而不明。

第三层的“知”，则是“知”的完整行为。《墨辩解故》云：“知，接也。”说曰：“知，知也者，以其知遇物，而能貌之，若见。”①显然，这一“知”是基于本体材质之上，经念虑发动，而达于外物的过程，所以用“接”“遇”来表达“知”与“物”之间的关联。但“接”“遇”也从另一方面说明“知”的不确定性，是一种基于自身出发点的“相逢”和“遭遇”，对于外物的一切判断都来自“貌之”，即对其性质的描摹。如果用现代知识论的理论来阐释，那么“知”的这一层面可以认为类似符合论的观念，即“知”与“物”之间存在因相接而能够相符的关系。“若见”之“见”有双重含义。《说文》云：“见，视也。从儿从目。”段玉裁注云：“析言之有视而不见者、听而不闻者，浑言之则视与见、听与闻一也。”②与单纯动作的“视”相比，“见”所表达的是更完整的认知过程。另《广韵·霰韵》：“见，露也。”③《集韵·霰韵》：“见，显也。”④“见”读作“现”，既可指知者主观方面的“看见”，又可指外物客观方面的显现。

“知”的最终一层是“智”，在《墨辩解故》中，“智”写作上知下心。“智，明也。”说曰：“智，智也者，以其知论物，而其知之也著，若明。”⑤这一层的“知”已经上升到了“智识”的层面，即《荀子·正名》所谓“知有所合谓之知”。需要特别注意的是，这里的“智”，是“以知论物”的结果。论者仑也，使条分缕析各得其仑，有分类排比研究讨论的含义。《墨子·小取》将“摹略万物之然，论求群言之比”作为基本的认识法则。“摹状”（貌之）与“论列”是递进而不可分的两个阶次。前者注重一次认知过程中的清晰和准确，后者则需要在反复多次的认知活动中排列对比，寻求规律，乃至发现事物背后的理则。故云“知之也著”。所谓“著”，就是不仅要知物之其然，还要知其所以然；不仅要知物之自然，还要知此物与彼物之俱然或不俱然。这种“用心之知”与现代知识论中的融贯说有相通处，其立足点都在于一个基本前提，即世间万事万物的因果相成。因为万物之间

① 伍非百：《墨辩解故》，《中国古名家言》，北京：中国社会科学出版社，1983 年，第 23 页。

② 许慎撰，段玉裁注：《说文解字注》，上海：上海古籍出版社，1981 年，第 407 页。

③ 陈彭年：《大宋重修广韵》，南宋国子监刊本。

④ 丁度：《集韵》，宋刻本。

⑤ 伍非百：《墨辩解故》，《中国古名家言》，北京：中国社会科学出版社，1983 年，第 24 页。

相互联系，则能知者对于外物的认识就不是也不可能是一个孤立的行为，而是处在绵延的时间序列中多次认知过程的总和。在这样的基础上，才能明白“知”与“故”之间深层的逻辑关系。

有了这样一个基本的认知结构，以名举实就有了清晰的脉络可以遵循。在《墨辩解故》中把“名”分成三类：曰达，曰类，曰私。说曰：

名：“物”，达也，有实必得之名也。命之“马”，类也；若实也者，必以是名也。命之“臧”，私也；是名也，止于是实也。声出口，俱有名，若姓字俪。①

这三种“名”就其实质而言，即《荀子·正名》中所论述的“大共名”“推而别之”之“名”和“别则有别”之“名”，然而其界定方式却与荀子有很大差别。荀子的方法是根据“名”之体系内部的构成来加以区分，所以从“共名”开始，逐渐分化为更低等级的“别名”，这样就可以从方便分类、方便指称的角度把各种形态的“实”用合适的“名”归纳出来。

相比而言，《墨辩解故》则是从“名”“实”关系的角度来区分这三种不同层次的“名”。第一层的“达名”是“有实必得”，即从“名”出发可以达于一切“实”，“名”与“实”之间构成一对无限制的多，比如最广义的概念“物”。第二层的“类名”是从“实”出发加以界定，即针对特定的“实”，必然要冠以某一定“名”，如马，无论黄黑牝牡，必命之以马，而不得以犬牛，这里“名”“实”之间虽仍是以一对多，但“多”因为“实”的具体规定而受到限制。第三层的“私名”则是反过来从“名”出发，当一个“名”仅能寻找到一个与之相应的“实”时，“名”与“实”之间遂构成一一对应关系，所谓“是名止于是实”。《墨辩解故》举例为“臧”，臧为古代男子之“私名”，一人之“名”，不能泛指他人，故为最狭义之“名”“实”关联。

《墨辩解故》中最后总结道：“声出口，俱有名，若姓字俪。”伍非百先生解释曰：“出于口者谓之声，命于物者谓之名。名无固宜，号而谓之，若姓字之丽附于人也。”②“名”既然是因声命物，则它与“实”之间并无必然联系，不过是“号而谓之”，但是正如人生则有名号相随，世间之物也必然在人的理解体系内部可以为名称所指引归类，这方可称之为物。更有甚者，物之所以为物和物与物之间的意义关联，也必须通过“名”的组织，才能够被通达。

正是基于这样的“名”“实”关系，《墨辩解故》把“知”分为七个不同的层面：

知：闻、说、亲、名、实、合、为。

说曰：知：传受之，闻也。方不庫，说也。身观焉，亲也。所以谓，名也。

① 伍非百：《墨辩解故》，《中国古名家言》，北京：中国社会科学出版社，1983年，第74页。

② 伍非百：《墨辩解故》，《中国古名家言》，北京：中国社会科学出版社，1983年，第75页。

所谓，实也。名实偶，合也。志行，为也。①

其中闻、说、亲三者为知识的具体方法，有得自传闻者，有出于推理者，有发自亲身者。在此知鉴过程中，“名”为在我之符号指称，“实”为在彼之事与物，“实”是“知”之所谓，而“名”则是“知”之所以谓，两相符应，称之为“合”。这些都是一般知识论体系必然会涉及的内容，然而在这六者之外，《墨辩解故》提出“志行，为也”也是“知”的部分内容，这一点值得特别关注。伍非百先生认为这里的“志行”指的是事物之内蕴与表象——蕴诸内者为志，著于外者为行，即下文中之“存、亡、易、化、荡、治”。② 谭戒甫先生则以“志行”为“名”的意义与功用，强调主词(“实”)、宾词(“名”)和连接主宾之系词(“合”)通过不同组合在表意上的功能差别。③

笔者以为二种解释皆有未安处。“存、亡、易、化、荡、治”是分说“为”的各种不同形态，的确有物之内蕴表征于外的意思，然而若仅仅将“志”归结为事物自身所有之特质，而忽视命名者的作用，则不但与上面讨论“名”“实”相应之“知”的内容缺乏内在关联，也与墨家重人为、主实用的观念相左。更进而言之，物之自生自化，如《庄子·秋水》篇所论：“物之生也，若骤若驰；无动而不变，无时而不移。何为乎？何不为乎？夫固将自化。”所谓“为”者，若纯就事物而言其自然属性，则不知有何虑何为？必须在一个“名”“实”相合的意义世界里，事物的“志行”才有意义。反过来，如果按谭先生的意见，仅仅把“志”与“行”作为“名”的含义和效用，则“名”对“实”的指引隐晦不彰，也与下文对“为”的解释不能相应。从另一方面讲，如果把“名”的表意功能当成“为”的话，则会把万物之运化生灭归于名辩，这是早期名家如惠施、公孙龙之思路，而与后期墨家不符。

因此，笔者认为，应当将此“志行”解释为：在“名”“实”相合的基础上，人的意志与物的意义同时被抒发出来。一方面是以“名”举“实”，通过语言文字声音的作用整合世界，使人的行为意图得以贯彻；另一方面是据“实”设“名”，“物”通过“名”的作用脱离了光秃秃的“纯物”状态而进入到意义体系内部，其内在包含的可能性在“存、亡、易、化、荡、治”即生灭变化、盈虚代谢的过程中被一一揭示出来。

根据以上辨析，我们可以对后期墨家所代表的先秦知识论作一总结。先秦思想家(大而言之，甚至包括整个中国思想史)在对外物认知的问题上，不仅关注感官层面的清晰度和外物被体认的真实度，他们更看重用“名言”的方法构建

---

① 伍非百：《墨辩解故》，《中国古名家言》，北京：中国社会科学出版社，1983 年，第 78 页。

② 伍非百：《墨辩解故》，《中国古名家言》，北京：中国社会科学出版社，1983 年，第 79 页。

③ 谭戒甫：《墨辩发微》，北京：中华书局，1996 年，第 168—169 页。

“在此者”和“在彼者”之间的关联。原因在于，他们并没有设置“心”“物”二元的对立关系，而是把“物”理解为在迁流的时间中演变不已的动态存在。因此知识的目标就变成了“事实”和“情态”，“证实”的过程也就从对感官之知的怀疑与确认，变化为对长时段历史中存在的因果关系的考察和证明。如《周易·系辞》所言：“仰以观于天文，俯以察于地理，是故知幽明之故。原始反终，故知死生之说。精气为物，游魂为变，是故知鬼神之情状。”

在这样的基础上，就会有“见闻之知”和“求知于见闻之外”的区分。孔子所说的“视其所以，观其所由，察其所安”（《论语·为政》）、“君子不可小知，而可大受”（《论语·卫灵公》），孟子所谓的“耳目之官不思，而蔽于物，物交物，引之而已矣。心之官则思，思则得之，不思则不得矣”（《孟子·告子上》），老子所谓的“知常曰明。不知常，妄作凶”（《老子·第十六章》）等表述都可以看到这种区分所体现的思维背景。后来的中国思想史中，宋明理学“见闻之知”与“德性之知”的区别、理学与朴学孰虚孰实的争论，或皆与此有关。

（作者：雷博，中国社会科学院古代史研究所助理研究员）

刍议农耕文明对后工业化时代文明构建的启示

◇朱建军　陈艳娟

后工业化时代是美国社会学家 D. 贝尔创造的一个新社会形态名词，他在《后工业化社会的来临》中描述了 20 世纪后半期美国、日本等一些发达国家所出现的新社会结构与社会形式。后工业化时代以科学知识、信息技术为主导，其主要特征为生产事务的信息化、电脑化和自动化，知识产业成为社会主导产业，传统劳动密集型高耗能制造业及粗放投机性的经营模式逐步被取代或淘汰。进入后工业化时代，一切传统的生活方式、文化习俗、价值评判、审美标准等都相继被自觉或不自觉地抛弃，一切传统的阶级社会分析理论和方法都不再适用，社会阶层将以知识和教育为准则重新分化组合。城市化进程显著加快，服务业发展日新月异，信息技术的普及应用每时每刻都在改变着人们的生活方式和社交方式。凡此林林总总的社会变化让人们每天都在不断地适应、追逐、改变。

从 20 世纪 70 年代末期开始，经过 40 多年的改革开放和经济高速增长，我国已然进入后工业化时代。高科技、信息化、互联网+、大数据、云计算……层出不穷的新名词、新概念、新业态、新时尚让一个从五千年时光隧道一路穿行过来的古老民族一夜之间仿佛步入一个充满奇幻未知的十字路口，于是，在迷惘、彷徨中，我们不得不冷静地回望和审视过来的历程，考量和谋划未来的前途，为新时代人类文明的构建探寻科学、切实有效的路径和方法。

古希腊大哲学家亚里士多德说过，人生的终极价值在于对过去历程的觉醒和思考，而不只是生存。历史是最好的教科书。我国作为一个历史悠久的大国，从根本上来说是以农立国的，农耕文明是中华文明的根脉。在世界公认的四大文明古国中，其他三大文明都在历史的长河中先后被湮没、分化、消亡，唯独我中华文明以其强劲的生命力绵延至今。遍布全球各地的中华儿女今天依然还在播种五千年前的五谷杂粮，利用五千年前的本草医药，品鉴三千多年前的甲骨文，吟诵两千多年前的经史典藉，使用火药、造纸术、印刷术、指南针……这是一个古老的农业大国留给现代文明的不尽财富和无限思索。

追根溯源，中华农耕文明的滥觞是以炎帝神农为代表和标志的原始先民经过漫长的探索、劳作和奋斗，创造和形成的物质与精神财富成果的总和。以渔樵耕读为代表的农耕文明是千百年来中华民族生产生活的实践总结，是华夏儿女以不同形式传承至今的一种文化形态。农耕文明支撑、滋养了泱泱华夏五千年，历挫弥坚，历久弥新。历史进入21世纪，站在后工业化时代的门槛上，在构建现代文明的过程中，我们是否可以或者应该从古老的农耕文明传统中获取积极有益的借鉴和启示呢？笔者试图在这方面作一些思考和探讨。

一是从经济建设的层面来看，我们应该从自给自足的农业自然经济中吸取和继承全体劳动者自觉劳动、分工协作、自主创新的文化基因，尊重和培育社会大众的劳作自觉意识和创造创新精神。

发轫于神农时期的农业经济，基本上是以个体分散劳动为主，全体社会生产劳动者按照“男耕女织，分工协作；日出而作，日落而息”的社会分工与作息形式安排生产生活，自产自销，自给自足，“不劳动者不得食”。在这样一种社会生产格局下，劳动和生产往往成为一种需要、一种风尚、一种自觉。在劳动生产中积累财富、创造创新成为一种共同的社会理想，勤劳、勇敢、智慧的劳动者成为社会普遍尊崇的正面对象。这些与今天社会上出现的一些鄙视劳动，鄙视实体产业经济，幻想投机发财、一夜暴富的价值追求形成鲜明反差。以民营经济为例，现在很多的民营企业都是由改革开放初期的一些农村家庭作坊，经过多年打拼，不断脱胎换骨，转型升级发展起来的，其骨子里或许一直烙着小农经济的印记。正因为如此，一些不起眼的民营企业一直受到社会的轻视、排斥。然而正是这千千万万不起眼的“原农企业”，贡献了国家50%以上的税收、60%以上的GDP、70%以上的技术创新、80%以上的城镇劳动者就业岗位、90%以上的新增就业岗位，一句话，扛起了中国经济的大半壁江山！这一组沉甸甸的数字背后，难道没有值得我们深思的东西吗？后工业化时代依然应该倡导劳动伟大、创造光荣，老祖宗传下的古训不能遗忘。

二是从政治建设的层面来看，我们应该禀承“食为政首，农为邦本”的治国理政历史经验，坚持“三农”工作的基础地位不动摇、不偏离，始终把十四亿人的饭碗牢牢地端在中国人自己的手上。中国是一个人口大国，也是一个农业大国，十多亿人口的吃饭问题始终是治国理政的第一件大事。“国以农为本，民以食为天”是历朝历代前贤明君传下的执政天条。习近平总书记曾经深刻地指出：“中国要强，农业必须强；中国要美，农村必须美；中国要富，农民必须富。”“任何时候都不能忽视农业、不能忘记农民、不能淡漠农村。”这为我们在新时代重视发展“三农”工作、夯实农业战略基础地位指明了努力方向，提供了根本遵循。党的十八大以来持续发力实施精准扶贫，推进乡村振兴就是对农为国本政治传统的传承，也是对习近平中国特色社会主义“三农”工作思想的生动诠释和具体实践。

三是从文化建设的层面来看，我们应该传承“勤俭持家，耕读裕后”的农家文化传统，涵养社会书香正气，引导培育和践行社会主义核心价值观。“勤俭持家家声远，耕读裕后后泽长”是漫长的农耕社会中千千万万农家孜孜信奉的家训守则。“读书好，种田好，学好便好；创业难，守成难，知难不难”积淀了源远流长的农耕文化的精髓。富强、民主、文明、和谐、自由、平等、公正、法治、爱国、敬业、诚信、友善的社会主义核心价值观，从本源上来看，正是五千年中华农耕文明传统的传承和升华。文化是一个国家和民族进步的灵魂。近年来，随着西方意识形态和文化产品的输入或侵袭，国人文化自信一度出现弱化甚至动摇，悖离传统正道的负面文化思潮沉滓泛起。在这样一种文化大博弈、大碰撞、大裂变的时代背景下，正本清源，回归传统，坚定自信，独立创新，可谓时不我待。一个民族只有拥有自己自立的文化，才会让人民有信仰，民族有希望，国家有力量，而这种自立的文化正是深深植根于古老中华大地上的农耕文明。

四是从社会建设的层面来看，我们应该倡行“修身齐家，贵同尚和”道德治理传统，致力建立和完善诚信和谐的社会公序良俗和敬畏法则的社会治理体系。史载：“昔者神农之治天下，务利之而已矣。不望其报，不贪天下之财，而天下共富之。所以其智能自贵于人，而天下共尊之。”“神农之世，男耕而食，妇织而衣，刑政不用而治，甲兵不起而王。”史书描绘的这种社会理想治理，即学者尊奉的“神农王道主义”，与我们今天提倡的以德治国，在一定意义上说是一脉相承的。农耕文化传统中奉行的应时、顺势、取宜、守则、安分、律己、和谐、包容、谦恭、忍让等理念与封建社会儒家中庸思想和治理理念不谋而合，形成了独具中国传统特色的修身、齐家、治国、平天下社会治理理论体系。时至今日，在处理纷繁复杂的社会新矛盾、新问题时，学会辩证地学习和运用这些传统的理论和方法，我们会发现，依然可以起到纲举目张、事半功倍的效果。

五是从生态建设的层面来看，“敬畏天地，道法自然，阴阳协调，和谐共生”是我们治国理政中需要永远坚守的底线和不可逾越的红线。人类只有一个地球，世间万事万物阴阳亏盈有常，身与心、人与人、人与社会、人与自然、民族与民族、国家与国家和睦共处，和谐相生，珍惜同一片蓝天，共享同一个地球，是人类永恒的美好愿景，也是我们今天构建人类命运共同体的根本要义所在。敬畏和顺应大自然，道法归宗、天人合一是中华古老农耕文明及历朝历代圣哲先贤留给今天和未来世界的宝贵精神财富和崇高生命法则。为了我们的子孙后代能拥有一个美好的地球家园，保护生态，建设现代生态文明，当从脚下开始，永远在路上。

中华农耕文明决定了中华文化的文化特征，后工业化时代的文明构建决定着中华文化的未来走向。站在社会转型变革的新旧时代交汇点上，师承历史，不负初心，坚定自信，面向未来，把握方向，开拓创新，是祖辈和子孙寄予我们这一代人的殷切期盼，也是时代赋予我们的崇高使命。我们不应当看客，而应秉持中华五千年农耕文明的薪火，点亮后工业化时代文明的旭光，从当下开始。

（作者：朱建军，湖南省炎帝陵基金会办公室党组书记、主任。陈艳娟，湖南省株洲市农业农村局局长，民进株洲市委委员）

从湖南发现的秦（楚）汉（吴）简牍管窥古代长江流域的关联

——关于推动长江经济带发展问题的联想之一

◇许 康

推动长江经济带发展是党中央作出的重大决策，是关系国家发展全局的重大战略，对实现"两个一百年"奋斗目标、实现中华民族伟大复兴中国梦具有重要意义。习近平总书记两年两次主持长江经济带发展座谈会的主旨发言，高瞻远瞩，高屋建瓴，勾画了顶层设计蓝图，指明了方向道路，对近年内的主要任务作出了明确的指示和部署，对十一省市领导和广大干部群众发出了久久为功的战斗号令。其中第一条就是对长江经济带发展战略的思想认识问题，要求认识务必更全面、更深入一步，如辩证看待经济发展和生态环境保护的关系，如一些同志在抓生态环境保护上主动性不足、创造性不够，思想上的结还没有真正解开等。

一、基本认识

二十年前，中部六省眼见东南沿海改革开放迅速发展，中央又发布"西部大开发"的战略部署，不免有着"中部塌陷，不是东西"的危机感，于是强烈要求中央给予政策倾斜。以湖南长株潭城市群为例，2007年得到了一个"两型"社会综合配套改革试验区的政策，这资源节约型、环境友好型的名称虽然很时髦，但似乎远水没解近渴，又难免有失落感。空降来湘的省级领导发觉，湖南尚未完全实现工业化，同时又要搞信息化，任务繁重，时间紧迫，现实问题是缺乏财力、技术和人才。直到当年10月党的十七大对科学发展观作了深刻阐述，工作上作了明确部署，广大干群通过不断实践，认识才愈发清楚，实践中也越来越尝到发展的甜头。

推动长江经济带发展的第二次座谈会，是在党的十九大之后半年召开的，其鲜明的特征是中国特色社会主义进入新时代，我国社会主要矛盾已经转化为人民日益增长的美好生活需要和不平衡不充分的发展之间的矛盾。发展的区域不平衡、内容不平衡、群体不平衡现象客观存在，发展的相对低水平、不稳定、不持续状态客观存在。比如不少地方刚刚跨过"贫困线"或"温饱线",小康的基础尚不稳固,即使发达地区包括一些大城市依然有发展不充分的现象。发展不充分导致了发展不平衡,发展不平衡进一步加剧了发展不充分。所以,主要矛盾(需要和供给)的主要方面是供给(不平衡、不充分)。长江经济带作为串联我国东、中、西三大部分的脊梁,就要打通"任督二脉",发挥梯度传递的作用。

党的十九大提出的历史使命与战略愿景是决胜全面建成小康社会、夺取新时代中国特色社会主义伟大胜利、实现中华民族伟大复兴的中国梦。十九大报告强调中国特色社会主义道路"是在对中华民族五千多年悠久文明的传承中走出来的",而且"我国今天的国家治理体系,是在我国历史传承、文化传统、经济社会发展的基础上长期发展、渐进改进、内生性演化的结果",以及"深入挖掘和阐发中华优秀传统文化讲仁爱、重民本、守诚信、崇正义、尚和合、求大同的时代价值"等。中华优秀传统文化的丰富哲学思想、人文精神、教化思想、道德理念等经过创造性转化和创新性发展,已经内化在习近平新时代中国特色社会主义思想中,并焕发出持久的精神魅力与文化光辉。

二、湖湘近年发现的古代简牍是一座宝库

发掘和阐扬中华悠久的历史传承、文化传统,长江经济带今人当仁不让。湘、资、沅、澧四大支流的考古发掘和出土文物提供了源源不绝的珍宝。例如,迄今全国共出土简牍30余万枚,其中湖南出土了近20万枚,数量居全国之首。其中,以湘水流域的长沙市五一广场出土简牍最为集中。湖南出土的简牍种类齐全、年代序列完整,从战国、秦汉到三国、西晋,在时代上没有缺环。

湖南出土的简牍多为官文书,即地方官府文书档案。与各地古墓出土的记录墓葬物品清单的简牍不同,官文书记录了政治、经济、军事、文化等方方面面的内容,相较于史书,它们是更加客观的第一手材料。

依年代为序,首先是沅水流域(支流酉水)里耶秦代简牍。里耶古城遗址位于湘西土家族苗族自治州龙山县的里耶镇酉水西岸,是中国至今发现的唯一一处秦朝古城遗址。它始建于战国楚人之手,名为迁陵。秦统一后扩建沿用,西汉再次筑城,废弃于东汉。秦简出土于古城遗址1号古井和北护城壕11号坑中。

如今的龙山县,位于湘西北边陲,地处武陵山脉腹地,连荆楚而挽巴蜀,史称"湘鄂川之孔道",与湖北来凤、重庆秀山等毗邻。古迁陵县城,是当年楚国的西大门。战国末年,秦王政灭楚(前225—前222),李信、王翦先后率领秦国大军,与项燕率领的楚军在今河南、安徽淮河流域交战,秦军直取都城郢(寿春)。而攻克楚国长江以南地域,可由上游渡江到右(南)岸的涪陵入乌江口,溯乌江而上,翻过里耶西北的八面山,沿山路栈道来到迁陵。秦军再顺酉水而下,进入沅水,直接逼近当时楚南的腹地洞庭湖区域。

据里耶秦简记载，灭楚之后，始皇二十五年（前 222）就于今怀化地区（过往认为是黔中郡）实设“洞庭郡”，有“迁陵以郵（邮）发洞庭（郡）”木牍为证。“郵”字，会意字，从邑、垂。垂，边；邑，城邑。本义为古代传递文书的驿站，引申为由国家专设传递信件、款项、物件等的机构。秦并六国末期，洞庭郡取代南郡，成为新的南边郡。秦始皇创立郡县制，“县”字恰为“首”字倒悬，意思是距首都悬远。从“郵”字和“县”字的造字，可见当年中央集权的朝廷非常在意对边陲郡县的掌控。

上计制度原是周代产生的一种会计报告的呈送和审理方式，也是中央考核地方官吏政绩的方法。秦始皇继承并发展，有专职的柱下吏代替皇帝审查地方守、相，向朝廷申报一岁治状（户口、垦田、钱谷、刑狱状况等，编制为计簿），朝廷根据计簿对守、相进行考核，有功者受赏，有过者受罚。乘计吏送计书到京城之便，地方上把向朝廷申报的其他簿籍或贡奉物品也一并带去，郡国向中央推举的孝廉之类人才也可相随而行，秦汉时称这种办法为“计偕”。从里耶秦简可以看到，秦代为此设置了一套十分完善的考核官吏制度，有些简文记录了官员的工作考勤、考绩记录，并有详细的工作内容记录，这些都可作为考核依据。

与此制度相应，里耶秦简内容涵括户口、土地开垦、物产、田租赋税、劳役徭役、仓储钱粮、兵甲物资、道路里程、邮驿津渡管理、奴隶买卖、刑徒管理、祭祀先农及教育、医药等相关政令和文书。这些公文形式详备，公文中数量众多的朔日干支字样，都反映处理政务的严谨及时，公文传递为全天候的状态。《刻漏今时对照表》记录，迁陵官署集中办公的时间为“水下二刻”至“水下九刻”，即早上 7 时到下午 6 时。由此可想见秦帝国的集权制度与各项统一政策贯彻到新占领区洞庭郡迁陵县时，行政治理高效运转，官吏们受到法律、政令的严格约束的场景。

与里耶秦简所记年代相近的是岳麓书院藏秦简，为 2007 年 12 月湖南大学岳麓书院从香港文物市场抢救性地购藏，共计 2176 个编号，包括《质日》，共 1603 个编号；《为吏治官及黔首》，共 80 余枚简；《占梦书》，共约 48 枚简；《数》，共 236 枚简；《为狱等状四种》，共 252 枚简；其余是《秦律、令》，共千余枚。

若说里耶秦简是县衙工作实录，那么岳麓秦简就是官吏工作指南，偏重个人知识和素质的修养。秦始皇焚书坑儒，以吏为师，所以只剩这类宦学教材。《为吏治官及黔首》是为官的处事原则、评价准则、日常工作规章、官员的品德修养等，规定了为吏的“五失”“五善”。《数》收集整理涉及社会、经济、政治、法律、军事各类算题，作为官吏实用计算的参考书，是世界最早的数学手册之一。《为狱等状四种》是秦代司法文书的集成，是由不同地方的守丞对有关刑事案例奏谳、审议和裁决的记录。《秦律、令》为 19 种律和 20 余种令的文本摘录，如金布律、田律、仓律、置吏律及内史郡两千石官共令等，说明了秦代律、令并行的历史事实。这些与湖北睡虎地秦简、张家山汉简都有关联。《占梦书》记载梦象和占语，运用阴阳五行说进行占梦的理论阐释，透露出为官者临深履薄的心理状态。

里耶秦简刻漏精确到时,岳麓秦简记录到日,都表明当时对官吏时间管理的规范。《质日》分为秦始皇“二十七年质日”“三十四年质日”和“三十五年质日”,内容与形制类似于历谱,详列全年每日干支,并在每日干支下记事。

再看湘江流域的简牍。1996 年长沙市文物工作队(今长沙市文物考古研究所)对长沙市五一广场近旁走马楼街西南侧的建设工地的 50 余口古井窖群进行发掘清理时,在编号为 J22 的古井中发现三国时期的吴国简牍,总量约有 14 万枚(包括无字简及无法识别简),是我国 20 世纪一百项最重大的考古发现之一。

三国时代是乱世,文献史料传世极少,西晋陈寿所撰《三国志》六十五卷,其中《魏书》三十卷、《蜀书》十五卷、《吴书》二十卷。20 世纪以来出土了大量两汉简牍,少量魏、晋简,独缺吴简。长沙吴简一下子添加二百万字内容,大大超过《三国志》的总字数。这批简牍为吴国孙权嘉禾元年至六年(232—237)长沙郡的部分档案,内容包括券书,司法文书,长沙郡所属人名民簿、名刺和官刺、账簿等。例如从佃田租税券书可知农民的垦田、租税情况,交税时间及某些特殊的纳税钱。又如对户籍人口的管理和控制很严密,农民所承受的赋税之重和货币贬值之酷,十分惊人。再如法制文书,涉及现代法律分类中刑法、民法、经济管理法、行政管理法和诉讼法等门类,为中国法律史的研究增添了新材料。

当时长沙郡上有州,简牍大量涉及当时长沙郡所属的侯国、县、乡、里、丘等地名,反映了当时的行政体制——其管理体系除了行政长官,郡属诸曹有公曹、田户曹、船曹等,县以下的乡也设有属吏。每一件赋税文书上都有仓吏、库吏和田户曹吏的签押署名,说明已有严密的赋税制度。简牍明载佃农所属的乡里(丘),另有户籍简册,每人一简,按户编联,户主皆冠有里名,户籍管理十分到位。

在今长沙市五一广场和周边地域,还出土有西汉武帝早期竹简,多为通行文书,包括下行、平行、上行文种,涉及汉代诉讼制度、法制改革、上计制度、交通邮驿制度及汉长沙国的历史、法律、职官、郡县、疆域等诸多方面,系统地反映了汉长沙王府行政结构及官员吏属的配置情况。

最后看看长江与珠江水系的分流地带郴州市出土的简牍。21 世纪初郴州市苏仙桥出土一批西晋简牍,为全国之最,主要内容是西晋桂阳郡(原长沙郡南部,楚粤之孔道)的文书档案,对郴州各项地方事务的记载比最早的传世文献《万历郴州志》的诞生时间早了约 1000 年。它所记录的信息详细到年月日、郡县令的姓名、郡内山川河流的走向等。

三、洞庭湖水危机辨析

长江是中华民族的母亲河,洞庭湖区域历来是我国的鱼米之乡。古云梦泽北部渐干而南部涵蓄，春秋时期即得今名。它兼容并包、纳新吐故，调节主流及各支流来水，有蓄洪、航运、灌溉等多种功能，发展渔业、养殖兼美。

笔者1946年曾住洞庭湖滨感受“波撼岳阳城”的诗情画意，次年从长沙到武汉坐的是湘江百吨级的蒸汽机小轮，1948年从武汉到宜昌搭乘民生公司千吨级的“民族”号轮船，返回岳阳城陵矶则是趁便借住在拖带几艘大木船的拖轮上。中途在郝穴镇停泊装卸，竟不知附近荆州市就是楚文王南迁并经历了四百年二十代的都城郢和“千里江陵一日还”的所在。以后，80年代往返武汉、南京、上海等地，有意搭乘“东方红”系列的江轮，三等舱价廉物美，有卧铺，还可洗澡，比火车舒服多了。90年代初“三峡告别游”，乘游轮上下武汉重庆，那时已有葛洲坝，中途还去小三峡，也很惬意。这是我对长江黄金水道主航线的切身体会。

长江黄金水道的重要支流，湖南首推湘、沅两江。早在1945年，从湘西吉首至长沙，就可乘峒河（武水）的小木船顺流而下到沅水，中途的沅陵纳酉水再经桃源到常德。而常德到长沙有小火轮（船）航班，从沅水口经（西、南）洞庭湖，再上溯湘江。整个航程水路曲折，还有风波激流礁石之险。至于长沙以上的湘江河段，虽无险滩，到湘潭、株洲航线绕一大弯，时间迟滞，以致客运完全被汽车火车取代。湘、资、沅、澧四水航道现今大体如此。重载的货运船舶，只有丰水期适航于下游，因为多年泥沙淤积，吃水很浅。所谓八百里洞庭，早已分割为东（最大）、南、西三部分，相互距离颇远，湖面缩小一半以上。过去围湖造田，后来发展乡镇工业，栽种造纸原料黑杨，侵占沙洲湿地，导致沙土板结硬化，难以涵养水分、保持水土。

长江流域生态环境体系庞大复杂，内部结构有机联系，局部和整体相互作用，外部因素也不可忽视，需要不断深入观察研究，寻找解决问题的方法和途径。洞庭湖水危机，首要问题在面源污染，即当地居民造成的农业污染和生活污染，如大量施用农药化肥、饲养生猪、水产养殖等；其次是点源污染，即造纸厂、化工厂等企业废水排放，引起水质下降，水中铁、锰、氨、氮及各类抗生素严重超标，饮水不安全人口多达千万。除此以外，还有三峡工程建成导致洞庭、鄱阳两湖水系水位下降、断流时间延长；省内四水流域水土保持不力，多种因素酿成湖区水量锐减、湿地萎缩、生物多样性锐减，对湖区周围民众生命安全造成了巨大威胁。

“湖广熟，天下足”，湖区在历史上是湖广的中心地域。在地广人稀的往昔，湖区的人进水退的湿地开发模式（垸子）吸引大量移民前来垦殖，后来则日益难以养活已超临界点的人口。改革开放后，包产到户，多种经营，发展乡镇企业，生态环境又告急，难以满足居民日益增长的美好生活需要。怎么办？关键还是靠科学技术，靠资金投入。要用系统工程方法计算湖区的环境总容量，划出湖区的环境红线，制定好包括畜禽退养、人放天养、造纸有序转产、清退黑杨等规划；科学确定河湖采砂总量，划分区块，有序生产；要借助信息技术大数据调查统计污染情况，借助无人机及时全面监测；尽快出台鼓励湖区产业转换和替代的政策措施,鼓励企业加大环保投入,引进先进环保技术;湖区百万亩的芦柳基地,芦柳产量接近全国总产量一半,除了造纸暂未研发出别的大用,故应保留一定的造纸产能,监管纸业废水达标排放;创新管理体制,尝试设立河(湖)长制;提高公共管理的执行力,制定相关法律法规。前述秦汉简牍内容可供借鉴。

四、长株潭城市群发展问题

以上我们管窥从沅水到湘水再回到洞庭湖区的古代文献及对现状的考察,都与长江母亲河息息相关,具有样本的意义。事实上,浪漫主义诗人屈原的代表作《楚辞·离骚》中就有"济沅湘以南征兮,就重华而陈词"两句,他在秦灭楚前夕被贬放逐,南渡长江,溯沅水(或先经澧水)而上,徘徊于湘西,又渡资水来到湘江流域,最后投身汨罗江(湘江支流),与湖南秦简的年代十分相近。至于郴州,有秦少游的名句"郴江幸自绕郴山,为谁流下潇湘去",一路航行从郴江、潇水到湘江,可以抵达湖区。该词上半阕有"雾失楼台,月迷津渡,桃源望断无寻处"的句子,将目的地世外桃源点出,正是沅水之滨的桃源县,恰是楚国洞庭郡的郡治(青林乡黄楚村采菱城遗址)所在。我们不免感叹,先贤真具洞察力,三湘四水,一概汇往湖区。长沙走马楼、里耶古迁陵都在江边,古代行政官署选址讲究风水,也从一个侧面为我们留下了文化宝藏。

环洞庭湖经济圈的岳阳、常德、益阳的带动力均显不足,这启示我们再看长沙郡。既然以中心城市为引领的都市圈是支撑中国经济高质量发展的主要平台,是当前及未来发展的重点,那么以湖南来说,非长株潭城市群莫属。

长株潭城市群得天独厚,是中国城区平均距离最近(30 公里,"半小时交通圈")的大都市圈,长沙、株洲、湘潭三市,总面积 2.8 万平方公里(其中长沙 1.2 万平方公里,株洲 1.1 万平方公里,湘潭 0.5 万平方公里),2018 年常住人口 1504 万(其中长沙 815 万,株洲 402 万,湘潭 287 万),GDP1.6 万亿元(其中长沙 1.1 万亿元,株洲 0.26 万亿元,湘潭 0.22 万亿元)。三市历史渊源久远,长期属长沙郡或长沙府管辖。长沙,古称潭州,湖南省省会,首批国家历史文化名城,历经三千年城名、城址不变,有"屈(原)贾(谊)之乡""潇湘洙泗"之称。湘人敢为人先,20 世纪 50 年代就提出将长沙、株洲、湘潭三市合并为"毛泽东城"的设想,几十年来合并呼声从未断绝。1997 年长株潭一体化发展战略正式实施,2007 年长株潭城市群与武汉城市圈一起获批"两型"社会综合配套改革试验区,2009 年三市统一长途区号,2018 年三市签署《长株潭城市群一体化发展合作机制》,三市拥有市委书记层面、市长层面的一体化发展联席会议制度。

回顾近代发展历程,这里是人才高地。千年学府岳麓书院功不可没。雍正年间开始的"南北分闱",即湖广的科举乡试在武昌之外增设长沙考场。太平天国运动期间书院生员出身的湘军将领走向全国,洋务运动中湖南虽未获得实业发展(从此近代工商业远不如粤、鄂、两江)的机会,但士人也开阔了视野。西学东渐,新旧思想在湖南激烈碰撞形成的锋面效应,终于在戊戌维新和辛亥革命中结出硕果。五四"新文化运动"和新民主主义革命及社会主义革命和建设包括改革开放,第一代领导核心(毛、刘等)和第二代重要领导(胡、朱等)都是长株潭籍。如今长沙有东亚文化之都、世界"媒体艺术之都"、国际美食之都、全国文明城市、中国最具幸福感城市、国家园林城市等名片,获有"中国人居环境范例奖"等,与长沙发达的教育文化事业仍然是分不开的。中南大学、湖南大学、国防科技大学与湖南师范大学为国家输送诸多人才,发达的基础教育更走在全国最前列,长沙每年被清华大学、北京大学录取的人数位居全国各大城市前三。长沙四大名校(长郡中学、雅礼中学、湖南师范大学附属中学、长沙市第一中学)在全国奥林匹克竞赛中赫赫有名。"报业湘军""广电湘军""出版湘军""动漫湘军""演艺湘军"散发着无穷的魅力。株洲"三陵"有人文初祖炎帝的陵寝(炎陵)、革命摇篮(茶陵)、革命老区(醴陵),湘潭(韶山区)是开国领袖的故乡,长株潭三市文化底蕴和红色旅游资源极其深厚。

长沙过去工业基础差,1949 年以前仅裕湘纱厂及黑铅炼厂等,20 世纪 50 年代布局了汽车电器、矿山通用机械和机床几家中型工厂。株洲、湘潭则在抗日战争前由资源委员会和交通部筹建电机修理厂、机车修理厂等(后迁走或停顿),打下一点基础。"一五"期间,株洲作为铁路枢纽站,被选为八个新兴工业城市之一,建有很多苏联、东欧援建或自建的大中型工厂。湘潭有有关电机、兵器、钢铁、矿业、棉纺等厂矿。长沙缺乏重化工业,故不存在严重的环境恶化及资源枯竭问题,通过"两型"社会建设试验,顺利成为科教文化和服务业中心。三市重点打造电子信息、轨道交通、工程机械、新材料、汽车制造、航空航天装备六大产业集群,产业链相互衔接,配套体系正在形成。还有长株潭国家军民融合创新示范区、长沙黄花机场国家临空经济示范区、全国性综合交通枢纽等,可联手衡阳创建长株潭衡"中国制造 2025"试点示范城市群,足与武汉城市圈并驾齐驱。

本文第一节提到中国地区经济发展依地理梯度从东到西传递,即过去发展的不平衡,主要是由地理因素决定的。改革开放以来,在要素流动、基础设施建设、产业转移和战略驱动等因素的作用下,东、中、西部之间的差距在逐步缩小。这种现象是在建立市场经济体制,尤其是在创新驱动的背景下产生的。长株潭三市的高等学校数量质量和师生总量居全国中上水平,而长株潭三市在全国都市圈中是房价"洼地"。这主要是因为在经济结构上,长沙几乎全是以民营资本为主导的新型产业,产业特别是工业大部分集中在郊县,全国百强县长沙占了 4 个,且长沙县、浏阳市和宁乡县名列前三十,高居中西部榜首;在地方财政收入结构上,长沙主要靠工商税收,土地出让收入每年仅 100 多亿元。因此,长沙的房价、地价比中部其他省会低得多,招商引资和民营企业得益于低地价、低赋税,从而获得快速发展,上市企业数量列中西部第一,丰富的就业岗位吸引了大量人才。长沙人均 GDP 突破 2 万美元,居民收入为中部地区第一,幸福指数更高。

如今长株潭城市群属于崛起型(位居第二等级),尽管经济基础和发展势头较好,但周边城市尚未缩小与中心城市发展差距,龙头长沙市仍感在全国的行政地位和发展程度不够高,自顾不暇,对三市融城缺乏紧迫感。好在湖南省委省政府高度重视,2018 年部署加快形成三市间交通一体化网络,启动“三干两轨四连线”工程,对主干道进行快速化改造,并建设“长沙西—湘潭北—株洲西”和“长沙南—株洲西”轨道快线,打通连接三市的路网骨架,三市融为一体,着力打破阻碍同城化发展的行政壁垒,增强中心城市对周边城市的发展带动作用。至于产业结构更新换代的外溢效应惠及湖区及省内其他都市圈,还要假以时日。

五、结语

湖南出土的众多简牍,充分展现了长江中游环洞庭湖地区秦、汉、西晋几个朝代的社会经济面貌和文化积淀状态。特别是大批官府文书反映了“百代皆行秦政法”的历史现实,新兴帝国朝廷对新制度郡县制的积极推行,加强了对新臣服或边陲地区的有效掌控;较完备的法律和行政体系的制定,严格规定了办公纪律与年终上计考核制度,确保了邮传的畅通;官吏们夙兴夜寐调查下情,普遍细致地记录计算,审理案件公正严谨,不断学习以提高自身素质和治理能力,着力维护管区的稳定。这些举措使得环洞庭湖地区与全国协调统一,也证明了今日长江经济带上各城自古就有着紧密的联系,拥有深厚的发展基础。

(作者:许康,湖南大学公共管理学院教授、博士生导师,湖南省文史研究馆馆员)

孟姜女故事中的“城”

◇任会斌

中国古代民间传说中,孟姜女故事以其渊源之久、流传之广、感人之深,几乎冠诸首位。故事的核心当是“哭城”,但究竟是何城,历来说法不一,最为人熟知的是秦长城,但就其产生渊源来看,秦长城应是不可能的。同时有研究者也指出,孟姜女所哭乃齐长城。清人吴震方《读书质疑》云:“杞梁妻哭而崩者,乃齐之长城,孟姜女即杞梁妻也。”①《职方典》卷六十三“山海关”条云:“不知其为长城者,乃泰山之下长城,非辽东之长城。”魏建功《杞梁姓名的递变与哭崩之城的递变》一文中也指出“原来齐鲁之边也有城墙,或者就说是‘长城’”,而秦长城是由齐而牵连于秦。②

孟姜女研究,始于20世纪20年代的顾颉刚,他以历史演进和传统考据的方法,进行了一系列研究,堪称现代民俗学史上最成功的研究范例。他也曾明确指出孟姜女所哭非秦长城,而齐长城之说则是出自后世“学者的审定”。③ 就孟姜女故事中的“城”究竟为何,本文结合相关文献,简单做一梳理和说明。

《左传》襄公二十三年载:“齐侯还自晋,不入,遂袭莒。门于且于,伤股而退。明日,将复战,期于寿舒。杞殖、华还载甲夜入且于之隧,宿于莒郊。明日,先遇莒子于蒲侯氏。莒子重赂之,使无死,曰:‘请有盟。’华周对曰:‘贪货弃命,亦君所恶也。昏而受命,日未中而弃之,何以事君?’莒子亲鼓之,从而伐之,获杞梁。莒人行成。齐侯归,遇杞梁之妻于郊,使吊之。辞曰:‘殖之有罪,何辱命焉?若免于罪,犹有先人之敝庐在,下妾不得与郊吊。’齐侯吊诸其室。”此段文字记述齐庄公伐晋返回途中,齐将杞梁率兵袭莒,不幸战死,齐侯路遇其妻而吊,杞梁妻因野外凭吊而表示不满,齐侯于是到其家中吊唁。襄公二十三年即公元前550年。杞梁,即杞殖,“杞梁、杞殖:齐臣,‘杞梁’二见,‘杞殖’一见,俱出襄

① 《丛书集成续编》第92册,上海:上海书店出版社,1994年,第397页。

② 魏建功:《杞梁姓名的递变与哭崩之城的递变》,顾颉刚、钟敬文等:《孟姜女故事论文集》,北京:中国民间文艺出版社,1983年,第41、42页。

③ 顾颉刚:《孟姜女故事研究》,顾颉刚、钟敬文等:《孟姜女故事论文集》,北京:中国民间文艺出版社,1983年,第64页。

传二三·七。”①春秋中后期，杞国曾一度成为齐国附庸，国人多求仕于齐，因此杞梁仕齐为大夫。杞梁妻之事，已被学界公认是孟姜女原型，“孟姜女即《左传》上的‘杞梁之妻’”。② 文中故事发生于齐地，所述杞梁妻处事聪慧且守于礼法，在哀痛之余以礼处事，但其并没有“哭”，且与“城墙”也无任何关系，其后命运更是不得而知。

顾颉刚在《杞梁妻哭崩的城》中说：“哭崩齐长城之说是怎样来的？是学者们想：杞梁妻不该哭倒秦国长城的，然而她是齐国人，齐国也是有长城，安知她哭崩的不是齐之长城呢？”③事实上，就齐长城年代，结合相关文献及清华简等新出材料，尤其是《清华简·系年》二十章“齐人焉始为长城于济，自南山属之北海”④等信息，可推断其始建于齐宣公十五年，即公元前441年前后，因此，当时是不可能见有齐长城的。

两百余年后，战国时，情况有所变化，《礼记·檀弓》中借曾子语对情节做了一定补充：“齐庄公袭莒于夺，杞梁死焉。其妻迎其柩于路而哭之哀。”⑤哭夫情节被加入，但仍未见城或长城。顾颉刚从其多出“哭之哀”之记，结合“齐人善唱哭调”，考订自此衍发出了哭长城的源头。⑥

到了汉代，一个重要的转变出现了。刘向《说苑》载：“其妻闻之而哭，城为之阤，而隅为之崩。”（《说苑·立节》）“昔华舟、杞梁战而死。其妻悲之，向城而哭，隅为之崩，城为之阤。”（《说苑·善说》）⑦至《列女传·齐杞梁妻》，则更为详细：“既无所归，乃就其夫之尸于城下而哭之……颂曰：杞梁战死，其妻收丧。齐庄道吊，避不敢当。哭夫于城，城为之崩。自以无亲，赴淄而薨。”⑧可见已将《左传》记载与当时的流传结合，“悲歌哀哭”之哭始成“哭夫崩城”之哭，“哭城”的情节要素逐渐出现，故事传奇化的过程开始了。

刘向是最早将杞梁妻故事与哭城联系起来的，但这里的“城”，当然不是长城，应是都邑之城，具体为何，文中并未提及。汉晋时候，在多篇文献中提到是

---

① 杨伯峻、徐提：《春秋左传词典》，北京：中华书局，1988年，第325页。

② 顾颉刚：《孟姜女故事的转变》，顾颉刚、钟敬文等：《孟姜女故事论文集》，北京：中国民间文艺出版社，1983年，第7页。

③ 顾颉刚：《杞梁妻哭崩的城》，顾颉刚、钟敬文等：《孟姜女故事论文集》，北京：中国民间文艺出版社，1983年，第38页。

④ 清华大学出土文献研究与保护中心编：《清华大学藏战国竹简（贰）》，上海：中西书局，2011年，第186页。

⑤ 杨天宇：《礼记译注》，北京：中华书局，2004年，第126页。

⑥ 顾颉刚：《孟姜女故事的转变》，顾颉刚、钟敬文等：《孟姜女故事论文集》，北京：中国民间文艺出版社，1983年，第9页。

⑦ 〔汉〕刘向撰，向宗鲁校证：《说苑校证》，北京：中华书局，1987年，第85、272页。

⑧ 〔汉〕刘向撰，张涛译注：《列女传译注》，济南：山东大学出版社，1990年，第146页。

"杞城",如王充《论衡·变动》载:"或时杞国且圮,而杞梁之妻适哭城下。"崔豹《古今注》:"乃抗声长哭,杞都城感之而颓,遂投水而死。"邯郸淳《曹娥碑》中也提到:"哀姜哭市,杞崩城隅。"

杞为夏后裔所建姒姓国家,《史记·陈杞世家》载:"杞东楼公者,夏后禹之后苗裔也。殷时或封或绝。周武王克殷纣,求禹之后,得东楼公,封之于杞,以奉夏后氏祀。"索引引《地理志》云:"雍丘县,故杞国,周武王封禹后为东楼公是也。"雍丘,今河南杞县一带。因此,顾颉刚曾指出:"杞国在今河南开封道中间的杞县,莒国在今山东济宁道东北的莒县,两处相去千里,何以会的杞梁战死于莒国而其妻哭倒了杞城?"①不过通过史密簋铭等材料,可知在西周中期懿王前,杞就东迁入山东诸城,后又迁入新泰一带,从清末新泰一带出土的杞国铜器看,新泰直至春秋早期都是杞人的政治中心。杞后又于春秋中期迁都于缘陵(山东昌乐东南),所以襄公二十三年时,杞、莒是南北接壤,而非"相去千里"。

就所哭之"城"还有莒城说,如《水经注·沭水》载:"沭水……东南过莒县东……妻乃哭于城下,七日而城崩。"但杞梁作为齐臣,系伐莒而亡,按当时形势,是不太可能哭于莒城的,"想来是把《列女传》'就其夫之尸于城下而哭'的一语看得过真"。② 此外,还有梁山一说,曹植《黄初六年令》载:"杞妻哭梁,山为之崩。"又《精微篇》:"杞妻哭死夫,梁山为之倾。"顾颉刚《杞梁妻的哭崩梁山》中指出:"《汉书·地理志》云:'夏阳,故少梁,《禹贡》梁山在西北。'是以梁山为在黄河之西,今陕西省关中道韩城县地。"就梁山之崩,是"春秋成公五年夏(晋国)梁山崩的事"③,但其"先于杞梁战死三十七年",又如何会在汉末产生了如此反响,文章却未有一合理解释。

当然,"哭城"是故事传播中的再创造,但杞梁氏出杞国,杞故地自然是杞梁家族的故地所在,按常理推断,杞妻自然哭夫于丈夫故家。事实上,春秋晚期,齐国势力已到达新泰一带,杞范围被压缩在泰安南、宁阳东北一带。④ 而在泰山以南宁阳县境之石碣集,有"范七郎庙""范郎石"等遗迹。⑤ 杞梁庙目前所知仅有二处,一在河南杞县,另一就在宁阳,这极有可能是缘于杞梁与杞国的家世渊源。不过,就如顾颉刚说:"杞梁之妻所哭倒的,无论是东汉人没有指实的城,是崔豹

---

① 顾颉刚:《孟姜女故事的转变》,顾颉刚、钟敬文等:《孟姜女故事论文集》,北京:中国民间文艺出版社,1983 年,第 16 页。

② 顾颉刚:《杞梁妻哭崩的城》,顾颉刚、钟敬文等:《孟姜女故事论文集》,北京:中国民间文艺出版社,1983 年,第 36 页。

③ 顾颉刚:《杞梁妻的哭崩梁山》,顾颉刚、钟敬文等:《孟姜女故事论文集》,北京:中国民间文艺出版社,1983 年,第 26 页。

④ 钱益汇:《杞国都城迁徙及相关历史地理问题疏证》,《首都师范大学学报(社会科学版)》2011 年第 4 期。

⑤ 周郢:《孟姜女故事与泰山》,《文史知识》2008 年第 6 期。

的杞城，是郦道元的莒城，总之在中国的中部，不离乎齐国的附近。"①齐地仍是其传播的中心地带，这也是由故事发端的杞梁妻之事所决定的。

与此同时，故事在向"崩城"情节转化的同时，也开始进入文学领域，枚乘《杂诗九首》："谁能为此曲，无乃杞梁妻。"王褒《洞箫赋》："钟期、牙、旷怅然而愕立兮，杞梁之妻不能为其气！"不过"城"的因素和情节却未见。

等至唐代，故事终于有了一个很大的变化，唐人编纂的《雕玉集》引《同贤记》载："杞良，秦始皇时北筑长城，避苦逃走。……问曰：'君是何人，因何在此？'对曰：'吾姓杞名良，是燕人也。但以从役而筑长城，不堪辛苦，遂逃于此。'……闻良已死，并筑城中。仲姿既知，悲哽而往，向城号哭。其城当面一时崩倒……。"这里，齐杞梁成为燕杞良，并首次和长城发生了关系，"哭倒长城"的情节终于出现。另，唐末诗人贯休《杞梁妻》云："筑人筑土一万里，杞梁贞妇啼呜呜。上无父兮中无夫，下无子兮孤复孤。一号城崩塞色苦，再号杞梁骨出土。"《同贤记》和贯休诗是迄今所见把杞梁妻与秦始皇长城联系起来的最早的作品。

同时，此时孟姜女与杞梁妻也第一次联系了起来，敦煌写本 P. 2809《捣练子·孟姜女》载："孟姜女，杞梁妻，一去燕山更不归。造得寒衣无人送，不免自家送征衣。""孟姜"称谓始见于《诗经》："云谁之思？美孟姜矣。"(《诗经·鄘风·桑中》)"彼美孟姜，洵美且都。"(《诗经·郑风·有女同车》)。就此，顾颉刚指出"孟姜"为私名，当时齐贵族中，必有一名叫"孟姜"的美丽女子，尽人皆知，后来私名就慢慢变为通名，成为齐国美貌女子的代称。②

除此，敦煌写本 P. 5039 题为《孟姜女变文》的残卷，对姜女(即孟姜女)之夫被秦始皇捉去筑长城惨死，"被秦差充筑城卒，辛苦不襟(禁)俱役死"，姜女千里寻夫、哭倒长城进行了更为详细的叙述，"长城"更是贯穿始终："当别已后到长城，当作之官相苦克。命尽便被筑城中，游魂散漫随荆棘"；"其妻闻之大哭叫，不知君在长城妖。既云骸骨筑城中，妾亦更知何所道。姜女自雹哭黄天，只恨贤夫亡太早。妇人决列(烈)感山河，大哭即得长城倒"。其情节基本同于《同贤记》。不过有一点需要注意，《同贤记》及这里虽是明确指出为秦长城，但从两人的名称上看，齐人的痕迹仍是非常明显的。

唐代这个故事最明显的变化就是"哭(秦)长城"这一重要的情节因素出现且定型，从无城到有城，从城邑到长城，以唐代变化最大，也流传最广。至此形成的完整情节，成为后世千变万化的故事的核心，至今未变。

---

① 顾颉刚：《孟姜女故事的转变》，顾颉刚、钟敬文等：《孟姜女故事论文集》，北京：中国民间文艺出版社，1983 年，第 16 页。

② 顾颉刚：《孟姜女故事研究》，顾颉刚、钟敬文等：《孟姜女故事论文集》，北京：中国民间文艺出版社，1983 年，第 59 页。

顾颉刚曾指出，秦长城在唐代出现，原因有二：一是《杞梁妻歌》与《饮马长城窟行》逐渐合流；二是客观形势的变化——唐国势强大但战争不断，徭役沉重，百姓苦不堪言。①

恰如顾颉刚所言，故事里"长城"元素的出现，并不偶然。中国长城集中修筑在5世纪到7世纪间，尤以隋和北齐为甚。北齐王朝虽立国时间不长，却前后兴工7次修筑长城，纵横数千里。《北史·齐本纪》载："诏发夫一百八十万人筑长城，自幽州北夏口，西至恒州，九百余里。""先是，自西河总秦戍筑长城东至海，前后所筑，东西凡三千余里，六十里一戍，其要害置州镇凡二十五所。"②隋朝也持续地修筑长城。长城连年修筑，百姓不堪其苦，很大程度上促成了故事主题的变化。唐太宗、高宗、玄宗三朝，又东征高丽、新罗，西伐吐蕃、突厥，穷兵黩武，烽火连年，加上中期后的安史之乱、藩镇割据，兵士终年征战，家属翘首以盼。在徭役繁重、征夫离妇之怨深重的背景下，在民众丰富的想象中，"哭长城"便借助杞梁妻的形象应运而生，成为一个母题。

缘何是"秦长城"？简言之，秦长城更为人所知。此外，这与唐盛行传奇小说也不无关系。《左传》以史实为主，《列女传》传闻、史料参半，而虚构则是唐传奇的主要特点。

由上观之，孟姜女"哭城"之"城"既非"秦长城"，也非"齐长城"。故事系由春秋杞梁妻之事逐渐发展演变而来，核心"哭城"，从无到有，从"城"到"长城"，从"齐长城"到"秦长城"的情节演绎，可以视为在没有"完全遮蔽掉民间老百姓的传说及理解"的前提下，在当时社会现实和文化思潮的影响和制约下，对不同时代背景、社会基础的客观折射，"艺术地反映了历史的本质"，因此也"由于和历史事件、历史人物及实有事物相联系而具有被人相信的形态"③。透过"城"的演变，我们可以看到其背后的不同的主题和象征，周代崇尚礼治，"周公摄政……六年制礼作乐，七年致政成王"（《尚书·大传》），礼成为"经国家，定社稷，序民人，利后嗣"的根本。故《左传》以其来说礼。同理，汉代以"哭夫"表彰贞烈，同时在当时注重想象、推崇天人感应的背景下，"崩城"出现，超越礼教的情感因素彰显。唐代则突出暴政下的悲剧。事实上，如秦汉时民谣所言："生男慎勿举，生女哺用脯。不见长城下，尸骸相支柱。"修筑长城，堪称最具代表性的最艰巨的劳役，从某种角度来说，故事中的秦长城在晚唐五代的出现和定型也有一定的必然性。

（作者：任会斌，中国社会科学院古代史研究所副研究员）

---

① 顾颉刚：《孟姜女故事的转变》，顾颉刚、钟敬文等：《孟姜女故事论文集》，北京：中国民间文艺出版社，1983年，第19页。

② 《北史》卷六，北京：中华书局，2003年，第253—254页。

③ 钟敬文：《民间文学概论》，上海：上海文艺出版社，1980年，第185页。

青铜器纹饰论丛（二）

◇张　翀

先秦时期，又被称为青铜时代，自然是以铜器蔚为大观，而中国古代铜器较之世界其他文明的铜制品，有着极为特殊之处。如多为铜容器，因为器以藏礼，这些铜容器大多数情况下都蕴藏着某种礼仪。在礼仪文明或美术的大背景下，中国古代铜器大多铸刻文字、装饰花纹，纹饰与文字具有同等的构建礼仪文化的作用。本文我们简单探讨一下青铜器上的纹饰。

一、天命玄鸟

鸟纹是商周铜器中常见的纹饰，其出现的频繁程度不亚于兽面纹。不过因为商代晚期殷墟风格铜器以兽面的形象深入人心，又加之后来所谓"凤鸣岐山"的说法，认为周人以凤鸟为图腾，故而西周铜器的鸟纹增多。但"天命玄鸟"是商人起源的传说。《诗经·商颂·玄鸟》中说："天命玄鸟，降而生商，宅殷土芒芒。"《史记·殷本纪》更是记载契的母亲简狄吞鸟卵而有孕的故事。后来，"始祖鸟"的起源传说也被移植到周人身上，要是往前论，鸟崇拜可以追溯至东北海边的大汶口文明中。

反观铜器，商代早期的二里岗铜器并不见有鸟纹，最早也是在商代中期才看到鸟纹的踪影，这时离商人起源已经过去几百年了。可见，纹饰与图腾崇拜的关系并没有想象得那么紧密。商代晚期殷墟铜器上的鸟纹逐渐多了起来，却是作为从属纹饰；商末周初，鸟纹开始成为主题纹饰；西周中期，鸟纹全盛。我们不能说这与"凤凰于飞"的部族传说没有关系，但其中是否还有其他因素如技术原因呢？事实上，在商代晚期，作为从属纹饰的凤鸟纹已经积蓄了发展的力量。如美国纳尔逊·阿特金博物馆所藏的商代晚期方彝，方彝腹部的兽面纹局部枝蔓与口沿下颈部的凤鸟纹近似。这种图像趋同之势，是腹部与口沿两个构图单位共同构建的。凤鸟纹尾部拉长，虽有扩充图框之用，但尾部已略变为锐尖的云状，与兽面眼睛下的部位形状近似。同时，整个兽面的眉、角的装饰手法都有沿袭凤鸟纹的做派。妇好墓所出的偶方彝（图1）的盖上凤鸟与腹部口颈上的凤鸟则有互相仿照的可能。

图1　妇好偶方彝(《中国青铜器全集》编辑委员会:《中国青铜器全集·2·商2》六○,北京:文物出版社,1997年,第60页)

图2　凤柱斝(冀东山主编:《神韵与辉煌——陕西历史博物馆国宝鉴赏·铜器卷》四○,西安:三秦出版社,2006年,第97页)

日本泉屋博古馆所藏的商凤柱斝堪为精品,陕西历史博物馆也藏有一件相近的凤柱斝(图2)。这件凤柱斝的器身和袋足部分都是浮雕感十足的羊角兽面纹,以云雷纹打底。袋足部分羊角突出器身。两柱上的凤鸟装饰很罕见,凤鸟头部是多齿冠,一直连接到尾部,十分华丽,鸟嘴和鸟眼显得俏皮可爱。柱上凤鸟冠呈列旗纹的立体形状,在一定程度上说明,很多纹饰的起源是图像文化模件的组合,兽面纹也是如此。商代晚期的亚址卣(图3),腹部以扉棱组成对称的凤鸟纹,两喙相对,两两一组,而器腹口沿、器座窄棱及卣盖口沿的一圈也分饰凤鸟纹,体态却变为长身曲折,诚然是块面空间使然,但应该也在最大的限度上借鉴了夔龙纹的造型手法。当然,卣腹相对的凤鸟纹是对商代传统的兽面纹风格的因袭及变革,但凤鸟纹饰的出现却开始产生难以料想的影响,如同名的亚址方鼎(图4)上也大大方方地装饰有一周凤鸟纹。西周铜器常见一条兽首纹饰带,会

图3　亚址卣(《中国青铜器全集》编辑委员会:《中国青铜器全集·3·商3》一二一,北京:文物出版社,1997年,第122页)

图4　亚址方鼎(《中国青铜器全集》编辑委员会:《中国青铜器全集·2·商2》四四,北京:文物出版社,1997年,第45页)

在簋、卣上出现,如长安兆元坡出土的一件西周中期铜簋——辅师嫠簋(图5),其口沿下饰四只长冠分尾大鸟,中隔浮雕虎头,形成一条简单的纹饰带。

流行于西周早期的蜗纹,其造型非常特殊,头部较大,身体部分盘卷呈蜗牛的形状,身下探出一利爪。这种写实性很强的纹饰显然有部分想象和艺术的加工,有学者认为是凤鸟纹与兽面纹的融合纹饰,“它出现在周文化氛围浓厚的地区,但它不是周族首创的一种纹饰,可能不属于主流文化,因此不能在全国范围内得到推广和普及。……它是商代流行的兽面纹和西周流行的凤鸟纹之间的一种过渡纹饰”①。铜器因为铸造的缘故,变形是一项必要且基本的手法,器物因器形形成了相当数量的不规则画幅及体积的块面,需要施以纹饰,如分角分眉的兽面、垂冠大尾的鸟纹等,其最主要的目的在于将图案在界框中填充丰满。对于殷周之间对图像选择的偏好,特别是在周初,因为殷遗民的缘故,在选取旧式图像之时,会造成图像的异构,如芝加哥美术馆所藏的西周早期的仲爯方座簋在对置的凤鸟纹上出现象首就是明显的一例。还有一件称为“户卣甲”的铜卣(图6),提梁接合处的浮雕兽首的角上在加饰花冠状饰件的同时,同样的图像也搬移在卣腹部凤鸟纹的头上,单父丁卣提梁的浮雕兽首双角上已无花冠,但在器腹的凤鸟纹上还保留着花冠这一图像构件。

图5　辅师嫠簋(《中国青铜器全集》编辑委员会:《中国青铜器全集·5·西周1》六一,北京:文物出版社,1997年,第58页)

图6　户卣甲(石鼓山考古队:《陕西宝鸡石鼓山西周墓葬发掘简报》,《文物》2013年第2期)

凤鸟卣作为鸟的形象与器形融合,也值得注意。对于凤鸟卣的时代,诸家有异论,我们赞同陈梦家的西周早期之说。而其铸造的外范(图7),是以前所未见者,其成品存世亦少,只有五件,现华盛顿弗利尔博物馆、波士顿美术馆(图8)、

① 任雪莉:《蜗纹的相关及其研究意义》,《宝鸡文理学院学报》(社会科学版)2007年第4期。

白鹤美术馆各收藏1件,上海博物馆收藏2件。藏于哈佛大学赛克勒博物馆的一件方彝,其棱脊与凤鸟卣非常近似,可视之为同组器,发掘研究者认为,"孝民屯东南地尚不见与这件方彝器身相应的陶范,但有一块与方彝倒钩状扉棱相当的母模。另外,上述凤鸟卣的棱脊,除了顶端的牛首,与这件方彝基本相似"。这件方彝的时代是西周早期,出土地点是陕西的戴家湾,这就很有意思了。从范模来说产地应该是小屯的东南地,而最后产品却出土于陕西的戴家湾,这涉及产品制作与传播的问题,再进一步讲即制作场域与使用场域不重合,这恰恰是生产进步的反映,与此同时,传播亦起到了至关重要的作用。我们认为,正是殷遗民将技术及产品带至周人腹地,特别是等级较高、制作繁复的凤鸟卣及方彝,更应是于殷本地所制,被带入周地。

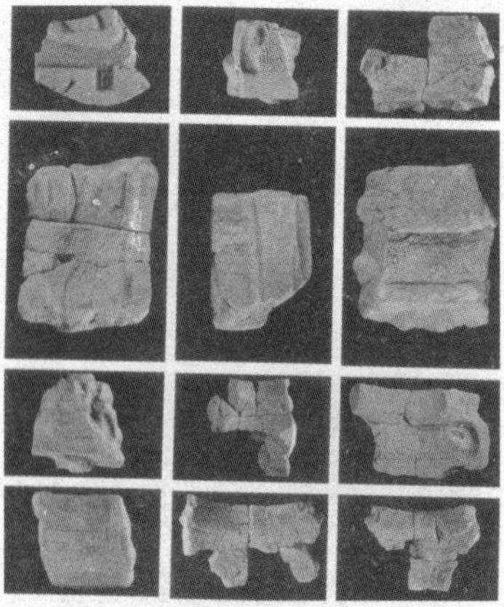

图7 凤鸟卣的外范分块(中国社会科学院考古研究所、安阳市文物考古研究所编著:《殷墟出土青铜器》,昆明:云南人民出版社,2008年,第42页)

图8 美国波士顿美术馆所藏凤鸟卣,很有可能是宝鸡斗鸡台所出(《中国青铜器全集》编辑委员会:《中国青铜器全集·6·西周2》一五三,北京:文物出版社,1997年)

周人因为一次偶然性的战役而取代大邑商,为使"小邦周"的执政具有合法性,因而号称是受天命得临天下,在图像文化中也需要一种能够承担类似功能的图像。凤鸟纹虽然在商代已经出现,但周人将凤鸟纹加以改造,赋予其更多的政治意义,如属于成王时器的𣇍方鼎(图9),器腹上的鸟纹就属于最初的形态。可以这么说,图像因为时代的关系发生样式的变化甚至功能的转移。

图9 𣇍方鼎(《中国青铜器全集》编辑委员会:《中国青铜器全集·5·西周1》六,北京:文物出版社,1997年)

二、从夔龙到蟠螭

青铜器上还有一种常见的纹饰,叫夔纹,其实就是龙纹,其名称来源于宋代人遵从文献中"夔一足"的说法,将铜器上凡是表现一足的、类似爬虫的物象统称为夔。事实上,宋人已经有所误读,孔子的解释是"得夔一已足",而非夔是一足的动物。现在,出于客观和尊重学术传统,亦统称为夔龙纹。具体而言,就是指表示出龙的侧面形象的纹饰。不过,龙纹本身的概念也比较模糊,铜器上不以非常写实的纹饰见长,多在条状纹饰带上出现,所以在没有特殊表达的情况下,通常"凡是蜿蜒形体躯的动物,都可归之于龙类"①。龙纹常与夔纹相混,皆源于图像的侧面施设手法,马承源先生曾指出,"实际上一足的动物是双足动物的侧面写形"②。

朱凤瀚一方面指出龙纹是地位重要且流行时间最长的纹饰,另一方面也指出将侧视的龙形纹饰视为夔不是很恰当。③ 段勇干脆有"所谓'夔纹',其实是许多型式各异的龙纹和其他一些动物纹(例如勾喙者当为鸟纹,长鼻者当为象纹)的大杂烩"④的论断。这实际上是纹饰出于器物口沿下特殊位置的便宜又不得已为之的制作方式。朱凤瀚亦说,夔纹在殷代中晚期到西周早期常作为主纹饰,装饰部位多见于器物口下颈部及圈足上,都是极为狭窄的装饰块面。后来他又将夔纹分为三个类型,暂且不去讨论。

这种绝对面积不大的夔(龙)纹之所以会成为主纹并流行时间较长,皆缘于它的特殊之用,即将两个夔纹相对,可成为兽面纹的变形形象,"一双夔龙对称排列的侧面龙头合并为一个向前看视的动物面"⑤。像安阳殷墟所出土的一件铜罍(图 10),腹部中段有兽面纹,但从左右各个单元框来看,很难说不是夔纹。颇为有意思的是,器腹上段又用分体剖展的手法,塑造出一个正面龙纹。这种夔纹可以看作隐形的兽面纹,"饕餮纹与夔龙纹系同种同属,它们都是从同一装饰素材库中选择一些元件组合而成"⑥。选择是一种有意识的替换,在注重兽面纹的分裆"鬲"鼎上(图 11),袋足上的兽面纹是主要纹饰,而口颈部的兽面纹饰带,若替换成夔纹也无不可。所谓主纹,或许可以理解为主题重要的纹饰,而不是所占面积为主的纹饰。在这个意义上,龙纹类的夔纹只是兽面纹的一个模件,

① 马承源主编:《中国青铜器》,上海:上海古籍出版社,1988 年,第 323 页。

② 马承源主编:《中国青铜器》,上海:上海古籍出版社,1988 年,第 322—323 页。

③ 朱凤瀚:《中国青铜器综论》,上海:上海古籍出版社,2009 年,第 547—548 页。

④ 段勇:《"潜龙勿用"——商周青铜器上的龙纹面貌》,《考古与文物》2000 年第 4 期。

⑤ 李济:《殷墟出土之礼器总检讨》,《李济文集》第四册,上海:上海人民出版社,2006 年,第 455 页。

⑥ [德]雷德侯:《万物》,北京:生活·读书·新知三联书店,2006 年,第 49 页。

图 10　安阳殷墟苗圃北地方罍(中国社会科学院考古研究所、安阳市文物考古研究所编著:《殷墟新出土青铜器》,昆明:云南人民出版社,2008 年,第 124 页)

图 11　兽面纹鼎(陈佩芬:《夏商周青铜器研究》西周上册,二一二,上海:上海古籍出版社,2004 年)

"饕餮纹和夔纹由于变化频繁,有些难以捉摸,但是我们不难辨认出它们结构上的一致性。商代的人设计制作它们时并不完全随心所欲,而是在相同的底版上不断地变化重复着"。不过,并不是所有的夔纹都能组合成兽面纹,需要一对夔纹进行中心对称,如牛方鼎上以两只夔纹为组合,两两相背(图 12),就无法构成兽面纹。

这颇为隐晦的设计思想首先是源于商代晚期惯用兽面纹装饰的风气,其次则受限于口颈或圈足所提供的块面,操作面积较为窄小,不得不从龙蛇等曲折的形态纹饰中借鉴,"龙蛇类动物由于其躯干较长,在器物用途及用材上均不可能允其伸展,故令其回首卷曲,将其压缩在一定的'单元格'之内。这大概是作器者最实际的考虑。……在商代青铜器上,夔龙纹有铸成回首状的。在龙头回首转折的同时,其尾也勾折,整体就收在一个长方形的图案之中了"①。这里需要说明的是,朱凤瀚将顾首龙纹从夔纹中分出,在类型学上有一定道理;但在整体装饰理念中,顾首龙纹也有装扮兽面纹的功能。

陕西扶风上宋乡红卫村出土的青铜器中部分器物可能是迁移周原的殷代遗族的旧物,特别是一件兽面纹尊(图 13),商风犹存,没有发生所谓的"不知所云"的图像转变,器腹部的兽面主纹,眼、角、眉、耳虽有一定的分解,但构图的准确似乎没有一丝懈怠,更是出现了用夔龙纹组合成兽面纹的现象。该墓葬出土简报亦称,"颈上饰四道浮雕蕉叶纹和一周回首夔龙纹,腹部饰二组由夔龙纹组成的饕餮纹,腹与底连接处有二道弦纹,圈足饰两组饕餮纹,通体纹饰被四道高

① 王政:《战国前考古学文化谱系与类型的艺术美学研究》,合肥:安徽大学出版社,2006 年,第 353 页。

扉棱平分,高浮雕主纹均以纤细云雷纹填地”①。毕经纬从另一个角度观察到,这组器物的殷商本地风格,“没有当地典型的文化因素尖刺状乳钉纹或方座簋等,而与殷墟同时期器相同,属于典型的商式铜器”②。器物顽强地保持着殷墟腹地的风格,可见从工匠至器主可能都是殷商遗民。③

图 12　牛方鼎(《中国青铜器全集》编辑委员会:《中国青铜器全集·2·商 2》四一,北京:文物出版社,1997 年,第 42 页)

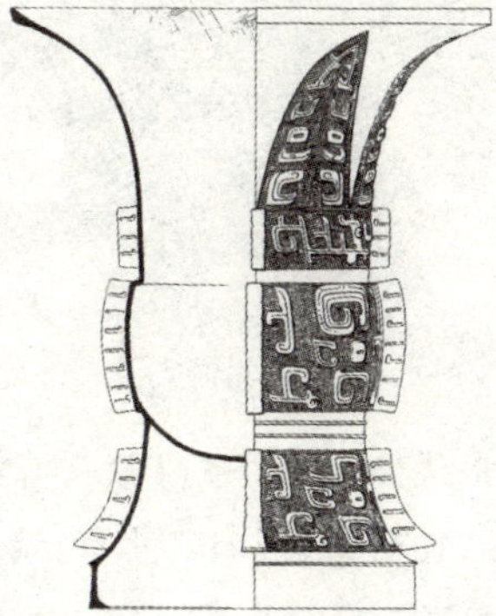

图 13　扶风上宋乡红卫村出土的兽面纹尊(扶风县博物馆:《陕西扶风县新发现一批商周青铜器》,《考古与文物》2007 年第 3 期)

所以,也就不难理解段勇所认为的商周铜器是一个龙纹的世界,其实是一个组装与模件的关系,如他后来所论述的“龙纹在商代青铜器上普遍是居于从属和陪衬的地位,它们很少作为主体纹饰装饰于器物的显著部位,一般都出现在鼎、簋、觚等礼器的口沿下、圈足上。当它们出现在器物腹部时,几乎总是作为兽面纹的附属纹饰。只有极个别龙纹型式偶尔占据盘心、尊肩、刀柄、卣提梁等次要器类的较显著位置”④。如果龙纹不能顺利地组合成兽面纹的话,那就无法有一个合理解释。我们认为,龙纹作为多在口沿等这些不显著位置的从属陪衬装饰恰恰与其形式、构图极为相关,因为龙形有着可变的曲线形状,几乎在任何一处都能充当补白之用。一件兽面纹铜觥的口颈部出现了夔龙纹(图 14),且因器形关系,形成的面块并不对称,接近流部上的龙纹变形很大,这与常做地纹的云雷纹能够变形相似。当然,如果出现纹饰借鉴关系,其他区域不了解这种组装的话,那么以夔纹为代表的侧面龙形也就停留在单独纹饰阶段,亦如段勇注意到的“龙既不是商族也不是周族的主要神灵。这是决定商周青铜器上龙纹面貌的主

① 扶风县博物馆:《陕西扶风县新发现一批商周青铜器》,《考古与文物》2007 年第 3 期。

② 毕经纬:《红卫村青铜器与殷人“持其祭乐器奔周”》,《文博》2009 年第 1 期。

③ [美]艾兰:《饕餮纹及其含义》,《早期中国历史、思想与文化》,北京:商务印书馆,2011 年,第 207 页。

④ 段勇:《“潜龙勿用”——商周青铜器上的龙纹面貌》,《考古与文物》2000 年第 4 期。

要因素"①。

图 14　商代兽面纹兕觥(《故宫博物院 50 年入藏文物精品集》216,北京:紫禁城出版社,2002 年,第 161 页)

图 15　荣子方尊(《中国青铜器全集》编辑委员会:《中国青铜器全集·5·西周 1》一五八,北京:文物出版社,1997 年)

不过,在停滞之外,龙纹的变形也有良性的一面,这种风格不仅可以互相借鉴,设计思想也比较顺利地扩展到其他器物,甚至能够影响到其他纹饰,如凤鸟纹。如商代晚期荣子方尊(图 15),腹部中段是兽面纹,上下则各有一对中心对称的凤鸟纹,说明夔龙纹、凤鸟纹可以互相替换。比较不幸的是,一件铜器可供装饰的块面毕竟有限,龙纹虽然可以组装成兽面纹,但还是要与常规兽面纹争夺"场地",如 1974 年湖北黄陂盘龙城所出土的兽面纹壶(图 16),壶形略折肩,形成了一个施制纹饰的块面,但下部又略溜肩,宛如南方地区的某些梯田,这个非常窄小的块面不能完全铺设纹饰,故在肩部的夔龙纹纹饰带的上方陈设一道联珠纹,而下部却无;然而在器腹较为完整的块面上,兽面纹上下两端都陈设了一道联珠纹。

西周中期以来,贵族个人可能会出资向王室工坊购买青铜器。尤其是进入东周之后,王室的控制力下降,订单增加,因生产需要而迫使技术发生变革。体现在青铜器的纹饰制作上,就是单元纹饰范的出现。首先就是条状的、"框"式的夔龙纹。出于纹饰设构的方便,早在西周出现的窃曲纹、重环纹更加简易、几何化,使快速复制成为可能。夔龙纹为了更适应块范的"流水化"作业,放弃了组装兽面纹的设计初衷,演变出蟠螭纹、蟠虺纹。蟠螭纹改变了中心对称原则,变成二元连续构图。(图 17)这种团身并带有抽象意味的纹饰,重复性增加,大大提高了产品的生产效率。

① 段勇:《"潜龙勿用"——商周青铜器上的龙纹面貌》,《考古与文物》2000 年第 4 期。

图 16　1974 年湖北黄陂盘龙城出土兽面纹壶(《中国青铜器全集》编辑委员会:《中国青铜器全集 · 1 · 夏商》一三七,北京:文物出版社,1997 年,第 136 页)

图 17　陕西凤翔县豆腐村出土春秋双面蟠虺纹楔形建筑构件(李西兴主编:《陕西青铜器》,西安:陕西人民美术出版社,1994 年,第 335 页)

(作者:张翀,中国社会科学院古代史研究所副研究员)

汉代画像与汉代人的农本观念

◇宋艳萍

“重本抑末”一直是汉王朝坚持的国策,皇帝经常下诏强调农业的重要性。如汉文帝二年(前178)九月下诏:“农,天下之大本也,民所恃以生也,而民或不务本而事末,故生不遂。朕忧其然,故今兹亲率群臣农以劝之。其赐天下民今年田租之半。”①农既为天下之大本,农业生产就备受重视。皇帝在每年年初都要亲自耕种于耤田,以表明重视农业的态度,并为天下人做榜样。天子尚且亲耕,何况普通百姓,全民都应行动起来,投入到农业生产之中。汉代的“力田”其实就是为劝农而设,表彰那些身强力壮、勤于耕作之人,树立农业生产的典型,成为老百姓的垂范。

重农意识渗透到社会各个方面,在汉代画像中亦有体现。本文以汉代画像为切入点,洞悉汉代的农本观念。

一、汉代画像中的农业生产画面

汉代画像中有很多农业生产的画面,反映了汉代的农本观念。山东大汶口汉墓出土画像反映了山东地区的农耕情形:

图1　山东大汶口汉墓画像②

① 《汉书》卷四《文帝纪》,北京:中华书局,1962年,第118页。

② 《中国画像石全集》1《山东汉画像石》,济南、郑州:山东美术出版社、河南美术出版社,2000年,图版第177页。

画像最左边有一棵大树，树下一老人坐于独轮车上，手持鸠杖。鸠杖，也叫王杖，据《后汉书·礼仪志》记载："仲秋之月，县道皆案户比民。年始七十者，授之以王杖，铺之糜粥。八十九十，礼有加赐。王杖长〔九〕尺，端以鸠鸟为饰。鸠者，不噎之鸟也。欲老人不噎。"①每年八月，县道对每家每户进行统计，凡七十岁以上的老人，都授予鸠杖，并送给他们米粥喝。鸠杖上面饰有鸠鸟，取其不噎之寓意。一年轻男子手持长柄农具，正一边锄地，一边回头照看老人。地里没水，应为旱田。庄稼呈禾苗状，为谷类作物。山东出土画像中还有牛耕旱田的画面，如下图：

图2　山东邹城面粉厂出土画像

画像中间有两头牛拉着犁，后有一人扶辕，正在耕地。耕者前面有三人，中间一人肩挑两个食器，应该是"箪食壶浆"之类的食品，以供农作者食用。耕者后面有两人，都肩挑农具和物品。这幅画像描绘了田间农作的场景，其中牛耕画像最为突出。牛耕画像还出现于山东金乡出土的画像中：

图3　山东金乡城东香城堌堆出土牛耕画像②

① 《后汉书》志第五《礼仪中》，北京：中华书局，1965年，第3124页。

② 《中国画像石全集》2《山东汉画像石》，济南、郑州：山东美术出版社、河南美术出版社，2000年，图版第20页。

画像上半部分刻画的是牛耕图。两头牛拉着犁在耕地,牛的前面有一人牵着牛鼻子上的绳子,后面一人扶着辕,而另一人持杆正在赶牛。在其中一头牛身下,有只小牛在吃奶,旁边有个儿童在挥杆驱赶它,一条狗在赶牛者身后奔跑。这是一幅很生动的牛耕图,充满了浓厚的生活情趣。画面下半部分,一辆轺车从田旁驶来,车上前面坐一驭者,后面坐一尊者。尊者头上戴冠,应为一官员。车后有一武士持棍护卫。车前有三人,都佩剑,正在躬身迎接车上的官员。从画面意境可以窥知,车上的官员应为田官,或者是负责农业生产的官员,身份较高,他正坐车前来视察农业生产情形。

以上画像都出土于鲁西南地区,从画像中所种作物和牛耕画面可以看出,山东中部和西南部在汉代主要以旱田为主,靠牛耕种植。

牛耕图也出现于江苏徐州出土的汉代画像中:

图 4　江苏徐州出土的农耕画像①

画像分为三层,最下层是农耕图。图中有两头牛拉着犁,后面有一农夫扶着辕在耕地。农夫后面有一儿童,一手拿一筐状农具,另一只手扬起,似乎在撒种。农夫右边有一人,肩挑两个食器,前边是一罐状物,后边是一篮子,应该是"箪食壶浆"之类的食品。挑担者前面有一人,正手拿长杆驱赶一头牛。画面的右边有一辆车,车上应该放着种子、农具之类的东西。地里有一些庄稼,长秆、宽叶,头上结有果实。从画面中可以看出,江苏北部也和山东西南部一样,为旱田。这两地接壤,地形相似,都以平原或丘陵为主,耕作方式和农作物大致相同。

陕西地区也有牛耕图出现:

① 《中国画像石全集》4《江苏、安徽、浙江汉画像石》,济南、郑州:山东美术出版社、河南美术出版社,2000 年,图版第 76 页。

图 5　陕西绥德王得元墓室东壁门左、右立柱画像①

这是绥德王得元墓室中出土的画像。左右立柱分别有四层画面：最上面一层分别是西王母和东王公；第二层分别为青龙、白虎；第三层都是牛耕图，左右画面基本相同，都是一牛拉犁，一人一手扶辕，一手扬鞭；第四层都是农作物，左右画面相同，农作物的秆很长，叶子细密，头上有穗垂下，从形状上看像是高粱。由此可见，陕西的庄稼和山东、江苏的明显不同。

绥德还出土了另一幅农耕图：

① 《中国画像石全集》5《陕西、山西汉画像石》，济南、郑州：山东美术出版社、河南美术出版社，2000 年，图版第 56 页。

图 6　陕西绥德墓门左立柱画像①

画像的最下层是牛耕图：两头牛拉着犁在耕地，后面有一人，一手扶辕，一手扬鞭。耕者后面跟着一儿童，手中提一物品。这幅农耕图和上幅不同的是，上幅为一牛耕田，这幅为两牛耕田。

绥德还出土了一幅农作物画像：

① 《中国画像石全集》5《陕西、山西汉画像石》，济南、郑州：山东美术出版社、河南美术出版社，2000 年，图版第 81 页。

图 7　陕西绥德延家岔汉墓墓门右立柱画像①

画像的最下层画有很多庄稼，长秆，头上有穗垂下，和绥德王得元墓室东壁门左、右立柱画像上的庄稼形状相同，应该也是高粱之类的农作物。

陕西榆林横山孙家园子墓室画像中有一幅图像值得关注：

图 8　陕西榆林横山孙家园子墓室壁组合画像②

① 《中国画像石全集》5《陕西、山西汉画像石》，济南、郑州：山东美术出版社、河南美术出版社，2000 年，图版第 81 页。

② 《中国画像石全集》5《陕西、山西汉画像石》，济南、郑州：山东美术出版社、河南美术出版社，2000 年，图版第 174 页。

画像左边为牛耕图：一头牛拉着犁，后面一人扶着辕在耕地。这幅画有趣的地方在于，在牛耕图的右边，有挤牛奶和羊奶的画面。画像的最右边有一只羊，它身后有一人跪地弯腰，双手伸到羊的身下，正在挤羊奶。地上放有一个小桶状物，用以盛挤出来的羊奶。其左边有一头牛，一人跪地，正伸手挤奶。地上也放着一个小桶状物，用以盛挤出的牛奶。在挤牛奶者身后，有一位老者，拄着拐杖，一年轻人正跪地向他进献物品。所盛物品的器皿和盛牛奶、羊奶者相同，或许所献物品即为牛奶或羊奶。汉代并没有关于牛奶或羊奶的文献记载，或许两者在汉代还没有被人们普遍接受，没有正式进入人们的日常饮食。孙思邈在《备急千金要方》中说："牛乳汁味甘，微寒，无毒。补虚羸，止渴。""羊乳汁味甘，微温，无毒。补寒冷、虚乏、少血色，令人热中。"①这说明到唐代时牛奶、羊奶已经被人重视，成为人们食用的补品。明代的《本草纲目》对羊奶和牛奶的功用做了更详细的介绍：羊"乳，气味：甘，温，无毒。主治：补寒冷虚乏。润心肺，治消渴。疗虚劳，益精气，补肺、肾气，和肠气。合脂作羹，补肾虚及男女中风。利大肠，治小儿惊痫。含之，治口疮。主心卒痛，可温服之。又蚰蜒入耳，灌之即化成水。治大人干呕及反胃，小儿哕啘及舌肿，并时时温饮之。解蜘蛛咬毒"②。牛"乳，气味：甘，微寒，无毒。主治：补虚羸，止渴。养心肺，解热毒，润皮肤。冷补，下热气。和蒜煎沸食，去冷气痃癖。患热风人宜食之。老人煮食有益。入姜、葱，止小儿吐乳，补劳。治反胃热哕，补益劳损，润大肠，治气痢，除疸黄，老人煮粥甚宜。"③牛奶、羊奶的功用如此之多，不仅具有营养价值，而且具有医用价值，可见确为好的补品，尤其对于老人，煮食益处多多。汉代画像中出现的挤牛奶、羊奶并将奶献给老人的画面，和后世所说老年人宜食牛奶、羊奶相契合。或许在汉代，牛奶、羊奶主要是供老人食用，是老人补充营养的食品之一。

陕西靖边寨山汉墓出土的画像中也有牛耕图和庄稼图：

---

① 〔唐〕孙思邈：《备急千金要方》卷八十《食治》，《文渊阁四库全书》第735册，《子部·医家类》，台北：台湾商务印书馆，1986年，第817页。

② 〔明〕李时珍：《本草纲目》卷五十下《兽之一》，《文渊阁四库全书》第774册，《子部·医家类》，台北：台湾商务印书馆，1986年，第427页。

③ 〔明〕李时珍：《本草纲目》卷五十下《兽之一》，《文渊阁四库全书》第774册《子部·医家类》，台北：台湾商务印书馆，1986年，第437页。

图 9　陕西靖边寨山汉墓墓门左立柱画像①

画像分为六层。最上层是西王母和神灵、瑞兽形象；第二层是歌舞图；第三层为农作物图，从形状上看，应该和陕西其他地方画像中的庄稼品种相同，或许都为高粱；第四层为牛耕图，两头牛拉着犁，后面一人扶着辕在耕地。

① 《中国画像石全集》5《陕西、山西汉画像石》，济南、郑州：山东美术出版社、河南美术出版社，2000 年，图版第 178 页。

陕西地区出土了这么多牛耕图和农作物画像，说明当时的京畿之地对农业生产非常重视，超过了京畿之外的其他地区，这是统治者强化重农意识的结果。京畿之地最先贯彻统治者的重农理念，对百姓的思想观念及社会生活产生了深刻影响。

四川地区也有反映农业生产的画像出土：

图10　四川成都曾家包汉墓出土的农作、养老图①

这是四川成都曾家包汉墓中出土的一幅农作画像：画像的左下部有一个池塘，池塘中有只小船，水中有荷叶和水草。池塘上面是分割成几部分的水田，里面栽种着一些庄稼，从形状上看应该是水稻。在池塘旁边种着一些农作物，一农夫持一长柄农具正在劳作，或许是在除草。这些农作物应该是种在旱田中，顶端有着沉重的穗垂下，从形状上看像谷类，和山东的农作物相似。

四川的汉画像砖中也有不少描绘农作的画面，我们列举几例：

① 《中国画像石全集》7《四川汉画像石》，济南、郑州：山东美术出版社、河南美术出版社，2000年，图版第40页。

图 11　农作画像砖(东汉)①

这幅画像描绘的应该是插秧情景。右边两人手持秧苗状物,从形状上看应该是水稻,弯腰向地里插秧。左边一人挥动长柄镰刀,正在清除杂草。

图 12　薅秧画像砖(东汉)②

这幅画像描绘的是薅秧情景。地里的庄稼呈细条形,应该是水稻。右边两人手持长柄镰刀,正在清除杂草。左边两人手持长棍,正在给秧苗扯稗子、捉杂草、松泥土。

图 13　农事画像砖(东汉)③

这幅画像描绘的也应该是薅秧画面。右边为一池塘,左边为农作场景。画面中

① 《中国画像砖全集·四川汉画像砖》,成都:四川美术出版社,2006 年,第 85 页。
② 《中国画像砖全集·四川汉画像砖》,成都:四川美术出版社,2006 年,第 86 页。
③ 《中国画像砖全集·四川汉画像砖》,成都:四川美术出版社,2006 年,第 88 页。

的农夫都高挽裤腿,表明是在水田中。田中的庄稼呈细长状,应该为水稻。上方两个农夫持长柄镰刀正在劳作,下方三个农夫或徒手或拿长棍正在薅秧。

图14　收获弋射画像砖(东汉)①

这幅画像分为两层,上层为射弋场景,下层为农作情景。下层画面中所有人都高挽裤腿,看不到脚部,表明他们站于水中。田里的庄稼叶子呈细长状,应该是水稻。画像中右边两人挥动长柄镰刀,正奋力清除杂草,后面三人正在割秧。最左边之人将打好捆的水稻挑在肩上,准备运出地外。他手中提一篮状物,应该是为劳作者提供的食物。

从四川汉代画像石和画像砖中农作的画面可知,汉代的四川地区主要是水田,也有部分旱田。水稻是主要的农作物,此外还有谷类等其他农作物。汉代巴蜀为"天府之国",农业发达。楚汉战争中,萧何开发巴蜀,镇抚关中,足食足兵,成为刘邦的有力后盾,助其战胜项羽,取得楚汉战争的最终胜利。四川出土的汉代画像石和画像砖中有很多农作画面,正是巴蜀地区农业生产繁盛的最直观反映。

汉代主要农业生产基地,一为黄河流域,一为淮河流域,一为江汉流域,一为巴蜀地区。陕西、山东处于黄河流域,江苏属于淮河流域,四川属于巴蜀地区,这些地方都有农作画像出土,正与当时的生产方式与生活方式相符。此外,湖南长沙马王堆一号汉墓中出土了很多粮食种子,除常见的五谷(黍稷麦菽稻)外,还有大麦、赤豆等诸多品种,反映了江汉流域发达的农业生产。

汉代农作画像的出土,让我们更直观地感受到汉代农作方式和农作物生产的状况,体会到汉代农业的繁盛和农本意识的根深蒂固。

汉代画像中有一些古帝王画像,也与农业相关。在武梁祠西壁画像中,我们将古帝王画像截图如下:

① 《中国画像砖全集·四川汉画像砖》,成都:四川美术出版社,2006年,第80页。

图 15　山东武梁祠西壁画像中的古帝王画像

画像中以黑框把每位古帝王隔开，黑框上刻榜题，记载了每位帝王的姓名和主要事迹。依据榜题所示，古帝王从右到左分别为：伏羲女娲、祝融、神农、黄帝、颛顼、帝喾、尧、舜、禹、夏桀。其中与农业直接相关的帝王是神农。画像中神农为拿着农具在劳作的形象，这正与榜题的内容"神农氏因宜教田，辟土种谷，以阵万民"相符。据《周易·系辞下》记载："包牺氏没，神农氏作，斫木为耜，揉木为耒，耒耨之利，以教天下，盖取诸益。"①《礼纬·含文嘉》中亦曰神农"始作耒耜，教民耕种"②。这些史料都提到神农制作耒耜，所以画像中神农所持农具应为耒耜。耒耜为翻土工具，上面有柄，下面呈木叉形。武梁祠帝王画像中，大禹手中所持农具和神农所持相似，应该也为耒耜。

汉代画像中还有一些手持农具的神人形象，如山东临沂白庄出土的画像：

图 16　1972 年冬山东临沂白庄出土画像③

① 〔唐〕李鼎祚：《周易集解》卷十五《系辞下传》，北京：中华书局，2016 年，第 453 页。

② 〔清〕赵在翰辑：《七纬·礼纬·含文嘉》，北京：中华书局，2012 年，第 279 页。

③ 《中国画像石全集》3《山东汉画像石》，济南、郑州：山东美术出版社、河南美术出版社，2000 年，图版第 21 页。

画面中间有一神人，头戴斗笠，身有双翼（或为蓑衣），手握一农具。从形状上看，该农具为木锹，是一种挖土工具，其木叶左肩、右肩是为了便于用脚踩踏而挖土。这种农具在古代兴修水利取土时发挥很大作用。画面下面有两人，头戴冠，身着大袍，似为官吏。左边之人肩扛木镐，正与右边之人交谈。右边之人手持一农具，似为镰刀。这一幅画像中，神人和官吏都手持农具，可见对农业生产和水利维修的重视。山东沂南有一幅画像与此画像相似：

图 17　1979 年山东沂南任家庄出土画像①

在这幅画像中，左下部有一人，头戴斗笠，身披蓑衣，手持木锹。除了这两幅画像，江苏徐州也有相似形象出现：

① 《中国画像石全集》3《山东汉画像石》，济南、郑州：山东美术出版社、河南美术出版社，2000 年，图版第 104 页。

图 18　江苏徐州出土的神人画像①

画像中有一轮太阳,左边站一神人,头戴斗笠,身着蓑衣,一手持耒耜,一手牵一只凤凰。有人称这幅画为“炎帝升仙图”。炎帝就是神农,他的形象和山东嘉祥武梁祠古帝王画像中的神农形象相似,都是手持耒耜,只不过武梁祠画像中的神农没有戴斗笠。

汉代画像中有如此多反映农业生产和与农业相关的图像,充分反映了汉代的重农意识。统治者强调“农,天下之大本”,确立了以农为本的基本国策。国策是国民意识的重要导向,重农观念渗透到社会各阶层,成为人们的普遍认识。

二、汉代画像中的粮仓

反映汉代重农观念的画像,除了农作场景图,还有仓库画像。粮仓图在汉代画像中多见,如上举四川成都曾家包汉墓画像中,下部为农作图,而上部则为粮仓图。为方便查看,我们截图如下:

图 19　四川成都曾家包汉墓画像中的粮仓图

①《中国画像石全集》4《山东汉画像石》,济南、郑州:山东美术出版社、河南美术出版社,2000 年,图版第 37 页。

为防止粮食腐烂，粮仓一般会装有气窗，这似乎成为粮仓的标识。上图中有一座房屋，上面有两个气窗，所以应为粮仓。粮仓前有一小吏，手持粮器，里面应装有粮食。画面右边有一老人，跽坐，手持鸠杖。一小吏手持粮器正向老人走去，应该是给老人送粮食的，以便做糜粥。四川汉画像砖中亦有相似画面：

图 20 养老画像砖(东汉)①

画像中有一座两开门的房屋，上面有两个气窗，可知为粮仓。一官吏跽坐于地，手中似持算筹。一小吏手持粮器，正将粮食倾倒入地上的布袋中。一老人持鸠杖跪坐于地，正弯腰查看布袋中的粮食。这幅图和上图一样，描绘的是老人在粮仓前领粮的场景。

图 21 养老画像砖(东汉)②

在这幅画像中，粮仓为高台设计，为的是防止粮食受潮。一官吏跽坐于高台上，一小吏正从粮仓内背出一袋粮食，准备走下台阶。粮仓右侧有一棵树，一老人跪坐于树下，怀抱鸠杖。老人正用手撑开一布袋，等待小吏将粮食倒入其中。

① 《中国画像砖全集·四川汉画像砖》，成都：四川美术出版社，2006 年，第 106 页。

② 《中国画像砖全集·四川汉画像砖》，成都：四川美术出版社，2006 年，第 106 页。

图 22　四川画像砖(东汉)①

上图中有一粮仓,上面有一气窗。一官员踞坐于粮仓下,手中似持算筹。有一老人和官吏相向而坐,右手持鸠杖,左手持一物,似为装粮的袋子。粮仓左侧有一小吏,刚从粮仓中走出,手持粮器,里面装满粮食。

国富民强,粮仓充盈,才更有余力赡养老人。粮仓图中喜爱描绘老人领粮的场景,其实意义正在于此。

除了养老图,四川画像砖中还有一些描绘粮仓的画面,如下图:

图 23　纳粮画像砖(东汉)②

在这幅画像中,粮仓为高台设计,上面带两个气窗。高台上左侧有一官员端坐于席上,右侧有另一官员跪拜,手中持一简牍状物,似乎正给左侧官员汇报情况,抑或为拿着凭证来领取粮食。左侧官员身后有一仆人站于高台下随侍,手中抱一长囊状物。仓库的右侧后方,有一小吏从仓库中走出,肩上背一粮袋。整理者称这幅画像为“纳粮”,但小吏背粮的方向是从里到外,所以或许应为出粮。

① 《中国画像砖全集·四川汉画像砖》,成都:四川美术出版社,2006 年,第 108 页。

② 《中国画像砖全集·四川汉画像砖》,成都:四川美术出版社,2006 年,第 107 页。

四川的石棺画像中也有粮仓画面：

图 24　四川简阳二号石棺画像①

这是四川简阳二号石棺上的画像。画面中间位置是门阙，两边各有一楼阁，上面都有一气窗，从形状上看，应该是两个粮仓。此形象也见于四川合江三号石棺画像中：

图 25　四川合江三号石棺画像②

画像中有一排楼阁，最右边的楼阁上面有气窗，楼阁下有人在舂米。

四川乐山肖坝崖墓中有幅交租画像：

① 《中国画像石全集》7《四川汉画像石》，济南、郑州：山东美术出版社、河南美术出版社，2000 年，图版第 76 页。

② 《中国画像石全集》7《四川汉画像石》，济南、郑州：山东美术出版社、河南美术出版社，2000 年，图版第 142 页。

图 26　四川乐山肖坝崖墓太仓交租画像①

画面分为上下两层，上层是一建筑物；下层分成左右两图。左图有三个人，一人手持一粮器，另两人正在倾倒粮食。右图中一人坐于地上，正持笔在一枚简牍上书写；另有一人站立，手中持简册，他扭头看向地上坐着之人，似乎正和他核对账本。从下层所绘场景看，上面的建筑物应为粮仓。整理者将这一画像命名为“太仓 · 交租”，似有一定道理。

河南密县打虎亭汉墓也出土了一幅收租画像：

图 27　河南密县打虎亭汉墓收租画像②

画像右边有一粮仓，上面有气窗。有一官员坐于席上，手持简牍或算筹。他的后面有一小吏，手中亦持简牍。他的前方有一人跪地，正向其汇报情况，后面还有一人等候。粮仓前有一些粮堆，应该是刚收上来的粮食。一辆车停于地上，上面堆满了粮食。几个人正在交涉相关事宜。

① 《中国画像石全集》7《四川汉画像石》，济南、郑州：山东美术出版社、河南美术出版社，2000 年，图版第 126 页。

② 《中国画像石全集》6《河南汉画像石》，济南、郑州：山东美术出版社、河南美术出版社，2000 年，图版第 70 页。

山东沂南汉墓画像中亦有粮仓图像：

图 28　山东沂南汉墓中室南壁横额东段画像①

画像最左边有一高楼，从上层带着的气窗可知这是一个粮仓。粮仓右边有一棵大树，树下拴一头牛。树右边有两官吏，跽坐，前面有两小凭几。官吏手中似持算筹，仿佛正在监督粮食出入。他们身后停放着三辆车，车上堆着粮食。每辆车后面都拴一头牛，或站或卧，在车后休息。几堆粮食堆放在地上，一人持杖站立，似乎为一老人。他后面有一孩子，手中似持粮器。粮仓前站一小吏，正与一人交涉相关事宜，那人手中似持一粮袋。这幅画像描绘的不知是粮食入库还是出库情景，但确是一幅粮仓图无疑。

四川简阳三号石棺上刻有粮仓的画面，而且还有明确的榜题：

图 29　四川简阳三号石棺画像②

画面中为一粮仓，左上部有榜题曰“大苍”。古时“大”和“太”相通，“苍”与“仓”相通，所以这里的“大苍”应为“太仓”。

① 《中国画像石全集》1《山东汉画像石》，济南、郑州：山东美术出版社、河南美术出版社，2000 年，图版第 152 页。

② 《中国画像石全集》7《四川汉画像石》，济南、郑州：山东美术出版社、河南美术出版社，2000 年，图版第 76 页。

太仓在周代时已经存在。《史记·周本纪》裴骃集解引《皇览》曰:“景王冢在洛阳太仓中。秦封吕不韦洛阳十万户,故大其城并围景王冢也。”①这虽然是发生于战国晚期的事情,但反映了周代太仓已经存在的事实。自从周平王东迁后,洛阳成为周王室的国都。虽然周王室势力不断被诸侯侵蚀,但太仓一直保留。秦始皇统一全国后,为应对随时可能发生的战争,在河南荥阳设立太仓,汉代时改称敖仓。颜师古注敖仓曰:“秦于此筑太仓,亦曰敖庾,在今郑州荥阳县西北。”②太仓的设立,为秦始皇巩固政权提供了物质保障。秦代专门设立仓律,对仓库进行制度化管理。《睡虎地秦简·秦律十八种·仓律》中,对粮食入库、出库程序,每仓粮食重量标准,公食者名籍,种子每亩标准,官吏、从事公务者、劳作者廪食情况等,都做了非常详细的规定,充分体现了秦代法律的严苛和精细,也反映了秦代对粮仓的重视。

西汉建立之初,“萧丞相营作未央宫,立东阙、北阙、前殿、武库、太仓”。③ 未央宫是西汉时的权力中枢,太仓设于宫中,可知其地位之重要。东汉定都于洛阳,太仓亦设于洛阳皇宫内。据《后汉书·朱景王杜马刘傅坚马列传》李贤注曰:“《洛阳记》曰:‘建始殿东有太仓,仓东有武库,藏兵之所。’”④可知东汉时期的太仓,设于建始殿的东部。

终汉为止,太仓一直是国家最重要的粮仓,是汉政权粮食储备的重要场所,是国家富裕程度的标尺。西汉经七十年休养生息,到汉武帝早期,汉初那种凋敝残破的局面发生了重大变化。据《史记·平准书》记载:“至今上即位数岁,汉兴七十余年之间,国家无事,非遇水旱之灾,民则人给家足,都鄙廪庾皆满,而府库余货财。京师之钱累巨万,贯朽而不可校。太仓之粟陈陈相因,充溢露积于外,至腐败不可食。众庶街巷有马,阡陌之间成群,而乘字牝者傧而不得聚会。”⑤可知汉武帝即位之初,国家是非常富强的。尤其是“太仓之粟陈陈相因,充溢露积于外,至腐败不可食”,充分表现了国家的富足。太仓对于国家非常重要,即使在两汉之际的大动荡中,太仓也得以完好保存。据《后汉书》记载:“初,王莽败,唯未央宫被焚而已,其余宫馆一无所毁。宫女数千,备列后庭,自钟鼓、帷帐、舆辇、器服、太仓、武库、官府、市里,不改于旧。”⑥

诸侯国或在国都设立太仓。如淳于意为齐太仓令,可知齐国建有太仓。另

① 《史记》卷四《周本纪》,北京:中华书局,1959年,第157页。

② 《后汉书》卷五《孝安帝纪》,北京:中华书局,1965年,第220页。

③ 《史记》卷八《高祖本纪》,北京:中华书局,1959年,第385页。

④ 《后汉书》卷二十二《朱景王杜马刘傅坚马列传》,北京:中华书局,1965年,第783页。

⑤ 《史记》卷三十《平准书》,北京:中华书局,1959年,第1420页。

⑥ 《后汉书》卷十一《刘玄刘盆子列传》,北京:中华书局,1965年,第470页。

据《后汉书·郡国志》记载:“东阳故属临淮。有长洲泽,吴王濞太仓在此。”①可知汉文帝、景帝时,吴国亦设有太仓。

太仓有专门的官吏进行管理,据《后汉书·百官志》记载:“太仓令一人,六百石。本注曰:主受郡国传漕谷。丞一人。”李贤注曰:“《汉官》曰:‘员吏九十九人。’”②可知太仓的最高长官为太仓令,他的俸禄为六百石。令之下设一丞。令和丞都是长吏,他们之下的属吏有九十九人。太仓令隶属于大司农,在西汉初期称为治粟内史。

太仓因其独特的功能和作用,在人们心目中占有重要地位,成为丰衣足食的象征,这种理念甚至延伸到丧葬习俗中。在汉代人的观念中,事死如事生,人们幻想死后能像生前一样衣食无忧,享受荣华富贵。而最能体现富足生活的就是粮仓,这是汉代画像中大量出现粮仓图的重要原因。

太仓被视为富足的标识,所以“食太仓”成为汉代人对死后世界的精神寄托和希冀。汉代画像中有一些题记中明确提到了“食太仓”。如山东嘉祥满硐乡出土的画像:

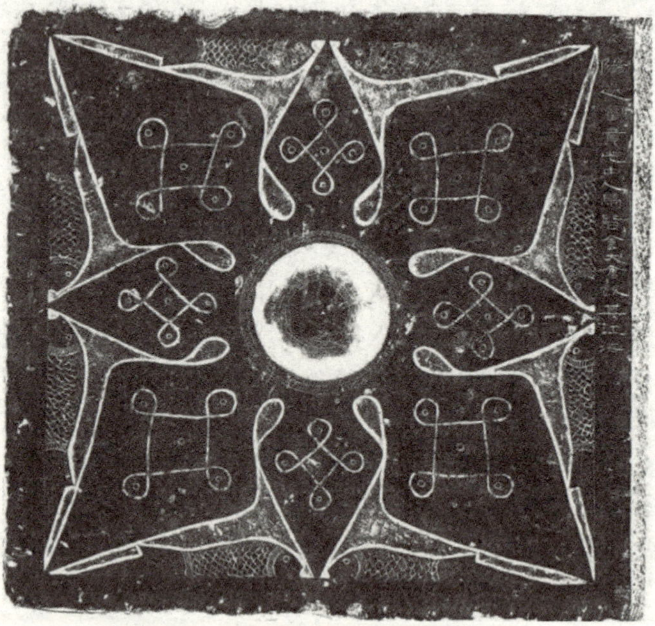

图 30　山东嘉祥满硐乡宋山出土画像③

① 《后汉书》志第二十一《郡国三》,北京:中华书局,1965 年,第 3461 页。

② 《后汉书》志第二十六《百官三》,北京:中华书局,1965 年,第 3590 页。

③ 《中国画像石全集》2《山东汉画像石》,济南、郑州:山东美术出版社、河南美术出版社,2000 年,图版第 101 页。

画像右侧有一行题记："阳遂富贵此中人马皆食大仓饮其江海。""阳遂富贵"是吉祥语。阳遂其实为"阳燧"，是一种取火工具。据《周礼·秋官》记载："司烜氏掌以夫遂取明火于日，以鉴取明水于月，以共祭祀之明齍、明烛，共明水。"①这里的"遂"就是阳燧。司烜氏所掌，是以阳燧取火于日，以盆取水于月，用以宗庙祭祀之用。《论衡·诘术篇》中"阳燧向日，火从天来"②说的也是阳燧取火之事。在汉代，阳燧被赋予光明、吉祥之意，它和富贵组合起来，成为汉代习见的吉祥语。"此中人马"，应指画像中的人马，包括墓主人的画像。"食大仓"，应为"食太仓"。"此中人马皆食大仓饮其江海"，寄托了生者的期盼和心愿，希望死者亡魂及随葬人马在另一个世界中，饿了有太仓为他们提供充足食物，渴了有江海可以提供足够的水源。

山东邹城峄山镇北龙河村出土了一块汉代画像石：

图 31　山东邹城峄山镇北龙河村出土汉代画像石③

这块画像石刻于汉安元年（142）。石上既有画像，也有题记。题记中记载了墓主人的生平阅历、家庭成员状况、建造食堂的具体情况等。题记的最后为："此中人马皆食大仓"，希冀画像中的人马都廪食于太仓，享受富贵荣华。

四川汉画像砖中也有食太仓的题记画像：

图 32　四川汉画像砖中的"食太仓"题记画像

① 〔清〕孙怡让：《周礼正义》卷七十《秋官·司烜氏》，北京：中华书局，1987 年，第 2909 页。

② 黄晖：《论衡校释》卷二十五《诘术篇》，北京：中华书局，1990 年，第 1031 页。

③ 李樯、李天择：《济宁汉碑考释》，北京：中国社会出版社，2014 年，第 79 页。

画像中房屋上有两个气窗，表明为粮仓。粮仓右上部有“大仓”两字题记，表明这一粮仓为太仓。太仓前高台上有两人相向跽坐。右边之人手中持简，身体前倾，表情恭肃，似为领粮者。左边之人可能是太仓的官吏，正持简核对信息。高台右下方有一小吏，手持粮器，里面装满粮食，正等待官员核对完信息后将粮食送给领粮者。画面左边的题记为“皆食此大仓”，表明死者此后将由太仓提供膳食，富足长乐，永无饥饿之忧。领粮者或为墓主人，或为他派去的手下。

“食太仓”还见于汉代的其他画像石、画像砖及铜镜铭文中，可见它已成为汉代丧葬习俗中人们秉持的重要观念。这一观念影响至深，三国魏出土的一块画像砖上，亦刻有“食大仓”的题记：

图 33　迎谒画像砖（三国·魏）①

画像左侧刻画了一个身材硕大的门吏，手捧盾，腰佩剑。画像右下方刻画了一个粮仓，上有气窗。粮仓左边有题记曰“食大仓”。

山东安丘出土了一幅汉代画像，上面的题记值得重视：

① 《中国画像砖全集·四川汉画像砖》，成都：四川美术出版社，2006 年，第 54 页。

图 34　山东安丘王封村出土画像①

这幅画像分为三层，上层是车马出行图，下层是宴饮图，中层为拜谒图。其中拜谒图中男、女主人分别坐于长榻上，男主人的榻宽大而长，女主人的榻稍短一些。两人所坐榻后侧和右侧都有屏风。右侧有一行题记曰："此上人马皆食于天仓。"这里为"天仓"而不是"大仓"，给我们提供了一个思路：或许汉代画像中的粮仓应为天仓，是汉代人心目中神仙世界中的粮仓。人们渴望死后升入仙界，能丰衣足食，富贵荣华。

"仓廪实则知礼节，衣食足则知荣辱"，②这句话出自春秋时期的管仲之口，反映了中国古代以农为本的理念。只有衣食充足，府库充盈，百姓才能懂得礼义廉耻，君臣父子夫妇之节才能得以更好地遵守。汉代画像中的粮仓画像，充分体现了汉代以农为本、重视库藏的观念。

汉代画像中的农作及粮仓画面，为我们了解汉代的农业生产及社会观念提供了最直观的史料。透过一幅幅生动的画面，我们触碰到了大汉帝国的时代脉搏。

（作者：宋艳萍，中国社会科学院古代史研究所研究员）

① 《中国画像石全集》3《山东汉画像石》，济南、郑州：山东美术出版社、河南美术出版社，2000 年，图版第 128 页。

② 〔明〕刘绩：《管子补注》卷一《牧民》，南京：凤凰出版社，2016 年，第 4 页。

北魏布帛货币的二重性质

◇王　申

货币是人类经济生活发展的重要产物。学界一般从货币的功能出发来定义何为货币。如马克思主义经济学认为货币具有价值尺度、流通手段、贮藏手段、支付手段和世界货币等功能；西方经济学者则通常把货币看作用作交易媒介、价值储藏和记账单位的一种工具。这样的归纳源于学者对欧洲历史发展脉络下的货币的观察，当然，流通于当今世界的诸种不同形态的货币也基本上满足上述功能。中国历史的发展同欧洲历史有着明显的不同，那么曾经广泛流通于帝制中国的铜钱、白银乃至诸种实物是否也具有这些功能呢？就本文而言，布帛是否能被认为是一种货币？

如果从功能上考察，柿沼阳平在综合检讨经济人类学、经济社会学等多学科的货币定义后，将“可以直接购买多种商品的媒介，且由于其便利性为众人所追捧的特殊财物”定为货币，①这个定义实际上是对以波兰尼（Karl Polanyi）为代表的经济人类学货币定义的继承和发展。波兰尼将仅具有几个甚至一个货币功能的财物也定义为货币，这或许可以解释古代货币行用的实际状况。就我国中古时期而言，布帛在经济活动中的使用较为广泛，在相当程度上替代了铜钱，承担了交易媒介等职能。此外，学者对于布帛通货的兴起多有研究，②大体承认由于

① 柿沼阳平：《中国古代货币经济史研究的意义和分析视角（二）》，《中国钱币》2010年第4期。

② 吕思勉认为由于黄金数量少，用钱处多而钱币不足，因而代之以布帛。（吕思勉：《中国社会史》，上海：上海古籍出版社，2007年，第89—90页。该书写于20世纪20年代）刘建国、高岚接受了这一观点，并认为布帛在六朝时期多作为高品位货币。（刘建国、高岚：《论六朝钱帛货币的历史地位》，《江汉考古》1989年第2期）李剑农则理清了布帛货币发展的大体脉络，并梳理了行用情况。（李剑农：《魏晋南北朝隋唐经济史稿》，北京：生活·读书·新知三联书店，1959年，第74—79页）李埏则提出魏晋以后绢帛的货币作用增强而谷物和布的作用减弱这一经典论断。（李埏：《略论唐代的“钱帛兼行”》，《历史研究》1964年第1期）近年来日本学者柿沼阳平对中国古代货币问题多有关注，他重点考察了“官方意志”“民间习惯”等不同规定和不同管道对货币选择的影响，认为布帛是“民间供给型的国家结算手段”。（柿沼阳平：《中国古代货币经济史研究》，东京：汲古书院，2011年；《三国时代の曹魏における税制改革と货币経済の质的变化》，《东洋学报》第92卷第3号，2010年12月）

铜钱发行数额不足以满足交易需求，而绢布的产量有了相当大的提升，布帛在汉魏之际的流通中极为常用。[①] 总之，我们能很清楚地发现布帛已成为“特殊财物”，下文便将布帛通货统称为“布帛货币”。

学界关于布帛货币的讨论积淀深厚，因此本文所论述的议题看似是一个极其陈旧、无可发覆的议题，然而如果我们仔细观察前人研究的讨论对象，便可发现成匹布帛是被集中关注的布帛形态，可是成匹布帛极为宽大，价值又高，显然不可能常用于日常的小额交易。那么，如果布帛已经在相当程度上替代了铜钱，北魏民众又究竟以何作为小额交易的媒介？这是有关中古时期北方经济状况的重要问题，既有研究并不能从货币角度给出较好的答案。

经济学家卡尔·门格尔（Carl Menger）提出在一切商品中最有销售力的商品便自然成为货币，[②]这是基于实物货币商品性质的考察。但是，当布帛不作为商品时，或者说其作为商品仅具有极小的主观价值时（比如被割裂后），布帛货币显然不能再作为实物货币被考量。实际上，此种布帛货币真实地存在于北魏历史中，它体现了布帛货币的另一重性质，而现有研究对此的讨论极为有限。彭信威尽管关注到了此种形态的布帛货币，但他只将其作为货币流通领域的“变态”，认为这些质量较差的布帛货币“用作货币的理由就不存在了”，“作价的时候，要添些麻烦”。[③] 真实情况恐怕更为复杂。本文将重新检讨北魏布帛货币的二重性质，并由此观察其在不同层级的市场中所起到的作用。

一、布帛作为实物货币

通常认为布帛是一种实物货币，其价值与作为普通商品的布帛价值相当。也就是说，实物货币能在多大程度上发挥货币功能，同其本身的商品价值状况关系密切。如东汉章帝时谷贵，朝廷经用不足。尚书张林上言：“谷所以贵，由钱贱故也。可尽封钱，一取布帛为租，以通天下之用。”[④]钱币购买力下降导致谷价上扬，致使朝廷财政经费不足。张林认为可以用价值更高的布帛作为货币，缓解

① 李剑农：《魏晋南北朝隋唐经济史稿》，北京：生活·读书·新知三联书店，1959年，第74页；李埏：《略论唐代的“钱帛兼行”》，《历史研究》1964年第1期；萧清：《中国古代货币史》，北京：人民出版社，1984年，第167页。另外，全汉昇《中古自然经济》也按照“实物货币”的思路梳理了整个中古时期布帛作为货币的使用状况，见其著《中古自然经济》，《中央研究院历史语言研究所集刊》第10本，1948年。当然，以上研究主要着眼于以匹为单位的大额布帛。

② 卡尔·门格尔：《国民经济学原理》，刘絜敖译，上海：上海人民出版社，2001年，第225—229页。

③ 彭信威：《中国货币史》，上海：上海人民出版社，2015年，第177页。

④ 《后汉书》卷四十三《朱晖传》，北京：中华书局，1965年，第1460页。

财政困境。又如魏黄初二年(221),曹丕"以谷贵,罢五铢钱",使百姓以谷帛为市。① 谷物能成为货币流通的原因在于"贵",而朝廷也可以以更换货币为契机,节约财政成本。

实物货币性质导致布帛并没有形成特定的货币形制——如铜的货币形制规定其形状(如圆形方孔)和单个货币大约的重量(如五铢、半两),而以布帛的实物形态流通。当然这种自然形态也被官府以一定的单位规定,这主要为了方便生产与征税。布帛实物形态的单位主要有匹、丈、尺等,其中对财政开支而言最为重要的是匹。

官府征调以匹为主要单位。曹操定都邺城后,规定户交绢二匹、绵二斤。②晋武帝置户调式,令丁男之户岁输绢三匹、绵三斤。③ 北魏在太和八年(484)之前户调帛二匹、絮二斤、丝一斤,另入帛一匹二丈。太和八年之后户增帛三匹,后增调外帛满二匹。④ 北齐、北周等大体类似,户调绢一匹左右。可见,当时调的征收多以匹为单位计算,少有规定至尺、寸的。但在实际征收的场合,民众未必能够以整匹的形式上交租调,而这关乎国家财政收入的成匹布帛究竟是整匹,还是一堆尺幅加总后成"匹"的零碎布帛,下引材料能帮助我们解决这一问题,并使我们更加清楚地体会到大尺幅布帛之于财政的重大意义。

> 其民调,一夫一妇帛一匹,粟二石。民年十五以上未娶者,四人出一夫一妇之调;奴任耕,婢任绩者,八口当未娶者四;耕牛二十头当奴婢八。其麻布之乡,一夫一妇布一匹,下至牛,以此为降。大率十匹为公调,二匹为调外费,三匹为内外百官俸,此外杂调。⑤

以上变化发生于太和十年(486)三长制推行之后。一夫一妇收帛一匹(麻布之乡收布一匹);按数字折算,"民年十五以上未娶者"一人交帛一丈,"奴任耕,婢任绩者"一人交帛五尺,拥有耕牛一头交帛二尺。但后三者并非零散缴纳,仍然需要合为整匹,即所谓"出一夫一妇之调"。原因恐怕在于,四张一丈的帛和一整匹帛虽然面积一致,但在使用价值上却并不相同。总量相等的布帛,尺幅被分割得越细、越小,其对于国家财政的意义也越小。类似的做法一直沿用至唐宋时期,唐代征调确定至丁,如丁所属之户调不满一匹,则据《唐六典》"课户每丁租粟二石,其调随乡土所产绫、绢、絁各二丈,布加五分之一,输绫、绢、絁者

---

① 《三国志》卷二《魏书·文帝纪》,北京:中华书局,1959年,第78页;《晋书》卷二十六《食货志》,北京:中华书局,1974年,第794页。

② 《晋书》卷二十六《食货志》,北京:中华书局,1974年,第782页。

③ 《晋书》卷二十六《食货志》,北京:中华书局,1974年,第790页。

④ 《魏书》卷一百一十《食货志》,北京:中华书局,1974年,第2852页。

⑤ 《魏书》卷一百一十《食货志》,北京:中华书局,1974年,第2855页。

绵三两,输布者麻三斤,皆书印焉。若当户不成匹、端、屯、綟者,皆随近合成”处理。① 也就是说,唐代征收调的“有效单位”也是匹,如果不满一匹需要就近合成。两税法实施后,元和四年(809)度支上奏论及两税事,称“如本户税钱校少,不成端匹者,任折纳丝绵充数”。② 如果一户税钱不足端、匹,则让纳税者以原料折纳。总之,织物的尺幅越大,其在财政中的意义也越大。成匹布帛最具有财政价值,零散的纺织品则作用不大,这当是由于财政收支通常数额较大。

除此以外,在官府眼中,布帛仍应承担一定的使用价值。北魏在规定织物的标准尺寸时,称“民间所织绢、布,皆幅广二尺二寸,长四十尺为一匹,六十尺为一端,令任服用”。③ 而北魏世宗时“民中每有横调,百姓烦苦,前后牧守,未能蠲除,澄多所省减,民以忻赖。又明黜陟赏罚之法,表减公园之地,以给无业贫口,禁造布绢不任衣者”,④这表明布帛很可能首先保障制作衣物。因此,统一布帛尺寸的首要目的在于规定布帛的实物形态,以保证其质量,⑤对于布帛货币的影响恐怕只是附带。征调时,北魏划定贡绵、绢、丝的区域和输麻、布的区域,强调“所调各随其土所出”,⑥麻乡的一匹布等同于绢乡的一匹帛。这既是一种因地制宜的实物化处理,又确定了以匹为单位的布帛货币的实物性质。而当布帛的使用价值受损时,其交换价值也会打折扣,如魏明帝曹叡时已废钱三十余年,“人间巧伪渐多,竞湿谷以要利,作薄绢以为市”。⑦ 总之,以匹为单位的布帛货币是以实物货币形式存在的。

成匹布帛货币在财政支用和社会经济中的使用较为频繁,如史书载其多用于官俸、赏赐、拨款、标价等⑧,由此作为价值尺度的布帛货币也以匹为单位。北魏太和十九年(495),“冶铸粗备,文曰‘太和五铢’,诏京师及诸州镇皆通行之。内外百官禄皆准绢给钱,绢匹为钱二百”。⑨ 一匹绢在此时已成为最标准的价值

---

① 《唐六典》卷三《户部》,北京:中华书局,1992 年,第 76 页。

② 《唐会要》卷八十三《租税上》,北京:中华书局,1955 年,第 1537 页。

③ 《魏书》卷一百一十《食货志》,北京:中华书局,1974 年,第 2852 页。

④ 《魏书》卷十九中《任城王传》,北京:中华书局,1974 年,第 473 页。

⑤ 类似的规定如唐代的“行滥”和“短狭”。据《唐律疏议》:“行滥,谓器用之物不牢、不真;短狭,谓绢匹不充四十尺,布端不满五十尺,幅阔不充一尺八寸之属而卖。各杖六十。”见长孙无忌等:《唐律疏议》卷二十六《杂律 · 器用绢布行滥短狭而卖》,北京:中华书局,1983 年,第 498 页。

⑥ 另如《初学记》记载晋代有“疏布一匹当绢一匹”的法令,布、绢的价值并不相等,这里显然是将其作为实物处理的。见徐坚:《初学记》卷二十七,北京:中华书局,1962 年,第 658 页。

⑦ 《晋书》卷二十六《食货志》,北京:中华书局,1974 年,第 794—795 页。

⑧ 王万盈对北魏财政收支的品种、用途有专书研究。参考王万盈:《转型期的北魏财政研究》,北京:光明日报出版社,2006 年。

⑨ 《魏书》卷一百一十《食货志》,北京:中华书局,1974 年,第 2863 页。

尺度，新铸五铢钱的价值也据此确定。

上述成匹布帛的诸项职能的背后，还隐含了另一项极重要的功能：沟通地域间的交换。先看北魏地域间交换的基本状况：

> 肃宗初，京师及诸州镇或铸或否，或有止用古钱，不行新铸，致商货不通，贸迁颇隔。①

由于新钱铸造量偏低、流通范围未达预期，地域间的商品交换产生困难。也就是说，在国家法定铸币匮乏的情况下，缺乏一种钱币能够较好地沟通地域间贸易。而布帛是各地租调的重要组成部分，具有实物形态的价值且受国家强力保障，成匹的布帛货币成为地域间的结算工具。如北魏赏赐、赈济颇多，然而不论地域、对象如何，布帛均为主要的赏赐物，足以证明布帛的购买力基本上遍及北魏全境。太和十一年（487），北魏朝廷拿出包括"外府衣物缯布丝纩"在内的府库积蓄，"以其太半班赍百司，下至工商皂隶，逮于六镇边戍"。② 获益者包括官员、工商业者、差役等诸多群体，地域范围则远至六镇边境。此举或能稍稍缓解地域间流通货币不足的窘境。

不过，布帛一匹的价值并不低。上文提及的太和十九年一例，官府将绢钱比价定为二百文一匹；永安三年（530），朝廷为了推行新铸的永安五铢而出卖国库藏绢，"绢匹止钱二百，而私市者犹三百"。③ 无论一匹绢的价格为三百文还是二百文，其价值过高而不适宜用于小额交易是显而易见的。由此，布帛货币的另一存在形式便应运而生。

二、布帛作为地域性替代货币

当时的民众选择将成匹的布帛割裂开，将小尺幅的布帛作为货币。布帛货币由此打破了以匹为单位的常规形态，出现了更为细碎的流通形式。《魏书·食货志》中的一段集中记述了这一现象，援引如下：

> （延昌二年）又河北州镇，既无新造五铢，设有旧者，而复禁断，并不得行，专以单丝之缣，疏缕之布，狭幅促度，不中常式，裂匹为尺，以济有无。至今徒成杼轴之劳，不免饥寒之苦，良由分截布帛，壅塞钱货。④

上述材料反映北魏延昌二年（513），河北既无五铢钱又遭官府禁止使用旧钱，当地人故而割裂布帛流通一事。这则记载透露了许多有价值的信息。

首先，布帛割裂后的价值将极大地减少，这决定了其货币价值并不来自布帛

① 《魏书》卷一百一十《食货志》，北京：中华书局，1974 年，第 2863 页。

② 《魏书》卷一百一十《食货志》，北京：中华书局，1974 年，第 2856 页。

③ 《魏书》卷一百一十《食货志》，北京：中华书局，1974 年，第 2865—2866 页。

④ 《魏书》卷一百一十《食货志》，北京：中华书局，1974 年，第 2864 页。

本身的实物价值。如果观察几种公认的实物货币，如粟谷、牲畜、珠玉，假设其材质均一，我们能发现其单位价值是恒定的。如一斗米与一石米的总价值不同，但每一粒米的价值是基本相同的。不同于上述诸种实物货币，布帛用作货币最大的问题是难以分割。布帛等纺织品最根本的价值在于制衣，当被分割的织物失去这项使用价值后，其价值将大大降低。易言之，布帛的使用价值不在于“多或少”，而在于“有或无”，整匹的织物有着割截后的织物所难以实现的用途。关于这一点，当时人已有表述，如北魏熙平年间尚书令、任城王拓跋澄指出“布帛不可尺寸而裂，五谷则有负檐之难”。① 类似的情况在中古时期的其他政权中也有表现。如西晋“泰始中，河西荒废，遂不用钱，裂匹以为段数。缣布既坏，市易又难，徒坏女工，不任衣用，弊之甚也”，②河西地区割裂布帛流通。又如东晋“安帝元兴中，桓玄辅政，立议欲废钱用谷帛，孔琳之议曰：……谷帛为宝，本充衣食，分以为货，则致损甚多。又劳毁于商贩之手，耗弃于割截之用，此之为弊，著自于曩”。③ 所谓“耗弃于割截之用”，自然是指被民众割裂后用于流通的小尺幅布帛。总之，割裂后的布帛质量低下、尺幅过小，难以在市场上交易，说明其几乎不具有作为布帛实物的价值。因此，与成匹的布帛货币不同，割裂后的布帛，其货币价值并不依附于实物本身的价值，而是更多来自区域内的地方信用。

其次，这类布帛货币的使用或存在地区封闭性。河北州镇既用“单丝之缣，疏缕之布”作为货币，又“狭幅促度，不中常式”，此举恐怕难以被外地流通领域接受。区域间展开贸易，或以物易物，或用贵金属，或如前文所言使用成匹的布帛。在西晋泰始一例中，河西地区因“荒废”而使用割裂后的布帛作为通货，这些小尺幅的布帛却难以在市场上出售，而仅有货币功能。这样的通货由地方自主创造，没有行政制度、税收或法律的保障，显然不具有全国统一的信用，因此其只能成为区域内的流通工具。另从北魏一例“分截布帛，壅塞钱货”一句来看，割裂后的布帛与铜钱产生了替代关系，当地人应当是为了找到可替代铜钱用于小额交易的货币，跨区域的大额贸易恐非主要的考虑因素。

实际上，割裂后的布帛和当时各地流行的诸种土钱，一同缓解了地方区域内的货币流通困境。试举几例：

> 肃宗初，京师及诸州镇或铸或否，或有止用古钱，不行新铸，致商货不通，贸迁颇隔。④
>
> “太和五铢”虽利于京邑之肆，而不入徐扬之市。土货既殊，贸鬻亦异，便于荆郢之邦者，则碍于兖豫之域。……去永平三年（510），都座奏断天下

---

① 《魏书》卷一百一十《食货志》，北京：中华书局，1974 年，第 2865 页。

② 《晋书》卷八十六《张轨传》，北京：中华书局，1974 年，第 2226 页。

③ 《晋书》卷二十六《食货志》，北京：中华书局，1974 年，第 795 页。

④ 《魏书》卷一百一十《食货志》，北京：中华书局，1974 年，第 2863 页。

用钱不依准式者，时被敕云："不行之钱，虽有常禁，其先用之处，权可听行，至年末悉令断之。"延昌二年，徐州民俭，刺史启奏求行土钱，旨听权依旧用。谨寻不行之钱，律有明式，指谓鸡眼、镮凿，更无余禁。计河南诸州，今所行者，悉非制限。……愚意谓今之太和与新铸五铢，及诸古钱方俗所使用者，虽有大小之异，并得通行。贵贱之差，自依乡价。庶货环海内，公私无壅。①

请并下诸方州镇，其太和及新铸五铢并古钱内外全好者，不限大小，悉听行之。鸡眼、镮凿，依律而禁。河南州镇先用钱者，既听依旧，不在断限。唯太和、五铢二钱得用公造新者，其余杂种，一用古钱，生新之类，普同禁约。诸方之钱，通用京师，其听依旧之处，与太和钱及新造五铢并行，若盗铸者罪重常宪。②

第一则材料前文已有引述，概括各地货币行用不一；第二、三则材料为任城王拓跋澄的两次上奏，希望皇帝允许通行诸种不同货币。

从拓跋澄的上奏中能明显地感受到当时北魏地方通货的纷繁复杂。太和五铢大约只通行于京城周围，覆盖的范围很小，甚至根本没有进入徐州和扬州。由于北魏租调以布帛、粟米上交，并不涉及钱币，普通百姓没有必要克服极大的困难获取发行量很小的太和五铢，况且太和五铢在当地的购买力未必能超越本地通行的土钱。从这个意义上看，我们不妨把太和五铢视为流行于京师及周围地域的钱币。又如荆郢地区的通货在兖州和豫州似乎信用较低，难以用于贸易。总之，各个区域内似乎都有其"古钱方俗所便用者"。朝廷试图以太和五铢和新造五铢来整合币制，但显然难以成功。最后的结果是允许土钱与法定五铢钱同时使用，只是禁止如鸡眼、镮凿等劣钱，至于诸种货币之间的结算关系，则"自依乡价"。换言之，即是在容忍"乡价"的情况下来实现新货币的普及，③而割裂后的布帛，自然也一同参与到"乡价"的换算之中。

总之，割裂后的布帛和土钱都是在一定地域范围内为解决法定铜钱流通量不足而使用的替代货币。两者的不同点在于土钱的本质仍然是铜钱(其基本的价值由含铜量保证)，且更多地因为当地使用惯性而流通；割裂后的布帛则失去了作为布帛实物的价值，且多用于如"河西荒废，遂不用钱""既无新造五铢，设有旧者，而复禁断，并不得行"等难以获取任何种类铜钱的地域，是依照地方信用而创造的新货币。这两种替代货币的活跃为区域内的零散交易提供了工具。

---

① 《魏书》卷一百一十《食货志》，北京：中华书局，1974年，第2864页。

② 《魏书》卷一百一十《食货志》，北京：中华书局，1974年，第2865页。

③ 黑田明伸著，何平译：《货币制度的世界史——解读"非对称性"》，北京：中国人民大学出版社，2007年，第87页。

三、结语

上文论述了整匹和割裂后的布帛货币所具有的不同性质。如果说成匹的布帛货币是通行于全境内可用于大额交易的区域间实物货币,那么割裂后的布帛货币则依赖地方信用,作为替代货币和土钱共同完成了区域内的小额交易的任务。这两种性质的布帛货币服务于不同层级的交换,相互之间并不具有替代性。诸种地域性货币的出现说明:尽管官方钱币流通状况不佳,北魏的民间市场却未必退回到物物交换的样态,相反在一定程度上具有创造力和自治力。这样看来,如果我们将着眼点下移至地方交易的实现,便能在以国家财政为基点的视角之外,观察到北魏经济状况的更多面向。

(作者:王申,中国社会科学院古代史研究所助理研究员)

《〈甲骨文合集〉材料来源表》订补[①]

◇赵孝龙

《甲骨文合集》(下文简称《合集》)是由郭沫若主编、胡厚宣总编辑、中国社会科学院历史研究所(历史研究所于2019年更名为“古代史研究所”,在此参照《合集》的属名单位,仍写作“历史研究所”)《合集》编辑组集体编辑。它是一部大型的集成性的甲骨学资料汇编,它的问世为学术界提供了丰富易见的原始材料,推动了甲骨学研究的发展,在甲骨学研究史上具有里程碑的意义。《〈甲骨文合集〉材料来源表》(下文简称《合集来源表》)是《合集》所有拓片信息的汇总。它由胡厚宣先生主编,参加编辑的人员有肖良琼、谢济、顾潮、牛继斌四位先生。编纂《合集来源表》的依据是编辑《合集》图版时所填写的卡片,而卡片依据的是筛选资料时做的“对重表”。这些卡片和“对重表”是非常珍贵的学术档案和研究资料,是整个《合集》编辑组给甲骨学界留下的宝贵财富。编纂《合集来源表》的工作量虽然无法与《合集》相比,但仍是一项浩繁的工程,其中的审核、修订等工作要求编纂者既要具有专业的甲骨学知识,又需要极其细心与有耐心,这无疑需要耗费极大的精力,对编纂者的脑力和体力都提出了较高的要求。《合集来源表》包括合集号、著拓号、选定号、重见情况、拼合号、原骨拓藏和备注等七项内容,这七项内容较为详细地将《合集》所有甲骨拓片的信息呈现了出来,极大地方便了甲骨学工作者的研究所需。因编纂工程浩大及其他种种客观因素,《合集来源表》中难免出现遗漏拓片信息的问题。笔者曾参与了由宋镇豪先生主持的中国社会科学院“十一五”重大规划项目暨国家社会科学基金重点课题“甲骨文合集三编”的拓片校重工作。在校重的过程中,笔者发现《合集来源表》中有某些拓片存在信息遗漏等现象,因此本文对这些信息做了如下订补,以方便诸多研治甲骨的学者。

1.“合集2859”号拓片(图1)。《合集来源表》中显示其“著拓号”选用的是“历拓5089”(“历拓”为“中国社会科学院历史研究所藏拓本”的简称),“选定号”“重见情况”“拼合号”及“备注”四栏内容为空。“原骨拓藏”一栏的内容为“故宫”,可知此片甲骨原藏于故宫博物院。此外,“合集2859”号拓片还见于甲

---

① 本文是“中国历史文化展示与传播研究”课题(编号:LSYZD2019006)阶段性研究成果。

骨著录书《殷墟卜辞后编》(明义士编,许进雄重新编辑,1972年由台湾艺文印书馆出版。下文简称"明后")中的1731号拓片(图2)。"明后B1731"号拓片与"合集2859"号拓片相比,在墨色匀称度等方面要好一些,但在文字的细节与清晰度等方面,"合集2859"号拓片明显要更好一些。总之,二者各有千秋。

图1 合集2859号甲骨拓片

图2 明后B1731号甲骨拓片

2."合集6801"号拓片(图3)。《合集来源表》中显示"著拓号"一栏为"故宫55","选定号""重见情况""拼合号"及"备注"四栏内容为空,"原骨拓藏"一栏的内容为"故宫",可知此片甲骨原藏于故宫博物院。"合集6801"号拓片另见于"明后S0011"号拓片(图4)。"明后S0011"号拓片与"合集6801"号拓片相比,无论是墨色的匀称度还是文字的清晰度都要更好一些。值得注意的是,"明后S0011"号甲骨拓片的边缘要完整一些。虽然这是细节方面的问题,但非常重要。首先,它体现了此片甲骨在明义士收藏时期的样子;其次,甲骨缀合工作对拓片的完整度要求很高,"明后S0011"号拓片较好的完整性可以为甲骨缀合提供一些重要参考。

图3 合集6801号甲骨拓片

图4 明后S0011号甲骨拓片

3."合集9550"号拓片(图5)。《合集来源表》中显示"著拓号"一栏为"龟1.8.15"(《龟甲兽骨文字》由林泰辅编纂,1921年日本商周遗文会影印,后来北京富平书社翻印,此书在《合集》中简称为"龟"),"选定号""重见情况""拼合号""原骨拓藏"及"备注"等栏皆无内容。"合集9550"号拓片另见于《东洋文库所藏甲骨文字》(下文简称"东洋")中的第289号甲骨拓片(图6)。此片甲骨目前藏于东洋文库。与“东洋 289”号拓片相比，“合集 9550”号拓片文字的清晰度要好得多，但此拓片下部整齐，通过对比可见，其明显经过了裁剪；而“东洋 289”号甲骨拓片的边缘清晰自然，骨头断面的形状一目了然，完整地展现了此片甲骨的全貌。因此，如果单纯对文字进行研究，“合集 9550”号拓片是优选。但是，如果要对甲骨进行缀合，则需要参考“东洋 289”号甲骨拓片。研究者可根据不同的需求进行选择。

图 5　合集 9550 号甲骨拓片

图 6　东洋 289 号甲骨拓片

4.“合集 19345”号拓片（图 7）。《合集来源表》中显示“著拓号”一栏为“故宫 223”，“选定号”“重见情况”“拼合号”及“备注”四栏内容为空，“原骨拓藏”一栏的内容为“故宫”，可知此片甲骨原藏于故宫博物院。“合集 19345”号拓片又见于“明后 S0599”（图 8）。“明后 S0599”号拓片墨色匀称，将甲骨左侧与底部的齿纹展现得非常清楚，而“合集 19345”号拓片则有多处缺墨。此外，“明后 S0599”号拓片中的文字笔画也很清晰，例如右上角的“戌”字，在“合集 19345”号拓片中因少墨而缺失上横，在这片拓片中却很完整。因此，与“合集 19345”号甲骨拓片相比，“明后 S0599”号拓片无论是墨色的匀称度还是文字及周围齿纹的清晰度都要更好一些。

图 7　合集 19345 号甲骨拓片

图 8　明后 S0599 号甲骨拓片

5.“合集 20568”号拓片（图 9）。《合集来源表》中显示“著拓号”一栏为“珠 962”（《殷契遗珠》，作者金祖同，1939 年由上海中法出版委员会出版，后于 1974 年由台湾艺文印书馆重印，下文简称“珠”），“选定号”“重见情况”“拼合号”及

"备注"四栏内容为空,"原骨拓藏"一栏的内容为"东大",可知此片甲骨原藏于日本东京大学。"合集 20568"号拓片另见于"东大 B1309"号拓片(《东京大学东洋文化研究所藏甲骨文字》,简称"东大",见图 10)。与"东大 B1309"号拓片相比,"合集 20568"号拓片着墨不均,没有将片形完整地表现出来,文字的笔画也比前者稍模糊一些。总之,"东大 B1309"号拓片的质量要更胜一筹。

图 9　合集 20568 号甲骨拓片

图 10　东大 B1309 号甲骨拓片

6. "合集 2911"号拓片(图 11)。《合集来源表》中显示其"著拓号"一栏为"故宫 275","选定号""重见情况""拼合号"及"备注"等栏内容为空。"原骨拓藏"一栏的内容为"故宫",可知此片甲骨原藏于故宫博物院。除此之外,"合集 2911"号拓片还见于"明后 2347"(图 12)。与"明后 2347"号拓片相比,"合集 2911"号拓片的上部和下部都有缺墨的现象,有的文字笔画也因缺墨而表现得很不清晰,因此,"明后 2347"号甲骨拓片的质量要好一些。

图 11　合集 2911 号甲骨拓片

图 12　明后 2347 号甲骨拓片

7. "合集 4334"号拓片(图 13)。《合集来源表》中显示其"著拓号"为"故宫 90","选定号""重见情况""拼合号"及"备注"等栏内容为空。"原骨拓藏"一栏的内容为"故宫",可知此片甲骨原藏于故宫博物院。此外,"合集 4334"号甲骨拓片又见于"明后 2391"(图 14)。与"合集 4334"号拓片相比,"明后 2391"号拓片墨色均匀,字迹清晰,不像前者那样有某些笔画被墨迹覆盖,无法识别。"合集 4334"号拓片的优点是将甲骨上的盾纹表现得更清楚一些,但整体而言,"明后 2391"号拓片的质量更佳。

图 13　合集 4334 号甲骨拓片

图 14　明后 2391 号甲骨拓片

上文是作者对《合集来源表》中的一些信息所做的几点订补。所有的订补信息都是在梳理校对甲骨拓片时发现的。对《合集来源表》进行订补的本意是争取让学术界对甲骨和拓片的收藏、利用及流传等信息有更全面、更好的了解，以方便广大学者对甲骨进行研究。编纂甲骨著录书的材料来源表是一件烦琐且耗时耗力的工作，想要完美无瑕着实不易，更何况为《甲骨文合集》编纂材料来源表，其工作量更是不可想象。因此，虽然《合集来源表》中某些拓片的信息有不足之处，但瑕不掩瑜，它作为一部优秀著作的地位是不可动摇的。

（作者：赵孝龙，中国社会科学院古代史研究所助理研究员）

白瑞华《甲骨卜辞七集》序言译注

◇郅晓娜

1938 年,美国白瑞华教授出版《甲骨卜辞七集》,著录了方法敛摹写的 7 宗甲骨,即天津新学书院甲骨藏品(25 片)、亚洲文会北中国支会上海博物院甲骨藏品(195 片)、美国柏尔根甲骨藏品(79 片)、美国普林斯顿大学甲骨藏品(119 片)、德国卫礼贤甲骨藏品(72 片)、临淄孙文澜甲骨藏品(31 片)、伦敦皇家亚洲文会甲骨藏品(6 片),共计 527 片。书中的致谢、简称表、前言和甲骨来源情况说明均用英文撰写,这里统称为序言。文中提到很多与甲骨收藏和流传有关的人物和资料,但内容都非常简略。有鉴于此,本文对这篇序言进行了翻译,并加了大量注释,以便学者利用。

一、致　谢

1937 年初在多伦多,明义士教授和我一起通读摹本,并提供了各种帮助,尤其在辨别伪刻和疑似伪刻上提供了很多意见。亨利 · 卢斯先生①提供了印刷经费;卢斯一家和方法敛一家在潍县是多年的邻居②。我的朋友和前学生房兆楹

---

① 亨利 · 卢斯(Henry R. Luce,1898—1967),美国出版家,美北长老会传教士路思义(Henry Winters Luce)之子,生于山东登州,10 岁被送往芝罘学校读书,14 岁单独前往欧洲,15 岁回美国读书,1920 年毕业于耶鲁大学。他创办了《时代》(1923)、《财富》(1930)和《生活》(1936)三大杂志,被称为"时代之父"。1936 年成立卢斯基金会,以纪念父母在中国传教的经历。参看《近代来华外国人名辞典》,北京:中国社会科学出版社,1981 年,第 296 页。

② 路思义(Henry Winters Luce,1866—1941),毕业于耶鲁大学,1897 年和新婚妻子一起来到山东登州,在登州文会馆担任物理老师。1904 年登州文会馆和青州广德书院合并,搬到潍县乐道院新校园,取名广文大学,路思义一家也随之搬到潍县,与方法敛一家比邻而居。1906 年路思义受校长柏尔根之派回美国募捐。1917 年齐鲁大学成立,路思义被推选为副校长,为此又赴美募集建校经费。1919 年担任燕京大学副校长,受校长司徒雷登之托赴美募得巨款,终于建成燕京大学校园。1927 年从燕京大学退休返回美国,研究中国历史、宗教和文化,并继续为燕京大学、齐鲁大学募集教育经费。

夫人杜联喆[①]书写了扉页上的文字。金璋先生为本书提供了几方面信息。T 的相关信息由郎曼主任[②]提供，S 的相关信息由吉卜生先生[③]提供，B 的相关信息由 Paul Chalfant Bergen 先生[④]提供，P 的相关信息由都格博士[⑤]提供，W 的相关信息

① 杜联喆(1902—1994)，燕京大学历史系毕业，后赴美留学，成为旅美汉学、历史学学者。与房兆楹先生结婚，夫妻两人同是历史学家，以明清史见长。

② 郎曼(Charles Herbert Bell Longman，1882—1961)，天津新学书院教员，1934 年退休后返回英国，对学校的各种情况非常熟悉。郎曼夫妇是翻译家杨宪益的中学老师。杨宪益在新学书院读书期间，深得郎曼夫妇喜欢，1934 年毕业后被郎曼夫妇带到英国学习希腊文和拉丁文，后来考入牛津大学。《杨宪益自传：漏船载酒忆当年》第四、五章对这段经历有记载。

③ 吉卜生(Harry E. Gibson)，早期研究甲骨刻辞的西方学者，长期住在上海，担任亚洲文会北中国支会上海博物院考古部主管。20 世纪 30 年代在《中国杂志》和《亚洲文会北中国支会会刊》上发表十几篇有关甲骨刻辞的论文，篇幅短小，内容比较大众化，其中两篇收录在 1940 年苏柯仁所著 *Nature in Chinese Art* 的附录中。参看夏含夷《西观汉记》，上海：上海古籍出版社，2018 年，第 90 页。

④ Paul Chalfant Bergen，柏尔根的儿子。柏尔根(Paul D. Bergen，1860—1915)，美北长老会传教士。1883 年来山东传教，1883—1891 年在济南，1891—1894 年回美国。1894 年重回山东，1894—1898 年在芝罘，1898—1901 年在青岛，1901—1904 年在登州，1902 年任登州文会馆校长，1902—1903 年回美休假一年，并筹集办学经费。1904 年登州文会馆和青州广德书院合并，在潍县成立广文大学，任命柏尔根为校长，遂到潍县任职，直到 1913 年。此后回到美国，住在康涅狄格州尤宁维尔镇(Unionville，Connecticut)附近的一个农场。1915 年 8 月 15 日因恶性贫血去世，葬在宁维尔镇附近的格林伍德公墓。

⑤ 都格(Frederick Jagger Tooker，1871—1952)，美北长老会传教士医生。1894 年毕业于新泽西学院，即普林斯顿大学(The College of New Jersey，1746 年在 Elizabeth 建校，1747 年搬到 Newark，1756 年搬到 Princeton，1896 年改名为 Princeton University)。1900 年来华，1907 年在上海结婚，常年在湖南各地传教施医，1935 年返回美国。都氏及其姊妹 1924 年曾捐献十五万美元在上海修建大厦，为各教会办公之用。参看《近代来华外国人名辞典》，北京：中国社会科学出版社，1981 年，第 479 页。

由卫德明博士①、鲁道夫·施特赫林先生②和鲁雅文博士③提供,R的相关信息由D. M. F. Hoysted上校④提供。

我还要感谢方法敛夫人⑤和Edward N. Chalfant先生⑥,把方法敛先生的遗稿、相关的书信和论文都交由我整理。

白瑞华 纽约 1938年

---

① 卫德明(Hellmut Wilhelm,1905—1990),德国汉学家,德国同善会传教士、著名汉学家卫礼贤之子,生于青岛。1933—1937年在北京大学任教,抗战期间在北京德国人所办的德国学会任职。1946年任北京大学教授。1948年赴美,任华盛顿州立大学东方学院教授。卫礼贤(Richard Wilhelm,1873—1930),1897年来华传教,在青岛办礼贤书院,其间购买过一些甲骨。1922年任德国驻华使馆文学顾问,1925年在法兰克福大学创立中国学院(Das China-Institut)。参看《近代来华外国人名辞典》,北京:中国社会科学出版社,1981年,第508—509页。

② 鲁道夫·施特赫林(Rudolf Staechelin,1881—1946),瑞士商人和艺术品收藏家。生于巴塞尔,19岁开始负责两个家族企业,同时负责韦尔纳亚(Vernayaz)皮斯瓦什瀑布(Pissevache waterfall)发电厂的扩建。1914年将发电厂卖给龙沙集团(Lonza AG),他担任董事会副主席。鲁道夫·施特赫林被誉为20世纪上半叶瑞士最重要的艺术品收藏家,收藏范围包括瑞士艺术家、法国印象派和后印象派的作品。他从1924年开始收藏东亚艺术品。1931年把艺术藏品转移到Rudolf Staechelin Family Foundation进行保存。部分艺术品捐赠给了巴塞尔艺术博物馆(Kunst museum Basel)和日内瓦艺术与历史博物馆(Musée d'art et d'histoire Geneva)。

③ 鲁雅文(Erwin Rousselle,1890—1949),德国汉学家,专攻亚洲佛道。1921年在中国与卫礼贤相识,1924—1929年接任卫礼贤在北京大学教授德国哲学,同时在清华大学教授比较语言学,在燕京大学Sino-Indian Institute担任主任。1930年后期返回德国,接替卫礼贤担任法兰克福大学中国学院院长。参看沈亚明:《沈仲章"忆"卫礼贤之佛缘》,《文汇报》2018年2月9日。

④ Colonel D. M. F. Hoysted(1874—1945),毕业于英国皇家陆军军官学校,后进入皇家工兵军团,1894年提升为陆军中尉,历经南非战争、英埃冲突、第一次世界大战等,功绩显赫,1930年被授予"大英帝国勋章"。他也于本年退休,担任英国皇家亚洲文会秘书,直到1940年。参看C. E. A. W. Oldham: Colonel D. M. F. Hoysted (1874—1945), *The Journal of the Royal Asiatic Society of Great Britain and Ireland No. 1* (Apr., 1946), pp. 97-98.

⑤ 方法敛夫人Jennie Martin Chalfant(1864—1955),生于俄亥俄州州府塞勒姆市(Salem),在匹兹堡公立学校接受教育,曾在林肯公立学校执教多年。1887年9月29日和方法敛在公园大道长老会教堂完婚,然后一起到中国潍县传教。二人于1887年10月20日一同乘船前往中国,11月15日到达中国。在潍县传教25年,育有两个孩子,女儿Margaret Chalfant和儿子Edward Newton Chalfant都在潍县出生。

⑥ Edward Newton Chalfant(1891—1964),方法敛的儿子,生于潍县,先在芝罘的中国内地会学校(China Inland Mission School)读书,后被送回美国读书,1912年6月毕业于俄亥俄州伍斯特学院(Wooster College),在纽约新闻出版界工作。1916年8月结婚,并定居纽约。

二、简称表

B　Bergen Collection 柏根氏藏品

C　Couling-Chalfant Collection 库方藏品

H　Hopkins Collection 金璋藏品

M　Menzies Collection, in Oracle Records from the Waste of Yin, Shanghai 1917 明义士藏品，著录在1917年上海出版的《殷虚卜辞》中

P　Princeton Collection 普林斯顿大学藏品

R　Royal Asiatic Society Collection 皇家亚洲文会藏品

S　Shanghai Museum, N. C. B. R. A. S. Collection 亚洲文会北中国支会上海博物院①藏品

T　Tientsin Anglo-Chinese College Collection 天津新学书院②藏品

W　Wilhelm Collection 卫礼贤藏品

X　Sun Collection 孙氏藏品

三、前　言

本书著录的31页甲骨摹本，是从1914年方法敛先生去世后遗留的手稿《甲骨卜辞》(*Bone Inscriptions*)中进一步挑选出来的。我们从这部遗稿中选出132页甲骨摹本，1935年在上海出版了中文版《库方二氏藏甲骨卜辞》。第一版很快脱销，两个月内就出了第二版。鉴于中国古文字学界和金石学界对摹本固有的偏见——与拓本相比，在一个快速发展的学科领域里，这些20多年前的成果还

---

① 1857年英国人在上海创办"皇家亚洲文会北中国支会"，1874年成立亚洲文会博物院，又称"上海博物院(Shanghai Museum)"，位于当时的"圆明园路"，1886年改名为"博物院路"，即今之虎丘路。博物院以收集有关中国的自然标本和文物艺术品为主要方向。1931年亚洲文会斥资16万两白银，拆屋重建，1932年建成五层大厦，即上海亚洲文会大楼，1933年正式开放。四楼、五楼为博物院陈列室，四楼陈列自然标本，五楼陈列中国历史文物。1956年，在上海博物院和法国人创办的震旦博物院的基础上，上海自然博物馆(2001年成为上海科技馆分馆)成立。有关上海博物院的历史，参看张小澜：《中国自然科学博物馆溯源——亚洲文会与上海博物院》，《上海科技馆馆刊》2009年第1期。

② 天津新学书院(Tientsin Anglo-Chinese College)，1902年由英国人赫立德博士创办，坐落于当时天津法租界的海大道，是外国教会在天津创办的最早的学院。该院为大学学制，学制四年。校舍是仿照英国牛津大学的欧洲青灰色古城堡式建筑，主楼分为南北两楼，设有礼堂、会议室、理化室、阅览室、体操房、篮球场、饭厅、学生宿舍、淋浴室、博物馆、机械实验室和化学实验室等设施。1930年改为天津私立新学中学，改由中国人当校长，学制九年。1953年改为天津十七中学。1976年唐山大地震中，新学书院老校舍全部被震毁。

能引起如此关注，这对方法敛来说着实是更加令人瞩目的致敬。

方法敛经手和研究了除库方藏品以外的很多商代甲骨刻辞。库方藏品是经他手的五宗甲骨收藏中最大的一宗。他摹写了所有经他手的甲骨，还根据甲骨稿本摹写了那些他未亲见的甲骨，并把所有这些一手资料编为《甲骨卜辞》第一卷，一共423页摹本。

正如库方藏品一样，本书著录的小宗甲骨藏品中，也有不少甲骨在摹写后的这些年里惨遭丢失、错置、断裂甚至毁坏。24片已确定丢失，书中都有标注。可能还有其他一些甲骨，这里的摹本成了目前唯一的记录。在重新缀合碎片和解读破损卜辞时，这些摹本就极有价值。

图版5—16是方法敛最早的摹本，与他后期的摹本，如图版22—25卫礼贤藏品和尚待出版的金璋藏品相比，摹写的熟练程度相对欠缺。图版1—4和图版32是方法敛根据他人所做摹本重新摹写的例子，自己并未亲见这些甲骨。与S和P这两宗尚存的甲骨实物，以及明义士对B这宗甲骨的直接摹写相比，方法敛的摹本并无太多可修正之处，即使有也不值得重视。方法敛使用非常厚的不透明纸进行摹写。有时他在用墨水摹录之前会先把甲骨放在纸上用铅笔勾勒其形。他用金属钢笔和液体油墨徒手摹录文字。在手稿《甲骨卜辞》的导言第五页，他写道：

> 起初，照相被认为是复制刻辞最好的手段，但后来我发现，甲骨的形状很不规则，刻字的颜色与骨面的颜色极为接近，以至于文字无法看见或者模糊不清，所以并不容易进行拍照。另一个困难在于，需要拍照的甲骨数量很大，没有设备齐全的工作室，拍照需要耗费巨大的人力。基于以上这些原因，我决定用钢笔和墨水进行摹写，并尽其所能地复现甲骨的形状和刻辞的原貌。这种方法会由于字形模糊不清造成的错误理解而出现摹写失真之处，但我已经竭尽全力把这种风险降到最低。读者应该会注意到，甲骨碎片边缘有一些显而易见的残字，缺失的笔画我在甲骨边缘用圆点虚勾了出来。

方法敛没有提到墨拓这种形式，不过他对中国人偏爱的这种方法相当熟悉。《甲骨卜辞》中有63页图版，是他摹写了《铁云藏龟》的全部拓本（序言于1903年写就，1904年在上海出版）。1935年6月飞尔德博物馆归还给方氏一家的方法敛遗稿中，有很多墨拓的铜器铭文和陶器铭文，但甲骨拓本只有本书27页著录的那八版。

殷墟遗址的早期发掘，对于商代研究者来说不仅仅是一种好奇的兴趣。方法敛在《殷虚卜辞》中这样叙述甲骨的发现：

> 甲骨是一些人在田地里私自挖掘时偶然发现的，确切发掘地尚未披露出来。……甲骨发现于1899年。商贩们自然把北京当作兜售这些奇特文物的最好市场，但发现北京因义和团乱作一团，其中一些古董商贩就转走山东，把许多甲骨和护身符处理给偶然遇见的购买者，并最终把一小部分甲骨

卖给了潍县一位古董商，这位古董商在 1903 年秋把它卖给了库寿龄和我。

在 1906 年匹兹堡出版的《中国古代文字考》（*Early Chinese Writing*）第 30 页，方法敛指出这位古董商是“一位本地商人。这位中国绅士，是作者的一位朋友”。《殷虚卜辞》手稿所附的信件和笔记中，经常提到方法敛从一位“李先生”手中购买甲骨。这位“李先生”的全名，《殷虚卜辞》的参考目录第 29 条有所提及，可能是一个人，也可能不是一个人：“未出版手稿，著录了很多铜器铭文，山东潍县李茹宾编纂，送于本人。”无论“李茹宾”是否就是古董商“李先生”，我们都可以把《殷虚卜辞》和《中国古代文字考》中提到的这位“李先生”称之为“古董商”“本地商人”“中国绅士”“作者的朋友”。

然而，根据 1937 年董作宾、胡厚宣在上海出版的《甲骨年表》（详细信息请参看 1—2 页），赵执斋是向方法敛出售甲骨的潍县古董商，范维卿（及其苦力）是向方法敛出售甲骨的古玩小贩。无论赵执斋还是范维卿，他们的名字都不曾在《殷虚卜辞》及相关资料中出现过。“李先生”可能是赵执斋的同伙，也可能是赵执斋的同行经销商，作为赵执斋的中间人和方法敛对接。

极有可能的是，范维卿经手了 T 和 S 这两宗甲骨，见图版 1—12。范维卿是潍县人，一位旅行经销商，常在收藏家和盗墓者之间牵线搭桥，并把田野接触作为私有信息，当被问起文物出土地点时故意散播错误信息。1899 年，不知在什么情况下，他把一些甲骨从河南带到北京呈给端方，据说端方非常高兴，以每字 2.5 两银子的价格收购。1899 年秋他以每片 2 两银子的价格卖给王懿荣 12 片。1900 年春又卖给王懿荣 800 片左右。等他再次携带一批新甲骨去往北京时，北京因拳乱被封锁，他转而去了潍县，并把部分甲骨转给了朋友赵执斋。

毫无疑问，范维卿是第一个把商代甲骨作为考古文物而非药材进行兜售的人。他可能独自发现了这些遗物，也可能在听说北京药铺出售龙骨后才注意到这些遗物。1899 年，作为王懿荣的门上客，刘铁云在被作为药材弄碎的龙骨即龟壳上发现了一些古文字，意识到这是一种未知的古文字资料。他们到出售龙骨的菜市口达仁堂药店进行询问。据说，王懿荣以每字 1 两银子的价格购买了部分带字龙骨。刘铁云遍访药铺，收购了所有带字的甲骨碎片。在接下来的四年时间里，刘铁云收集了约 5000 片，包括一些伪刻。他在《铁云藏龟》中公布了 1058 片甲骨拓本，是中国古文字学和金石学领域里第一部大型甲骨刻辞著录书。

起初的高价立刻导致了私掘和造假。垄断新生意的渴望造成了出土地点的混乱。居住在彰德府（今河南安阳）的明义士教授，虽然离发掘地仅 2 英里，并且自己就是甲骨收藏者，在 1909 年 4 月 20 日回复方法敛询问的信中还说，听说最近新出了一批甲骨，但他花了大约一年时间也没有打探到任何信息。在后来的一封信里，他也说了同样的话，并把这称为“商贩的缄默”。

本书图版中的伪刻有两种类型：一种是在非卜骨上作伪，这些骨上通常不会有刻辞,比如骨镞 S1、S2、S3 和 B1、B2、B3;一种是在完全空白的卜骨残片上作伪,比如 P76、P77,或者在部分空白的卜骨残片上作伪,比如 B48、W5、W11。方法敛提到的护身符,形状和刻辞皆是伪造。B 和 P 中的护身符已被剔除,另外五宗藏品中没有护身符。

本书 12 片上有伪刻,3 片值得怀疑。在得出这个判断之前,明义士教授查看了 S 和 B 尚存的全部甲骨实物,笔者查看了 S 和 P 尚存的全部甲骨实物。我们没有查看 T、B①、X 和 R 这四宗的甲骨实物,其上有无标注只是根据摹本上的字形和内容进行的判断。明义士教授在鉴别甲骨真伪上非常专业,但也可能存在一些完全抄录真刻辞的伪刻,是根据摹本甚至拓本和照片也无法鉴别出来的。这样的伪刻非常少,作伪者更喜欢在原刻上增字,比如 W5、W11。就一片伪刻而言,忠实的抄录或许对阅读卜辞无害,但对统计信息出现的频次有害。对古文字形,尤其是不常见字形的细节进行精细研究时,不能只依靠摹本。

这七宗甲骨都是在殷墟发掘早期购买的,现分散在中国、欧洲和美国。

四、甲骨来源情况说明

T,天津新学书院藏品。② 图版 1—4:共 25 片,骨 24 片、甲 1 片。来自王懿荣旧藏,购于 1900 年夏义和团运动之前。八国联军占领北京后,王懿荣在八月自杀。他的大部分藏品被儿子王翰甫出售,其中甲骨刻辞大多被刘铁云购得。天津新学书院创始人赫立德③在任期间,各种各样的藏品被学校借展。后来,部分展品被挑选出来赠予学校,这 25 片甲骨就含在赠品之中,但 1904 年学校博物馆开馆时还没有这批甲骨,甲骨在大约一年后即 1905 年才进入博物馆。1907 年天津总领事金璋摹写了这批甲骨,方法敛在没有见到原物的情况下,根据金璋的摹本做了摹本,即现在书中的这部分。在赫立德的请求下,金璋先生著文对这批甲骨进行了释读,发表在 1908 年的校园期刊 *College Echoes* 上。

---

① 此处“B”应为白瑞华笔误,前面已提到明义士教授查看了“B”柏根氏藏品的甲骨实物,未经查看的应该是“W”卫礼贤藏品。

② 这批甲骨现藏天津博物馆。根据《方法敛致金璋书信集》的记载,方法敛于 1907 年 11 月收到金璋寄来的天津新学书院博物馆所藏 25 片甲骨的摹本,并据此重新摹写了一份。除了甲骨,该博物馆还收藏了一些 cowries 等伪刻。1908 年 1 月库寿龄去过天津,拜访了金璋,并重新摹写了这批甲骨,把摹本给了方法敛。参看 1907 年 10 月 14 日、1907 年 11 月 14 日、1908 年 1 月 7 日、1908 年 2 月 5 日的书信。

③ 赫立德(Dr. Lavington Hart,1858—?),1902 年创办天津新学书院,1902—1926 年任新学书院校长。

S,亚洲文会北中国支会上海博物院藏品。① 图版 5—12:共 195 片,其中 14 片原骨已丢失。这是方法敛 1903 年在潍县购买的第一批甲骨。有一点无法解释的是,方法敛在《中国古代文字考》第 31 页及库寿龄在 1914 年发表的论文(JNCB XLV. 66)②中均提到上海博物院有 400 片甲骨。上海博物院于 1904 年 2 月 10 日购得这批甲骨,由当时的主席霍必澜先生③慷慨出资。许多年来这批甲骨都无人关注,后来才被苏柯仁④重新发现。1934 年上海博物院考古部荣誉保管员吉卜生把这些甲骨放在展柜里展览,并制作了摹本,1934 年 12 月以缩小的形式在会刊上发表(XXI No. 6)⑤。吉卜生先生是少数研究商代文字的西方学者之一。方法敛《中国古代文字考》第 30、33 页发表了 S1、S2、S3、S7 的摹本。

---

① 这批甲骨现藏上海自然博物馆。1948 年春郭若愚在上海博物院墨拓了一份,共 176 片,著录在 1951 年出版的《殷契拾掇初编》中。与《甲骨卜辞七集》所录 S 相比,《殷契拾掇初编》缺 S32、S34、S156、S159、S178 这五片甲骨,多掇 151 这片甲骨。另外,S100 已断为 2 片,即 S100=掇 28+掇 78;S129 已断为三片,即 S129=掇 31+掇 149+掇 160。郭若愚对 S136 和 S144 进行了拼合,即掇 156=S136+S144。有 2 片甲骨已残掉一半,即 S99 上=掇 46,S125 右半=掇 155。

② Samuel Couling,"The Oracle Bone from Honan", *Journal of the North-China Branch of Royal Asiatic Society*, XLV. 66. 1915.

③ 霍必澜爵士(Sir Pelham Laird Warren,1845—1923),英国领事官。1867 年来华为使馆翻译学生。1883 年代理福州副领事,1883—1884 年代理台湾领事,1886 年实任领事。1893—1899 年任汉口领事,1899—1901 年任汉口总领事,1901—1911 年任上海总领事。参看《近代来华外国人名辞典》,北京:中国社会科学出版社,1981 年,第 500 页。

④ 苏柯仁(Arthur de Carle Sowerby,1885—1954),英国博物学家,浸礼会传教士苏道味(Arthur Sowerby,1857—1934)之子,生于山西太原。幼年进烟台内地会所办学校读书,后回英国接受高中及大学教育。1905 年返华,在天津新学书院任教。1905—1916 年间常在山西、陕西、东北三省及内蒙古等地采集自然标本。一战期间回国服役,1921 年返华卜居上海,除为大英博物馆在华采集标本外,1923 年和福开森创办英文期刊 *The China Journal of Science and Arts*(《中国科学美术杂志》),后改为 *The China Journal*(《中国杂志》),影响遍及瀛海内外,深受当时汉学界关注。1923—1941 年担任亚洲文会北中国支会上海博物院院长,1936—1941 年间还担任亚洲文会北中国支会会长。参看《近代来华外国人名辞典》,北京:中国社会科学出版社,1981 年,第 450 页;李天纲:《〈中国科学美术杂志〉研究(上)》,《上海文化》2015 年 7 月。

⑤ Gibson,"The Picture Writing of Shang", *Journal of the North-China Branch of Royal Asiatic Society*, XXI No. 6. 1934.

B，柏根氏藏品。[1] 图版13—16：共79片甲骨，现原骨遗失2片，保存在山东济南齐鲁大学广智院（Whitewright Institute）中。这批甲骨由方法敛在潍县购买，可能是1904—1905年间所获1800片中的一部分（参看《中国古代文字考》第31页）。在1905年2月15日方法敛返回美国之前，这批甲骨已经转到了柏尔根手中。柏尔根是潍县广文大学的校长，这所学校后来搬到济南，和山东基督教共合大学合并，即现在的齐鲁大学。这批甲骨存放在济南府研究所博物馆——后改名为广智院，被粘在展柜里进行展览。蜘蛛以粘甲骨之面糊为食，蚀穿骨面，几乎毁了这些藏品。齐鲁大学国学研究所明义士教授，用酒精稀释过的漂白虫胶（西洋白漆皮）作为固定剂，阻止了进一步的毁坏。他以拓本和摹本的形式出版了这批藏品，并附有汉语释文、导言和注释，发表在1935年《齐大季刊》第6期和第7期上。1936年广智院出版了单行册，有摹本、汉语释文和导言，英文标题为 *The Oracle Bones of the Shang Dynasty*（*Tsinan Institute Collection*）。[2] 明义士版本著录了74片甲骨，其中B22、B36现已丢失，骨镞刻辞B1、B2、B3被剔除。方法敛《中国古代文字考》第30、34页公布了B1、B2、B3、B41、B49的摹本。

P，普林斯顿大学藏品，普林斯顿，新泽西州，美国。图版17—21：共119片，甲95片、骨24片，其中2片原骨已丢失。这批甲骨由方法敛在潍县所购，可能是他1906年11月20日从美国返回中国后不久所购。多年来这批甲骨为英国

---

① 柏尔根的甲骨藏品都是在潍县通过方法敛所购。方法敛在致金璋的信中多次提到柏尔根。1907年6月1日的信中写道："我把所有业余时间都用在甲骨碎片的编目、摹写和分类上。经过亚洲文会北中国支会上海博物院院长的同意，我借到了他们那部分甲骨藏品（180片）。我也借到了柏尔根先生的藏品（80片），加上我和库先生共同收藏的1700片，总共大约有2000片甲骨。"方法敛在《中国古代文字考》中说自己在1904—1905年间获得了1800片甲骨。这里又提到柏尔根藏80片，库方藏1700片。据此，柏尔根所藏80片可能是1904—1905年间所获1800片中的一部分，白瑞华的推测大致可信。1909年10月8日的信中写道："自从买了这批（护身符）之后，我又获得了另一批藏品——主要是'cowries'。它们也来自河南，证明我们手中的藏品也出自同一个地方。这些'cowries'和其他东西一起被我同事Whitcher先生和柏尔根先生买了。我手头比较拮据，没钱投资，又不希望这些护身符超出我的视野。把它们迅速置入Whitcher藏品和柏尔根藏品中，我能摹写它们，并把新见字形加入我的字表中。"这封信还写到"柏尔根藏品，5张摹本，共100片"。由此可见，除了最初的80片收藏，柏尔根于1909年又通过方法敛购买了约20个护身符伪刻，藏品总数约100片。柏尔根的甲骨藏品最终捐给了济南广智院，现藏山东博物馆。

② 除了发表在《齐大季刊》上，柏根氏旧藏甲骨还有两种单行本，一种是齐鲁大学本，即《柏根氏旧藏甲骨文字》，拓本和摹本并排，1935年济南齐鲁大学铅印暨石印本。一种是白瑞华说的广智院本，中文标题为《柏根氏旧藏广智院陈列河南殷墟出土甲骨写本》，只有摹本，1936年6月济南广智院出版。这两种版本的比较，参看赵晓林：《〈柏根氏旧藏甲骨文字〉的两种版本》，《藏书家》第16辑，济南：齐鲁书社，2009年。

浸礼会传教士、潍县广文大学教师 Harold E. Whitcher 所有[①]。1927 年 Whitcher 先生把这批甲骨卖给都格教授,都格教授又于 1928 年把它和古币藏品一起借给普林斯顿大学,1934 年赠给普林斯顿大学。现存的 117 片甲骨,已经在两册实验小册子里以照片或拓片或两者并有的形式出版:白瑞华《殷墟甲骨相片》(1935 年纽约)著录了 102 片;白瑞华《殷墟甲骨拓片》(1937 年纽约)著录了另外 15 片,并重复著录了其他几片。皮其莱教授对 P29 和 P48 上的颜料进行了分析,并把显微照片发表在 1937 年 3 月 15 日的《工业机械化学杂志》[②]上。同时,没有插图和技术信息较少的版本发表在 1937 年 3 月的《哈佛亚洲研究杂志》[③]上。

W,卫礼贤藏品。[④] 图版 22—25:共 72 片甲骨,其中甲 55 片,骨 17 片。其中 70 片收藏在瑞士巴塞尔民族艺术博物馆,一片 W11 收藏在德国法兰克福中国研究所,一片丢失(?)。这批甲骨属于德国传教士汉学家卫礼贤博士,可能是他在青岛购得。(威尔兹藏品,280 片,现藏柏林民族学博物馆,据说共 711 片,1909 年购于青岛)1911 年夏方法敛在青岛度假期间摹写了这批甲骨。与本书其他早期摹本相比,方法敛摹写商代刻辞的水平逐渐提高。后来,卫礼贤把

---

① Harold E. Whitcher 先生是英国浸礼会传教士,于 1907 年加入传教团,在潍县广文大学执教。方法敛在致金璋的书信中多次提到 Whitcher 先生。1908 年 3 月 14 日的信中写道:"自上封信以来,我又买了一批奇怪的甲骨,毫无疑问,这是我们见过最好的一批。我的同事 Whitcher 先生分了一份,我还保留了较多的一份。"信中还列举了这批藏品的内容,除了龟甲碎片,还有各种奇怪的护身符。1908 年 3 月 17 日的信中写道:"我已经有了四个(cowries),Whitcher 先生有三个。"1908 年 4 月 14 日的信中列出了方氏所摹甲骨藏品的简称表,其中 Whitcher Collection 简称 W。1908 年 5 月 9 日的信中写道:"我刚买了一些形状奇怪的护身符(amulets),Whitcher 先生想分享一部分。"1908 年 5 月 16 日的信中又写道:"我上次买的一批最终落入 Whitcher 先生的'魔爪'。"1909 年 10 月 8 日的信中提到方氏准备最终出版的摹本数量,其中 Whitcher Collection 有 15 页,227 片。根据上述书信可知,Whitcher 先生所藏甲骨是 1908—1909 年间通过方法敛所购得,其中含有不少护身符等伪刻。

② A. A. Benedetti-Pichler,"Microchemical Analysis of Pigments Used in the Fossae of the Incisions of Chinese Oracle Bones"(《中国卜骨涂料之微化学分析》),*Industrial and Engineering Chemistry*, Vol. IX, No. 3, Mar. 1937. Harvard Journal of Asiatic Studies 2. 1.

③ Roswell S. Britton,"Oracle-Bone Color Pigments"(《卜骨之涂料》), *Harvard Journal of Asiatic Studies* Vol. II, No. 1, Mar. 1937.

④ 方法敛致金璋的书信中提到过 Wilhelm(卫礼贤)和这批甲骨。1911 年 1 月 16 日(潍县)的信中写道:"Wilhelm 先生(青岛的一位德国朋友)前几天在我这里,说他有 80 片甲骨。他爽快地允许我为我们的著作摹写这批甲骨。"1911 年 6 月 17 日(青岛)的信中写道:"我和库小姐 6 月 3 日到达青岛,由于后背和右侧神经痛,我的状况非常糟糕。现在疼痛仍然以较轻的形式持续,但它阻止了我希望在甲骨上做的很多工作。Wilhelm 先生收藏的 72 片甲骨(品相一般)已经摹写完毕,因而增加了另一家藏品(名字定为 RW = Richard Wilhelm)和 4 张摹本。只有一片大骨有特殊价值,即 No. 5。72 片中有 17 骨、55 甲。"

W11 这片甲骨赠给法兰克福中国研究所,其余甲骨卖给了伯赖斯维克·萨拉辛牧师[1],伯赖斯维克·萨拉辛又于 1914 年把它们赠给巴塞尔民族艺术博物馆。W1、W4、W5、W9 这几片甲骨的描述和照片由伯赖斯维克·萨拉辛进行过发表,题为《巴塞尔民族艺术博物馆藏中国甲骨》,发表在《弗里茨·萨拉辛教授[2] 60 华诞考古学、人类学、史前史论文集》(1919 年 12 月 3 日)第 59—64 页上。

X,孙氏藏品。[3] 图版 26—31:31 片。现藏地不详。方法敛在《殷虚卜辞》中写到这批甲骨"为山东临淄孙氏所藏"。孙氏全名可能是孙文澜,是写在甲骨墨拓纸页上的签名,见图版 27,X8。另外,《殷虚卜辞》参考目录第 28 条也提到过临淄人孙文楷,是一本未出版手稿的作者,由于"孙先生的慷慨"而使方法敛有了一份抄本。方法敛在到布道站传教的过程中经常访问临淄。这 31 片甲骨可能购于 1907 年之前,那时孙先生似乎有 100 片左右的甲骨。

R,伦敦皇家亚洲文会藏品。图版 32:共 6 片,原骨已失。这几片甲骨为皇家亚洲文会一名会员所有,后借给另一名会员 Blagden 先生,1910 年 Blagden 先生把摹本寄给金璋,金璋又把摹本寄给方法敛,方法敛据此重摹了一份。[4] 皇家

---

① 伯赖斯维克·萨拉辛(Samuel Preiswerk-Sarasin,1853—1923),牧师,具体事迹不详,巴塞尔大学藏有其个人资料。

② 弗里茨·萨拉辛(Karl Fritz Sarasin,1859—1942),瑞士博物学家,和另一位博物学家、民族学家、瑞士自然公园创办人 Paul Sarasin(1856—1929)是表兄弟,二人一同在西里伯斯岛进行科学探险,并共同出版了一些科学著作。

③ 此批甲骨为孙文澜所有,1908 年 4 月 14 日方法敛致金璋的书信中有明确说明。孙文楷是孙文澜的堂兄,善治金石之学。方法敛能够摹写这批甲骨,并非因他"常去临淄,得识孙氏",而是库寿龄发现孙氏藏有甲骨,告诉了方法敛,并从中牵线搭桥。方法敛在 1907 年 12 月 3 日致金璋的信中提到:"库先生跟我说他在临淄找到一位孙先生,有 1300 片甲骨!"但此数字被金璋用红线勾掉,改成 100 片。1908 年 1 月 7 日的信中再次提到此事,说临淄孙氏有 1300 片甲骨只是传说。经库先生调查证实,孙先生提供了 300 片甲骨,但方法敛抱怨价格太高,只买了不到 100 片。胡厚宣《临淄孙氏旧藏甲骨文字考辨》(《文物》1973 年第 9 期)指出,孙文澜旧藏甲骨,现 8 片在山东博物馆,22 片在中国社会科学院历史研究所,另外 70 片不知归于何处。张媛《山东博物馆馆藏甲骨赏析》(《文物鉴定与鉴赏》2016 年第 9 期)对山东博物馆入藏孙氏甲骨的过程进行了说明。

④ Blagden 先生的名字在《方法敛致金璋书信集》中出现过三次,分别见于 1910 年 7 月 26 日,1910 年 8 月 18 日、19 日,1910 年 9 月 12 日这三封信中。在第一封信中,方法敛感谢金璋和 Blagden 先生交换的意见。在第二封信中,方法敛说他尚未收到金璋寄来的 Blagden 先生所藏甲骨的摹本。在第三封信中,方法敛说他已经摹写了金璋寄来的摹本,编号为 S32—S37,接在孙氏藏甲骨摹本编号的后面。显然,信中的 S32—S37 这 6 片甲骨就是本书的 R1—R6。

亚洲文会理事会备忘录中有相关记录，最后的记录见于 1925 年 10 月 6 日。[①] 1937 年进行了彻底的研究和咨询，仍未找到原骨。

（作者：郅晓娜，中国社会科学院古代史研究所助理研究员）

① 皇家亚洲文会 1925 年 10 月 6 日的《财务和出版委员会报告》（*Report of Finance and Publications Committee*）第 8 条记录：金璋先生对一些中国刻辞骨的提议被拒绝。（Mr. Hopkins' offer for some fragments of inscribed Chinese bones was declined.）这里所说的可能就是这条记录。果真如此的话，皇家亚洲文会可能最终并未购买这几片甲骨。

关于晋文公“请隧”的讨论

◇王泽文

一、“请隧”诸说

《左传》和《国语》都记载了晋文公因为帅晋师杀王子带，平周王室之乱，而向襄王“请隧”之事。关于晋文公“请隧”的含义，历来有不同的解释。为便于讨论，先将相关记载抄录于下。

《左传》僖公二十五年：

> (四月)戊午，晋侯朝王。王享醴，命之宥。请隧，弗许，曰：“王章也。未有代德，而有二王，亦叔父之所恶也。”与之阳樊、温、原、攒茅之田。①

《国语·周语中》：

> 晋文公既定襄王于郏，王劳之以地。辞，请隧焉。王不许，曰：“昔我先王之有天下也，规方千里以为甸服，以供上帝山川百神之祀，以备百姓兆民之用，以待不庭之虞之患。其余以均分公侯伯子男，使各有宁宇，以顺及天地，无逢其灾害，先王岂有赖焉。内官不过九御，外官不过九品，足以供给神祇而已，岂敢猒纵其耳目心腹以乱百度？亦唯是死生之服物采章，以临长百姓而轻重布之，王何异之有？今天降祸灾于周室，余一人仅亦守府，又不佞以勤叔父，而班先王之大物以赏私德，其叔父实应且憎，以非余一人，余一人岂敢有爱？先民有言曰：‘改玉改行。’叔父若能光裕大德，更姓改物，以创制天下，自显庸也，而缩取备物以镇抚百姓，余一人其流辟旅于裔土，何辞之有与？若由是姬姓也，尚将列为公侯，以复先王之职，大物其未可改也。叔父其懋昭明德，物将自至，余何敢以私劳变前之大章，以忝天下，其若先王与百姓何？何政令之为也？若不然，叔父有地而隧焉，余安能知之？”文公遂不敢请，受地而还。②

① 杨伯峻编著：《春秋左传注》(修订本)，北京：中华书局，1990年，第432—433页。不特别说明，下引《春秋经》和《左传》皆据此版本。

② 〔三国吴〕韦昭注，上海师范学院古籍整理组校点：《国语》，上海：上海古籍出版社，1978年，第54页。不特别说明，下引《国语》及注皆据此版本。

《国语·晋语四》：

王飨醴，命公胙侑。公请隧，弗许。曰："王章也，不可以二王，无若政何。"赐公南阳阳樊、温、原、州、陉、絺、组、攒茅之田。①

《史记·周本纪》叙述此事："十七年，襄王告急于晋，晋文公纳王而诛叔带。襄王乃赐晋文公珪鬯弓矢，为伯，以河内地与晋。"②未提请隧。《史记·晋世家》："（文公）二年春，秦军河上，将入王。赵衰曰：'求霸莫如入王尊周。周晋同姓，晋不先入王，后秦入之，毋以令于天下。方今尊王，晋之资也。'三月甲辰，晋乃发兵至阳樊，围温，入襄王于周。四月，杀王弟带。周襄王赐河内阳樊之地。"③同样未提"请隧"。

关于"请隧"，传统研究有以下两种观点：

（一）葬礼说

杜预注《左传》："阙地通路曰隧，王之葬礼也。诸侯皆县柩而下。"孔颖达疏就杜预注进一步解释："隐元年传曰：'阙地及泉，隧而相见。'是阙地通路曰隧也。天子之葬，棺重礼大，尤须谨慎，去圹远而阙地通路，从远地而渐邪下之。诸侯以下，棺轻礼小，临圹上而直县下之。故隧为王之葬礼，诸侯皆县柩而下，故不得用隧。晋侯请隧者，欲请以王礼葬也。"④其为葬礼说。《仪礼·既夕礼》："主人袒，众主人西面，北上。妇人东面。皆不哭。"郑玄注："侠羡道为位。"贾公彦疏："云'侠羡道为位'者，羡道谓入圹道，上无负土为羡道。天子曰隧，涂上有负土为隧，僖二十五年，晋文公请隧弗许是也。"⑤贾公彦以羡道上覆土为"隧"，虽然与贾谊、杜预等说法有异，但也属于葬礼说。

（二）六隧说

韦昭《国语·周语》注："贾侍中（引按，即东汉贾逵）云：'隧，王之葬礼，开地通路曰隧。'昭谓：隧，六隧也。《周礼》：天子远郊之地有六乡，则六军之士也；外有六隧，掌供王之贡赋。唯天子有隧，诸侯则无也。……采章，采色之文章也，死之服，谓六隧之民引王柩辂也。……大物，谓隧也。"⑥其为六隧说。

在上述葬礼说和六隧说两种传统旧说之外，前些年又有学者提出新的看法。常金仓认为，据传世文献和两周金文，未闻有以葬礼赐人者，杜氏以隧为葬礼之说实不足从；而据《尚书·费誓》"鲁人三郊三遂"，是诸侯有遂的证据，晋国也有乡遂制度，韦昭的说法也不足信；他提出"隧"即《周礼·春官·司常》所谓"全羽

---

① 《国语》，第374—375页。

② 〔汉〕司马迁：《史记》，北京：中华书局，1982年，第154页。不特别说明，下引《史记》皆据此版本。

③ 《史记》，第1663页。

④ 〔清〕阮元校刻：《十三经注疏》，北京：中华书局，1980年，第1820页。

⑤ 〔清〕阮元校刻：《十三经注疏》，北京：中华书局，1980年，第1156页。

⑥ 《国语》，第55、56页。

为旞”之“旞”,是一种特定形式的全羽的旗帜,属于“王章”,于礼诸侯所不当有,表露了晋文公图谋称霸的雄心。① 这里为旗物说。

二、诸说辨析

关于葬礼说和六隧说,前人已多有讨论。对于各家的说法,彭益林、许子滨等已经做了很好的梳理和辨析,可以参看。② 这里稍加补充。

(一)关于葬礼说

清人汪远孙《国语发正》指出贾谊较早提出这一观点。③ 按,贾谊《新书·审微》谓:“古者周礼,天子葬用隧,诸侯县下。周襄王出逃伯斗(校注谓:二字不可晓,疑衍),晋文公率师诛贼,定周国之乱,复襄王之位。于是襄王赏以南阳之地,文公辞南阳,即死得以隧下。襄王弗听……”④

据《后汉书·赵咨传》,赵咨给其子赵胤所留遗书主张薄葬,提到“晋侯请隧,秦伯殉葬”。唐代李贤等注曰:“隧谓掘地为埏道,王之葬礼也。诸侯则悬柩,故谓之也。《左传》,晋文公朝于襄王,请隧,不许。”⑤

此外,历代比较明确主张葬礼说的,暂举几个例子。

梁萧绎《金楼子》之《终制篇》第四:“夫有生必有死,达人恒分。棺椁之造,起自轩辕,周室有墙翣之饰,旌铭之仪,晋文公请隧,桓司马石椁,甚非谓也。”⑥ 元代马端临也主张葬礼说。⑦ 顾炎武以为,“王章也”,言天子之典章。似同意杜注。⑧ 清代学者中,赵翼也支持葬礼说,驳韦昭的说法,谓:“晋文公请隧。贾逵云,王之葬礼,阙地通路曰隧。昭则以为天子之六乡六隧地也。按襄王之词曰:‘若班先王之大物以赏私德。’又曰:‘叔父若能更姓改物以取备物。’又曰:‘余敢

---

① 常金仓:《晋侯请隧新解》,《山西师大学报》(社会科学版)1988年第4期。

② 彭益林:《晋文公“请隧”辨正》,《晋阳学刊》1983年第5期;许子滨:《〈左传〉“请隧”解》,《〈春秋〉〈左传〉礼制研究》,上海:上海古籍出版社,2012年,第424—438页。

③ 〔清〕汪远孙:《国语发正》卷二,〔清〕王先谦编:《清经解续编》第11册,南京:凤凰出版社,2005年,第3081页。彭益林《晋文公“请隧”辨正》和常金仓《晋侯请隧新解》已经指出这一点。

④ 《二十二子》,上海:上海古籍出版社,1986年,第737页。

⑤ 〔南朝宋〕范晔撰,〔唐〕李贤等注:《后汉书》,北京:中华书局,1965年,第1314—1317页。

⑥ 《景印文渊阁四库全书》第848册,台北:台湾商务印书馆股份有限公司,1986年,第816页。

⑦ 〔元〕马端临:《文献通考》卷一百二十三《王礼考十八》“虞祭”条,上海:商务印书馆,1936年,第1113页。

⑧ 〔清〕顾炎武:《左传杜解补正》,〔清〕阮元编:《清经解》第1册,南京:凤凰出版社,2005年,第5页。

以私劳变前之大章乎？'又《晋语》，文公请隧，弗许，曰：'王章也。'大物、备物、大章、王章，皆谓礼之大者，非郊遂地可知。况是时王正劳之以地，岂又辞所赐之地，而别请所不赐之地乎？"①洪亮吉②、沈钦韩③、梁履绳④主葬礼说。民国时期的一些研究多从杜注。⑤ 后来的学者中，童书业⑥、顾铁符⑦、黄连平⑧等也支持葬礼说。

关于葬礼说，笔者这里稍加补充。据《左传》记载："晋侯朝王。王飨醴，命之宥。"显见应为嘉礼。而文公所请若涉及自己的死生之事和葬礼，涉凶，不合情理。据《国语·周语中》，晋可"有地而隧"，也不似涉及葬礼。

（二）关于六隧说

宋代苏辙《古史》以为"韦义为长"。⑨ 清人孔广森赞同韦昭说，并说宋、鲁皆有王礼，故唯二国有隧。⑩ 惠栋对两说莫衷一是。⑪

细绎前引韦昭的说法，"采章，采色之文章也，死之服，谓六隧之民引王柩辂也"，如清人陈瑑所言，似也有弥合前人说法之意。⑫

近年来，一些新的注释本也基本沿袭上述说法。⑬

---

① 〔清〕赵翼撰，曹光甫校点：《陔余丛考》卷二"韦昭注国语"条，上海：上海古籍出版社，2011 年，第 45 页。

② 〔清〕洪亮吉：《春秋左传诂》，北京：中华书局，1987 年，第 322—323 页。

③ 〔清〕沈钦韩：《春秋左氏传补注》卷四"请隧"条，〔清〕王先谦编：《清经解续编》第 11 册，南京：凤凰出版社，2005 年，第 2956 页。

④ 〔清〕梁履绳：《左通补释》卷七"请隧"解，〔清〕王先谦编：《清经解续编》第 10 册，南京：凤凰出版社，2005 年，第 1431 页。

⑤ 如秦同培注译：《左传精华》，林庆彰主编：《民国时期经学丛书》第一辑第 39 册，台中：文听阁图书有限公司，2008 年，第 56—58 页。王伯祥：《春秋左传读本》，林庆彰主编：《民国时期经学丛书》第一辑第 40 册，台中：文听阁图书有限公司，2008 年，第 135—140 页。王天恨译释，韩慕庐重订：《春秋左传句解》，林庆彰主编：《民国时期经学丛书》第二辑第 43 册，台中：文听阁图书有限公司，2008 年，第 106—107 页。

⑥ 童书业撰，童教英导读：《春秋史》，上海：上海古籍出版社，2003 年，第 186 页。

⑦ 顾铁符：《随县曾侯乙墓无隧节》，《夕阳刍稿》，北京：紫禁城出版社，1988 年，第 143—147 页。

⑧ 黄连平：《〈国语〉和〈左传〉的异同比较》，《中国青年政治学院学报》2006 年第 4 期。

⑨ 〔宋〕苏辙：《古史》卷十六《晋唐叔世家》，《先秦史研究文献三种》第一册，北京：国家图书馆出版社，2013 年，第 461 页。

⑩ 〔清〕孔广森：《经学卮言》卷六"请隧"条，〔清〕阮元编：《清经解》第 5 册，南京：凤凰出版社，2005 年，第 6023 页。

⑪ 〔清〕惠栋：《春秋左传补注》"（僖公）廿五年传请隧"条，〔清〕阮元编：《清经解》第 3 册，南京：凤凰出版社，2005 年，第 2754 页。

⑫ 彭益林：《晋文公"请隧"辨正》，《晋阳学刊》1983 年第 5 期。

⑬ 赵生群：《春秋左传新注》，西安：陕西人民出版社，2008 年，第 232—233 页。

(三)关于旗物说

收录在《清华大学藏战国竹简(七)》的《晋文公入于晋》,涉及晋文公结束流亡回国即位后的治国理政,其中对旗物制度的完善,可与传世文献《周礼》相关内容对照。[①] 简文中有属于王的建制的绘有日月的"大常",[②]因此旗物说恐不能成立。

(四)根据考古新发现的进一步研究

近些年来,一些学者根据考古新发现,结合相关文献,对两种旧说作了进一步的研究和讨论。

张懋镕据新发现的史密簋铭文中的"遂人",肯定了《周礼》的乡遂制度,并结合《国语·齐语》等文献,认为齐国在西周时已经实行乡遂制度,而据《尚书·费誓》认为鲁国初建时已推行乡遂制度。[③] 李学勤指出"遂"还见于西周的遹盂(《殷周金文集成》10321)。[④] 这样的话,六隧说就失去了根据。[⑤]

关于周代高等级墓葬制度,也有一些深入的研究。

段清波结合两周高等级贵族墓葬考古材料指出,目前尚未发现隧道形式的墓道;周公庙四条墓道大墓的发掘,似乎说明至少最高等级的墓葬其墓道和诸侯墓葬的墓道在形式上没有太大的区别,仅有大小长短之分;有些诸侯国君的墓葬没有墓道,但晋侯墓地多为南北向双墓道("中"字形墓),说明诸侯不使用墓道"皆悬柩而下"至少不是常态;而洛阳东周王陵的勘查表明战国时期周王的墓道也是南北向双墓道,因而"请隧"也不可能是由双墓道升格为四墓道。由此,他倾向于韦昭的观点,认为晋文公"请隧"的"隧"是一种政治建制,是希望在晋国能够使用之前只在周王畿才能用的制度(除鲁国外)。[⑥]

---

① 李学勤主编,清华大学出土文献研究与保护中心编:《清华大学藏战国竹简(七)》,上海:中西书局,2017 年,简文照片见上册第 4 页,释文及注释见下册第 101—103 页。

② 李学勤主编,清华大学出土文献研究与保护中心编:《清华大学藏战国竹简(七)》下册,上海:中西书局,2017 年,第 101—103 页,第 104—105 页附录。马楠:《〈晋文公入于晋〉述略》,《文物》2017 年第 3 期。

③ 张懋镕:《史密簋与西周乡遂制度——附论"周礼在齐"》,《古文字与青铜器论集》,北京:科学出版社,2002 年,第 34—41 页。

④ 李学勤:《史密簋铭所记西周重要史实考》,《中国社会科学院研究生院学报》1991 年第 2 期,《青铜器与古代史》,台北:联经出版事业股份有限公司,2005 年。

⑤ 当然,也有不同观点,如晁福林认为,无论是齐国的"参其国而伍其鄙"、宋国的"隧正",还是鲁国的"三郊三遂"、郑国的乡校,都不是春秋时期有乡遂制度的证据。参晁福林:《周代社会与"乡遂制度说"》,《中国人文社会科学博士硕士文库·历史学卷》上册,杭州:浙江教育出版社,1998 年,又收入其著《夏商西周史丛考》,北京:商务印书馆,2018 年,讨论中未涉及史密簋。

⑥ 段清波:《晋侯请隧中的"隧"不当作墓道讲》,《中国文物报》2006 年 2 月 24 日第 7 版。

张应桥通过对考古发现商周墓葬使用墓道情况的考察，认为考古发现的商周时期墓道均是“上无负土”的斜坡形墓道，也没有发现所谓“上有负土”的只有天子才能使用的隧道，因而不赞成葬礼说，支持六隧说。①

种建荣等学者综合晚商和西周时期的墓葬材料研究指出，四条墓道虽然形制有别，但确为王墓的规制，周公庙四墓道大墓的规制，与周公及后继者的特殊身份地位有关；他们还举出有可能是周平王陵的洛阳体育场路东周墓M10122，该陵墓的墓室规模虽然小，但也带四条墓道。②

此外，李学勤指出，20世纪二三十年代发现的洛阳金村东周大墓，时代属于战国，其中有的甚至可能属于周王，这些墓葬都是单墓道的“甲”字形墓；21世纪初洛阳王城遗址内新发现的两座可能属于王陵等级的大墓，也是“甲”字形。③

近年新发现的随州叶家山西周早期曾国墓地，在曾侯墓和其他高等级贵族墓中，M28是不规则的“甲”字形墓，M111是一座带墓道的长方形竖穴墓，墓道底部尚未及墓室底部；其他的都是不带墓道的土坑竖穴墓。但在一些大墓如M25、M28、M46、M50、M65、M111等墓葬的墓坑的周边发现有四到七个不等的圆形、方形或椭圆形的斜向柱洞遗迹，发掘者和研究者认为，这种现象或许与《礼记·檀弓下》中“公室视丰碑，三家视桓楹”的记载有关，可能是诸侯级别用以下棺的工具。④ 陕西韩城梁带村发现的两周之际的大型墓葬，M27为双墓道，其他如M28、M26、M19、M502等为单墓道。⑤

综上所述，目前尚没有证据表明，周代的王陵及高等级墓葬存在“有隧”的情况。而六隧说也与传世文献及金文中涉及的齐、鲁乡遂制度的记载相违背。

三、“请隧”别解

笔者认为，晋文公的“请隧”应该是一种祀天（上帝）典礼。试述理由如下。

---

① 张应桥：《商周墓道制度辩论》，《中原文物》2009年第2期。

② 种建荣、张天宇、雷兴山：《晚商与西周时期墓道形制初识》，《江汉考古》2018年第1期。

③ 李学勤：《东周与秦代文明》，上海：上海人民出版社，2014年，第20—24页，第315页。

④ 黄凤春、黄建勋：《论叶家山西周曾国墓地》，湖北省博物馆等编：《随州叶家山：西周早期曾国墓地》，北京：文物出版社，2013年，第262—263页。李伯谦：《西周早期考古的重大发现》，湖北省博物馆等编：《随州叶家山：西周早期曾国墓地》，北京：文物出版社，2013年，第285页。

⑤ 张长寿：《论梁带村芮国墓地》，陕西省考古研究院、上海博物馆编：《两周封国论衡：陕西韩城出土芮国文物暨周代封国考古学研究国际学术研讨会论文集》，上海：上海古籍出版社，2013年，第7—10页。

(一)据《墨子·兼爱中》释"请隧"

《墨子·兼爱中》记载:

昔者武王将事太山(或作"泰山")隧。传曰:"泰山,有道曾孙周王有事。大事既获,仁人尚作,以祗商、夏、蛮夷丑貉。虽有周亲,不若仁人。万方有罪,维予一人。"此言武王之事,吾今行兼矣。①

此段文字有不同断句。② 笔者遵从"隧"属上读的理解。章太炎《尚书故言》解释得很清楚:"其说'武王将事泰山隧',书之经也。次引传曰'泰山,有道曾孙周王有事……维予一人'斯所谓书传也。"③

《墨子》此段话,阎若璩指出:"玩其文义,乃是武王既定天下后,望祀山川,或初巡守岱宗祷神之辞,非伐纣时事也。"④

孙诒让引《广雅·释诂》"将,行也"和《周礼·小宗伯》"将事于四望"注解"将事"。⑤ 高亨也指出,事,谓祭事也。⑥《周礼·春官·大宗伯》中"以吉礼事邦国之鬼神示",郑玄注:"事,谓祀之、祭之、享之。"⑦《左传》僖公九年:"王使宰孔赐齐侯胙,曰'天子有事于文、武,使孔赐伯舅胙'。"⑧

关于"隧",有不同解释。

毕沅注:"'隧'或为'隊'。《穆天子传》云'钘山之隊'。《玉篇》云:'隊,以醉切,掘地通路也,或作䢢。'案:'隊''隧'字皆《说文》'䢢'字之省。"⑨

刘昶认为,"隧"乃"欁"的假借,即禷祭;并引《说文》"䉒类于上帝"、《尧典》"肆类",《五帝本纪》《封禅书》皆作"遂类"。他赞同桂馥"类"当作"禷"的观点;又引静簋(《殷周金文集成》04273)、欁王盉(《殷周金文集成》09411)等金文材料加以分析,"肆""类"叠韵,复言之为"肆类",单言之则曰禷、曰欁;《礼记·大传》谓之柴,《墨子·兼爱》谓之欁,其告天一也。⑩ 高亨读"隧"为"肆",也认为"肆"是祭名,陈牲以祭也,并驳毕沅认为"隧"是"掘地通路"的解释。⑪《尧

---

① 王焕镳:《墨子集诂》,上海:上海古籍出版社,2005年,第339—341页。

② 王焕镳:《墨子集诂》,上海:上海古籍出版社,2005年,第339—341页。

③ 参见章太炎讲,诸祖耿整理:《太炎先生尚书说》,北京:中华书局,2013年,第2页。又林义光:《诗经通解》,上海:中西书局,2012年,第263页涉及此篇,谓"《墨子》称武王有事泰山之辞云:泰山有道,曾孙周王有事。"断句也当是如此。

④〔清〕孙诒让:《墨子间诂》,上海:上海书店出版社,1986年,第70页。

⑤〔清〕孙诒让:《墨子间诂》,上海:上海书店出版社,1986年,第70页。

⑥ 王焕镳:《墨子集诂》,上海:上海古籍出版社,2005年,第339页。

⑦〔清〕孙诒让撰,王文锦、陈玉霞点校:《周礼正义》,北京:中华书局,1987年,第1297页。

⑧《春秋左传注》,第326页。

⑨〔清〕孙诒让:《墨子间诂》,上海:上海书店出版社,1986年,第70页。

⑩ 王焕镳:《墨子集诂》,上海:上海古籍出版社,2005年,第339页。

⑪ 王焕镳:《墨子集诂》,上海:上海古籍出版社,2005年,第339—340页。

典》“肆类于上帝”，屈万里谓：“《夏小正》传云：‘肆，遂也。’”①

结合上下文，笔者赞成刘昶和高亨等先生的意见，“隧”应是祭名。

顾颉刚对于“类”祭也有分析，认为“类”为祭祀通名，祭祀上帝称“类”。②饶宗颐曾经讨论《殷虚书契前编》1.48.3（《甲骨文合集》11016）的“殔”字及《乙编》3355（《甲骨文合集》03271）的“㬰”字，谓“殔字形与古文𦺈略同，乃肆字也。肆遂古通，《尧典》‘肆类于上帝’，《五帝本纪》作‘遂类’，故此字可读为‘遂’”。③ 李学勤对“𦺈”“遂”“肆”也有相关讨论。④

贾贵荣认为，从《墨子·兼爱中》此段记载可以看出泰山封禅学说的雏形，并指出，“现藏于上海图书馆的《墨子佚文》则有‘翟以地为仁，太（泰）山之上，则封禅焉’。另外，《吕氏春秋·当染》：‘鲁惠公使宰让请郊庙之礼于天子。桓王使史角往，惠公止之。其后在于鲁，墨子学焉。’说明墨子确实学习研究过郊天大礼”。⑤ 可知《墨子》这段话是有所据的。

《春秋》隐公八年载：“郑伯使宛来归祊。”《左传》谓：“郑伯请释泰山之祀而祀周公，以泰山之祊易许田。三月，郑伯使宛来归祊，不祀泰山也。”⑥杜注：“郑桓公，周宣王之母弟，封郑，有助祭泰山汤沐之邑在祊。郑以天子不能复巡狩，故欲以祊易许田，各从本国所近之宜。”⑦

顾颉刚指出，“郑伯请释泰山之祀，足证周代祭泰山确为国家一大典，后世巡狩封禅之说由来有自”⑧。

《史记·封禅书》谓：“周成王封泰山，禅社首。”“《诗》云纣在位，文王受命，政不及泰山。武王克殷二年，天下未宁而崩。爰周德之恰维成王，成王之封禅则

---

① 屈万里：《尚书集释》，台北：联经出版事业公司，1983年，第18—19页。

② 顾颉刚：《顾颉刚读书笔记》卷十，《顾颉刚全集》第25册，北京：中华书局，2010年，第273—274页；《顾颉刚读书笔记》卷十一，《顾颉刚全集》第26册，北京：中华书局，2010年，第100页。

③ 饶宗颐：《殷代贞卜人物通考》，香港：香港大学出版社，1959年，第556—557页，第648页。

④ 李学勤：《楚简〈弟子问〉与“𦺈”字》，《文物中的古文明》，北京：商务印书馆，2008年。

⑤ 贾贵荣：《泰山封禅说与墨子》，王裕安主编：《墨子研究论丛》（五），济南：齐鲁书社，2001年。此据任继愈、李广星主编：《墨子大全》第三编第捌拾玖册，北京：北京图书馆出版社，2004年，第94—99页。又〔清〕孙诒让撰，孙启治点校《墨子间诂》所辑“墨子佚文”，有“吾见百国春秋”“太山之上则封禅焉”等（北京：中华书局，2001年，第656页）。

⑥ 《春秋左传注》，第56—58页。

⑦ 〔清〕阮元校刻：《十三经注疏》，北京：中华书局，1980年，第1733页。

⑧ 顾颉刚：《顾颉刚读书笔记》卷四，《顾颉刚全集》第19册，北京：中华书局，2010年，第5页。又可参看杨英：《“封禅”溯源及战国、汉初封禅说考》，《世界宗教研究》2015年第3期。

近之矣。”①又《左传》定公四年谓：“分康叔以大路……取于有阎之土以共王职；取于相土之东都以会王之东蒐。”杜注：“为汤沐邑，王东巡狩，以助祭泰山。”②这些都反映了西周王朝祭泰山之礼。吴闿生提到《礼记·大传》所记：“牧之野，武王之大事也。既事而退，柴于上帝，祈于社，设奠于牧室。”③

需要说明的是，古时的泰山不止一座，④周王祀天也不一定就是在泰山。关于天亡簋记载的武王“祀于天室”，林沄认为，是周武王在嵩山（铭文中的“天室”太室山）行封禅典礼。⑤ 李学勤认为是祭祀天室，即祀告于天。⑥

笔者认为，晋文公的“请隧”，应结合《墨子·兼爱中》所记“武王将事太山隧”这样的祀礼来理解。

不论是葬礼说，还是六隧说，都与晋文公诛杀王子带巩固周襄王地位的功绩没有直接关系。晋文公向襄王“请隧”，是针对他自己巩固后者地位、安定周室而言的，与周武王克商平定天下有相似性。

《左传》僖公二十五年记狐偃（引者按，即子犯）劝晋文公纳襄王时说：“求诸侯，莫如勤王。诸侯信之，且大义也。继文之业，而信宣于诸侯，今为可矣。”⑦前引《史记·晋世家》一段文字中，赵衰明言“尊王，晋之资也”，“入王尊周”的目的是“求霸”“以令于天下”，此即晋文公“请隧”的时代背景和主观动机。《吕氏春秋·不广》讲咎犯力主晋文公勤王时所言“事若能成，继文之业，定武之功，辟土安疆，于此乎在矣”⑧，可谓得其实。

从《左传》和《国语》看，周襄王拒绝晋文公“请隧”，并未提及葬礼或乡隧建制，重点都是在祭祀、祀典。

《国语·周语上》“祭公谏穆王征犬戎”篇谓：“夫先王之制，邦内甸服，邦外侯服，侯、卫宾服，蛮、夷要服，戎、狄荒服。甸服者祭，侯服者祀，宾服者享，要服者贡，荒服者王。日祭、月祀、时享、岁贡、终王，先王之训也。”⑨《礼记·祭义》曰：“是故昔者天子为藉千亩，冕而朱纮，躬秉耒，诸侯为藉百亩，冕而青纮，躬秉

---

① 《史记》，第 1361、1364 页。

② 《春秋左传注》，第 1537—1538 页。

③ 参张政烺著，朱凤瀚等整理：《张政烺批注〈两周金文辞大系考释〉》，北京：中华书局，2011 年，上册第 26—27 页，整理文字见下册第 3—4 页。

④ 李零：《入山与出塞》，北京：文物出版社，2004 年，第 8 页。

⑤ 林沄：《天亡簋“王祀于天室”新解》，《林沄学术文集》，北京：中国大百科全书出版社，1998 年。

⑥ 李学勤：《“天亡”簋试释及有关推测》，《中国史研究》2009 年第 4 期，《三代文明研究》，北京：商务印书馆，2011 年。

⑦ 《春秋左传注》，第 431 页。

⑧ 许维遹：《吕氏春秋集释》，北京：中华书局，2009 年，第 384—385 页。

⑨ 《国语》，第 4 页。

耒，以事天地、山川、社稷、先古，以为醴、酪、齐盛，于是乎取之，敬之至也。”①这两段文字正可以和前引《国语》周襄王驳晋文公“请隧”时所说的一段话对看。

《左传》定公四年有“备物、典策”之语。杨伯峻认为，服物不仅指生与死所服所佩之物，且指所用之礼仪，并认为即《国语·周语中》“缩取备物以镇抚百姓”之“备物”。② 笔者认为，应如彭益林所说，当是泛指制度。《国语·周语中》所谓“改物”，《国语·晋语四》所谓“王章”，也即《国语·周语中》“（周）定王论不用全烝之故”篇所论的“王室之礼”。所谓“大物”“更姓改物，以创制天下”，可以理解为天命。《左传》哀公元年所谓“祀夏配天，不失旧物”。

（二）晋文公“请隧”与齐桓公欲封禅

《诗经·小雅·雨无正》中“周宗既灭”“邦君诸侯，莫肯朝夕”，③反映了西周末年周王室的衰败情形。王韬曾征引钱大昕的言论，认为平王东迁后仅有其国，不能再说他“有天下”。④ 刘师培《读左札记》讨论东周周天子地位，谓“当此之时，王室危弱，赖晋以存”。⑤ 童书业谓其时周室已“在诸侯卵翼之下了”。⑥李学勤也指出，平王东迁后，周室不再有控制诸侯的力量，形成诸侯力政的局面。⑦

西周覆亡，东周以降，周王室只保有名义上的天子尊号，以及与之相对应的“王室之礼”（《左传》宣公十六年）⑧。由青铜器铭文可知，春秋以降，除了在铭文起首还简单保留有“唯王某某年”的纪时语，类似西周时期流行的对时王的称颂、“扬王（天子）休”之类的套语，已经完全消失了。新出曾侯与编钟铭文也表明，曾左右文王、武王的姬姓曾国，在“周室既卑”以后也公然倒向楚国，且与同为姬姓的吴国为敌。⑨ 周室衰微，代之而起的齐、晋等国在春秋时期迅速崛起和称霸。

据《史记·齐太公世家》，葵丘之盟以后，齐桓公曾有封禅之意：

---

① 〔清〕孙希旦撰，沈啸寰、王星贤点校：《礼记集解》，北京：中华书局，1989 年，第 1222 页。

② 《春秋左传注》，第 1537 页。

③ 〔清〕阮元校刻：《十三经注疏》，北京：中华书局，1980 年，第 447 页。

④ 罗军凤：《王韬〈春秋左氏传集释〉与晚清经学革新》，《文学遗产》2016 年第 1 期。

⑤ 〔清〕刘师培：《刘师培辛亥前文选》，钱锺书主编：《中国近代学术名著丛书》，北京：生活·读书·新知三联书店，1998 年，第 294—295 页。

⑥ 童书业撰，童教英导读：《春秋史》，上海：上海古籍出版社，2003 年，第 13 页。

⑦ 李学勤：《东周与秦代文明》，上海：上海人民出版社，2014 年，第 4 页。

⑧ 《春秋左传注》，第 770 页。《左传》僖公二十五年卜偃所说“周礼未改。今之王，古之帝也”（《春秋左传注》，第 431 页）即道出了周室在内忧外患之中风雨飘摇的窘境。

⑨ 湖北省文物考古研究所、随州市博物馆：《随州文峰塔 M1（曾侯与墓）、M2 发掘简报》，《江汉考古》2014 年第 4 期；王泽文：《文峰塔 M1 出土曾侯与钟铭的初步研究》，《江汉考古》2015 年第 6 期。

于是桓公称曰:"寡人南伐至召陵,望熊山;北伐山戎、离枝、孤竹;西伐大夏,涉流沙;束马悬车登太行,至卑耳山而还。诸侯莫违寡人。寡人兵车之会三,乘车之会六,九合诸侯,一匡天下。昔三代受命,有何以异于此乎?吾欲封泰山,禅梁父。"管仲固谏,不听;乃说桓公以远方珍怪物至乃得封,桓公乃止。①

《史记·封禅书》记载此事更为详细:

齐桓公既霸,会诸侯于葵丘,而欲封禅。管仲曰:"古者封泰山禅梁父者七十二家,而夷吾所记者十有二焉。昔无怀氏封泰山,禅云云;虙羲封泰山,禅云云;神农封泰山,禅云云;炎帝封泰山,禅云云;黄帝封泰山,禅亭亭;颛顼封泰山,禅云云;帝俈封泰山,禅云云;尧封泰山,禅云云;舜封泰山,禅云云;禹封泰山,禅会稽;汤封泰山,禅云云;周成王封泰山,禅社首:皆受命然后得封禅。"②

前人已经指出,《史记·封禅书》此段文字或采自《管子·封禅》,但后者已亡佚。③ 今人或又据《史记·封禅书》辑佚而成《管子·封禅》。④

笔者认为,晋文公之所以"请隧",也是因为他的企图和齐桓公封禅的想法类似,都超出了诸侯国的祀祷范围。

《国语·楚语下》观射父论祀牲,谓:"是以古者先王日祭、月享、时类、岁祀。……天子徧祀群神品物,诸侯祀天地、三辰及其土之山川……"韦昭注:"告以事类曰类。……三辰,日、月、星。祀天地,谓二王之后;非二王之后,祭分野星、山川而已。"⑤《史记·封禅书》:"天子祭天下名山大川,五岳视三公,四渎视诸侯,诸侯祭其疆内名山大川。"⑥《左传》昭公十三年:"初,(楚)共王无冢适,有宠子五人,无适立焉。乃大有事于群望。"⑦这些都表明天子与诸侯祭祀有严格的区别。前已述及,晋文公所请,是不符合传统礼制规范下诸侯国疆域内的祀祷,所以才需向周王提出请求。

之所以齐桓公有封禅的想法可以不向周王室提出请求,而晋文公需要"请隧",个中缘由,周襄王已经讲得很明白,晋国不仅为周王所封,而且从宗法制上

---

① 《史记》,第1491页。

② 《史记》,第1361页。《汉书·郊祀志》同。又,顾颉刚认为,《韩诗外传》"孔子升泰山,观易姓而王,可得而数者七十余人,不得而数者万数也"是从管仲上述"古者封泰山、禅梁父者七十二家,而夷吾所记者十有二焉"化出。参顾颉刚:《顾颉刚读书笔记》卷七,《顾颉刚全集》第22册,北京:中华书局,2010年,第71页。

③ 《史记》,第1361页。

④ 黎翔凤撰,梁运华整理:《管子校注》,北京:中华书局,2004年,第951—954页。

⑤ 《国语》,第567—569页。

⑥ 《史记》,第1357页。

⑦ 《春秋左传注》,第1350页。

讲,是周之子弟。这就是“王章”“大物”。而齐国虽然也是周王所封,但毕竟是异姓。终春秋之世,异姓诸侯似也未向周王献捷或献俘,也是这个道理。

(三)晋文公“请隧”是要求周王承认其霸主地位

继齐国之后,晋国成为中原实际的霸主,而且持续时间更久。

《史记·齐大公世家》载:“(齐顷公)十一年,晋初置六卿,赏鞌之功。齐顷公朝晋,欲尊王晋景公,晋景公不敢受,乃归。”①《晋世家》《十二诸侯年表》也有类似记载。②

《左传》成公三年,鞌之役后,“十二月,甲戌,晋作六军……齐侯朝于晋,将授玉”。杜预注:“为六军,僭王也……行朝礼。”孔疏以为《史记·齐太公世家》《史记·晋世家》是司马迁误读“玉”字为“王”字。③ 一些清儒也持类似意见。④

笔者按,《史记·齐太公世家》《史记·晋世家》《史记·十二诸侯年表》与《左传》关于此事的史料来源未必相同,不能就此断定司马迁误读。

章太炎据《诗经》《春秋》《左传》举周、郑交恶等史事论东周之衰,又结合《史记·齐太公世家》《史记·晋世家》讨论晋国长期称霸,乃至齐顷公欲尊晋景公为王之事。⑤ 顾颉刚也曾讨论“鲁以王待晋”,引《国语·周语上》与《左传》襄公二十九年互证。⑥ 又引《庄子·齐物论》称晋献公为“王”、《韩诗外传》卷十称晋平公为“王”等记载,谓“当春秋时,晋自是当日中原实际之王,故人每以王称其君”⑦。

《国语·晋语八》载郑国大夫子产对晋卿韩宣子所说的一段话:“子产曰:‘……侨闻之,昔者鲧违帝命,殛之于羽山,化为黄熊,以入于羽渊,实为夏郊,三代举之。夫鬼神之所及,非其族类,则绍其同位,是故天子祀上帝,公侯祀百辟,自卿以下不过其族。今周室少卑,晋实继之,其或者未举夏郊邪?’宣子以告,祀夏郊,董伯为尸,五日,公见子产,赐之莒鼎。”⑧此事又见于《左传》昭公七年,子产语作:“昔尧殛鲧于羽山,其神化为黄熊,以入于羽渊,实为夏郊,三代祀

① 《史记》,第1498—1499页。

② 《史记》,第1678—1679页,第622页。

③ 〔清〕阮元校刻:《十三经注疏》,北京:中华书局,1980年,第1901页。

④ 《春秋左传注》,第815页。

⑤ 章太炎:《春秋左氏疑义答问》,《章氏丛书续编》卷二下,刘晓东、杜泽逊编:《清经解三编》第11册,济南:齐鲁书社,2011年,第290—291页、第304页。

⑥ 顾颉刚:《顾颉刚读书笔记》卷四,《顾颉刚全集》第19册,第213页。

⑦ 顾颉刚:《顾颉刚读书笔记》卷十二“晋君被称为王”条,《顾颉刚全集》第27册,第341页。

⑧ 《国语》,第478页。

之。晋为盟主,其或者未之祀也乎!"①子产的话表明,在周室衰微之后,作为霸主的晋国,不仅接受诸侯来朝,主持盟会,而且应祀上帝,已是当时不争的共识。

类似观念,又可参看《左传》昭公十三年,晋叔向所言:"明王之制,使诸侯岁聘以志业,间朝以讲礼,再朝而会以示威,再会而盟以显昭明。志业于好,讲礼于等,示威于众,昭明于神。自古以来,未之或失也。存亡之道,恒由是兴。晋礼主盟,惧有不治,奉承齐(斋)牺,而布诸君,求终事也。"②

晋文公之时,当然还没有到被其他诸侯尊为王的地步,其纳襄王,也是打着"尊周""尊王"的名义。但如前所论,其真实意图却是"求霸""以令于天下"。

张政烺曾讨论晋公盦"膺受天命"谓:"此与《秦公钟》《秦公簋》同,皆末世诸侯之僭妄也,而此铭妄诞尤甚。惟天子为受天命,诸侯则受命于天子。晋文公请隧,襄王责以更姓改物之义即受命之说也,曰:'若由是姬姓也,尚将列为公侯。'盖当世流行'一姓不再兴'一语,明晋之不能受天命耳。然可见晋之僭久矣。《晋语八》数见周卑晋继之语,更有子产'其惑(或)者未举夏郊邪'之言,知晋人自信受天命不自晋公雒始也。"③

根据近来的认识,晋公盦很可能就是晋文公时所作。④ 晋文公因称霸进而有"改物"的企图,有传世文献与出土文献的二重证据。晋文公"请隧",就是要求周襄王承认其实际的霸主地位。

周襄王未允晋文公的请求,但送给晋阳樊、温、原、攒茅等地(其时已非周室实际控制),实际上是妥协。前文已引述的《春秋》经传隐公八年所载的"郑伯使宛来归祊""郑伯请释泰山之祀而祀周公,以泰山之祊易许田",杜预注已经说明,是因为周天子早已没有能力再兴"巡狩"之举,曾经封给郑国的用以助祭泰山的汤沐邑自然也相应弃置。但周襄王清楚大势所在,"赐予"晋文公的田,名义上是"劳之以地",也有赐汤沐邑的含义在其中。⑤

---

① 《春秋左传注》,第1289—1290页。邵蓓指出,春秋时期,各国一般以盟主来指称霸主,《左传》中"盟主"一词多见而"霸主"一词罕见。参其著《春秋霸主政治的几个问题》,孟世凯主编:《赵光贤先生百年诞辰纪念文集》,北京:中国社会科学出版社,2010年。

② 《春秋左传注》,第1355—1356页。

③ 张政烺著,朱凤瀚等整理:《张政烺批注〈两周金文辞大系考释〉》上册,北京:中华书局,2011年,第504—505页。张政烺手稿整理稿见《张政烺批注〈两周金文辞大系考释〉》下册第159页,此据原手稿及郭理远《〈张政烺批注《两周金文辞大系考释》〉读后》(《学灯》第一辑,2016年)校改。

④ 吴镇烽:《晋公盘与晋公盦铭文对读》,复旦大学出土文献与古文字研究中心网站,2014年6月22日;王泽文:《重论晋公盦年代和历日——兼说晋公盘》,待刊。

⑤ 关于周代的汤沐邑,最新的研究可参看陈絜、赵庆淼:《"泰山田猎区"与商末东土地理——以田猎卜辞"盂""声方"诸地地望考察为中心》,《历史研究》2015年第5期;陈絜:《"梁山七器"与周代巡狩之制》,《汉学研究》(台湾)第34卷第1期,2016年3月。

根据传世文献和出土材料，祀天（上帝）典礼，或依托某座名山。据刘钊研究，西周金文中唯一一处明确提到在“山”上进行祭祀的材料是毓祖丁卣（《殷周金文集成》05396）。[①]《国语·晋语八》和《左传》昭公七年所记晋“祀夏郊”，没有明确涉及望祀山川。

综合上面的分析，笔者认为晋文公的“请隧”应解释为祀天（上帝）典礼。当然，这只是一个尝试和探讨，还望方家指正。

（作者：王泽文，中国社会科学院古代史研究所副研究员）

① 刘钊：《谈出土文献中有关祭祀山川的资料》，李宗焜主编：《古文字与古代史》（第五辑），台北：“中央研究院”历史语言研究所，2017 年，第 531 页。

《曹刿论战》札记四则

◇刘义峰

《曹刿论战》是选自《左传》庄公十年的一篇经典名文，不仅被一些古代汉语或文选类教材收录，而且被列为中学语文文言文教学的重点篇目，在社会上有着广泛的影响。但由于年代久远，文辞简奥，各版本教材或《左传》注本对其的解释或多或少都有不足之处。本文兹就四个疑难字句的释读进行辨析。为便于讨论，先将原文第一段转引如下：

十年，春，齐师伐我。公将战，曹刿请见。其乡人曰："肉食者谋之，又何间焉？"刿曰："肉食者鄙，未能远谋。"乃入见。问："何以战？"公曰："衣食所安，弗敢专也，必以分人。"对曰："小惠未徧，民弗从也。"公曰："牺牲玉帛，弗敢加也，必以信。"对曰："小信未孚，神弗福也。"公曰："小大之狱，虽不能察，必以情。"对曰："忠之属也，可以一战。战则请从。"

一、衣食所安

"所安"是一个所字结构，即"所+动词"，对于这种结构，杨伯峻认为："'所'字的这种用法，除少数例外，似乎含有指代那动作的对象的意思。"①如按照这个一般用法，"所安"指的就是"安"的对象，与前面的"衣食"构成复指关系，但"衣食"又不能成为"安"的对象，这样的解释讲不通。但他还举出了一个例外，《诗经·小雅·小宛》中的"毋忝尔所生"，"所生"指的是父母，生育的人，不是子女，被生育的人。对于这种情况，"所生"应理解为"所以生"。同理，"所安"也可以理解为"所以安"，即"指代介词'以'所介绍的对象——动词'安'赖以实现（凭借）的东西"②，与前面的"衣食"正对应，"衣食"是"安"得以实现的条件。类似的例子还有《左传》昭公四年"冀之北土，马之所生"，"所生"不是指"马驹"，而是"马凭以繁衍生息的地方"。

安，《说文·宀部》："安，静也，从女在宀下。"《尔雅·释诂下》："安，定也。"

① 杨伯峻：《文言语法》，北京：中华书局，2016年，第210页。

② 胡竹安：《文言文疑难词句试释》，《河北师范大学学报（哲学社会科学版）》1980年第2期。

字形会意女子安处于室中，本义是安静，引申有安定、安适、安好等意义。“衣食所安”的“安”，人教课标版《语文》九年级下册注释认为有“养”的意思，把“衣食所安”译为“衣食这类养生的东西”。这样的解释明显没有依据。相比而言，《春秋左传正义》孔颖达疏：“公意衣食二者，虽所以安身，然亦不敢专已有之，必以之分人。”将“安”解释为“安身”则较为合理。“安身”在不同的情况下可作不同的理解，《左传》昭公元年：“君子有四时：朝以听政，昼以访问，夕以修令，夜以安身。”“安身”作“安歇身体”讲。《韩非子·释邪》：“污行从欲，安身利家，人臣之私心也。”“安身”作“保全自身”讲。孔颖达所说的“安身”即“身安”。“衣食”是维系人生存发展的基本条件，衣食无虞，才会“身安”。所以用“安身”来理解“衣食所安”的“安”是非常恰当的。朱东润《中国历代文学作品选》认为“衣食所安”即“我所享受的衣食”，把“安”解释为“安逸”。这样理解是基于鲁庄公的身份，认为鲁庄公之“衣食”的特殊性，是享受之物。乍看起来似乎有理，其实不然。无论“衣食”的等级如何，都具有维系人们基本需要的特质。这里以“衣食”为“安身”之物，不是要降低鲁庄公的消费层级，而是强调“衣食”对于人们生活的重要性。鲁庄公认为，“衣食”虽然是安身所系，但自己也不会因此就独占，而是将之分人，以体现自己的大方、不吝啬。

二、弗敢加也

“弗敢加也”的“加”，主要有两种注释：一是将“加”释为“夸大”“虚报”。如杜预在“弗敢加也，必以信”下注曰：“祝辞不敢以小为大；以恶为美。”人教课标版《语文》九年级下册注释为“虚报”。二是将“加”释为“增加”。如杨伯峻《春秋左传注》在“牺牲玉帛，弗敢加也”下注曰：“牺牲玉帛皆祭神之物，必依礼为之，不使超过规定。”朱东润《中国历代文学作品选》对“牺牲玉帛，弗敢加也”的解释是：“祭祀用的牛、羊、猪、宝玉和丝绸等物，有规定的数量，不敢自行增加。”

从“加”字的单字释义来看，上面两个义项都是有的。但放到上下文里，只能有一个合适。“弗敢加也”后面紧跟着“必以信”，信，《说文·言部》：“信，诚也。”“诚信”与“夸大”“虚报”构成对立关系。上文“弗敢专也，必以分人”，“专”与“分”也构成对立关系。而“诚信”与“增加”则难以构成对立关系。因此，从上下文看，释“加”为“夸大”更合适。另《国语·鲁语上》可与《曹刿论战》对读，《国语》侧重记言，记载较为具体。《国语·鲁语上》说：“公曰：‘余不爱衣食于民，不爱牲玉于神。’”爱，吝也，《诗经·大雅·云汉》：“靡爱斯牲，圭璧既卒。”“不爱牲玉于神”即“对神不吝惜牺牲玉帛”，《曹刿论战》与之对应的就是“牺牲玉帛，弗敢加也”，“不爱”与“弗敢加也”为近义，显然“加”字不能释为“增加”，因为“不吝惜”与“不敢增加”是矛盾的，将“加”释为“夸大”“虚报”则较为合理。

加,《说文·力部》:“加,语相增加也。”段玉裁《说文解字注》说:“譄,各本作‘增’,今正。增者,益也。义不与此同。譄下曰:‘加也。’诬下曰:‘加也。’此云‘语相譄加也’,知譄、诬、加三字同义矣。”段玉裁继以《论语·公冶长》“我不欲人之加诸我也,吾亦欲无加诸人”中的“加”字为例,分别引马融“陵也”、袁宏“不得理之谓也”、刘知几“诬妄”、韩愈“讦以为直”的解释进行说明,指出“皆得加字本义”。2010 年《汉语大字典》第二版以义项①“诬枉、夸大”为“加”字本义,分别引用《说文解字》《左传》等相关材料进行说明。不过段玉裁所引用来进一步说明“加”字本义的《论语·公冶长》一条,被置于义项⑧下,释“欺侮;凌驾”,作引申义处理。

根据《说文解字》,“加”“譄”“诬”三字同义,“譄”“诬”均从言,“加”从口,说明“加”本来就是一种“言”。“加”字从口从力,“力”字,甲骨文金文象耒形①,耒是古代耕地用的农具。“加”字引申义,段玉裁认为:“凡据其上曰加。”《汉语大字典》第二版中“加”字第①—⑮个义项,除表姓氏、通假字外,其他诸如夸大、增加、外加、放置、施加、施用、穿着、凌驾、逾越,以及表数学运算的“加”、表“更”义的程度副词、表递进关系的连词,确实都有“据其上”的意义蕴含其中。这个“据其上”其实就是“加”字的核心义。综合三个要素——表言、耕地农具、据其上,我们认为“加”字的本义是:统治者或管理者号令民众合力而耕。由于是发号施令,所以引申出“凌驾”的意思;督促农业生产,引申出“加力”“增加”的意思;施令但不从事具体农业劳作,又引申出“虚言不实”的意思。可见,“夸大”“虚言”应是“加”字的引申义,而非本义。

三、必以情

“必以情”,主要有两种解释。一是“实际情况”或“合情合理”。人教课标版《语文》九年级下册将“情”解释为:“以(实情)判断。”沈玉成《左传释文》的解释:“但必定按照情理处理。”朱东润《中国历代文学作品选》释作:“一定要处理得合情合理。”二是“尽心”“忠诚”。杜预注:“必尽己情查审也。”杨伯峻《春秋左传注》同时收了两个解释,他说:“《鲁语上》作‘必以情断之’。《孟子·离娄下》‘声闻过情’,情谓实际情况,即此情之义。或曰,情,忠诚也,见《荀子·礼论》注,义较长。”

“小大之狱,虽不能查,必以情”,将第一种解释代入,就会变成“大大小小的案件,虽然不能逐一查明,但一定以实际情况处理”,或“大大小小的案件,虽然不能逐一查明,但一定要处理得合情合理”。从文意上说,非常不通顺,既然不能逐一审查,如何能按照实际情况处理呢?又如何能处理得合情合理呢?第一

① 徐中舒:《耒耜考》,《徐中舒历史论文选辑》,北京:中华书局,1998 年,第 75 页。

种解释显然不通。所以,只能从第二种解释入手。杜预“尽己情”的“情”指的是鲁庄公的主观之“情”,不是案件的实情或情理。情,可释“诚”。《淮南子·谬称训》中“凡行戴情”“不戴其情”,高诱注:“情,诚也。”[①]《论语·子路》中“上好信,则民莫敢不用情”,朱熹注:“情,诚实也。”[②]《荀子·礼论》中“情貌之尽也”,杨倞注:“情,忠诚也。”[③]

诚,《说文·言部》:“诚,信也。”《礼记·祭统》:“诚信之谓尽,尽谓之敬。”依《礼记·祭统》的解释,诚信就是尽心。所以,“小大之狱,虽不能查,必以情”一句应释为:“大大小小的案件,虽然不能逐一查明,但一定要尽心处理。”

四、忠之属也

“忠之属也”,杜预注曰:“上思利民,忠也。”孔颖达疏:“桓六年传文也。言以情审查,不用使之有枉,则是思欲利民,故为忠之属也。”沈玉成《左传释文》译为:“这是为百姓尽力的一种心意。”朱东润《中国历代文学作品选》解释为:“这是尽心办事的一项。”人教课标版《语文》九年级下册解释为:“(这是)尽了职分的事情。忠,尽力做好分内的事。”

应该说,以上解释均不够准确。忠,《说文·心部》:“忠,敬也。”段玉裁《说文解字注》:“敬者,肃也。未有尽心而不敬者。”并据《孝经疏》补“尽心曰忠”。忠为尽心竭力之义,《左传》僖公九年:“公家之利,知无不为,忠也。”“之”字,《中国历代文学作品选》《左传释文》及人教课标版《语文》九年级下均理解为“的”,不确。“之”在这里是代词,相当于“其”,指代的是庄公。“属”字,《中国历代文学作品选》理解为“一项”,《左传释文》理解为“一种”,均不确。“属”在这里应为“管辖”意,又如《韩非子·喻老》“司命之所属”。判案决狱之权隶属于鲁庄公,归鲁庄公管辖,这是庄公的职责所在。“忠之属也”,即“(这是)尽心于你的职责啊”。

《国语·鲁语上》与之对应的是“中心图民”,“中心”即“忠”,“图民”即“之属”。也就是说,鲁庄公的职责就是“图民”。“图”,思虑。“图民”即“思虑民事”。因此,“忠之属也”可以进一步理解为:“(这是)尽心思虑民事啊。”

(作者:刘义峰,中国社会科学院古代史研究所副研究员)

① 刘文典:《淮南鸿烈集解》,北京:中华书局,2015年,第384页。
② 朱熹:《四书章句集注》,北京:中华书局,2014年,第143—144页。
③ 王先谦:《荀子集解》,北京:中华书局,2013年,第442页。

《刘体智与容庚往来函札》补正

◇李红薇

刘体智后人刘耋龄近年收藏了一批学者致刘体智尺牍墨迹，李宗焜先生对这些信札作出了释文，整理为《刘体智与容庚往来函札》一文发表。① 其中绝大多数信札并无撰写年份，我们试从信札内容入手，联系相关史料，对几封信札的时间略作考证。

一

《刘体智与容庚往来函札》公布了两封唐兰致刘体智信札，第 1 函：

> ……比者仆撰《寿州所出楚铜器考略》(此文将由北京大学《国学季刊》发表)，深以未得尊藏两壶一匕之拓本与照片为恨，如蒙慨然惠赐，感激无似！又楚器在上海者，已见楚五饮肯鼎②一器之照片，如先生知尚有他器，能以见告，或可以拓本及照片惠借一用，尤所企盼……八日。北平外交部街甲二号，唐立庵

“又楚器在上海者，已见楚五饮肯鼎一器之照片”指郭沫若寄给唐兰的楚王酓肯鼎拓片照片，而郭沫若的拓片系 1934 年 2 月 12 日金祖同所拓。1934 年唐兰所撰《寿州所出楚铜器考略》一文刊载于《国学季刊》第四卷第 1 号。综上，我们认为此封信札当写于 1934 年，月份尚不能确定，但上限不会早于 3 月 8 日。

二

《刘体智与容庚往来函札》刊布了 13 封刘体智致容庚信札。

第 1 函：

> ……沈子它盖铜质易损，现觅好手精拓，不过十纸八纸，分赠知交，容续寄奉……弟刘体智顿首，六月十二日

① 李宗焜：《刘体智与容庚往来函札》，台湾“中央研究院”历史语言研究所编：《古今论衡》第 13 期，2005 年 11 月，第 3—36 页。

② “五”实为“王”之误释。

第2函：

……沈子它敦盖已揭就，附函奉上……弟刘体智谨启，六月廿九日。又拓片三纸请转致锡永、燕聆、志辅君。此器铜质脆而花纹细，仅兹十数纸，不能再着毡墨，愿与诸君共保之，他日亦孤本也。又及。

以上两封信札均当写于1931年。《善斋彝器图录》序中容庚谓“（民国）二十年（1931）春……乃告明泰曰‘余与刘氏未谋面，不敢多求，如能以沈子簋盖拓本见贻，感且不朽’。久之，刘氏邮赠拓本，贻书定交”。郭沫若致容庚尺牍中亦有两函谈及沈子它簋拓片，1931年6月25日郭沫若致信容庚“六月二十日手书奉悉……沈子它一器，写本难解，得拓片时务望见示”。7月17日郭沫若致容庚：“七月十日手书奉悉……沈子它簋及宅簋二拓片寄还时，决当慎重，万无遗失，请释虑。沈簋是否出自山东或其附近，望见告。如能查访，亦望急查。器铭全体已粗得其端倪，如出土地在山东，则于古史上又将有一重大之发现。俟出土地征实后，即当将余说录出。”

综上，我们推演几封信札的关系大致为：1931年容庚致信刘体智，求沈子它簋盖拓本，6月12日刘体智复信“容续寄奉”。6月20日容庚致信郭沫若，盖提及此事，6月25日郭沫若致信容庚“得拓片时务望见示”。6月29日刘体智致信容庚，并随函寄赠沈子它簋盖拓本。随后（可能是7月10日），容庚寄拓本给郭沫若，并嘱咐其寄还时当慎重，切勿遗失，因此有7月17日郭沫若致容庚函中所说的话。

三

《刘体智与容庚往来函札》中刘体智致容庚第11函：

……欣悉新有所获。所云剑璏鸟书与天让阁宝鸡剑略同，自属难得之品。其一剑则在沪，系左右得之传闻者，即将原函送与修甫兄一阅，俟得回音如何再奉覆也……弟体智顿首，十一月十三日

第13函：

……前言剑璏，意在延津求合，兹得修府兄来函，道及藏剑原铸之柄全属金文，而执事所得为玉璏，迥然不侔，自然金玉各有其美，并以奉闻……弟刘体智拜启，十二月十二日

信中提及的容庚新获鸟书剑即越王剑，《颂斋吉金续录》记“二十年秋得于式古斋”，[①]“二十年”即1931年，故刘体智的两封信札均当作于1931年。

① 容庚：《颂斋吉金续录》，莞城图书馆编：《容庚学术著作全集》第13册，北京：中华书局，2011年，第423页。

四

《刘体智与容庚往来函札》中容庚致刘体智第10函：

……小臣謎簋事，已另函达中研院傅孟真君，得复再奉闻。师旅鼎承让与，感谢无已；兹由大陆银行汇上大洋八百元，希查收，将该鼎邮寄或带来均可……九月五日

由信文可知，刘体智答应转让师旅鼎给容庚，容庚通过大陆银行汇上八百元，“将该鼎邮寄或带来均可”。信末署“九月五日”，未记年份。《容庚北平日记》①1936年10月2日记“于思泊借四百元，为购刘氏师旅鼎用”。又1936年10月21日记“下午刘晦之寄师旅鼎来，佳甚”。故此信当作于1936年9月5日，是时仍在讨论鼎的费用及如何将鼎运给容庚等事宜。

五

《刘体智与容庚往来函札》中容庚致刘体智第4函：

……十日奉惠书，即由大陆银行电汇，奉二千七百元，想已收到，将各器运出矣。今日复奉惠书，敬悉一切。尊藏余器既不易出售，盍再以贰十件归弟（附单），奉价五千元……上海博物馆长胡君，曾在燕大同学，如有所选择，可嘱其直接函商也。复颂节安。弟庚上，十四日

……下月初弟将回粤……因与河南博物馆有约，从平汉铁道回粤，将由海道至上海回平，届时当诣谈一切，作十日句留，纵观尊藏书画如何？

“上海博物馆”即旧上海市立博物馆，1933年开始筹建，是上海历史上第一次由政府拨款筹建的博物馆。1936年3月，上海市政府委派胡肇椿任馆长，博物馆于1937年1月10日正式开放。②“上海博物馆长胡君”即指胡肇椿，毕业于燕京大学文学系。③由此推断，容庚此信至少晚于1936年3月。

另据信文“下月初弟将回粤……因与河南博物馆有约，从平汉铁道回粤”，结合《容庚北平日记》1937年7月1日容庚起身南归，4日至博物馆访馆长王幼侨（河南博物馆馆长）等，可知信末所署“十四日”即1937年6月14日。

---

① 容庚著，夏和顺整理：《容庚北平日记》，北京：中华书局，2019年。

② 上海通社编：《上海研究资料续编》，上海：上海书店，1984年，第376页。《上海文物博物馆志》编纂委员会编：《上海文物博物馆志》，上海：上海社会科学院出版社，1997年，第246页。苏智良主编：《上海城区史》，上海：学林出版社，2011年，第1310页。朱敏彦主编，上海通志馆编：《上海历史上的今天》，上海：上海画报出版社，2007年，第11页。朱惜珍：《永不飘散的风情——上海的历史文化风貌区》，上海：东方出版中心，2009年，第292页。

③ 张玉春主编：《百年暨南人物志》，广州：暨南大学出版社，2006年，第114页。

六

《刘体智与容庚往来函札》刊布了两封罗振玉致刘体智信札,第 1 函未署时间,第 2 函仅记"十九日"。细审两封信文,我们认为整理者排序有误,第 2 函当排于第 1 函前。第 2 函:

> ……前由鲍扶九兄手,交到尊藏金文墨本,百朋之赐,感谢无似!兹有请者,舍弟蟫隐庐书店拟向贵行每年透支三千圆,由弟保证,如有亏欠由弟负责。至每年换保,即脱金颂清兄就近代表。专此奉慰,前期弗却……弟振玉再拜,十九日。

"前由鲍扶九兄手,交到尊藏金文墨本",鲍扶九即鲍鼎,曾为罗振常的蟫隐庐书店编辑目录,为罗振玉写过《汉熹平石经残字集录》。① 刘体智的小校经阁"长年雇着十几名抄书、校书的秀才,包括罗振玉推荐的鲍扶九",②《善斋吉金录》《小校经阁金石文字》即由鲍扶九为之编次。③ "舍弟蟫隐庐书店拟向贵行每年透支三千圆",1915 年至 1943 年蟫隐庐书店由罗振玉季弟罗振常经营。④ 1914 年金颂清曾与罗振常在上海合开书肆,不久即停闭;1916 年金颂清开设中国书店,直至 1942 年关闭。⑤ "贵行"当指中国实业银行,1932 年刘体智担任中国实业银行总经理,1935 年 5 月辞职。⑥ 综上,这封信当写于 1932 年至 1935 年间。

罗振玉致刘体智第 1 函:

> ……昨得扶九兄书,知藏器半已割让。寄到清单一纸,钓器尚有二百四十八品可以见让。但闻容希白也在沪,得尊藏不少,不知即单内所开否?若已归容,便可作罢;若单中所开,在容所购以外,拟集资购藏。但关内禁古物出口甚严,公能设法运出否?又此间汇款限制亦严,款如何设法拨汇……

---

① 罗继祖:《我家写书人》,《鲁诗堂谈往录》,上海:上海书店出版社,2001 年,第 379—380 页。

② 刘耋龄:《忆小校经阁》,《民间影像》编委会编:《民间影像》(第六辑),上海:同济大学出版社,2015 年,第 127—136 页。

③ 伦明等著,杨琥点校:《辛亥以来藏书纪事诗》,北京:北京燕山出版社,1999 年,第 187 页。

④ 郎菁:《罗振常与蟫隐庐》,《天一阁文丛》第 9 辑,杭州:浙江古籍出版社,2011 年,第 161—168 页。吴萍莉、张翔:《〈鲁迅日记〉中的蟫隐庐》,上海鲁迅纪念馆编:《上海鲁迅研究》2014 秋,上海:上海社会科学院出版社,2014 年,第 149—152 页。

⑤ 郎菁:《罗振常与蟫隐庐》,《天一阁文丛》第 9 辑,杭州:浙江古籍出版社,2011 年,第 161—168 页。吴萍莉、张翔:《〈鲁迅日记〉中的蟫隐庐》,上海鲁迅纪念馆编:《上海鲁迅研究》2014 秋,上海:上海社会科学院出版社,2014 年,第 149—152 页。

⑥ 刘耋龄口述,马长林撰稿:《刘耋龄口述历史》,上海:上海书店出版社,2016 年,第 158 页。

"昨得扶九兄书,知藏器半已割让","扶九"即鲍扶九。1935年刘体智离开中国实业银行后,多次转让出卖多年旧藏铜器。1936年11月转让给中央研究院历史语言研究所107器,容庚也得了善斋不少铜器。据《容庚北平日记》,1937年3月容庚曾多次与于省吾商量购买刘体智所藏铜器,[①]并于4月2日"往沪商刘氏铜器事",4月13日返回北平。罗振玉信中所言"但闻容希白也在沪,得尊藏不少"即指此事,故该信至少应作于1937年4月以后。

综上,罗振玉致刘体智的两封信札当重新排序,时间上,"前由鲍扶九兄手,交到尊藏金文墨本"一信当在前,"昨得扶九兄书,知藏器半已割让"一信当在后。

七

《刘体智与容庚往来函札》中容庚致刘体智第34函:

> 前奉手书,未有署名,兹得第二书,始知为左右寄来,稽复为歉。尊藏素所心折,承询作何处置,愿为借箸一筹……可先就近与上海博物馆、图书馆一谈。闻徐森玉先生主持其事,或能助一臂之力。如彼等皆不欲购,则请将藏目寄来,弟当与博物馆、图书馆及朱市长一商,或可解决左右困难……前年六月弟到北京,闻尊藏甲骨尽归科学院,书籍亦科学院所需用,左右与郭公旧交,去函一商,或能有成,是亦一道。弟自解放后,岭南合并于中山大学,校址则移在岭南,仍任中文系教授,兼广东省及广州市文物管理两委员会委员、广东省政治协商会议常务委员,在政府与左右之间有能尽力,固所心愿,然在节约时候,事之成否未敢必也……回忆吾辈二十余年旧交,所存无几,弟亦年过六十,头发斑白矣……弟容庚上,八月九日

信末未署时间,其他著作转引该信时,亦未作考订。[②]"可先就近与上海博物馆、图书馆一谈。闻徐森玉先生主持其事",当指解放初期,徐森玉负责筹备上海博物馆和上海图书馆一事,1960年徐森玉兼任上海博物馆馆长及全国第二中心图书馆委员会主任。[③]"朱市长"应指朱光,1949年11月兼任广州市副市长,1954年10月至1960年10月担任广州市市长。朱光喜欢收藏名人诗画及古董,注重

---

① 《容庚北平日记》1937年3月3日、1937年3月30日。

② 易新农、夏和顺著:《容庚传》,广州:花城出版社,2010年,第197—198页。宋路霞:《细说刘秉璋家族》,上海:上海辞书出版社,2015年,第145页。刘耋龄口述,马长林撰稿:《刘耋龄口述历史》,上海:上海书店出版社,2016年,第162页。

③ 启功主编,中央文史研究馆编:《中央文史研究馆馆员传略》,北京:中华书局,2001年,第194页。《上海文物博物馆志》编纂委员会编:《上海文物博物馆志》,上海:上海社会科学院出版社,1997年,第475页。

广州市文化建设。[①]“弟亦年过六十”，容庚生于1894年9月，1954年60岁。“弟自解放后，岭南合并于中山大学，校址则移在岭南，仍任中文系教授，兼广东省及广州市文物管理两委员会委员、广东省政治协商会议常务委员”，1952年10月，岭南大学合并于中山大学。容庚曾任第一、二、三、四届广东省政协常务委员，[②]1955年1月，政协第一届广东省委员会第一次会议在广州召开，广东省政协正式宣告成立。[③] 故该信不得早于1955年。

“前年六月弟到北京，闻尊藏甲骨尽归科学院”，1953年夏末，刘体智将所藏甲骨全数转让给中央文化部文物局，[④]其清点工作从1953年9月14日至10月10日完毕。[⑤] 同年秋，文物局将善斋藏骨借给中国科学院考古研究所，开始了大规模的传拓甲骨工作。[⑥] 容庚说“前年六月到北京”，“前年”最早当定为1954年6月，也就是说，容庚致刘体智的这封信最早写于1956年。

容庚说“闻尊藏甲骨尽归科学院”，所记不确。1953年夏末，中央文化部文物局得到刘体智的这批甲骨，1958年8月15日，文物局又将刘体智旧藏这批甲骨拨给北京图书馆（今国家图书馆）。[⑦] 容庚所闻“甲骨尽归科学院”，或指1953年秋中国科学院考古研究所开始传拓刘体智旧藏甲骨一事。故容庚致刘体智的这封信不得晚于1958年。

综上，容庚致刘体智的这封信，当写于1956年8月9日或1957年8月9日或1958年8月9日。

另《刘体智与容庚往来函札》一文言善斋“二万八千片甲骨则捐给国家文物局，后转藏故宫博物院”实系误记。这批甲骨现藏于国家图书馆，故宫博物院未曾接收。

---

① 广州市政协文史资料委员会编：《回忆朱光市长》，广州：广东人民出版社，1995年，第151—152页。广州市地方志编纂委员会编纂：《广州市志》卷十九，广州：广州出版社，1996年，第144—145页。

② 容庚：《颂斋自定义年谱》，原载东莞市政府编：《容庚容肇祖学记》，广州：广东人民出版社。2004年，第222—230页；后收入曾宪通编：《容庚杂著集》，上海：中西书局，2014年，第31—40页。

③ 《广东省政协那些你不知道的往事》，《南方日报》2015年3月20日。

④ 刘尚恒、郑玲：《安徽藏书家传略》，合肥：黄山书社，2013年，第193页。朱彦民：《巫史重光：殷墟甲骨发现记》，天津：百花文艺出版社，2001年，第103页。

⑤ 贾双喜：《国图所藏小校经阁主人旧藏甲骨》，陈红彦主编：《金文碑拓善本掌故（一）》，上海：上海远东出版社，2017年，第39—42页。

⑥ 陈梦家：《殷虚卜辞综述》，北京：科学出版社，1956年，第47—49页。

⑦ 贾双喜：《国图所藏小校经阁主人旧藏甲骨》，陈红彦主编：《金文碑拓善本掌故（一）》，上海：上海远东出版社，2017年，第39—42页。曾毅公：《论甲骨缀合》，《华学》第四辑，2000年，第33页。刘体智的这批甲骨现已成为国家图书馆所藏甲骨的主体来源，见胡辉平：《国家图书馆藏甲骨整理札记》，《文献》2005年第4期。

八

《刘体智与容庚往来函札》中收录3封陈梦家致刘体智信札,第1函:

> ……自十月一日太和殿中将有一"伟大的祖国"艺展,搜集公私藏器,当有可观者。前允将尊藏吕不韦戈捐赠上海市文管会,不悉已检出否?森老对此器极重视……八月廿日

第3函又言:

> ……此次森老携吕不韦戈北来,即加入太和殿中展览,生色不少,观者赞美不已……十二月四日

1951年10月20日文化部文物局、故宫博物院等单位举办"伟大祖国古代艺术展览",在故宫太和殿展出。① 故陈梦家致刘体智的3封信札均当作于1951年。

九

《刘体智与容庚往来函札》披露两封胡厚宣致刘体智信札,第1函信末署"八月一日",第2函记"八月九日",均无年份。

第1函:

> ……顷读赐书,知已迁居。容希白现任教中山大学,写信可寄"广州中山大学中文系"。商锡永亦在中山大学,日前来沪小住,曾来复旦,未审先生尝见之否?……八月一日

1951年刘体智迁出小校经阁。② 1952年10月起,院系调整,岭南大学合并于中山大学,容庚、商承祚均为中文系的二级教授。③ 故此信当作于1953年或以后。

第2函:

> 本应立即抽暇前往候教,奈以学习《胡风反革命集团材料》,每天开会,一直紧张,暑期迄未放假……又徐中舒先生现在"成都四川大学",去年曾来北京开会,惟未来上海耳……八月九日

我们认为这封信应写于1955年8月9日。学习的"《胡风反革命集团材料》"

---

① 刘国新等主编:《中华人民共和国史长编》第8卷(大事记卷Ⅰ),天津:天津人民出版社,2010年,第92页。

② 上海市文化广播影视管理局、上海市文物局编:《上海百处名人故居品鉴》,上海:上海书店出版社,2014年,第114页。宋路霞:《上海望族》,上海:上海文汇出版社,2008年,第108页。

③ 黄义祥:《我所了解新中国成立以来的中山大学》,广州市政协学习和文史资料委员会编:《广州文史》(第七十一辑,广州解放六十周年专辑),广州:广州出版社,2009年,第291—345页。

指《关于胡风反革命集团的材料》。1955年5月、6月《人民日报》先后多次发表关于胡风反革命集团的材料，后交人民出版社出版《关于胡风反革命集团的材料》，当时胡厚宣在复旦大学执教，全国掀起声讨"胡风反革命集团"运动，全国高校多参与该运动，这一点与上引徐中舒所在的四川大学情况类似。①

"徐中舒先生现在'成都四川大学'"，徐中舒于1953年春辞去西南博物院院长一职，回四川大学历史系任教。"去年曾来北京开会"，当指1954年徐中舒"暑期，赴北京参加综合性大学文史教学研究座谈会"一事。② 因为徐中舒1953年回四川大学任教后，1954年、1956年均去过北京，③若信中提及的是1956年去北京，该信则作于1957年8月，而是时全国已经掀起新的政治运动，即第三次整风运动和反右斗争，这与"学习《胡风反革命集团材料》"不合。

综上，徐中舒"去年曾来北京开会"的"去年"，确定无疑是1954年，胡厚宣致刘体智的这封信当写于1955年8月9日。

附记：拙文蒙陈昭容先生审阅指正，谨致谢忱！

（作者：李红薇，中国社会科学院古代史研究所博士后、助理研究员）

---

① 1955年6月7日，徐中舒参加学校组织的声讨胡风集会。参徐亮工：《徐中舒先生生平编年(未定稿)》，四川联合大学历史系主编：《徐中舒先生百年诞辰纪念文集》，成都：巴蜀书社，1998年，第307—378页。

② 徐亮工：《徐中舒先生生平编年(未定稿)》，四川联合大学历史系主编：《徐中舒先生百年诞辰纪念文集》，成都：巴蜀书社，1998年，第307—378页。

③ 1956年7月初，赴北京参加高等教育部于本月5日至14日召开的综合大学中文、历史二专业18种教学大纲的审订会。参徐亮工：《徐中舒先生生平编年(未定稿)》，四川联合大学历史系主编：《徐中舒先生百年诞辰纪念文集》，成都：巴蜀书社，1998年。

《黄帝内经·素问》成书年代考

◇贺晓燕

《黄帝内经》是我国现存最早的医学典籍，为传统医学四大典籍之首。它关注人与自然、人与天地、人与人的关系，其中大量的内容反映了中国古代朴素唯物主义的辩证思想，是古人亲近自然、效法天地，跟随自然的变化规律对人体生命现象的长期观察而总结出来的经典。从文化根源上来讲，它还是一部探究生命本源的人本主义的经典著作。

《汉书·艺文志》中记载了不少以"黄帝"命名的书籍，如《黄帝四经》四篇、《黄帝铭》六篇、《黄帝君臣》十篇、《杂黄帝》五十八篇、《黄帝泰素》二十篇、《黄帝说》四十篇、《黄帝》十六篇、《黄帝杂子气》三十三篇、《黄帝五家历》三十三卷、《黄帝阴阳》二十五卷、《黄帝诸子论阴阳》二十五卷、《黄帝长柳占梦》十一卷、《神农黄帝食禁》七卷、《黄帝三王养阳方》二十卷、《黄帝杂子步引》十二卷、《黄帝岐伯按摩》十卷、《黄帝杂子芝菌》十八卷、《黄帝杂子十九家方》二十一卷、《泰始黄帝扁鹊俞拊方》二十三卷及《黄帝内经》十八卷、《黄帝外经》三十七卷。[1] 可见，当时之人有托古的风气，正如《淮南子》中所言："世俗之人，多尊古而贱今。故为道者，必托之于神农、黄帝而后能入说。"[2]之所以托古，实为"以信其说于后世"[3]。

《汉书·艺文志》中所载的医家经典有七种，分别是：《黄帝内经》十八卷、《黄帝外经》三十七卷，《扁鹊内经》九卷、《扁鹊外经》十二卷，《白氏内经》三十八卷、《白氏外经》三十六卷、《白氏旁篇》二十五卷。可惜其他六种皆已佚失，存留下来的只有《黄帝内经》一种。

《黄帝内经》全书分为《素问》和《灵枢》两个部分，各有八十一章，其中《素问》是对生命本质、生命本源展开的探讨；《灵枢》又名《针经》，更多论述了人体脏腑、经络、病机、诊法等内容。《黄帝内经》全书内容庞大，体例、笔风皆有不同。因此本文从具体内容入手，就《素问》不同章节的成书年代分别展开论述。

---

① 〔汉〕班固：《汉书》卷三十《艺文志》。

② 《淮南子》卷十九《修务训》，北京：中华书局，2012年，第1153页。

③ 〔南宋〕王应麟撰：《汉艺文志考证》卷六，文渊阁四库全书本。

一、历代就《素问》成书年代的探讨

有关《素问》的成书年代，我们从宋代以降的学者著作中可见一斑，下面分别述之：

北宋著名理学家邵雍，在其所著的《皇极经世》中说道："《素问》《阴符》，七国时书也。"①南宋的"观物先生"张行成在其著作《皇极经世观物外篇衍义》中有着同样的表述。②

北宋著名政治家、史学家司马光在《传家集》中曾写道："谓《素问》为真黄帝之书，则恐未可。黄帝亦治天下，岂可终日坐明堂，但与岐伯论医药针灸耶？此周、汉之间，医者依托以取重耳。"③

理学家程颢、程颐认为："《素问》书出于战国之末，气象可见。若是三皇五帝典坟，文章自别，其气运处绝浅近。如将二十四气移换名目，便做千百样亦得。"④

南宋理学大师朱熹曾说："至于战国之时，方术之士遂笔之书，以相传授，如列子之所引，与夫《素问》《握奇》之属，盖必有粗得其遗言之仿佛者，如许行所道神农之言耳。周官外史所掌三皇五帝之书，恐不但若此而已也。"⑤

元代著名历史学家马端临曾说："黄帝与岐伯问答，三坟之书无传尚矣，此固出于后世依托，要是医书之祖也。"⑥

明代思想家、文学家方孝孺在其《逊志斋集》一书中，就如何辨别书之真伪展开论述，提及《黄帝内经》时，他说："世之伪书众矣，如《内经》称黄帝，《汲冢书》称周，皆出于战国、秦、汉之人。故其书虽伪，而其文近古，有可取者。此书则又伪于近代者也。"⑦

明清之际思想家方以智也说过："《关尹子》后起者也，其论道器颇平，……守其业而浸广之，《灵枢》《素问》也，皆周末笔。"⑧

清代医家魏荔彤说："轩岐之书，类春秋战国人所为，而托于上古。文义顺

---

① 〔北宋〕邵雍撰：《皇极经世》卷十三《观物外篇上》，文渊阁四库全书本。

② 〔南宋〕张行成撰：《皇极经世观物外篇衍义》卷九，文渊阁四库全书本。

③ 〔北宋〕司马光：《传家集》卷六二《与范景仁第四书》。

④ 〔北宋〕程颢、程颐撰：《二程遗书》卷十八，文渊阁四库全书本。

⑤ 〔南宋〕滕珙辑：《经济文衡》后集卷一《黄帝类·论黄帝方术之书·文集古史余论》，文渊阁四库全书本。

⑥ 〔元〕马端临撰：《文献通考》卷二二二《经籍考四十九·子医家·黄帝素问二十四卷》，清浙江书局本。

⑦ 〔明〕方孝孺撰：《逊志斋集》卷四《读三坟书》，四部丛刊景明本。

⑧ 〔清〕方以智撰：《文章薪火》，清昭代丛书本。

泽,篇章连贯,读之俨如《礼经》也。仲景所著,起于汉代,文义似平顺而折奥,篇章似散碎而通会,读之反难于得解,且易于疏漏,其书俱在,试披阅而自得其可疑可信之故焉。"①

清代考辨学家崔述道:"世所传《素问》一书,载黄帝与岐伯问答之言,而《灵枢》《阴符经》,或亦称为黄帝所作。至战国诸子书,述黄帝者尤众,……且其语多浅近,显为战国、秦汉间人所撰。"之所以托以黄帝之名,大概出于这样的想法:"盖战国时杨墨之徒欲绌尧舜,故称尧舜以前之黄帝,以驾乎其上而工于艺术者,亦欲藉古圣人之名,以取重于世,因假托之以为言耳。此类甚多,不足缕辨,亦不胜缕辨也。"②

综上所述,《黄帝内经》虽然冠以"黄帝"之名,但此书恐非黄帝所作。从其庞杂的内容来看,不但引用了《奇恒五中》《阴阳从容》《明堂》等早于《黄帝内经》的古代医学著作,而且表现出的学术观点有前后重复、自相矛盾之处。这就证明《黄帝内经》绝不是出自一人之手笔,"也不是一个时代、一个地方的医学成就,而是在一个相当长的时期内医学经验的总结汇编"③。综合前代学者的观点,初步认定《黄帝内经》中的《素问》成书于战国、秦汉之间。

二、《素问》七十四篇成书年代的探讨

1.《素问》与《周礼》

当代著名中医学家任应秋先生曾就《素问》的成书时代有翔实的考证④。他认为《素问》基本上可以认定为战国时代的作品,但并非《素问》的全部篇章都成书于那个时代。就《素问》的不同章节,具体分析其成书年代,这才是较为合适的做法。我们可以根据《素问》的内容、文风的不同,将其分为两部分:一为七篇大论,⑤一为其余七十四篇。我们就《素问》中除七篇大论之外的七十四篇内容与《周礼》两相比较,推测其成书时代。举例来看:

《周礼》道:"疾医掌养万民之疾病。四时皆有疠疾:春时有痟首疾,夏时有痒疥疾,秋时有疟寒疾,冬时有漱上气疾。"⑥《素问》有:"春气者,病在头。"⑦"冬

① [清]魏荔彤撰:《伤寒论本义》,北京:中医古籍出版社,1997年,第5页。

② [清]崔述撰:《考信录》,《补上古考信录卷上·黄帝氏》,清嘉庆二十二年刻本。

③ 姚春鹏:《黄帝内经》前言,北京:中华书局,2010年。

④ 本文得以成文离不开任应秋先生的《内经研习拓导讲稿》的指导与帮助,在此深表感谢!

⑤ 《黄帝内经·素问》的七篇大论是:《天元纪大论》《五运行大论》《六微旨大论》《气交变大论》《五常政大论》《六元正纪大论》《至真要大论》。

⑥ 《周礼·天官冢宰第一·疾医》,北京:中华书局,2014年,第106页。

⑦ 《黄帝内经·素问·金匮真言论》,北京:中华书局,2010年,第46页。

伤于寒，春必温病；春伤于风，夏生飧泄；夏伤于暑，秋必痎疟；秋伤于湿，冬生咳嗽。”①

《周礼》道：“凡和，春多酸，夏多苦，秋多辛，冬多咸，调以滑甘。”②《素问》有：“东方青色……其味酸；南方赤色……其味苦；中央黄色……其味甘；西方白色……其味辛；北方黑色……其味咸……”③

《周礼》道：“以五味、五谷、五药养其病。”④《素问》有：“毒药攻邪，五谷为养，五果为助，五畜为益，五菜为充，气味合而服之，以补精益气。此五者，有辛酸甘苦咸，各有所利，或散或收，或缓或急，或坚或软，四时五藏，病随五味所宜也。”⑤其中气味、精气的关系，药王孙思邈有着精妙的解释：“精以食气，气养精以荣色；形以食味，味养形以生力。”⑥具体而言，谓“五谷：粳米甘，麻酸，大豆咸，麦苦，黄黍辛。五果：枣甘，李酸，栗咸，杏苦，桃辛。五畜：牛甘，犬酸，豕咸，羊苦，鸡辛。五菜：葵甘，韭酸，藿咸，薤苦，葱辛”。“五色：黄宜甘，青宜酸，黑宜咸，赤宜苦，白宜辛。”⑦

《周礼》道：“以五气、五声、五色视其死生。”⑧《素问》认为五气是“肝藏筋膜之气也”，“心藏血脉之气也”，“脾藏肌肉之气也”，“肺藏皮毛之气也”，“肾藏骨髓之气也”⑨。五声是“（肝）在声为呼，（心）在声为笑，（脾）在声为歌，（肺）在声为哭，（肾）在声为呻”⑩。能视死生的五气则是：“五藏之气，故色见青如草兹者死，黄如枳实者死，黑如炲者死，赤如衃血者死，白如枯骨者死。此五色之见死也。”“青如翠羽者生，赤如鸡冠者生，黄如蟹腹者生，白如豕膏者生，黑如乌羽者生。此五色之见生也。”⑪

《周礼》道：“两之以九窍之变，参之以九藏之动。”⑫何谓“九窍之变”？《素问》有：“自古通天者生之本，本于阴阳。天地之间，六合之内，其气九州、九窍、五藏、十二节，皆通乎天气。”⑬“东方青色，入通于肝，开窍于目，藏精于肝，……

---

① 《黄帝内经·素问·阴阳应象大论》，北京：中华书局，2010 年，第 58 页。
② 《周礼·天官冢宰第一·食医》，北京：中华书局，2014 年，第 104 页。
③ 《黄帝内经·素问·金匮真言论》，北京：中华书局，2010 年，第 49—51 页。
④ 《周礼·天官冢宰第一·疾医》，北京：中华书局，2014 年，第 106 页。
⑤ 《黄帝内经·素问·脏气法时论》，北京：中华书局，2010 年，第 218 页。
⑥ ［唐］孙思邈撰：《千金要方》卷七九《食治》，文渊阁四库全书本。
⑦ 《黄帝内经·灵枢·五味》，北京：中华书局，2010 年，第 1255—1256 页。
⑧ 《周礼·天官冢宰第一·疾医》，北京：中华书局，2014 年，第 106 页。
⑨ 《黄帝内经·素问·平人气象论》，北京：中华书局，2010 年，第 164—165 页。
⑩ 《黄帝内经·素问·阴阳应象大论》，北京：中华书局，2010 年，第 60—62 页。
⑪ 《黄帝内经·素问·五藏生成》，北京：中华书局，2010 年，第 103—104 页。
⑫ 《周礼·天官冢宰第一·疾医》，北京：中华书局，2014 年，第 106 页。
⑬ 《黄帝内经·素问·生气通天论》，北京：中华书局，2010 年，第 33 页。

南方赤色,入通于心,开窍于耳,藏精于心,……中央黄色,入通于脾,开窍于口,藏精于脾,……西方白色,入通于肺,开窍于鼻,藏精于肺,……北方黑色,入通于肾,开窍于二阴,藏精于肾。"①何谓"九藏之动"?《素问》有:"三而成天,三而成地,三而成人,三而三之,合则为九。九分为九野,九野为九藏,故形藏四,神藏五,合为九藏,以应之也。"②后代医家在此处阐释较多,如"所谓神藏者,肝藏魂,心藏神,脾藏意,肺藏魄,肾藏志也,以其皆神气居之,故云神藏五也"③。

观上所举数例可知,《周礼》与《素问》思想体系堪称一致。唯《周礼》的记述简短概括,《素问》作为医家专书,详细地解释了《周礼》的逐条内容。据此可以断定除七篇大论之外的《素问》与《周礼》为同时代作品,皆为战国时期的著作。

2.《素问》与《史记·扁鹊仓公列传》

《史记》中有一则故事,后世广为流传,那就是关于神医扁鹊的记述,尤其是扁鹊给齐桓侯治病的例子实在精彩。现录原文于下:

> 扁鹊过齐,齐桓侯客之。入朝见,曰:"君有疾在腠理,不治将深。"桓侯曰:"寡人无疾。"扁鹊出,桓侯谓左右曰:"医之好利也,欲以不疾者为功。"后五日,扁鹊复见,曰:"君有疾在血脉,不治恐深。"桓侯曰:"寡人无疾。"扁鹊出,桓侯不悦。后五日,扁鹊复见,曰:"君有疾在肠胃间,不治将深。"桓侯不应。扁鹊出,桓侯不悦。后五日,扁鹊复见,望见桓侯而退走。桓侯使人问其故。扁鹊曰:"疾之居腠理也,汤熨之所及也;在血脉,针石之所及也;其在肠胃,酒醪之所及也;其在骨髓,虽司命无奈之何。今在骨髓,臣是以无请也。"后五日,桓侯体病,使人召扁鹊,扁鹊已逃去。桓侯遂死。④

从扁鹊对桓侯的疾病的治疗方法来看,疾病发展的顺序依次是:在腠理、在血脉、在肠胃、在骨髓。这点在《素问》中有经旨:"夫邪之客于形也,必先舍于皮毛,留而不去,入舍于孙脉,留而不去,入舍于络脉。留而不去,入舍于经脉,内连五藏,散于肠胃,阴阳俱感,五藏乃伤,此邪之从皮毛而入,极于五藏之次也,如此则治其经焉。"⑤

针对疾病在身体部位的不同层次,扁鹊有着不一样的治疗方法,如汤熨治腠理之疾,针石治血脉之疾,酒醪治肠胃之疾,病在骨髓则无药可治。这一点在《素问》中确有经旨:"故善治者治皮毛,其次治肌肤,其次治筋脉,其次治六府,

---

① 《黄帝内经·素问·金匮真言论》,北京:中华书局,2010年,第49—51页。

② 《黄帝内经·素问·六节藏象论》,北京:中华书局,2010年,第93页。

③ 〔清〕张琦撰:《素问释义》卷二《三部九候论第二十》,清道光宛邻书屋刻本。

④ 〔汉〕司马迁撰:《史记》卷一百五《扁鹊仓公列传》,北京:中华书局,2013年,第3360页。

⑤ 《黄帝内经·素问·缪刺论》,北京:中华书局,2010年,第499页。

其次治五藏。治五藏者,半死半生也。故天之邪气,感则害人五藏;水谷之寒热,感则害于六府;地之湿气,感则害皮肉筋脉。”①

将《史记》中的记录与《素问》仔细对比,我们发现,扁鹊对桓侯的治疗方案,完全是对《素问》的临床实践。这段史料进一步证明,《素问》中除七篇大论外的七十四篇的成书时间一定早于扁鹊生活的时代。

三、《素问》七篇大论成书年代的探讨

《素问》中的七篇大论分别是:《天元纪大论》《五运行大论》《六微旨大论》《气交变大论》《五常政大论》《六元正纪大论》《至真要大论》。这部分经卷的内容主要讲的是五运六气的变化规律及其对人体疾病的影响。

唐代医家王冰在《重广补注黄帝内经素问》序中写道,当时他看到的《素问》版本,已经是“世本纰缪,篇目重叠,前后不伦,文义悬隔,施行不易,披会亦难。岁月既淹,袭以成弊,或一篇重出,而别立二名;或两论并吞,而都为一目;或问答未已,别树篇题;或脱简不书,而云世阙”。诸如此类的状况不可胜数,于是他重新整理部分篇章,“重《合经》而冠《针服》,并《方宜》而为《欬篇》,隔《虚实》而为《逆从》,合《经络》而为《论要》,节《皮部》为《经络》,退《至道》以先《针》”②。王冰在序中透露“时于先生郭子斋堂,受得先师张公秘本”③,这就是后世所说的王冰得“先师所藏之卷”④。他担心流失,编辑注本,“恐散于末学,绝彼师资,因而撰注,用传不朽”⑤。他的注本称为《次注》,“犹是三皇遗文,烂然可观”⑥。

其实,有关《素问》七篇大论来源的探讨,王冰之后的医家早有疑惑。尤其是北宋嘉祐年间,光禄卿林亿、国子博士高保衡承诏校定补注,经他们考证之后,认为这七篇大论名为王冰假托先师秘藏,实为自补。究竟王冰是怎么补的呢?详见清人的考证:

> 详《素问》第七卷亡已久矣。皇甫士安,晋人也。序《甲乙经》云亦有亡失。《隋书·经籍志》亦云:“止存八卷。”全元起,隋人,所注本乃无第七。王冰唐宝应中人,上至晋甘露中,已六百余年,而冰自谓得旧藏之卷,今窃疑之。仍观《天元纪论》《五运行论》等七篇,居今《素问》四卷,篇卷浩大,不与《素问》前后篇卷等。窃疑此七篇,乃《阴阳大论之文》,王氏取以补所亡

① 《黄帝内经·素问·阴阳应象大论》,北京:中华书局,2010年,第67页。
② 《黄帝内经·重广补注黄帝内经素问序一》,北京:中华书局,2010年,第4页。
③ 《黄帝内经·重广补注黄帝内经素问序一》,北京:中华书局,2010年,第6页。
④ 《黄帝内经·重广补注黄帝内经素问序二》,北京:中华书局,2010年,第12页。
⑤ 《黄帝内经·重广补注黄帝内经素问序一》,北京:中华书局,2010年,第6页。
⑥ 《黄帝内经·重广补注黄帝内经素问序二》,北京:中华书局,2010年,第12页。

之卷也。又按汉张仲景《伤寒论序》云:"撰用《素问》《九卷》《八十一难经》《阴阳大论》。"是《素问》与《阴阳大论》两书甚明,乃王氏并《阴阳大论》于《素问》中也。要之,《阴阳》亦古医经,终非《素问》第七矣。①

由此可以看出,既然《素问》七篇大论来自《阴阳大论》这部古医经,讨论的都是运气学说,那么这七篇大论到底成书于何时呢?

参看汉代张仲景的《金匮要略》中涉及运气之说的文字:

问曰:有未至而至,有至而不至,有至而不去,有至而太过,何谓也?

师曰:冬至之后,甲子夜半少阳起,少阳之时阳始生,天得温和,以未得甲子,天因温和,此为未至而至也。以得甲子,而天未温和,此为至而不至也。以得甲子,而天大寒不解,此为至而不去也。以得甲子,而天温如盛夏五六月时,此为至而太过也。②

《素问》中关于四时、五运的记述为:"天以六六为节,地以九九制会。天有十日,日六竟而周甲,甲六复而终岁,三百六十日法也。……五日谓之候,三候谓之气,六气谓之时,四时谓之岁,而各从其主治焉。五运相袭,而皆治之;终期之日,周而复始。时立气布,如环无端,候亦同法。故曰:不知年之所加,气之盛衰,虚实之所起,不可以为工矣……五运之始,如环无端,……五气更立,各有所胜,盛虚之变,此其常也。"③关于六气的记述为:"清气大来,燥之胜也,风木受邪,肝病生焉。热气大来,火之胜也,金燥受邪,肺病生焉。寒气大来,水之胜也,火热受邪,心病生焉。湿气大来,土之胜也,寒水受邪,肾病生焉。风气大来,木之胜也,土湿受邪,脾病生焉。所谓感邪而生病也。"六气到来时的脉象为:"厥阴之至其脉弦,少阴之至其脉钩,太阴之至其脉沉,少阳之至大而浮,阳明之至短而涩,太阳之至大而长。至而和则平,至而甚则病,至而反者病,至而不至者病,未至而至者病,阴阳易者危。"④

两相比较可见,虽然张仲景的著作中有关五运六气的记述并不多,但已经存在,而从时间上看,五运六气学说在张仲景之前就已经产生了。据此可以推测,《素问》七篇大论产生于东汉以前。

四、结语

《黄帝内经》是我国现存最早的一部医学典籍。至今为止,它仍然是指导中

① 〔清〕张琦撰:《素问释义》卷七《天元纪大论第六十六》,清道光宛邻书屋刻本。

② 〔汉〕张仲景述,〔晋〕王叔和集:《金匮要略方论·脏腑经络先后病脉证第一》,四部丛刊景明刊本。

③ 《黄帝内经·素问·六节藏象论》,北京:中华书局,2010年,第93、94、95页。

④ 《黄帝内经·素问·至真要大论》,北京:中华书局,2010年,第742—743页。

医研究及临床实践中地位颇高的一部巨著。从文化源流上来讲,《黄帝内经》是中华民族传统文化的结晶,是传统文化的重要组成部分,因此,弄清楚其成书年代不仅重要而且必要。经上文分析、考订,大致可以判定《黄帝内经》中的《素问》成书于战国至东汉这一时期,绝非一人一时所作,而是古代医家们长期搜集、整理、汇编而成的。

(作者:贺晓燕,中国社会科学院古代史研究所助理研究员)

海上丝绸之路与中韩历史

◇乌云高娃

文明的接触与交流通常借助一定的交通渠道，丝绸之路就起源于古代东西文化之间的交流，海上丝绸之路与草原丝绸之路为中外文化交流、海外贸易提供了重要的交通平台。其中海上丝绸之路东端自中国东南沿海港口起航，往南穿越南海，经马六甲海峡进入印度洋、波斯湾地区，远及东非、欧洲；从北方沿海通过东海，则可前往日本、朝鲜。① 由于海底考古发现的沉船遗存多以瓷器为主，因此，海上丝绸之路也被称为“陶瓷之路”。学界提出的海上丝绸之路，在某种意义上代表着从东亚经东南亚和印度，再到西亚和东非海岸的巨大的总空间②。

西汉时期，丝绸之路连接了中国与西亚、北非、欧洲几大文明。太平洋和印度洋是古代亚洲大陆居民主要的海上通道，在西方殖民主义东来以前，海上丝绸之路扮演着东西方文化交流的主渠道的角色。除了十字军东征和蒙古海外征服，东西海上丝绸之路基本上是和平之路。环绕古代中国东面的太平洋的几个边缘海——日本海、渤海、黄海、东海和南海，以及内陆流入大海的黑龙江、辽河、黄河、淮河、长江、珠海、澜沧江、怒江，为古代居于内陆的中国人提供了出海与邻国交往的天然通道。东南亚诸岛一直被中国人视为蛮荒之地，却是古代西太平洋、北印度洋人类航海活动的天然落脚点。航海技术发展起来以后，这些岛屿又成为航海家导航、识途的重要标志物和取得补给的中继站。中国古代水手主要使用岛屿导航法，以岛屿为地理坐标，确定航线。华东沿海的古代居民隔黄海与日本、朝鲜取得联系，亦与东南亚的联系较为密切③。

自古以来，中韩两国经济、文化交流密切，中国与朝鲜半岛之间的海上丝绸之路大体经历了形成、发展、演变等阶段。早期的传统航线为经过北部渤海湾山东半岛的登州（今山东蓬莱）至高丽瓮津（今朝鲜海州西南）的北路航线。到了北宋时期，由于辽离山东半岛较近，北宋与高丽的海上丝绸之路有所变迁，改由明州（今浙江宁波）出发，至高丽礼成江碧澜亭（今开城西海岸）。中国与朝鲜半

① 李庆新：《海上丝绸之路》，合肥：黄山书社，2016 年，第 1 页。

② ［德］罗德里希・普塔克：《海上丝绸之路》，史敏岳译，北京：中国友谊出版公司，2019 年，第 12 页。

③ 刘迎胜：《丝绸之路》，南京：江苏人民出版社，2014 年，第 316—320 页。

岛之间的海上丝绸之路航线的演变，不仅促进了东亚中、日、韩三国一系列港口群的出现和区域贸易网络的形成，而且成为东亚中、日、韩三国与东南亚乃至西亚、非洲、欧洲海洋交通网络形成的基础。

一、中国与朝鲜半岛的海上航线

早在春秋战国时期，中国与东亚的朝鲜半岛及日本之间就有了海上交通。秦始皇为了在海上寻找仙山，派徐福东渡，从琅琊到成山、芝罘、庙岛群岛、老铁山、鸭绿江口、朝鲜半岛西岸、朝鲜半岛南岸（釜山一带），然后再到达日本①。朝鲜半岛是连接古代中国与日本海上丝绸之路的重要地域。渤海湾的这些岛屿为中国与东亚的朝鲜半岛、日本之间的海上丝绸之路航行提供了落脚点和补给。古代中国到朝鲜半岛的船只利用季风，沿辽东半岛和山东半岛的海岸线航行，如果遇到风浪或危险可以及时登陆。

早期中国与东亚的新罗、日本交往，主要利用北路航线。从中国山东沿海出发，先沿岸北上，至山东半岛东端成山角，再转向西航行至蓬莱角，然后，北上横渡渤海海峡，经庙岛群岛，过老铁山水道至辽东半岛的老铁山，再沿着黄海北岸东行，过鸭绿江口，转向东南入西朝鲜湾，继续循着朝鲜半岛西海岸南下，绕过瓮津半岛、江华湾、群山湾、双子群岛，抵达朝鲜半岛南部或东南部的沿海一带。这一航线在春秋战国时期已经趋于成熟，到了秦汉时期成为中国与朝鲜半岛、中国与日本海上丝绸之路的主要航线。

到了南朝时期，由于朝鲜半岛出现高句丽、新罗、百济三国鼎立的局面，中日北路北线的官方海上丝绸之路一度中断。因此，山东半岛至朝鲜半岛的海上航线从成山角出发后，不再北上横渡渤海海峡，直接向东横渡黄海中部水域，抵达朝鲜半岛西海岸的瓮津半岛②。隋唐时期与朝鲜半岛、日本交往均利用这一海上航线。

“登州海行入高丽渤海道”记载了唐代中国登州到新罗王朝的海上航线：“登州东北海行，过大谢岛、龟歆岛、末岛、乌湖岛三百里。北渡乌湖海，至马石山东之都里镇二百里。东傍海壖，青泥浦、桃花浦、杏花浦、石人汪、橐驼湾、乌骨江八百里。乃南傍海壖，过乌牧岛、贝江口、椒岛、得新罗西北之长口镇。又过秦王石桥、麻田岛、古寺岛、得物岛，千里至鸭绿江唐恩浦口。乃东南陆行，七百里至新罗王城。”③唐朝与朝鲜半岛新罗、日本的使臣往来、文化交流均利用这一海上航线。

---

① 孙光圻：《海洋交通与文明》，北京：海洋出版社，1993 年，第 121 页。

② 孙光圻：《海洋交通与文明》，北京：海洋出版社，1993 年，第 89—94 页。

③ 《新唐书·地理志》。

北宋前期，宋朝与高丽海上交通也利用北路航线。但是，由于北方游牧民族契丹的强大，出现宋辽南北对峙的局面。面对辽对北中国的控制，山东半岛离辽较近，为了海路交通安全起见，宋朝于1074年（北宋熙宁七年）将北宋到高丽的航行改用南路，即从明州（宁波）出发到高丽礼成江碧澜亭，并在明州和温州设立造船厂，为明州到朝鲜半岛的海上航行提供船只。

到了元代，元朝与高丽关系密切。蒙古灭金朝、统一南宋时，对山东半岛到瓮津和庆元（宁波）到朝鲜半岛的海路均有所利用。相对来说，元朝与高丽的往来主要通过陆路进行，但元朝与高丽的商人、禅僧通过海路交往密切。另外，江南的赈灾米通过海上丝绸之路被运往朝鲜半岛。

明清时期，由于海禁政策，只有朝贡国家可以通过海上丝绸之路来中国进行官方朝贡贸易，朝鲜王朝的使臣多利用陆路到北京会同馆，因此，明清时期与东亚的海上交通没有通往欧洲的海上丝绸之路那么繁荣。

二、中国与朝鲜半岛的贸易港口

唐宋时期，海上丝绸之路最为发达。阿拉伯人、波斯人在汉唐时期的海上丝绸之路上非常活跃，在中国与中亚、欧洲的经贸活动、文化交流中起到了重要作用。唐朝时期，随着海外贸易的繁荣发展，沿海港口也获得了繁荣发展。广州是唐朝最为繁荣的港口，当时，朝廷在广州设立市舶使，管理海外贸易。宋元时期，继承唐朝制度，重要港口仍设立市舶管理机构，对进出的船只、人员、货物进行管理，并制定市舶条例，严格推行①。这一时期明州、泉州、广州等港口在海外贸易中起到了重要的作用，尤其是浙江东南沿海的明州和福建沿海的泉州，在中国与朝鲜半岛的经济文化交流中起到了重要的作用。

登州也是中国与朝鲜半岛、日本海上交通的重要港口。春秋战国时期，登州属于青州的东莱郡。唐朝初期设立登州，海上丝绸之路从此出发，航海的船只利用季风横渡渤海、黄海到达朝鲜半岛的瓮津登陆，再通过陆路到达新罗开城。在登州也有不少新罗人，如新罗人张保皋在文登的赤山浦建立禅院，取名“赤山法华院”，以赤山、登州、莱州、扬州、明州、泉州为海运和商业贸易港口，在唐朝与新罗的经济贸易往来、文化交流中起到了重要作用。唐朝与新罗、高丽、渤海的海上贸易网络，均以登州为中心，日本遣唐使也经常是在登州登陆。北宋初期，登州仍为宋与高丽海上交通的首选港口，从登州出发经芝罘半岛，东航至朝鲜半岛西岸海州的瓮津登陆。② 可见，登州在中国与朝鲜半岛、日本之间的海上丝绸之路上是极其重要的港口。

---

① 陈高华、陈尚胜：《中国海外交通史》，北京：中国社会科学出版社，2017年，第84页。

② 王霞：《宋朝与高丽往来人员研究》，北京：中国社会科学出版社，2018年，第24页。

密州也是山东半岛上的另外一个重要的港口，是继登州之后活跃于朝鲜半岛和北宋海上丝绸之路上的重要港口。密州至朝鲜半岛的海上航行，从密州板桥镇启航，出胶州湾，东渡黄海，直航朝鲜半岛西海岸。密州是宋朝与高丽使臣往来及商船的必经之路，也有高丽的文人、僧侣由密州入宋活动。1074 年，北宋与高丽、日本的海上丝绸之路改道，废弃登州，改从南路航线的明州出发前往高丽。1088 年(元祐三年)，北宋朝廷在板桥镇设立市舶司，升板桥镇为胶东县，管理对外事务，兼领海军使，并筑高丽馆于城外。密州板桥镇作为宋朝与高丽海上交通的另一个重要港口发展起来①。随着北宋王朝的灭亡，密州也失去了中国与东亚海上丝绸之路重要港口的地位，退出海外贸易的历史舞台。

明州是浙江东南部沿海港口，即今宁波。明州盛产丝绸和瓷器，地理位置适中，因此在北宋中后期中国与朝鲜半岛航线的变化中成为重要港口。宋朝前往高丽的使臣，皆由明州定海县出发，越东海、黄海沿朝鲜半岛西海岸北上，到礼成港口岸，再陆行到开京。高丽使臣来朝的话，先渡海到明州，再入运河北上至宋汴京②。自此，从明州出发的南路海上航线成为宋元时期中国与高丽海上丝绸之路的重要航线。

元朝统一中原之后，元朝与高丽的海外贸易也非常繁荣。这一时期，从高丽方面的资料看，他们仍称元代商人为宋商。元朝与高丽之间的海上交通频繁，首先表现在元朝通往高丽的粮食运输方面。元朝从海路运输粮食到高丽是从太仓出发的，因此太仓成为连接元朝与高丽的重要港口。

太仓位于江苏省东南部，属昆山州，靠近长江入海口南岸。在元代，太仓因刘家港开创漕粮海运而逐渐繁荣，是元代通往高丽、琉球、日本的重要港口之一。近年来太仓樊村泾元代遗址的发现，证明了太仓在元代东亚海上丝绸之路及对外贸易方面的重要影响。长江下游的港口中青龙镇和江阴均盛于宋代，到元代已衰落；太仓的主要海港是刘家港，在后代的对外交通中继续发挥作用③。

泉州是福建南部的重要港口，唐代时发展成为海外贸易的重要港口。泉州居住着大量外国人，并有外国使臣和商人在这里登陆。宋元时期，泉州的重要港口地位超过广州，泉州的商人通过海上丝绸之路到朝鲜半岛进行贸易，可以说，当时的泉州是高丽的主要贸易港④。当时的明州也是北宋对高丽对外贸易的重要港口，但若论起与高丽的交往，显然不及泉州。元代时，驿站有水站，大都的货

---

① 王霞：《宋朝与高丽往来人员研究》，北京：中国社会科学出版社，2018 年，第 24—25 页。

② 王霞：《宋朝与高丽往来人员研究》，北京：中国社会科学出版社，2018 年，第 25—26 页。

③ 陈高华、陈尚胜：《中国海外交通史》，北京：中国社会科学出版社，2017 年，第 93 页。

④ 陈高华：《北宋时期前往高丽贸易的泉州商船——兼论泉州市舶司的设置》，《陈高华文集》，上海：上海辞书出版社，2005 年，第 354—355 页。

物通过大运河输送到泉州、广州、庆元(宁波)等港口,再通过海上丝绸之路运往东亚、中亚及更远的欧洲。东南亚、印度的香料,西洋的布匹等各种物品也经由海上丝绸之路输入到这些港口,再经驿站输送到全国各地。这些沿海港口为元代的海洋贸易发展起到了重要的作用,因此元代的海外贸易的兴盛远超过汉唐时期。

明代收复辽东,山东半岛登州到大连包括旅顺口都在明朝控制范围。明代从登州到东亚的航线与唐代"登州海行入高丽渤海道"基本一致①。到了清朝,随着清政府与英国、沙俄等签订不平等条约,大连成为沙俄和日殖民地,清朝与东亚的海上丝绸之路东方航线便落入西方列强的掌控中。

三、中国与朝鲜半岛的物品交换

丝绸之路沿线国家、地区最受欢迎的交换物品是丝绸。陆上丝绸之路是最古老的交通方式。丝绸之路沿线的古代游牧民族和农耕民族通过绢马贸易交换各自所需物品。西方人最早不了解丝绸是用何种材料编织出来的,以为是羊毛类物品,后来欧洲人才了解到丝绸是与一种小动物蚕有关系的。丝绸传入西域,以西域为中介,再向西传入欧洲或更远的西方国家。

丝绸之路沿线交换的物品还有中国的瓷器和西方的香料。由于陆上丝绸之路运输工具主要是马和骆驼,负载有限,瓷器笨重而易碎,更适合于利用海上通道船运。唐代瓷器通过海上丝绸之路远销欧洲等地,很快成为中国主要的出口商品。中国瓷器大量外销的这种趋势在宋以后继续发展,海外发现中国宋、元、明、清瓷器的地点和数量也越来越多,这种世界性的瓷器销售网络存在了几乎1000年之久。地理大发现以后,欧洲人大量东来,除了贩运丝绸、瓷器,中国茶叶的饮用价值被发现,成为新兴的出口商品。

中国与朝鲜半岛之间海外贸易发达,交换的物品有高丽纸,高丽参,中国的瓷器,印度的香料、麻布,东南亚的紫檀木等多种多样的物品。尤其是宋元时期,中国与高丽的海外贸易繁荣,物品交换种类繁多。

1975年,韩国全罗南道的一个渔夫在新安海底发现了青瓷花瓶,由此揭开了韩国新安沉船的水下考古。1976年至1984年间,通过多次考古发掘,从新安沉船发掘出两万余件陶瓷器、28吨铜钱、一千余根紫檀木,还有金属器、漆木器、石制器、骨角制器、香料、药材、高丽青瓷、木简等。韩国新安沉船的发现真实地反映了东亚海上商贸活动的情况。韩国新安沉船发掘出一件典型的元代的青铜权,青铜权的一面刻有"庆元"二字,另一面刻有"庚申年"的铭文。元代称宁波为庆元,庚申年应为1320年。韩国新安沉船发现各种墨书木简360件,其中记

---

① 孙光圻:《海洋交通与文明》,北京:海洋出版社,1993年,第71页。

载年份的木简中有8件刻有“至治三年”,至治三年为元英宗时期,即1323年。从新安沉船青铜权和木简上的文字可以判断,新安沉船是从庆元出发的元代的商船。从其所载货物来看,有元代的瓷器、高丽的青瓷、日本的漆器、印度和东南亚的紫檀木,还有香料和药材。

宋元时期,中国与高丽交换的物品还有书籍。高丽经常派使臣通过海上丝绸之路到江南购买图书,有时使臣的船只也有遇险的情况。1314年,高丽忠肃王派人到江南买书,高丽使臣乘船前往江南。还没有登陆,船只出现破损,高丽使臣柳衍等赤身登陆。《高丽史》记载:“初成均提举司遣博士柳衍、学谕俞迪于江南购书籍。未达而船败,衍等赤身登岸。判典校寺事洪瀹以太子府参军在南京,遗衍宝钞一百五十锭,使购得经籍一万八百卷而还。”①当时元朝通行纸币,被派往元朝江南购买书籍的高丽使臣柳衍等因船只破损,纸钞被海水淹没或被冲走,失去购买书籍的钱财。幸好高丽官员洪瀹在南京资助柳衍等宝钞一百五十锭,顺利购得经籍一万八百卷回到高丽。高丽商人到元朝购买的书籍,包括儒家著作及各类文学作品,为两国文化交流起到了重要作用。

此外,宋元时期,东亚及中、日、韩之间,佛经的传播也是利用海上丝绸之路。尤其是宋元与高丽、日本的禅宗文化的交流,都是通过海上丝绸之路完成的。

总之,山东半岛、浙江沿海港口和福建的泉州等港口,在不同时期中国与东亚朝鲜半岛、日本的海上丝绸之路、海外贸易活动中起到了重要的作用,尤其是登州和明州作为整个东亚海上丝绸之路上的重要出海口,其作用更是举足轻重。

(作者:乌云高娃,中国社会科学院古代史研究所研究员、元史研究室主任)

---

① 郑麟趾:《高丽史》卷三四,(日本)东京国书刊行会,明治四十一年(1909),第532页。

中国古代循环史观评析

◇徐歆毅

历史循环论是中国古代史学思想的重要内容之一。循环论历史观认为人类历史的发展是按照一定的周期循环运动的,周而复始,不断循环。《易经》中就有“物极必反”“否极泰来”“盛衰相继”等天道循环概念。《三国演义》第一回的开场白说“话说天下大势,分久必合,合久必分”,则是一种通俗的循环史观,指的是古代“分合”反复的历史现象。

中国古代循环论历史观的表现形式大致可分为两种类型:一是“五行相生相克”的历史循环论,如战国时期思想家邹衍的“五德终始说”、西汉董仲舒的“三统三正说”;一是“治乱更替”的历史循环论,如孟子的“一治一乱,五百年必有王者兴”、朱熹的“治乱循环说”。历史循环论带有倒退和宿命论的意味,历史发展被框在一个封闭的圈子里,社会是一个周期往复的轮回。唯物史观产生以前,没有一种历史观能从根本上超出唯心主义的范畴。

一、“五行相生相克”的历史循环论

中国古代历史哲学的确有一个历史循环论传统。战国时期邹衍提出并宣扬的“五德始终”的历史循环论,是中国古代典型的循环论历史观。五德,就是五行之德。五行思想在古代起源甚早。《尚书·洪范》载:“五行。一曰水,二曰火,三曰木,四曰金,五曰土。水曰润下,火曰炎上,木曰曲直,金曰从革,土爰稼穑。润下作咸,炎上作苦,曲直作酸,从革作辛,稼穑作甘。”这里只提到五行的特性,并没有讲五行之间的相互关系,也没有牵涉社会政治。

邹衍把阴阳、五行学说运用于观察社会历史,利用五行相生相克之理,附会并推演历史。《史记·孟子荀卿列传》记载:“(邹衍)乃深观阴阳消息而作怪迂之变,《终始》《大圣》之篇十余万言。”《淮南子·齐俗训》高诱注引《邹子》曰:“五德之次,从所不胜,故虞土、夏木、殷金、周火。”木胜土,金胜木,火胜金,水胜火,土胜水,这是一个五行相胜的循环关系。人类历史的运动、社会的改朝换代,不过是金、木、水、火、土五德相克、无限循环的过程。虞舜代表土德,其色黄;夏禹以木德克土,其色青;商汤以金德克木,其色白;周文王以火德克金,其色赤。

“五德终始说”在战国秦汉时期的政治思想领域产生较大影响。《史记·

封禅书》说："邹衍以阴阳主运显于诸侯。"《史记·秦始皇本纪》载："始皇推终始五德之传，以为周得火德，秦代周德，从所不胜。方今水德之始。"这是"五德终始说"在社会政治领域的第一次实践。秦以水德克火，其色尚黑。如此，经过虞、夏、商、周、秦等五个朝代之更迭，便完成了历史上第一次的"五德终始"循环。然后，汉代又开始第二次的历史循环。汉代中后期，"五德终始"循环模式从五行相克转变为五行相生。

客观地讲，邹衍宣扬"五德转移"的出发点是"睹有国者益淫侈，不能尚德"，其目的是"必止乎仁义节俭，君臣上下六亲之施始也滥耳"。与儒家伦理是一致的，希望统治者行仁义、修明德，"整之于身，施及黎庶"，否则，无法永葆上天秉授的"德运"，"旧德"将为"新德"所替代。这对统治者不得不是一种约束，其学说有一定的合理性。

邹衍"五德终始说"以五行五德的自然现象硬套社会历史现象，以五行相克相生来论证"终始五德之运"，比附人事朝代兴替，历史便成为朝代周期更迭、循环的历史。司马迁批评说"驺衍之术，迂大而闳辩"，"深观阴阳消息而作怪迂之变"。

汉代思想家董仲舒将儒学谶纬化、神秘化，提出"天人感应论"，并糅合战国以来神秘主义的阴阳五行学说，把战国时期的"五德终始说"进一步理论化、系统化，提出了以"三统""三正"为代表的一系列历史循环论思想。所谓"三统"指的是："夏正黑统，用忠道；殷正白统，用敬道；周正赤统，用文道。"①每次改朝换代，都需要实行"改正朔""易服色"之类的改制，以示新王朝重受天命治理天下。所谓"三正"，即"改正朔"，改换岁首。夏朝以寅月（农历正月）为正月，商朝以丑月（农历十二月）为正月，周朝以子月（农历十一月）为正月。这种"三统""三正"的依次循环，即标志着所谓的"新王改制"，象征着"天命"所归，天经地义。"天之道，终而复始"，②他把历史说成是黑统、白统、赤统三者依次循环的无限过程，"终而复始，穷则反本"具有明显的循环论色彩。董仲舒"三统三正说"迎合了汉代统治者寻找统治合法性的需要，将秦亡汉兴的政权更替看作合乎阴阳五行变化规律的运动，看成是"天命"的感应与支配，为汉代王朝统治披上了一层神圣的外衣。

无论是邹衍的"五德终始说"，还是董仲舒的"三统三正说"，都是以五行五德的自然现象硬套社会历史现象，把历史纳入一个五行转化的先验图式之中，社会历史变成了封闭、机械的循环运动。虽然他们试图找出历史变化的规律，却陷入了神秘主义和唯心主义先验论的泥淖，找不出历史发展变化的科学原因。历史的发展是社会生产力和生产关系的矛盾发展的结果，绝不是什么"五德之运"

---

① 董仲舒：《春秋繁露·三代改制质文》。

② 董仲舒：《春秋繁露·阴阳终始》。

或“天命”所决定的。

与“五德终始循环”相类，宋代邵雍也编制了一个历史循环理论，他依据六十四卦图，制定了一个历史年表，来说明人类历史演变的过程，进而说明宇宙历史演变的过程。他的《皇极经世图》认为天地有终始之数，代表了宇宙发展的一个周期。一个周期结束之后，又会有新的天地产生，从而又开始宇宙发展的另一个周期，如此循环发展，无穷无尽。一个周期称为一“元”，一“元”有十二“会”，一“会”有三十“运”，一“运”有十二“世”，一“世”三十年，一个周期是 129600 年。他认为自然界和人类社会都按照一定的程序或“数”的原则产生、生长、衰落、灭亡，在“元、会、运、世”四个层次不同的周期里循环着，历史的行为和活动可以纳入到这种先验的图式当中。邵雍的学说虽然在思想界产生一定的影响，但在实际生活中并无可用之处，12 万多年的周期更是无法验证的说法，从而陷入无法自圆其说的困境。

二、“治乱更替”的循环论历史观

孟子把人类社会历史的发展变化看成是一种治乱循环。《孟子 · 滕文公下》说：“天下之生久矣，一治一乱。”孟子引述上古以来的史事为例证，认为从尧开始直到战国中期这段历史，是一种治乱循环交替的历史。这种“一治一乱”的历史循环，大约 500 年是一个周期。他说：“五百年必有王者兴，其间必有名世者。”又说：“由尧舜至于汤，五百有余岁……由汤至于文王，五百有余岁……由文王至于孔子，五百有余岁。”①

孟子“一治一乱”“五百年必有王者兴”的说法，实际上认为历史是更替循环、变而不变的，而决定这种治乱兴衰循环转化的是“王者”“圣人”，所谓“一正君而国定矣”，“文王一怒而安天下之民”。

孟子企图在战国时代回复“三代之治”“先王之道”而提出历史循环论。他不懂得社会历史是不断向前发展的，不懂得社会历史是随着经济生活的发展而变化的，不懂得他所处时代与之前时代有本质的不同。梁启超对孟子的循环史观作过批判，“孟子此言盖为螺线之状所迷，而误以为圆状。未尝综观自人类以来，万数千年之大势，而察其方向之所在，徒观一小时代之或进或退或涨或落，遂以为历史之实状如是云尔”。②

南宋学者朱熹在历史发展观方面也持循环论的观点。朱熹深信世界在不断地循环往复，变化无穷，“动静无端，阴阳无始，说道有，有无底在前；说道无，有

---

① 《孟子 · 尽心下》

② 《饮冰室文集 · 新史学》。

有底在前，是循环物事”。[1] 在他看来，历史便是盛与衰、治与乱的循环往复。他曾说：“气运从来一盛了又一衰，一衰了又一盛，只管恁地循环去，无有衰而不盛者。”[2]社会历史治乱循环，盛衰交迭，盛了必衰，衰了还会盛，“无有衰而不盛者”，社会不会永远衰微败坏。他认为天下万事，“本于一心”，“固无不出于人主之心术”，帝王的心术决定了一个朝代的治乱兴衰。“天下莫等于理”，在历史循环论中，朱熹糅入了形而上的“天理”“心术”“性理”的思想。

无疑历史循环论带有决定论的色彩，社会活动主体人被看作历史进程中的被动因素而非主动因素。面对历史的不断轮回，人却无能为力，无法把握自己的命运。不过在特定的历史条件下，历史循环论成为激发中国古代士大夫应对时代挑战、挽救危局、勇于作为的历史担当精神的积极因素。战国时代“争地以战，杀人盈野；争城以战，杀人盈城”，世衰道微，难道任由历史永远衰坏下去吗？孟子身处乱世而思治，尤其是在历史循环转换的关键时刻，发出了欲平治天下舍我其谁的慨叹：“由周而来，七百有余岁矣，以其数，则过矣；以其时考之，则可矣。夫天未欲平治天下也；如欲平治天下，当今之世，舍我其谁也？”[3]司马迁曾说：“先人有言：‘自周公卒五百岁而有孔子。孔子卒后至于今五百岁，有能绍明世，正《易传》，继《春秋》，本《诗》《书》《礼》《乐》之际？’意在斯乎！意在斯乎！小子何敢让焉！”[4]这是轮回之际生命感召的力量。同样，朱熹在南宋国运衰微的时刻，希望有一个大人物应世而出，“礼乐废坏二千余年，若以大数观之，亦未为远，然已都无稽考处，后来须有一个大大底人出来，尽数拆洗一番”。[5] 循环论历史观同天命史观、英雄史观相结合，使古代历史思想蒙上了一层神秘的色彩。

“治乱更替”的历史循环论对中国历史思想产生较大影响。的确，中国古代长久以来治乱相继、王朝更迭的历史现象，使得历代思想家在“稽其成败兴坏之理”时，不得不感到迷惑和困顿。循环论历史观的逻辑后果即是对中国古代“历史停滞”或“超稳定结构”的错误理解，社会是封闭的循环，现在只是过去的重演，轮回中似乎早已注定，一切都曾发生过，似曾相识。中国历史在“一治一乱”的轮回中长期陷于停滞，需要外力来打破它。“停滞论”甚至成为近代列强干涉、侵略中国的理论依据。中国马克思主义学者以社会发展规律阐释中国历史发展，认为中外社会都是以同一种社会发展规律向前演进，“中国人所组成的社会不应该有什么不同”[6]，给正在寻求“中国向何处去”的人们指明了方向。

---

① 《朱子语类》卷九十四。
② 《朱子语类》卷一。
③ 《孟子·公孙丑下》。
④ 《史记·太史公自序》。
⑤ 《朱子语类》卷八十四。
⑥ 郭沫若：《中国古代社会研究》自序，石家庄：河北教育出版社，2000年，第6页。

三、历史并不是简单的重演

历史循环论作为古代历史观的重要内容之一，是传统农业社会生产力水平不高、社会发展缓慢和周而复始的自然现象在历史观领域的反映。

历史循环论者主观上希冀寻求一种支配历史发展的规律——社会发展内在的必然性，相较于历史不可知论或倒退论，这是一种进步。但他们仅仅看到历史的表象，未能透过表象把握历史发展的本质。循环论历史观用自然运行比附社会变迁，用自然变化的原因说明历史运动过程，忽视了社会历史的演变与自然循环运动的差别，不能揭示人类历史发展的一般规律。唯物史观认为，“历史过程中的决定性因素归根到底是现实生活的生产和再生产”，只有从社会生产力发展的水平去认识社会发展阶段，关于社会历史发展的终极原因才能得到科学的说明。

在循环论者看来，社会历史的运动不存在量变和质变的差别，当下发生的一切只是对过去的重演。他们只看到历史发展的重复性、周期性，否认历史发展的上升性、前进性，看不到历史是一个曲折上升的发展过程。历史是会重复的，但历史现象并不是简单的重复或重演。事物在其发展的否定之否定阶段会重复肯定阶段的某些特征，但实际上它们在质和量两个方面却是根本不同的，正如列宁所说，“发展似乎是重复以往的阶段，但那是另一种重复，是在更高基础上的重复（‘否定的否定’），发展是按所谓螺旋式而不是按直线式进行的”。① 历史唯物主义正是通过历史重复性的研究，揭示历史发展的内在联系，从而认识现在、预见未来。

近代历史哲学家柯林伍德从一个新的角度提出了“历史重演”的观点，历史事实与自然事实不同，历史之所以能够被认识，是历史事实背后渗透着思想，“历史的过程不是单纯事件的过程而是行动的过程，它有一个思想的过程所构成的内在方面，而历史学家所要寻求的正是这些思想过程，一切历史就是思想史”。“历史学家必须在他自己的心灵中重演过去”，这种重演并非过去简单的重演，“历史学家不仅是重演过去的思想，而且是在自己的知识结构之中重演它；因此在重演它时，也就批判了它，并形成了他自己对它的价值的判断，纠正了他在其中所能识别到的任何错误”。② 柯林伍德揭示出史学的主观性，却取消了历史过程的客观性，把历史变成了人的心理活动的分析。这是另一种“历史重演”思想，留待历史认识理论来进行讨论。

自唯物史观创立以后，相较于循环史观在内的各种形态的唯心史观，唯物史

---

① 《列宁选集》第2卷，北京：人民出版社，1995年，第423页。

② 柯林伍德：《历史的观念》，北京：北京大学出版社，2012年，第212—213页。

观的科学性、革命性、彻底性日益显现出来。唯物史观认为,物质生活的生产方式决定社会生活、政治生活和精神生活的一般过程;一切重要历史事件的终极原因和伟大动力是社会生产力的发展,是生产方式和交换方式的改变。唯物史观是关于人类社会发展一般规律的科学。

(作者:徐歆毅,中国历史研究院历史理论研究所副研究员)

从小字体例看《圣武亲征录》纂就时间成说

◇张晓慧

《圣武亲征录》(以下简称《亲征录》)记录了成吉思汗、窝阔台两朝史事,是蒙元史基础性史料之一。《亲征录》的文献源流问题,涉及《亲征录》的史源、成书及《亲征录》与其他蒙元史基础性史料(包括《史集》《元史》《元朝秘史》等)的关系,长期以来为学者所关注。王国维对《亲征录》成书时间的判断,为学界所广泛接受。他注意到《亲征录》中出现爱不花驸马,根据爱不花生活的年代,判断《亲征录》成书于世祖时,与仁宗时察罕编译《圣武开天记》并非一书。① 亦邻真则进一步认为《亲征录》是实录的稿本,保存在伊利汗宫廷中的《金册》是《亲征录》的蒙古文译本。② 这两种观点,一着眼于《亲征录》的纂就时间,一着眼于其文献源流,实际上构成了联动的关系。我们注意到,作为关键性证据的爱不花驸马,出现在《亲征录》的小字注文中。那么,小字注文的体例为《亲征录》所独有吗? 搜集、整理《亲征录》和其他相关史料中的小字注文,能否有助于我们深化或者反思对这一问题的认识呢?

经统计,《亲征录》中共有小字注解 13 条。考察与《亲征录》有密切文献源流关系的《元史》,本纪部分唯"太祖""太宗""宪宗"本纪有双行夹注,共 5 条,其余本纪均无双行夹注。兹将《亲征录》的小字注解与《元史》的双行夹注列表如下。

---

① 王国维:《圣武亲征录校注》序,《观堂集林》卷十六,北京:中华书局,1959 年,第 799 页。

② 亦邻真:《莫那察山与金册》,《西域历史语言研究集刊》第 2 辑,北京:科学出版社,第 23—24 页。

表一

《圣武亲征录》(小字注解用【】括出)①	
1	泰赤乌部众苦其长非法,相告曰:"太子【谓太祖也。】衣人以己衣,乘人以肥马,安民定国,必此人也。"因悉来归。
2	是时,别里古台那颜掌上乞列思事,【系禁外系马所。】
3	金兵回,金主因我灭塔塔儿,就拜上为察兀忽鲁,【若今招讨使也。】……
4	汪可汗始与叶速该可汗和好,相称按答,【交物之友。】……
5	壬戌【宋理宗景定三年,金章宗泰和二年。】发兵于兀鲁回失连真河,伐按赤塔塔儿、察罕塔塔儿。
6	札木合闻之,往说亦剌合曰:"吾'按答'【谓太祖也。】常遣使通信于乃蛮太阳可汗,时将不利于君;今若能加兵,我当从旁协助。"
7	又谓按摊、火察儿曰:"汝善事吾父汪可汗,勿使疑汝为察兀忽鲁【谓太祖自称。前有注。】之族而累吾耶?"
8	又谓吾父汪可汗曰:"……鲜昆按答,【即王子亦剌合也。】汝亦遣别力哥别吉、脱端二人来。"
9	时乃蛮太阳可汗遣使月忽难,谋于王孤部主阿剌忽思的乞火力。【今爱不花驸马丞相,白达达是也。】
10	甲子【宋景定五年,金泰和四年。】春,大会于帖木垓川,议伐乃蛮。
11	骁将火力速八赤曰:"……果惧之,何不令菊儿八速来?"【太阳可汗妻也。】
12	大太子拙赤、二太子察哈歹、三太子哈罕【太宗也。】……
13	夏,上驻军于西域速里坛,【西域可汗之称也。】避暑之地。

① 贾敬颜校注,陈晓伟整理:《圣武亲征录(新校本)》,北京:中华书局,2019年,第30、38、40、46、84、95、139、140、165、171、174、212、286页。

表二

《元史》本纪部分双行夹注(用【】括出)①	
1.《太祖本纪》	时皇弟别里古台掌帝乞列思事,【乞列思,华言禁外系马所也。】播里掌薛彻别吉乞列思事。
2.《太祖本纪》	汪罕德之,遂相与盟,称为按答。【按答,华言交物之友也。】
3.《太祖本纪》	汪罕父子谋欲害帝,乃遣使者来曰:"向者所议姻事,今当相从,请来饮布浑察儿。"【布浑察儿,华言许亲酒也。】
4.《太宗本纪》	始立朝仪,皇族尊属皆拜。颁大札撒。【华言大法令也。】
5.《宪宗本纪》	时有黄忽答部知天象者,言帝后必大贵,故以蒙哥为名。【蒙哥,华言长生也。】

《亲征录》的小字注解和《元史》的双行夹注,有两条可以直接对应,即《亲征录》例 2 对应《元史》例 1,《亲征录》例 4 对应《元史》例 2,从史源上讲这两条是同源关系。除了这两条直接对应的例子,《亲征录》的其他小字注解可以概括为以下几个方面的内容:一是人物指代的解释,见例 1、6、8、9、11、12;二是干支纪年对应的宋金年号纪年,见例 5、10;三是以汉语解释蒙古语和其他外语词汇,见例 2、3、4、13。这些内容在其他相关史料中是如何体现的呢?

可以与《亲征录》相参照的,除《元史》外,元末陈桱著《通鉴续编》时曾将《五朝实录》的部分内容抄入书中,因此可以将《通鉴续编》的文字与《亲征录》《元史》对照。② 不过,由于《通鉴续编》本身采用纲目体的形式,有着大小字之别。陈桱自称"大书以便览,非窃有褒贬;详注以载事,无变乎旧文",意即此书的大字是陈桱所撰编年史事,小字是对原始史料的直接抄录。因此,抄录史料的小字已不能反映陈桱所据原始史料中可能存在的大小字之别,只能依据小字的具体内容判断原始史料体例的可能样貌。

《通鉴续编》和《元史》如何处理《亲征录》体现的大小字之别呢?第一种处理方式是将小字纳入正文,如《亲征录》例 3"就拜上为察兀忽鲁,【若今招讨使也。】",在《通鉴续编》中作"以功授太祖皇帝为察兀秃鲁,犹中国之招讨使也"。又如《亲征录》例 13"西域速里坛,【西域可汗之称也。】",在《通鉴续编》中作"西域速里坛汗"。第二种处理方式是以小字替代正文,如《亲征录》例 11"何不令菊儿八速来?【太阳可汗妻也。】",在《元史》中作"何不令后妃来统军也"。

① 《元史》卷一《太祖本纪》,北京:中华书局,1976 年,第 5、6、9 页;卷二《太宗本纪》,第 29 页;卷三《宪宗本纪》,第 43 页。

② 黄时鉴:《〈通鉴续编〉蒙古史料考索》,原载《文史》第 33 辑(1990 年),后收入其著《黄时鉴文集 I 大漠孤烟》,上海:中西书局,2011 年,第 133—156 页。本文所据《通鉴续编》为日本内阁文库所藏至正刊本电子版。

又如《亲征录》例6“吾‘按答’【谓太祖也。】”,在《通鉴续编》中作“太祖皇帝”。

因此,在《元史》顺帝之前诸本纪应源自实录这一前提下,基本可以判断《元史》本纪的双行夹注体例沿袭自《五朝实录》(即太祖、太宗、睿宗、定宗、宪宗五朝的实录,定宗、睿宗二朝史文简短,不具有统计上的说明性)。不仅《元史》本纪部分可以体现出来,而且以《五朝实录》为史源的《通鉴续编》与《亲征录》小字对应的部分,也可以看出其史源的小字体例的痕迹。也就是说,《五朝实录》存在小字注文,这一体例在《通鉴续编》和《元史》中均有影响。

我们既已明确小字注文并非《亲征录》所独有,那么,回到文章开头提到的王国维点明《亲征录》纂就时间的关键性例证。《亲征录》云:“时乃蛮太阳可汗遣使月忽难,谋于王孤部主阿剌忽思的乞火力。【今爱不花驸马丞相,白达达是也。】”若想以此条小字注文证明《亲征录》的纂就时间,必须澄清的前提是:这条注文为《亲征录》所独有,或者这条注文为《亲征录》所独创,只不过为其他史料所沿袭。与这条记载有关的内容亦见于《通鉴续编》与《元史》。《通鉴续编》云:“乃蛮太阳可汗遣月忽难告于王孤部长阿剌忽思。”根据上文所举例证,《通鉴续编》此处很可能是将实录中原有的小字注文略去。《元史》云:“时乃蛮部太阳罕心忌帝能,遣使谋于白达达部主阿剌忽思。”可见“爱不花”一条小字注文的信息并非《亲征录》所独有,在《元史》中表现为删去“爱不花”,用“白达达”替换掉“王孤”。至此,若要以此条证明《亲征录》的纂就时间,必须确证这条小字注文为《亲征录》所独创,后为《太祖实录》所沿袭。

按照亦邻真的观点,世祖时期修成的《亲征录》是实录的稿本,那么《太祖实录》的小字注文应该沿袭自《亲征录》。通观《元史》仅有的五例双行夹注,我们可以总结出《元史》保留的双行夹注的一些规律。这五例双行夹注的内容均是对蒙古语词汇的汉文注释,体例整饬,大致为:某(蒙古语词音译),华言某也。例3《太祖本纪》云:“汪罕父子谋欲害帝,乃遣使者来曰:‘向者所议姻事,今当相从,请来饮布浑察儿。’【布浑察儿,华言许亲酒也。】”可以推测《太祖本纪》的史源《太祖实录》文字亦当相似。相关内容在《亲征录》中作“今宜许之,候其来宴定约,必擒之”。《亲征录》中没有出现蒙古语词“布浑察儿”,而是直接汉译作“来宴定约”。倘若《亲征录》是实录稿本的话,如何解释《太祖实录》据《亲征录》的“来宴定约”反推回蒙古语词“布浑察儿”,同时以小字注出此词的“许亲酒”含义?

既然不能确证“爱不花”一条小字注文为《亲征录》所独创,那么以此为关键证据推导的《亲征录》成书于世祖时期的说法,自然不能看作不刊之论。秉持着怀疑的态度,建立在《亲征录》成书于世祖时期的成说之上的若干看法,如《亲征录》的编纂动机、史源及其与其他蒙元时代基础史料之间的传抄关系等问题,都值得进行反思。

(作者:张晓慧,中国社会科学院古代史研究所助理研究员)

元代真定史氏家族联姻补正

——以娶入为中心[①]

◇罗　玮

真定史氏家族是元代著名的政治家族。史氏家族在蒙元前期政治地位崇高，军事实力强盛，是元代前期汉人政治家族中的翘楚。其代表人物史天泽“出入将相近五十年”[②]，在元世祖朝汉人中唯一官至中书右丞相高位。对于真定史氏家族联姻的研究，虽已有学者有所涉猎[③]，但对于史氏家族的娶入情况，梳理史料之后发现尚有不少可补正之处，一一考证于下。

一、史氏兴起前和第一代的娶入

本文将史氏开始登上蒙元政治舞台的成员算作第一代，即史秉直、史进道和史怀德诸兄弟。对于史氏第一代联姻情况有所记述的当是系统记载家族情况的《史氏庆源之碑》。其载：

> 季则尚书公之祖也，讳伦，妣鄂氏。生一子……（史成珪）大金□□贞佑间以□□□□，太夫人□□，固安之□□人，有为真定推官及为滑州刺史者，乃其族也。是为□□之母，性淑善喜，同人□□奉□尤谨。人有见之者，□听其温言慈色，莫不爱而敬之。……生二子□□长则尚书公讳秉直，前为北京行部尚书。夫人张氏，后娶夫人纳合氏。……次子进道，义州则节度使，行北京都元帅。夫人刘氏、王氏、萧氏、黄氏。六女，

---

① 本文是国家社科基金后期资助项目“元代藁城董氏研究”（批准号：19FZSB039）的阶段性成果。

② 王恽：《开府仪同三司中书左丞相忠武史公家传》，《秋涧集》卷四十八，《元人文集珍本丛刊》第 2 册，台北：新文丰出版公司，1985 年，第 84 页上。

③ 萧启庆：《元代几个汉军世家的仕宦与婚姻》，《内北国而外中国：蒙元史研究》，北京：中华书局，2007 年；张建伟、白雪：《元代真定史氏之婚姻及其家族文化倾向》，《元史及民族与边疆研究集刊》第 27 辑，上海：上海古籍出版社，2014 年。

长适西物张庆元，次适同里张□□□西物□□□□□青垡提控赵彦卿，次为益津尚书刘贵夫人，次为高州安□□□□中夫人。

首先记述的是史氏兴起前的娶入情况。史伦妻为鄂氏，具体家世不明，为大兴永清当地人士可能性较大。史伦子史成珪之妻姓氏脱落，但其籍贯与家族成员信息保留下来，即固安某地人，同属大兴，其家族人在金代任真定推官及滑州刺史。根据这一线索，翻检金代史料，元好问《中州集》有载：

> (苑)中，字极之，大兴人，承安中进士，累官京西路司农少卿、滑州刺史。①

以上所述是金代士人苑中。他既是大兴人，又曾任滑州刺史。目前看来很有可能与史成珪夫人同族。因此根据目前的材料，史成珪夫人较有可能为苑氏。

史秉直先后娶两位夫人，张氏与纳合氏，第二位当是女真人。关于纳合氏的探讨，详见史天泽婚姻部分。史秉直之弟史进道有四位夫人，分别为刘氏、王氏、萧氏与黄氏。

二、史氏第二代的娶入

史氏第二代的娶入情况，主要体现在史秉直与史进道诸子婚姻的情况。史秉直的诸子女联姻信息为：

> □□生□□□□二任。长子天倪，为河北东西路兵马都元帅。夫人程氏、完颜氏。次天安，□□□权五路万户，知中山府事。夫人张氏、贺氏、□氏、王氏、张氏。次天泽，见任真定、河间、东平、大名、济南五路万户，知真定府事。夫人李氏、纳合氏、束檊氏。二女：长为太师国王夫人；次为□□□同知刘天锡夫人。

据上可知，史秉直诸子中，史天倪夫人有二，为程氏、完颜氏。史天安夫人有五，知道姓氏的有张氏、贺氏、王氏、张氏四位。史天泽夫人有三，为李氏、纳合氏、束檊氏。

关于李氏的身份，《史彬事迹钩沉》一文认为有可能出自李伯祐家族。李伯祐是史天泽的老牌部将，元朝侍卫亲军首任都指挥使之一。李伯祐的碑传记载：

> 开府仪同三司、平章军国重事、中书右丞相、赠太尉、谥忠武，史公中子，今中书左丞、辟阃江陵、行荆湖北道宣尉使杠，视今江陵总管李珏，则故夫人之季也。……与李氏皆太尉姻，又珏友燧而齐年，来言曰：先太尉所由以致

① 〔金〕元好问编：《中州集》辛集第八，四部丛刊景元刊本。

是勋名者，先外舅氏指挥，实始终左右之。①

以上记载说得非常清楚。首先，李伯祐之子李珏是史杠的"故夫人之季"，即李珏是史杠去世妻子之弟。其次，碑中又强调"李氏皆太尉姻"。最后，史天泽第四子史杠所言："先太尉所由以致是勋名者，先外舅氏指挥，实始终左右之。"综合以上信息，可以确定李氏不仅出自李伯祐家族，而且即李伯祐之姊妹。萧启庆亦认为李伯祐嫁于史天泽是其姊妹。② 此外还可以找到一些旁证，如该碑中还称："（李伯祐）女孙二十四人，归史氏者六人，一使相中子。""使相"即史杠，可知史天泽所娶当是李伯祐之姊妹，史杠所娶即是李伯祐之女，史杠中子又娶李伯祐孙女，两家可谓世代婚姻。

史天泽第二位夫人纳合氏，当是女真人。此姓较为特别，足够引起注意。需要注意的是，其父史秉直的第二位夫人亦姓纳合，或两人出自同一女真家族。史天泽幕府中有谋士名纳合松年者，担任参议，作为核心幕僚成员深受信任，《史天泽家传》记载：

> 当归德城溃，脱李大节于白刃，俾参幕谋，留务无巨细一以委之。参卿王昌龄代公治卫，亦以听其注措。其裨赞筹划，则王守道、纳合松年。四人推诚委寄，虽骨肉莫能间，故真定治效高视他郡，四方为之训。

纳合松年如此深受史天泽信任，两人联姻也事属合理。

综上，史秉直和史天泽的两位纳合氏夫人很有可能与纳合松年出自一个女真家族。

而史天泽第三位夫人束燃氏，《史天泽神道碑》写作"抹捻氏"，《史格神道碑》写作"木年氏"，系女真姓氏，为史天泽长子史格生母。

值得一提的是，撰写时间晚于《史氏庆源之碑》的《史天泽神道碑》记载史天泽的夫人情况，为"公夫人石氏、李氏、纳合氏、抹捻氏，皆先公卒"。增加了一位石氏。对此《史彬事迹钩沉》一文有过专门讨论，认为这位石氏虽然最后嫁入史天泽之门，却后来居上，最终地位排在其他三位夫人之上。这说明她可能出自金蒙之际汉族军阀北京石氏家族，核心人物是石天应，家世地位高于其他三位夫人。

除了史秉直诸子的联姻，还有他系的情况。

> 二侄曰天瑞，曾[祖][子][伯]氏之孙也，见任枣强□□都提举。[夫][人]王[氏]、□□[氏]。[曰]天祥，曾祖子仲氏之孙也，见为利州节度使。夫人王氏。三子，长曰镇□□□□、次曰兴驴。女三人：长适北京达鲁火赤男□□马；次

① 姚燧：《侍卫亲军都指挥使李公神道碑》，《牧庵集》卷十九，第14a叶。

② 萧启庆：《元代几个汉军世家的仕宦与婚姻》，《内北国而外中国：蒙元史研究》，北京：中华书局，2007年，第337页。

> 适北京宣差千户完颜男；次[适]□□张□□□硕羊。

史天瑞夫人有二，一为王氏，一脱落姓氏。史天祥夫人亦为王氏。

史秉直之弟史进道三子的娶入情况在《史氏庆源之碑》中也有所交代：

> 北京行都元帅生四子七女。长男天英，妻蒙古达氏。生一[子][二][女]，[一]子小字滹阳。二女长庆[娥]、次素娥。弟天均，妻萧氏。次天祚，妻张氏。□□□□□□□□□□北京万[户]张之翼夫人。次为监军张之纲夫人。三瑞哥为北京同知吾古论夫人。四进哥出家为尼。五杏哥为北京都元帅舍人夫人。六秀哥适奥屯元帅男。[七]□□□□。

以上史进道三子所娶之夫人所属家族目前还缺乏更多材料，但结合其诸孙女嫁出的去向可以判断都是北京路当地的政治家族，而且民族又是多元的。史天英夫人蒙古达氏当出于蒙古部族，史天均夫人萧氏出于契丹，而史天祚夫人张氏当是汉人。由于史进道有二女嫁于张之翼、张之纲，从名字判断二张应是兄弟，那么史天祚夫人张氏较大可能是来自这一张氏家族。

三、史氏第三代的娶入

史天倪诸子的娶入情况，目前较为清晰全面的是史楫的夫人的情况。较早的《史氏庆源之碑》记曰：

> 长曰楫，见为新军万户。夫人完颜氏、删只达[氏]。

保存下来的《史楫神道碑》记载更为全面：

> 夫人三：完颜氏，北京路左副元帅某之女；散竹氏，金紫光禄大夫、北京七路兵马司都元帅乌野儿长女；蒲散氏。

因为《史氏庆源之碑》立于1240年，可知史楫第三位夫人蒲散氏是在1240年之后才娶入的。

关于史楫第一位夫人完颜氏，翻检《元史·史天祥传》可知，史天祥跟随木华黎进攻大宁时俘虏金将完颜胡速，便置其于麾下，统领其黑军旧部。① 后史天祥任利州节度使，利州即为元初北京路十州之一。② 除此之外，史秉直、史进道也长期以北京路为根据地。因此完颜胡速最大可能也是在北京路任军职，那么完颜氏应该即完颜胡速之女，故也可知完颜胡速官终于北京路左副元帅。③ 第

---

① 《元史》卷一百四十七《史天祥传》，北京：中华书局，1976年，第3486页。

② 《元史》卷五十九《地理志二》，北京：中华书局，1976年，第1397页。

③ 《史楫神道碑》撰成之时为至元十年(1273)，史楫已去世十年。此时完颜胡速即使长寿尚未离世，也近百岁之龄了。

二位夫人的家世较为清楚,其父乌野儿,又作乌也儿、吾也而、兀叶儿,《元史》有传。① 乌野儿为木华黎大将、北京路军事统帅。初期史秉直及其家族便是在乌野儿的直接统领之下。第三位夫人蒲散氏,"蒲散"又作"仆散",女真姓,家世待考。

此外,元代史料中还有一些记载涉及史楫的婚配,需要有所辨析。苏天爵为屯田官员,万盈署令李注所撰写的神道碑记载了其孙女的嫁出情况:

> (孙)女长适承务郎、南阳府判官左括,次适史楫。②

此条材料粗粗一看,似乎是可以补充史楫神道碑的不足。但客观分析,仍有很多疑惑。首先,神道碑当会全面记述传主的婚姻情况,为何会遗漏一位夫人?其次,史楫与李注的年龄相差甚远,难以认为是翁婿关系。乙酉岁(1225)史天倪蒙难时,史楫已是孩童,至元九年(1272)去世,主要生活阶段都在蒙古国时期。而反观李注的碑传,其去世于至大元年(1308),享年 65 岁,可反推出李注约生于 1243 年,即主要生活于世祖朝时期。史楫比李注大数十岁,而且史楫去世较早,李注断无可能将孙女嫁于史楫。因此此"史楫"或者并非真定史氏之史楫,或者碑文有脱漏,可能实际是史楫的子孙辈。③ 这些都只能存疑待考。

关于史权的夫人情况,虽然目前缺乏神道碑等完整资料,但也可以找到一些材料。出身于真定藁城的军将王善的神道碑中记载:

> 女十一人……次适前江汉大都督,今东平路总管、佩金虎符史权。④

按照排列顺序,史权所娶为王善第四女。王善,字子善,藁城人,《元史》有传。⑤王善家族与董氏家族一样,最初都是史氏家族属下的藁城政治家族。

史天安诸子的娶入情况:

> 中山知府生子一十二人、女七人。长曰桢,妻刘氏。次曰枢,妻奥屯氏,□□□,长□,次尚幼未名。次桓,妻张氏。次常山,妻刘氏。次众家奴,妻□氏,次□□、次千家奴、次寺家奴、次僧家奴、次海山、次重山、次道家奴。女七人,明童适李氏,忠哥、□哥、□□、□儿、□□俱幼。

以上诸子之夫人中,根据《史枢神道碑》所载"夫人刘氏、夫人奥屯氏俱前公卒",

---

① 《元史》卷一百二十《吾也而传》。另有关乌野儿的家族情况,还可参考其孙拔不忽的碑传,姚燧《元故中奉大夫江东宣慰使珊竹公神道碑铭》,《(隆庆)仪真县志》卷十四。

② 苏天爵:《元故赠亚中大夫东平路总管李府君神道碑》,陈高华、孟繁清点校:《滋溪文稿》卷十六,北京:中华书局,1997 年,第 264 页。

③ 观察其文字,也存在脱漏的情况。如"孙女",脱漏掉了"孙"字。

④ 李治:《故金吾卫上将军知中山府事王公神道》,沈涛辑:《常山贞石志》,《石刻史料新编》第 1 辑第 18 册,影印清光绪二十三年(1897)嘉兴沈氏刻本,台北:台湾新文丰出版公司,1977 年,第 13433 页下。

⑤ 《元史》卷一百五十一《王善传》。

可知还有一位刘氏夫人。"奥屯"则为女真著姓。

史天泽诸子的婚配情况。首先是长子史格，因其神道碑保留下来，因此可以了解到完整的婚姻信息。《史格神道碑》记载其夫人情况为："夫人刘氏、储氏、两张氏。"其第二位夫人出自的储氏家族与史天泽一系似乎联姻关系密切，同碑中曾载宪宗征蜀而崩后，"太尉还，一王召公偕北绝漠，留谦州，依其储氏姑，居五年而归"，可推断史天泽一女所嫁的储氏当与史格夫人的储氏为同一家族，并且远居谦州（今叶尼塞河上游的唐努山北麓区域，远在今俄罗斯境内），而且史格娶入储氏很可能也是在居留谦州的这五年间。这一点，萧启庆先生的文章中并没有注意到。

史天泽四子史杠、五子史杞和八子史彬的夫人信息都可以找到一些材料。姚燧撰《李伯祐神道碑》中载：

> 开府仪同三司、平章军国重事、中书右丞相、赠太尉、谥忠武史公中子，今中书左丞、辟阃江陵、行荆湖北道宣慰使杠，以其季今东昌总管杞，两尝壻我先世父中书左丞、赠少师、文献公。

这里姚燧称的"先世父"即元初名臣姚枢。这里的"壻"（婿）字很明确地说明了史杠和史杞都迎娶了姚枢之女。

此外如前述，《李伯祐神道碑》还透露：

> （李伯祐）女孙二十四人，归史氏者六人，一使相中子。

据此可知史杠娶有李伯祐孙女。

此外，《董文忠神道碑》还记载：

> 女三人，长适太尉子、中书左丞彬。①

据此可知，史彬所娶为董文忠长女。

四、第三代娶入补遗：谔都岱所嫁"右丞史侯"小考

在真定史氏第三代的联姻问题上尚有一桩悬案，学术史上颇多讨论。这一问题主要来源于一通被清人大肆改译以致面目全非的神道碑，即胡祗遹撰《大元故怀远大将军怀孟路达噜噶齐兼诸军奥鲁蒙古公神道碑》。其中记述其诸女嫁出情况：

> 女六人，谔都岱适大丞相忠武公之子右丞史侯。②

以上记载有两个问题：第一，该女名字经过了清代四库馆臣的改译，并不是元代译名的形式。第二，其所嫁史家男子的身份语焉未详，只是通过"大丞相忠

---

① 姚燧：《佥书枢密院事董公神道碑》，《国朝文类》卷六十一，第 69—83 页。

② 胡祗遹：《大元故怀远大将军怀孟路达噜噶齐兼诸军奥鲁蒙古公神道碑》，《紫山大全集》卷十五，魏崇武、周思成点校：《胡祗遹集》，长春：吉林文史出版社，2008 年，第 348 页。

武公之子"知道为史天泽子,并撰碑时担任右丞。对于谔都岱所嫁者的身份,前辈学者有过一些讨论。如萧启庆在其英文专著《元代军事制度》(*The Military Establishment of the Yuan Dynasty*)中认为所嫁的是史格,曾任湖广行省右丞。而西方学者 Elizabeth Endicott-West 则反对之,认为除史格外,史杠也曾任湖广行省右丞,所以身份难以判断。① 之后萧启庆在其《元代几个汉军世家的仕宦与婚姻》一文中重申了自己的观点,并批判了 Elizabeth 所据的史料,认为《元史·史天泽传》中云史格所任"湖广行省右丞"实为"左丞"之误,并引用姚燧《江汉堂记》和王恽《左丞史公哀辞》两文作为证据,认为史杠官终于湖广行省左丞一职。② 但因缺乏更多证据,萧启庆最终也只能对此做存疑处理。

以上便是这一问题的讨论经过。近年来,随着新材料的发现,这一学术悬案应有重新谈论之必要。1996 年因考古发现而刊布的《史杠墓志》中明载:"大德六年,迁资德大夫、湖广等处行中书省右丞。"说明史杠并非官终于左丞,之后还升为右丞。《元史·史天泽传》所记不误。而王恽的《左丞史公哀辞》一文经过最近的研究,可以判断是为史彬所写,③而非史杠。当然,由此还不能完全排除史杠的因素,还有一些因素两位学者并没有考虑在内。如《蒙古公碑》撰写时间问题。从其记述来看,该碑大约撰于蒙古公"葬之七年",而碑文中明载蒙古公去世于至元十一年,则碑当写于至元十八年左右。再拿这一标准反观史格与史杠的仕宦履历可知,此时史格"拜资德大夫,中书右丞,行省湖广",④所任确实为右丞;而史杠则任"正议大夫,江东建康道提刑按察使",并不符合"右丞"的界定;而且胡祗遹去世于约元贞元年(1295),不会看到史杠数年后出任湖广右丞的事情。

此外,我们还可以从胡祗遹的语言环境中找出一些信息。审视现有的《紫山大全集》中的篇章,提到"史右丞"的还有一篇作品,即《题史右丞〈瑞鹤图〉》。其曰:

> 四朝社稷臣,开府忠武公。将相五十年,民无能名功。嗣侯光前业,天禀何贞忠。平南笳鼓归,退然房刀弓。君恩无可报,盥濯居斋宫。圣寿祝万年,不懈兹益恭。孰谓九天高,至诚能感通。双鹤何许来,下坛舞翻风。如受香火供,如示介祉容。回翔久乃去,白日流晴空。明朝日将午,群鹤踵前踪。三日还复来,享答醮事终。万目快前睹,嘉庆四海同。忠孝获异应,福

① Elizabeth Endicott-West, *Mongolian Rule in China, Local Administration in the Yuan Dynasty*, Cambridge: Harvard University Press, 1989. p. 146, n. 285.

② 萧启庆:《元代几个汉军世家的仕宦与婚姻》,《内北国而外中国:蒙元史研究》,北京:中华书局,2007 年,第 338 页注 1。

③ 毛海明、张帆:《史彬事迹钩沉》,《中国史研究》2014 年第 1 期。

④ 《史格神道碑》。

禄宜丰隆。恨无瑰玮辞，揄扬付歌工。激励臣子心，一一怀丹衷。画图刻贞石，永永传无穷。①

在同一个人的语言环境中，我们可以相信两处的“右丞史侯”是一个人。而审视诗中所体现的这位右丞史侯的生平信息——“四朝社稷臣，开府忠武公。将相五十年，民无能名功。嗣侯光前业，天禀何贞忠”，说明这位史侯确实是“将相五十年”的史天泽之后人；而“平南笳鼓归，退然房刀弓”说明这位史侯参与了平定南宋的战争，而史天泽八子中史格参与了平宋，并且军功甚大。此外，这首诗的主题是涉及这位史侯的一幅绘画作品，虽然史杠更有画名，②但诗中的生平信息让我们有理由相信胡祗遹接触的史侯便是史格，即谔都岱的婚嫁对象。

此外，关于谔都岱的元代译名问题，也并不是完全一筹莫展，从清代的译例中可以找到一些根据。如文渊阁四库全书本《续通志》中将元代名相、木华黎四世孙安童译为“安图”，其子兀都带译为“谔都岱”。因此可知史格的这位妻子的元代译名也是“兀都带”。

另外还有一个遗留问题，那就是《史格神道碑》中述其夫人为“刘氏、储氏、两张氏”，似乎并无有关这位蒙古女子的记述，是文集收文有所缺漏还是另有隐情已不得而知，只能录以待考。但兀都带（谔都岱）所嫁史氏成员是史格，这一历史事实是没有多大问题的。

五、史氏第四代的娶入

1. 首先是有神道碑存世的史燿的娶入情况。其神道碑载：

> 夫人刘氏，公祖姑之孙，以贤淑闻姻里。

关于此刘氏的身世，萧启庆记为“不详”。③ 实际上根据其给出的亲属信息，还可以有所推进，详见第四代补遗部分。

2. 史烜的娶入情况。史烜之子史元亨的墓志载：

> 张夫人呼公曰：“元亨尔，其以父爵，让而叔父炼，以毋忘尔父之抚其弟也。”

由此可知，史元亨母亲即史烜夫人为张氏，但所出家族不详。

3. 史爕的娶入情况。《董士珍神道碑》载：

---

① 《紫山大全集》卷一，魏崇武、周思成点校：《胡祗遹集》，长春：吉林文史出版社，2008年。

② 元代绘画史著作《图绘宝鉴》卷五载：“史杠，字柔明，号橘斋道人。官至行省左丞，读书余暇弄笔作画。人物、山水、花竹、翎毛咸精到。”

③ 萧启庆：《元代几个汉军世家的仕宦与婚姻》，《内北国而外中国：蒙元史研究》，北京：中华书局，2007年，第340页。

女三人，长侍镇阳王孙，正议大夫、兴国路总管史燚。①

可知史燚所娶为董士珍长女，即董文忠孙女。

4. 史炽的娶入情况。《游显神道碑》载：

女六人……季适史太尉忠武公孙、知安陆府史炽。

可知史炽所娶为游显的幼女。

5. 不明世系第四代成员的娶入情况。

魏初所撰的《王汝玉神道碑》载：

女六人……次适史某，丞相开府公之孙也。②

由此可知史天泽有孙辈娶王汝明之女。王汝明为亳州新军总管，属于明确的张柔集团部将，此时与史氏联姻，其契机可能就是史张“易将”的历史事件。此时史格代张氏为亳州万户，得与张氏部将产生较多接触。但因为《史格神道碑》中未记其诸子之媳，因此还不能确认王汝明女所嫁史氏成员父系信息。

苏天爵撰《吴元珪行状》载：

女适翰林待制卢亘、著作郎靳泰、丞相史忠武王诸孙庄。③

可知此位名“史庄”之人娶有枢密副使吴元珪第三女。

六、史氏第四代娶入补遗

史燿的娶入情况，其神道碑记载：

夫人刘氏，公祖姑之孙，以贤淑闻姻里。

关于此刘氏的身世，萧启庆记为“不详”。④ 实际上根据其给出的亲属信息还可以有所推进。这里所言，史燿夫人刘氏为其祖姑之孙，即说明其祖姑嫁入刘氏。史燿祖父为史天安，史秉直有二女，均为史天安姊妹、史燿祖姑，而次女所嫁为“北京路同知刘天锡”。⑤ 可见史燿所娶刘氏出自刘天锡家族。

---

① 欧阳玄：《大元敕赐故资政大夫御史中丞赠纯诚肃政功臣开府仪同三司太傅上柱国赵国公谥清献董公神道之碑》（《董士珍神道碑》），沈涛辑：《常山贞石志》卷二十三，《石刻史料新编》第1辑第18册，影印清光绪二十三年（1897）嘉兴沈氏刻本，台北：台湾新文丰出版公司，1977年，第13567页上栏。

② 魏初：《故总管王公神道碑铭》（《王汝玉神道碑》），《青崖集》卷五。

③ 苏天爵：《荣禄大夫枢密副使吴公行状》，陈高华、孟繁清点校：《滋溪文稿》卷二十二，北京：中华书局，1997年，第371页。

④ 萧启庆：《元代几个汉军世家的仕宦与婚姻》，《内北国而外中国：蒙元史研究》，北京：中华书局，2007年，第340页。

⑤ 《史氏庆源之碑》。

七、史氏第五代的娶入

1. 史壎的娶入情况。史壎有神道碑存世,其娶入情况为:

公娶王氏,封常山郡夫人。次袁氏、孔氏、周氏。

据此可知,史壎有夫人四,分别为王氏、袁氏、孔氏、周氏,但所出家族暂不清楚。

2. 史元亨的娶入情况。《史元亨墓志铭》载:

夫人同郡嘉议大夫、顺德总管赵公世美之女。

据此可知,史元亨夫人为顺德总管赵世美之女。

3. 如世系部分所言,真定路总管府判官赵宽的墓碑铭中记述了他的女儿嫁出情况,其言:

女五人,适董守惠、史墉、耿瓒、史泽、元某,俱名家子。

可知史墉所娶为赵宽之女。

此外,如世系部分所言,上段材料中还有一位"史泽",当也为史氏第五代成员,也是赵世美之婿。这一点萧启庆还没注意到。

元代真定史氏家族娶入表①

代次	夫名	妻名	岳父名或出身家族	官职及相关信息	史　源
兴起前	史伦	鄂氏	不详	不详	《史氏庆源之碑》
	*史成珪	苑氏(?)	苑中族人	滑州刺史	《史氏庆源之碑》、《中州集》辛集第八
I	史秉直	张氏	不详	不详	《史氏庆源之碑》
		*纳合氏	纳合松年家族(?)	不详	《史氏庆源之碑》《史天泽家传》
	史进道	刘氏	不详	不详	《史氏庆源之碑》
		王氏	不详	不详	《史氏庆源之碑》
		萧氏	不详	不详	《史氏庆源之碑》
		黄氏	不详	不详	《史氏庆源之碑》

① 本文中,史氏成员的联姻信息较之萧启庆表格有所补遗推进者,以"*"标识。

续表

代次	夫名	妻名	岳父名或出身家族	官职及相关信息	史源
Ⅱ	史天瑞	王氏	不详	不详	《史氏庆源之碑》
		□□氏	不详	不详	《史氏庆源之碑》
	史天祥	王氏	不详	不详	《史氏庆源之碑》
	史天倪	程氏	不详	不详	《史氏庆源之碑》
		完颜氏	不详	不详	《史氏庆源之碑》
	史天安	张氏	不详	不详	《史氏庆源之碑》
		贺氏	不详	不详	《史氏庆源之碑》
		□氏	不详	不详	《史氏庆源之碑》
		王氏	不详	不详	《史氏庆源之碑》
		张氏	不详	不详	《牧庵集》卷十五
	史天泽	石氏	石天应家族	陕西河东路行台兵马都元帅	《史氏庆源之碑》 《史彬事迹钩沉》
		李氏	*李伯祐（姊妹）	侍卫亲军都指挥使	《元文类》卷五十八
		纳合氏	纳合松年家族(?)	幕府参议	《史氏庆源之碑》 《史天泽家传》
		束檆氏（抹捻氏）	不详	不详	《史氏庆源之碑》 《史天泽神道碑》
	史天英	蒙古达氏	不详	不详	《史氏庆源之碑》
	史天均	萧氏	不详	不详	《史氏庆源之碑》
	史天祚	张氏	不详	不详	《史氏庆源之碑》

续表

代次	夫名	妻名	岳父名或出身家族	官职及相关信息	史　源
Ⅲ	史楫	完颜氏	完颜胡速(?)	北京路左副元帅	《史氏庆源之碑》《史楫神道碑》
		*删只达氏(珊竹氏)	乌野儿	北京七路兵马司都元帅	《史氏庆源之碑》《史楫神道碑》
		蒲散氏	不详	不详	《史氏庆源之碑》《史楫神道碑》
		*李氏	李注(?)	不详	《滋溪文稿》卷十六
	史权	王氏	王善	金吾卫上将军、知中山府事	《常山贞石志》卷十五
	史桢	刘氏	不详	不详	《史氏庆源之碑》
	史枢	*刘氏	不详	不详	《史氏庆源之碑》《史枢神道碑》
		奥屯氏	不详	不详	《史氏庆源之碑》
	史桓	张氏	不详	不详	《史氏庆源之碑》
	常山(小字)	刘氏	不详	不详	《史氏庆源之碑》
	史格	刘氏	不详	不详	《史格神道碑》
		储氏	不详	*居于谦州的家族	《史格神道碑》
		李氏	不详	不详	《史格神道碑》
		*兀都带(谔都岱)	蒙古巴尔	怀孟路达鲁花赤	《紫山大全集》卷十五
	史杠	李氏	李伯祐(父)		《史杠墓志》、《牧庵集》卷十九
		怯烈氏	不详	不详	《史杠墓志》
	史杞	姚氏	姚枢	翰林承旨	《牧庵集》卷十五
	史彬	董氏	董文忠	典瑞卿,佥书枢密院事	《牧庵集》卷十五

续表

代次	夫名	妻名	岳父名或出身家族	官职及相关信息	史　源
Ⅳ	* 史燿	刘氏	刘天锡家族	北京路同知	《史燿神道碑》
	史烜	张氏	不详	不详	《史元亨墓志》
	史炽	游氏	游显	江浙行省平章	《牧庵集》卷二十二
	史燓	董氏	董文忠（祖）		《常山贞石志》卷二十三
	史炤	崔氏	崔德彰	管军千户、真定同知权府事	《吴文正集》卷三十五
	史熺	崔氏	崔德彰		
	史庄	吴氏	吴元珪	枢密副使	《滋溪文稿》卷二十二
	不详（史格子?）	王氏	王汝明	亳州新军总管	《青崖集》卷五
	不详	李氏	李伯祐（祖）		《史杠墓志》、《牧庵集》卷十九
Ⅴ	史壎	王氏	不详	不详	《史壎神道碑》
		袁氏	不详	不详	《史壎神道碑》
		孔氏	不详	不详	《史壎神道碑》
		周氏	不详		《董守简神道碑》
	史元亨	赵氏	赵世美	顺德路总管	《史元亨墓志》
	史墉	赵氏	赵宽	真定路判官	《滋溪文稿》卷十八
	* 史泽	赵氏	赵宽	真定路判官	《滋溪文稿》卷十八

（作者：罗玮，中国社会科学院古代史研究所助理研究员）

唐文治先生的治学取向与经世情怀

◇林存阳　韩　晓

19世纪40年代至20世纪上半叶的110年间，中华大地发生了诸多跌宕起伏的变化，外患内忧，纷至沓来，无不对国家、民族、社会造成巨大的冲击。经历这样一种多层面、多因素的巨变，当政者不得不在痛苦的抉择中求新求变，以图延国祚命脉于一线；思想者亦不得不在思索中煎熬，以寻思想文化之新途。然而，面对自身之传统与外来之新学，究竟该如何认知、如何取舍，从而摆脱羁绊，觅得新机，走出困境，实现浴火重生，无疑是一个饱含着纠结、冲突，且关涉到现实、理论和实践诸多面向的重大甚至是关键性的时代问题。当此之时，固守因循者有之，锐意求新者有之，别辟蹊径者亦不乏其人，就像时代的剧烈变动一样，各种各样的思想诉求纷然呈现。其中，历经政、学两途的唐文治先生，可谓一位既能顺应时代趋势又能有所坚持、既具忧患意识又富经世精神、既注重文化担当又关注人心世道的特立独行的文化坚守者。有鉴于此，本文拟对唐文治先生之治学取向及其所蕴含的经世情怀略加探讨，以窥唐先生于时代动荡之中所秉持的人生意趣。不当之处，敬请方家教正。

一、为学历程

唐文治先生字颖侯，号蔚芝，同治四年十月十六日(1865年12月3日)亥时生于江苏太仓镇洋县岳王市陆宅之静观堂，1954年三月初八日(阳历4月10日)凌晨去世，享年90岁。在此90年中，唐文治先生由受学而科举入仕，致力于兴教育才，知识、学问一以贯之，体现出一名读书人、知识人的远大志向和人生使命之所在。

大体而言，唐文治先生的一生，主要经历了这样几个阶段：光绪六年(1880)以前，为启蒙、求学时期；光绪六年至十八年(1892)，为从事科举和治学精进时期；光绪十九年(1893)至三十三年(1907)七月，为宦途时期；光绪三十三年八月至1920年十月，为主政上海实业学校(后改为南洋大学、上海交通部工业专门学校)时期;1920年年底以后,为掌教无锡国学专修馆①时期。其间,无论是家学之启蒙,还是业师之栽培,以及友朋之相得益彰,无不在唐文治先生的求学、治学之途中产生重要甚至关键性影响。

据唐文治先生称,在其幼年时,由于父亲经常外出坐馆授徒,所以自己的启蒙教育主要得益于母亲和祖父。在《三省楼剩稿跋》中,唐先生追忆道:"常禀慈训,'四书'、唐诗,皆吾母口授。至今油灯凉月之影、刀尺讲读之声,仿佛犹在耳目间。"②唐先生祖父唐学韩先生,字翼亭,"读书不事著述。家无书,喜自抄录。尝抄明戚武毅公《沿海舆图》三巨册,字毫发不苟,经纬累黍不爽"。正因自己喜好读书,所以翼亭先生对孙子亦寄予厚望,悉心教导。唐文治六岁时,即跟祖父同起居,每夜祖孙俩抵足而卧,翼亭先生"口授诸经,咿唔之声,或达丙夜"。由此唐文治形成了一个习惯,即"日中恒嬉,夜则毕日间之课"。塾师先生感到很奇怪,"以为文治聪颖,无烦督责",并不知这背后实蕴含了翼亭先生"勤饬自课"的工夫。而令唐文治铭记难忘的,是祖父去世前夕,犹谆谆教诲他:"汝好读书,听吾平日言,务为善,勿嬉戏。"③母亲、祖父的钟爱和教诲,对唐文治先生以后的学问人生无疑起到了正其端的重要作用。

唐文治先生虽然幼年时接触父亲较少,但稍长之后,或随父馆就读,或得朝夕相处聆听教诲。唐文治先生之父原名锡慁,后易受祺,字若钦,别字兰客,恩贡生,任职教谕。其为学,"不喜标榜,不务声华"。当时,一些经学、词章家"驰逐炫耀",他则"退然不与争衡","每当稠人广厦之中,众论纷纭",更是默然不发一言,"惟以暗然自修、不求人知为宗旨"。基于这样一种立身为学的旨趣,他对儿子唐文治的引导别具意义。唐文治十三岁时,曾问父亲"为人之道",若钦先生教导曰:"当从孝弟忠信礼义廉耻八字始。孝为百行之原,淫为万恶之首,伦常之地,尤宜兢兢焉。"又问"处世之方",曰:"吃亏即是便宜,但愿子孙学吃亏足矣。"而当唐文治二十岁后从事训诂之学,更教诫道:"汝经文尚不能背诵,岂能成经生耶?"至其手书家训,"论通经,先以熟读经文为主,督责背诵,必一字无讹

---

① 无锡国学专修馆后曾数次更名,1927年3月、7月,先后易名无锡国文大学、无锡国学专门学院,1930年正月奉国民政府教育部令改为无锡国学专修学校,1943年复名为国学专修馆,1945年8月仍称无锡国学专修学校,1949年7月经苏南行政公署准予备案,改名为无锡中国文学院。详参刘桂秋:《无锡国专编年事辑》凡例及有关年份,北京:中国大百科全书出版社,2011年。

② 唐文治:《茹经堂文集二编》卷五,沈云龙主编:《近代中国史料丛刊续编》(第四辑)第32册,台北:文海出版社,1974年,第836—837页。本文所引《茹经堂文集》六编内容,均为《近代中国史料丛刊续编》(第四辑)的版本,除首次引用外,其余处引用皆省略版本信息。

③ 唐文治:《王考府君事略》,《茹经堂文集》卷五,沈云龙主编:《近代中国史料丛刊续编》(第四辑)第31册,第356—359页。

乃已”，教导学生“尤以敦品立行为第一义”，①以及“教读一事，造福在于斯，作孽亦在于斯。何谓造福？督读经书、敦励品行是也。何谓作孽？肤浅庸陋、放任下达是也”②之训言，无不对唐文治产生深远影响。更值得指出的是，若钦先生于乡先贤之遗著，尤为用心，他搜辑清初大儒陆世仪先生之遗书，手抄十数册，后唐文治先生官京师时，集赀刊行。这无疑为唐文治先生及其挚友以后大力表彰陆世仪、陈瑚、江士韶、盛敬四先生之学做了表率，发了先声。

如果说家庭的熏陶、教导为唐文治先生向学打下基础的话，那么诸多业师的栽培，更为其致力于学奠定了扎实的根柢。自同治九年(1870)六岁受业于外叔祖胡汝诚啸山先生始，唐文治先生相继受业于姨夫姚葆光蓂翅、外祖父胡汝直古愚、姨夫钱宫极会甫、王祖畬紫翔、黄以周元同、沈曾植子培诸先生，从而于经史、理学、制义等学不断取得新进境。其中，王祖畬、黄以周二先生之教，尤对唐文治先生成学发挥了关键性的作用。

王祖畬，号漱山，一号紫翔，世为江苏太仓州镇洋县人。幼受母教，十一岁即尽通“四书”“五经”及《周官》《仪礼》。其“学为制义，喜规模先正大家，视塾中通行庸滥拘挛之文，吐弃如渣滓也”，“说经贯穿汉宋，以其真知灼见，发为论著”，尤致力于濂洛关闽之学，而归本于程朱。先后主讲于宿迁、海门、崇明诸书院，其教诲群弟子者，强调“读书以植其本，穷理以致其知，返躬以践其实”，以及“通经必期致用，作文贵乎明道”，而“凡一切诡僻新奇、破坏圣贤之说，与夫叫嚣涂附、决裂文章之体者，概宜屏斥”。③

唐文治先生之受教于王祖畬先生，乃缘于其父若钦先生与王氏为总角之交的挚友。光绪四年(1878)，唐文治先生十四岁，随父读书于苏州方氏，一天祖畬先生来访，看到唐文治所作之文，很是赏识，并对若钦先生说：“此美才也，宜益纵之，俾进于古，庶几勿梏乃质。”祖畬先生走后，若钦先生教诲儿子曰：“此先生过誉也，顾孺子当以先生为法矣。”至光绪七年(1881)春，因姨夫黄浚之介绍，唐文治先生遂得受业于王祖畬先生之门。自是以后，祖畬先生“于凡文章之奥、性命之幽，旁逮训故笺疏之谊、诸子百家之言，靡不口讲指画，午贯旁通。至于朝夕训诲，则必断断然以制行为先务。尝曰：‘文字虽小道，然品行学问皆在其中。故凡文之博大昌明者，必其人之光明磊落者也；精深坚卓者，必其人之忠厚笃实者也。天下惟第一等人，始能为第一等文。吾子勉之！’”。④ 而尤为令唐文治先

① 唐文治：《先考府君事略》，《茹经堂文集》卷五，第367—372页。

② 唐文治：《江阴郁咏堂先生家传》，《茹经堂文集六编》卷五，沈云龙主编：《近代中国史料丛刊续编》(第四辑)第34册，第2160页。

③ 唐文治：《王文贞先生学案》，《茹经堂文集二编》卷一，沈云龙主编：《近代中国史料丛刊续编》(第四辑)第33册，第1205—1206页。

④ 唐文治：《王紫翔先生六十寿序》，《茹经堂文集二编》卷七，第987—988页。

生记忆深刻的是，入门之始，祖畬先生即“首勖以孝悌忠信之道，申之以义利之辨”，并强调：“小人所以下达者，皆以利害义尔。若喻利者，非吾徒也。”又训诲道：“君子读书，贵之明理，不能明理，读书奚为？”并指引其“读汪武曹（汪份——引者注）《四书大全》、陆清献（陆陇其——引者注）《三鱼堂集》”，认为这是“理学入门之始”。这一指引奠定了唐先生此后的为学宗向。接下来的岁月，师徒自是相得甚欢。不过，祖畬先生虽然很欣赏唐文治，但也“训督綦严”，甚至对其所作文不满意者，“掷诸几上”，且告诫道：“子文如此之高，焉得逢识者！”①然而，严师出高徒，唐文治先生正因受到恩师祖畬先生的悉心指引和严格要求，才得以在学问之途上迈向了新台阶。在为祖畬先生六十大寿所作序文中，唐文治先生满怀深情地感慨道：“文治憬然受命，以故由弱冠以至通籍，由通籍以迄于今，凡一言一行之不合乎古人者，辄惴惴焉惟恐先生知；而先生于文治一言一行之有失，亦必严词峻责，不稍假借。盖文治自有生以来，期望之殷，知己之感，未有过于先生者！而自度学问行谊，尚不至见弃于君子之门，则皆先生督责之力以至于今日也。”②

光绪十一年（1885），对唐文治先生来说，可谓是其为学进程中的又一重要关节点。是年，他报考了江阴南菁书院，以超等被录取入院肄业，受教于大儒黄以周先生之门。赴院之前，祖畬先生寄望道：“昔顾亭林先生有言，经学即理学。明理必在于通经，彼强分门户者，皆鄙倍之徒也。吾闻南菁院长黄元同先生经学大师，子守吾理学之教，而更采黄先生之所长，博闻强识，穷理尽性，他日自成一家，斯可矣。”③后来的事实证明，唐文治先生没有辜负祖畬先生的这一寄望，确实走出了一条自己的学术之路。

在跟随黄以周先生治学的过程中，唐文治先生所受熏陶主要有如下几个方面：一是为学需笃实。黄先生曾训诲曰：“学问必由积累，初无顿悟之方，而积累全在精专；亦无袭取之道。人有终日读书而掩卷辄忘者，病在不静；有终身读书而白首不名一艺者，病在不专。静则记性强，专则学术成。”并强调：“昔之儒者尚专经，故能由一经以尽通诸经。今之学者，欲无经不通，乃至一经不通。”二是经学、理学宜合于一而不宜歧为二。如所周知，“自乾嘉以来，士大夫钩稽训诂，标宗树帜，名曰汉学。其末流之失，不免破碎支离，甚且分别门户，掊击宋儒义理之学，以为空疏”，甚或“意气嚣然，渐滋暴慢”。有鉴于此，黄先生认为，“三代下之经学，汉郑君、宋朱子为最，而汉学、宋学之流弊，均多乖离圣经，尚不合于郑、朱，何论孔孟？”而观“国朝讲学之风，倡自顾亭林、黄梨洲诸先生，亭林先生尝谓经学即理学，经学外之理学为禅学，故经学、理学宜合于一，不宜歧之为二”，基

① 唐文治：《王紫翔先生文评手迹跋》，《茹经堂文集三编》卷五，第1385页。
② 唐文治：《王紫翔先生六十寿序》，《茹经堂文集二编》卷七，第988—989页。
③ 唐文治：《王紫翔先生文评手迹跋》，《茹经堂文集三编》卷五，第1385—1386页。

于此，遂“体郑君、朱子之训，上追孔门之经学，博文约礼，实事求是。其所得于心而诏后学者，务在质诸鬼神而无疑，百世以俟圣人而不惑”。此一取向，显然与道咸以降兴起的“新学”大异其趣。① 三是为学需求在我者，而于毁誉诸事皆不必在意。四是为学应以敦品励学、躬行实践为宗旨。凡此诸教，皆对唐文治先生之治学趋向产生了深刻影响。

当然，在师生互动中，唐文治先生亦能有新的体悟。如光绪十一年(1885)三月初六日，黄先生在训诲时指出：“近日讲学极难，有避道学之名者，则讳而不讲，即有讲者，先入主出奴之见存于胸中。夫既存一入主出奴之见，原可不讲学了，故戴东原先生《孟子字义疏正》立说俱是，而近于毁骂。至焦理堂作《孟子正义》更失东原先生之旧。”于此，唐文治先生认为，“近日讲学，诚难言矣。有避道学之名者，则绝口而不谈。然亦非专避道学之名也。有谓学问须躬行不必出诸者，有谓翘然以道义自命，则迹涉标榜，来人訾议者，治谓此二者诚合乎暗然自修之真，足矫当世之为人徇外者。然所见犹未尽也，夫子曰：‘知者不失人，亦不失言。’不失人不失言固难，然儒者顾问其心之何如耳。苟勇于以道自任，遑问其迹之涉标榜与否哉。学问原在躬行，然绝口不道，则理何自明？此二者不足避也”。而真正令人担忧的是，“言学之分别门户耳”。他指出：“近世有训诂之学，有义理之学，其外又有顿悟之学。言训诂者病义理为空疏；言义理者，病训诂为泛骛；而言顿悟者，更病义理为支离；甚有主训诂之学，目未见程朱之书，而亦痛斥宋儒者。主义理之学，目未见许郑之书，而亦痛斥汉儒者。痛斥宋儒而躬行视为迂腐；痛斥汉儒而经书束之高阁；至言顿悟者，并且绝圣弃智，专认本来面目矣。此岂复成儒者气象哉。”见及于此，他进而表明自己的态度和取向曰：“夫学术不明，吾党之责也。文治天资既钝之极，于经学尤生望洋之叹，然窃愿于训诂义理二者，皆稍稍涉其流。俾言训诂者不至斥义理为空疏，言义理者不至斥训诂为泛骛，而顿悟之学，尤思辨其似是之非，至于其他，非敢所志。”②此一取向，其气象已然与众流不同，而得黄以周先生融贯汉宋学治学方法和精神之真传。

曹元弼先生曾言：“吾友唐蔚芝尚书，博学敦行，承年谱丈若钦先生家学，又受学于王紫翔前辈、黄元同先师，湛深经术，融贯大义，反诸躬行，事亲至孝，乡党、朋友翕然归德。”③而唐文治先生论师道曰：“师道立则善人多。有训蒙师，有成德师，有传道师，师之格不一，其为教亦不一，小以成小，大以成大。是故师也者，文化通塞之根源，而世道人心因以晦明升降者也。”④又论师友曰：“韩子有

① 唐文治：《黄元同先生学案》，《茹经堂文集》卷二，第164—167页。

② 唐文治：《南菁书院日记十六则》，王桐荪、胡邦彦、冯俊森等选注：《唐文治文选》，上海：上海交通大学出版社，2005年，第5—6页。

③ 曹元弼：《茹经堂文集》序，《茹经堂文集》卷首，第4页。

④ 唐文治：《江阴郁咏堂先生家传》，《茹经堂文集六编》卷五，第2159页。

言:‘古之学者必有师。’又曰:‘士固伸于知己。’盖师者尊,而知己者亲。至师与知己合而为一,则于道德性命之气谊、感情之周挚,殆有未可以言语罄者。”①观此,唐文治先生之能向学、志学,且学有所成,实非偶然矣。

学问之途,固然与家庭环境、所遇师友密不可分,但能否学有所成、卓然自立、别具风格,其关键则在于本人之潜修程度与志向之所寄。唐文治先生自接受启蒙教育,即于八岁时发为“吾愿为伊尹”之志,其后勤勉为学,思想上不断取得新进境,并逐渐形成自己的治学宗尚,从而发抒心得,撰为著述,卓然独树一帜于学林。

窥唐文治先生为学之进路,其少年时“好谈词章训诂之学”;②十六七岁则开始转为性理之学,尤其在恩师王祖畬先生的引领下,更对理学心有所契;弱冠后受教黄以周先生之门,于经学、小学得其门径,进而“潜研经训性理,志闲先圣之道”;③二十八岁中进士后供职户部、总理衙门(1901 年冬改为外务部)、商部(1903 年 8 月设,1906 年 9 月改为农工商部),由主事而升迁至署理尚书,尽管政务丛脞,然治学不辍;1907 年接掌上海实业学校之后,积极整顿校风、增设电机等新专科的同时,尤重视、倡导国文、人格教育,致力于以文化人;五十岁后,鉴于“时局愈棼,无可言者”,遂“矢志讲学,于正人心、救民命两端,兢兢焉以之自勉,兼以勖同志,弗敢失坠。随时著为文章,议论虽略有异同,而宗旨则始终不变也”。④ 其间,唐文治先生心之所属、力之所致,乃立足于对传统经学的研读和体味,进而以理学尤其是朱子学及其精神为宗主,并充分尊重和吸纳了王阳明的良知学,而上溯、归本于孔孟之道。

二、对理学之体认

在唐文治先生看来,“古今之学问,虽千百世而不变,而古今之风气,则恒以数十年而一变。其间惟有志之士能以学问转移风气,而阘冗者流,则往往即以风气之所尊,为学问之所主”。然观“自嘉道以来,训故之学一变而为词章,再变而为西法,怐愗之士臆决唱声,于周公孔孟之微言大义、周程张朱之实践躬行,皆斥为空疏而不足道。其上者雅步高论,藻饰其所不及;其下者承风望旨,惟知曲学以阿世。流弊所极,浸至于天下士大夫专以呢訾偄斯为工,以突梯脂韦为巧,而

① 唐文治:《陆文慎公奏议序》,《茹经堂文集二编》卷五,第 772—773 页。

② 唐文治:《陆文慎公奏议序》,《茹经堂文集二编》卷五,第 773 页。

③ 唐文治:《国学专修馆十五周纪念册序》,《茹经堂文集五编》卷五,沈云龙主编:《近代中国史料丛刊续编》(第四辑)第 34 册,第 1956 页。

④ 唐文治:《茹经堂文集四编》跋,沈云龙主编:《近代中国史料丛刊续编》(第四辑)第 33 册,第 1873 页。

天下之学术益至于琐碎灭裂，天下之风气益至于颓堕因循，天下之人才益至于耗散蠹坏。功利之习汾沄沸渭，机械变诈之徒乃得隐操宇宙之利权，而礼义廉耻之说遂至于扫地而无余"。面对如此颓风陋习，该如何扭转呢？唐文治先生给出一对治之方："欲挽今日之风气，必先养士大夫之廉耻；而欲养士大夫之廉耻，必先崇尚气节之士；而气节之士又不可以浮动虚骄貌为缘饰也，则必先以宋五子之学振兴之。"而其入手，则在于"有学校之责者，宜精刊先儒之文集、语录，布诸行省，俾士人家置一编，奉为矩矱，使知学问之道，其本在于敦崇廉耻、辨义利、明孝悌，而其见诸施行者，则又当格物致知，储经世之略，而有以应无穷之变"。苟能如此，则"较之沾沾于训故词章，与夫奢谈西法者"，自不可同日而语。总之，"挽回世道之责，诚莫先于振兴理学"；①"理学兴则国家兴，理学废则国家废"。② 此可见理学在其心目中的地位和价值。

当然，唐文治先生心目中的理学，既有与传统一脉相承者，亦有其特定的意涵。在为绍英（字越千）集刊的《正谊堂逸书》所作序中，他曾强调：

> 理也者，弥纶于六合，卷舒于一心；析之极其精，扩之极其大；显之以开物而成务，微之以探赜而索隐；得其纪，则经纶参赞，辅相天地之所不足，失其绪，则如正墙面而立，一物无所见，一步不可行。孟子之赞宣圣曰："始条理者，智之事；终条理者，圣之事。"然则理之为用大矣哉！俯仰前史，名儒名臣，学问经济，指归不同，而其导源于理则一。世之儒者，诚明乎治心之学，操存省察，俾之虚灵而不昧，及万事之临于我前，则必虚心易气，徐察其理，推而究之，以至于未形无有之间，五常五伦之序秩如也，五性七情之发邃如也，六府三事、五辰庶绩之用绎如也。如是内以之修齐，外以之治平，其有复至于颠倒错乱、败坏家国之事者，吾不信也。惟不明乎理，于是窒塞以为体，似乎有体而无用，而实则体非真体；不明乎理，于是横恣以为用，似乎有用而无体，而实则用非真用。道德晦盲，世变日亟，而大惑不解者，且以理学为诟病。悲夫悲夫！③

又在《无锡国学专修馆学规》中阐释"理学"曰：

> 经师之所贵，兼为人师；礼学之所推，是为理学。孔子说《易》，曰穷理尽性。穷理者，人生莫大之学问，即莫大之事业也。孟子传孔子之绪，曰理义悦我心，曰明善，曰集义，皆理学也。宋周子得道统之传，作《太极图说》，发挥阴阳五行之奥，曰："圣人定之以中正仁义，而主静，立人极焉。"主静者，穷理之根源；人极者，为人之极则也。二程、张子，皆理学正宗。朱子集诸儒之大成，旁搜远绍，所谓为往圣继绝学、为万世开太平者也。陆象山先

---

① 唐文治：《送嘉定徐季和先生视学浙中序》，《茹经堂文集二编》卷七，第976—977页。

② 唐文治：《重修无锡东林书院碑记》，《茹经堂文集六编》卷七，第2227页。

③ 唐文治：《正谊堂逸书序》，《茹经堂文集二编》卷五，第751—752页。

生直揭本心，别树一帜。王文成宏畅厥旨，学术功业，震耀当时。嗣后，刘蕺山、陆桴亭、张杨园、陆清献、汤文正、张清恪诸先生，莫不行为世表，言为世法。综览历史，理学盛则世道昌，理学衰则世道晦，毫发不爽。吾辈今日惟有以提倡理学、尊崇人范为救世之标准。然而，有最宜致慎者，则诚与伪之辨而已。孔子曰："君子进德修业，忠信所以进德也，修辞立其诚，所以居业也。"学者所当日三复也。①

又论"四书"之要义曰：

《论语》在仁、政、学三大端，《大学》在絜矩、公好恶、不以身发财，《中庸》在至诚无息、弥天地缺憾，《孟子》在尊王道、黜霸功、崇孝弟、辨心性。……世之论道德者，往往系以旧字，庸讵知千古有是非、无新旧，"四书"历古而常新，旧于何有哉！……而国人辄弁髦视之，异哉！②

要之，唐文治先生心目中的理学，乃"人心世道之大本"。③ 此一取向，显然与某些"习为守旧迂谬之莠论，师心自用，臆决唱声，深闭坚拒，牢固而不可破，生心害政"④之所谓理学家者流，迥异其趣。而这也正体现出他的治学识见与格局，无怪乎其弟子、秘书陆修怙在所撰《前校长唐蔚芝先生历史概略》一文中如此感叹道："盖人第知先生经学文章，为当代大师，而不知其理学之纯粹，根乎天性，式乎人伦，更不知其政治学之体用兼赅，应世悉当。惜乎大用未久尔。"⑤

三、宗主朱子学及精神

唐文治先生之于理学，并非泛滥无归，而是有其宗主所在，那就是朱子学。在《朱文公文集校释序》中，他尝自道研治朱子学之历程曰：

文治少年有志程朱之学，年十七，读陈清澜先生《学蔀通辨》，知阳明先生《传习录》之非。十八岁以后，读《朱子大全》，并陆稼书先生《读朱随笔》、吴竹如先生评朱子集语，爱其剖析之精。然反而求之于朱子之书，若涉大水，其无津涯。偶称述之，不过为口耳讲贯之助，未尝得躬行实践之方也。中年服官，荏苒无进德。岁在癸亥，忽忽年五十九矣，讲学于无锡国学专修馆，及门诸子编辑《朱文公集校释》，乃始闻宝应朱止泉先生有《朱子圣学考略》一书，亟求之，则闻其家仅存二帙，刻本、抄本各一。爰乞金坛冯梦

① 唐文治：《无锡国学专修馆学规》，《茹经堂文集》卷二，第196—198页。

② 唐文治：《曹君松乔手抄四书集注序》，《茹经堂文集五编》卷五，第1951—1952页。

③ 唐文治：《上海荷溪金氏族谱序》，《茹经堂文集五编》卷五，第1951页。

④ 唐文治：《正谊堂逸书序》，《茹经堂文集二编》卷五，第749—750页。

⑤ 陆修怙：《前校长唐蔚芝先生历史概略》，国立交通大学编：《交通大学四十周年纪念刊》，1936年。按：陆修怙先生此文，乃承上海交通大学校史馆欧七斤先生惠示，特此声明并致谢！

> 花同年转假刻本读之，然后知止泉先生真得朱子之心传者也。……文治往者读宝应王白田先生所纂《朱子年谱》，叹其采择精博，于出处进退之际綦详；今读《圣学考略》，则又为朱子文字之编年考，一邑一时，而得两大贤，后世为朱子学者，舍二先生其谁与归！然向非其信道之笃、体验之纯，又曷克臻此！①

正是基于这一不断学习、深入的过程，唐文治先生对朱子学之精义有了切实体悟。在他看来，"朱子之书，犹夫子之宫墙也；其义理之精博而纯粹，犹宗庙之美、百官之富也。……盖其毕生精力，穷极乎天人性命之原，博综乎《诗》《书》《易象》之奥，圣功王道，物理人情，靡不兼赅而洞瞩焉。故其所言，皆本平居之心得阅历，由中而出，自然以宣，乃能质诸鬼神而无疑，百世以俟圣人而不惑"。明乎此，某些学人之寻章摘句而轻议其是非、断断于早年晚年之辩，实未得其肯綮，毕竟"凡圣贤所得力之学问，自始至终，有必由之阶梯。晚年之论，固当笃信；即早年者，岂必为未定之论耶"？而欲致力于朱子之学，"惟有尚志居敬以植其本，致知格物以会其通，天德王道以总其全，尽性至命以要其极，庶几仁者见仁、智者见智，于先贤之道德文章，或能见其涯涘乎"！②

唐文治先生所著《紫阳学术发微》一书，更能体现其对朱子学的造诣。是书成于 1930 年，凡分十二卷，前九卷分别从为学次第、己丑悟道、心性学、论仁善国、经学、政治学、论道释二家学、辨金溪学、辨浙东学等方面对朱子学作了系统梳理，既有文献排比，又参酌了相关研究，更以按语揭示了主旨，辨析了有关问题，畅发了已见；第十卷则对王阳明所撰《朱子晚年定论》进行了剖判；第十一、十二卷汇辑了陆世仪、顾炎武、黄宗羲、陆陇其、朱泽沄、章学诚、唐鉴、陈澧、夏炘九家评论朱子学语，并对其得失加以评价。此一"发微"，较之此前一些学人之从事朱子学者，或裁割鳞爪、独守偏隅，或考订事实、钻研成编，或抉择精义、别树一帜，或以古文义法作选目标准，或自出己意以区类，或精心评骘而不免门户之见，或集大成、絜要旨以成书，或殚精私淑、口诵心维、尊德性而道问学、致广大而尽精微等，取舍判断别成一体。当然，唐文治先生在网罗群言的同时，也颇本朱泽沄、秦云爽、夏炘三家为准则。但更根本的，是他秉持的这样一种为学精神："窃尝尚论先儒言行，以为必平心而考其世，实事而求其是，惟通其道而后能论其道，惟知其心而后能原其心。"③

自二十八岁治朱子学，唐文治先生不仅勤于研读、搜罗、整理朱子文献，而且于 1922 年、1930 年相继推出《朱子大义》《紫阳学术发微》两书，已然"觉其精神之高远、识见之广大、思虑之闳深、条理之精密，一时莫测其津涯"，而之后十余

① 唐文治：《重刻朱止泉先生朱子圣学考略序》，《茹经堂文集》卷四，第 312—314 页。

② 唐文治：《朱子大义序》，《茹经堂文集》卷四，第 277—279 页。

③ 唐文治：《紫阳学术发微自序》，《茹经堂文集三编》卷五，第 1339 页。

年，更是对朱子学深有所悟，并于1941年七十七岁时撰《朱子学术精神论》一文。他认为，“朱子讲学精神，其一曰孝。……朱子讲学精神，又其一曰仁。……是故朱子论仁之精神，曰察识，曰扩充，而朱子行仁之精神，曰社仓，曰发赈。士君子生宇宙间，所以能浩然自立，有不可磨灭之精神者，讲明气节而已。……朱子一生出处精神，惟以气节为重。……夫忠孝者，生人之大节也。朱子距今九百年，忠孝纲常，炳如日月。后之学者，仅知朱子研训诂、穷义理、尚躬行、明道德，庸讵知其本原忠孝若是。……且自古圣贤豪杰，未有不文武兼资者。朱子平生精神生活，以《大学》格致为宗。格致者，兼学问、践履、阅历而言。能为第一等之学术，始能行第一等之政治。……盖自同安以来，未尝有所终三年淹也。然其流风善政，民不能忘。约之，可分三大纲：曰美风化之政……曰兴庠序之政……曰惠闾阎之政……而其精神之尤可师法者，则在经武之政。约之，可分为五目：一条陈军政……二训练武艺……三谕降洞猺……四约束保甲……五劾罢庸将”。由此，他进而呼吁：“居今之世，欲复吾国重心、欲阐吾国文化、欲振吾国固有道德，必自尊孔读经始；而尊孔读经，必自崇尚朱学始。”①在《茹经堂文集五编》序中，唐文治先生曾言：“夫传道之志愿，不在行迹，而在精神。”②于此我们便不难理解其撰《朱子学术精神论》之旨趣了。

四、重视阳明学

与很多学人治朱子学、阳明学分门别户、势同水火不同，唐文治先生虽然宗主朱子学，但于阳明学亦很重视。他曾述从事阳明学之过程及体认曰：

> 余年十七，始为性理之学，所读者陈清澜《学蔀通辨》、张武承《王学质疑》、陈定斋《明辨录》、陆清献《三鱼堂集》、吴竹如《拙修集》，皆与阳明良知之说不合，且訾謷之，而与之为敌者也。后读孙夏峰《理学宗传》、刘蕺山《圣学宗传》及汤文正与陆清献论学书，稍稍疑之。又读曾惠敏日记，谓程朱之徒处事过于拘谨、陆王之徒颇能通敏于事，余其时成见在心，未敢以为是也。及年三十七八，两游东瀛，考其立国之本，游其书肆，浏览其书目，则为王学者不下数十百家，其数远过吾国，为之舌挢而首俯。……阳明致良知之说，其深入于人心者，非偶然也。……且夫清澜诸先生所以排斥阳明者，谓其认心为理、气质用事，将偾天下之事也。不知有明嘉隆以后，讲学者不读书，不穷理，猖狂自恣，此乃末流之说，非师法之本然，乌可以因噎废食，而弃吾国性固有之良乎！夫今日欲救中国之人心，必自致良知始。若药不瞑

---

① 唐文治：《朱子学术精神论》，《茹经堂文集四编》卷三，第1568—1573页。

② 唐文治：《茹经堂文集五编》序，第1875页。

眩,厥疾不瘳。善国良药,岂远乎哉?①

又于《〈朱子晚年定论〉发微》中评论道:“王阳明先生作《朱子晚年定论》,曾于正德乙亥其自序谓……云云。此书一出,世儒或谓其颠倒年次,援儒入墨,如陈清澜先生《学蔀通辨》……攻之尤力。窃以为阳明之论朱子,不考其平生为学次第,举其《集注》《或问》《语类》之说,一扫而空之,仍不免卤莽灭裂之病。然其所引朱子晚年涵养之说在己丑以后者,亦未可遽以为失而概废之也。……然文治窃谓:读先儒书,当先辨其是非。其言而是也,虽出于中年,未尝不可以笃信之;其言而非也,虽出于晚年,亦当慎思、明辨,知其或有为而发也。《晚年定论》确有中年而误以为晚者,有中年而其言是者,有晚年有为而发者。然亦确有晚年专主于涵养者。兹特逐条附以按语……更以见晚年之说非尽诬也。”②至于王阳明“四句教”之理解,唐文治先生亦有自己的解读,于《性理救世书》中曾加以畅论。

唐文治先生尤为肯定阳明学之价值的,乃在于其致良知之说有裨于世道。他认为,“明王阳明先生发明致良知之学,致良知者,孟子所谓‘亲亲,仁也;敬长,义也’‘尧舜之道,孝弟而已矣’。吾尝谓王氏学说可以觉世而牖民”。③ 又鉴于所处时代之弊有感而发道:“阳明之训曰:‘致吾心之良知于事事物物,正其不正,以归于正。’是必先正己之知觉,而后能正人之知觉,拔邪妄之本,塞利欲之源,是今日教民善国之良药也。世有提倡阳明之学者,圣贤之徒也。”④总之,在他看来,无论是言道德、言政治,还是兴廉务实、提倡气节等,阳明学皆有可资可鉴者。见及于此,他大声疾呼:“盖人必矢志廉洁,俾良知不昧,而后能有所展布。故居今之世,提倡明代王阳明先生之学,尤为当务之急。”⑤并著《阳明学术发微》一书,对阳明学进行了详细分疏,且寄望“世之读此书者,苟能善其心以善其身、以善其国,庶几有万一之希冀与”!⑥

五、溯源孔孟之道

唐文治先生不仅于朱子学、阳明学心有所会,而且更推溯其源,认为“宋朱

① 唐文治:《阳明学术发微序》,《茹经堂文集三编》卷五,第1340—1341页。

② 唐文治著,乐爱国点校:《紫阳学术发微》卷十,上海:华东师范大学出版社,2014年,第260—261页。

③ 唐文治:《吴江吴君植如家传》,《茹经堂文集五编》卷六,第2000页。

④ 唐文治:《石刻王阳明先生遗像跋》,《茹经堂文集五编》卷五,第1981页。

⑤ 唐文治:《演说稿丁亥九月二十七日,南洋大学诸旧同学来请演讲》,《茹经堂文集六编》卷一,第2086页。

⑥ 唐文治:《阳明学术发微序》,《茹经堂文集三编》卷五,第1341页。

子之教,孔子之真传也;宋陆子、明王阳明先生之教,孟子之真传也"[①]。此可见其对孔孟之学的重视。

唐文治先生治孔子之学,主要体现于对《论语》的解读,其成果为三易其稿的《论语大义定本》。在所作《论语大义定本》跋中,他曾指出:"夫注释《论语》者,其大旨约有数端:明义理,一也;通训诂,二也;阐圣门之家法,别授受之源流,三也;穷天德圣功之奥、修己治人之原,四也。"唐先生虽然谦称"是四者,文治窃尝有志焉,而未敢谓有所得也"[②],但观其在书中所论,实能于孔子之学、之精神深有体悟。[③] 而鉴于有的人视孔子之学过高难于企及不敢从事,或因怕人讥笑半途而废,他则认为:"至圣自言,不过曰下学上达,迄于登峰造极,则曰精义入神,天德王道圣功,一以贯之,因迹以求精神,岂终不可及乎?"并"摘录至圣之言,分下学为一层、上达为一层、神化为一层,并节取至圣言论事实,略加诠释,要以救世救民、归于实用为主"。[④] 具体而言,"下学之方"包括庸言之信、庸行之谨,"上达之功"包括仁者不忧、知者不惑、勇者不惧,"神化之效"包括精义入神、开物成务。要而言之,《论语》之大义,"以学、仁、政三字为质干",[⑤]而"道德之渊薮,政治之纲领,与夫修身处世观人之道,悉备于此"。[⑥] 正是基于这些体认,唐文治先生于1913年作《驳学校不祀孔子议》、1931年作《废孔为亡国之兆论》、1933年在苏州国学会演讲《论语大义》、1941年作《朱子学术精神论》等,大声疾呼,提倡尊孔,且断言:"废孔则国必亡,尊孔则国可以不亡。"[⑦]其用心亦可谓良苦矣。

于孟子之学,唐文治先生八岁时即承父若钦先生授读《孟子》,十七岁师从祖畲先生后,更广泛阅读《孟子大全》、汪份《增订四书集注大全》等书,而在南菁书院师从黄以周先生期间,对《孟子》尤为致力,作《孟子考》以抒心得。其后,相继于1914—1915年编成《孟子大义》、1919年编成《孟子新读本》、1938年作《孟子分类简明读本序》及题词十一篇、1947年作《孟子救世编》。[⑧] 76年间,唐文治先生于《孟子》一书和孟子之学可谓用力至勤,收获益丰,体认愈切。

---

① 唐文治:《石刻王阳明先生遗像跋》,《茹经堂文集五编》卷五,第1980—1981页。

② 唐文治:《论语大义定本》跋,无锡:施氏醒园刊本,1925年。

③ 详参邓国光:《唐文治先生〈论语大义〉义理体统探要》,《经学的传承与开拓》(《岭南学报》复刊第三辑),上海:上海古籍出版社,2015年。

④ 唐文治:《宗孔子法》,《茹经堂文集四编》卷一,第1527—1528页。

⑤ 唐文治:《苏州国学会演讲录》,《茹经堂文集三编》卷三,第1310页。

⑥ 唐文治:《论语》,彭丹华点校:《十三经提纲》卷十,上海:华东师范大学出版社,2015年,第119页。

⑦ 唐文治:《废孔为亡国之兆论》,《茹经堂文集三编》卷一,第1193页。

⑧ 虞万里先生所著《唐文治〈孟子〉研究管窥》一文,对唐先生从事孟子学之历程、著述和成就有详细研究,详见《史林》2016年第2期。

大要而言，唐文治先生研治《孟子》，着眼点在于揭示其大义。在他看来，"《孟子》全书大义，一言性善与存心养性之功，一论孝弟之道，一言义利之辨，一论王霸之分，发明治道，一尚论古人与授受道统源流，并自言为学要领"①，"夫'四书'，吾国之大宝也。约其要义……《孟子》在尊王道、黜霸功、崇孝弟、辨心性"，②其要则归趣于"救民于水火而已矣"。③ 而为充分阐释这一大义，他仿朱子《孟子要略》之例，并借鉴分科之学，以归类的形式对孟子之学作了阐释。如1938年，他从论战学、尊孔学、贵民学、孝弟学、政治学、心性学、教育学、论辨学、气节学、社会学、大同学十一个方面，对孟子之学作了提纲挈领的揭示，并撰有《孟子通周易学论》一文。④ 至1940年，在所作的《粹芬阁四书读本序》中，他又调整为孝弟学、尊孔学、心性学、政治学、贵民学、论战学、文辞学、外交学、雄辨学、气节学、周易学。⑤ 其后于1947年，再定为孝弟学、尊孔学、贵民学、心性学、政治学、教育学、气节学、雄辩学、论战学、周易学十类。⑥ 由此分类，不难看出其治孟子学之关注点了。

值得指出的是，唐文治先生之所以如此长期孜孜于研思孟子学，实有其深层寄望。他曾指出："昔孟子生战国之世，著七篇之书，首以提倡仁义、斥绝贪利为惟一根本。其言曰后义先利、不夺不餍，又曰未有仁而遗其亲，是孝也，未有义而后其君，是忠也，人生大节，岂有外于忠孝者哉！此外又言舜跖之分，在利与善之间，去利怀仁义以相接，未有不王。然则今世求学者，为孟子学而已矣。"⑦又曰："《孟子》七篇，为目今善国良药，一言以蔽之，曰好善而已矣。……善者何？养民而已矣，教民而已矣。"⑧也就是说，面对其所处时代的动荡、混乱、失序，唐先生认为孟子之学有对症救治之效。因此，他大声疾呼道："救世以何为要？读经而已矣。读经以何为要？先读《孟子》而已矣。"⑨"今世一大战国也，吾辈志在救人，非熟读孟子之书、阐发其学说不为功。"⑩

---

① 唐文治：《论语》，彭丹华点校：《十三经提纲》卷十，上海：华东师范大学出版社，2015年，第137页。

② 唐文治：《曹君松乔手抄四书集注序》，《茹经堂文集五编》卷五，第1951页。

③ 唐文治：《上海交通大学文治堂行奠基礼记》，《茹经堂文集六编》卷五，第2182页。

④ 唐文治：《茹经堂文集四编》卷四，第1637—1657页。

⑤ 唐文治：《茹经堂文集五编》卷五，第1954页。

⑥ 唐文治：《孟子救世编自序》，《茹经堂文集六编》卷四，第2142—2143页；又见是书1947年铅印本卷首。

⑦ 唐文治：《上海交通大学文治堂行奠基礼记》，《茹经堂文集六编》卷五，第2182页。

⑧ 唐文治：《演说稿丁亥九月二十七日，南洋大学诸旧同学来请演讲》，《茹经堂文集六编》卷一，第2086页。

⑨ 唐文治：《孟子救世编自序》，《茹经堂文集六编》卷四，第2142页。

⑩ 唐文治：《粹芬阁四书读本序》，《茹经堂文集五编》卷五，第1954页。

六、读经救国论与文化观

唐文治先生虽然学有宗主，但视野并不狭隘，而是有着广博的关怀、强烈的忧患意识和延续传统文化命脉的自觉精神，其读经救国论、对文化的定位即体现了这一取向。

在唐文治先生看来，“吾国‘十三经’，如日月之丽天、江河之行地，万古不磨，所谓国宝是也”，①“圣贤立教，常本于天性之不容已、人心之不容昧。子思子曰：天命谓性，率性谓道。吾夫子传道明教，垂诸六经，炳然照耀于世者，二千数百年，教化与气运相为推移，而经术学术盛衰，递嬗于其间。经学盛则国以盛，而人道明，经学衰则国以衰，而人道晦，粤稽前史，毫发不爽”。② 因此，他大力倡导“读经救国”。

1918 年，在所作《中学国文新读本序》中，唐文治先生鉴于“世道之诪张，人心之迷谬，风俗之庸恶，士品之卑污，上下历史，无有甚于今日者”之“中国之大危机”，认为“讲武备、精器械，而振之以军国民教育”“研哲学、谈心理，而跻之于高明之域”“务实业、进农家工商家，而道国民以生活”，皆不足以扭转世局，因此主张“读经为救世之第一事”“读国文为救世之第二事”。他之所以强调读“十三经”，理由在于：“我国之伦常纲纪、政教法度，具备于‘十三经’。……彼宗教家方日日诵经，而我国则厌恶经籍，有若弁髦，举国民之心皆粗而不能细，举国民之气皆浮而不能沉，如是而犹望其治平也，岂不慎哉！”至于读国文之重要性，是因为“经者，文之干；文者，经之支与流裔。中天之世，巍乎焕乎，成功文章于世为盛，盖建功业者未有不本于文章者也。是以古史赞尧曰文思，赞舜曰文明，赞禹曰文命，敷于四海。汉唐以来，文化盛则国治，文化微则国衰。故无论古今中外，罔不以保存文化为兢兢”，而反观当世，或“淘汰文化，惟恐不速。或用鄙陋俚俗之教书，自诩为新法，虽聪明才智之士，亦强侪诸村夫牧竖之流，知识日短，志气日卑。究其弊，国家将无用人之人，而惟有为人所用之人，岂不恫哉”！因此，他主张“二十二行省师范各学校，必先普通皆读‘十三经’，皆读《史》《汉》、韩、欧、曾、苏、程、朱，以及近代方、姚、曾、胡、左诸家诸文，而后复其文化，文化复而后中国可底于治平”。③ 1920 年，在为孙雄《读经救国论》所撰序中，唐文治先生更对读经与救国的关系进行了阐发。他强调：“夫救国而要以读经，何也？经者，万世是非之标准，即人心是非之标准也。……经者，常道也。知常则明，明常道则明是非。政治伦理之是非，于经中求之；理财、教育、兵事、外交之是非，亦于经中

① 唐文治：《无锡国学专修馆学规》，《茹经堂文集》卷二，第 195 页。
② 唐文治：《无锡重建尊经阁碑记》，《茹经堂文集》卷六，第 506—507 页。
③ 唐文治：《中学国文新读本序》，《茹经堂文集二编》卷五，第 798—802 页。

求之。如丹素之判，如权度之齐，如化雨之苏庶汇，如医师之有良方，活人以此，活国以此。”①

唐文治先生不惟积极倡导“读经救国”，而且还切实付诸行动，与挚友施肇曾刊刻《十三经读本》即其表征。他洞观世局之乱象，以为其因乃“人心之害为之也”，而“人心之害”则导因于废经。尽管“正其本者则曰反经，挽其流者则曰治经”，然面对“经之过高、过晦”的非议，如何开示让人能够接受、不视读经为畏途的门径，实是一大挑战。为此，唐文治先生想到了一种解决方法，即：“搜集‘十三经’善本，采其注之简当者，芟其解之破碎而繁芜者，抉其微言，标其大义，撰为提纲，附于诸经简末；复集昔人评点，自钟、孙以逮方、刘、姚、曾诸名家，参以五色之笔……由是各经之文法显、文义明，厘然灿然，读者如登康庄，如游五都，如亲聆古人之诏语，无复向者艰涩不通之患矣。”②经过十余年的努力，裒然成书。恰好友人施肇曾看到此书，非常喜欢，愿意将之付刊。于是，唐文治先生决定先刻“十三经”正本，冠以提纲，并附刻先儒说经世鲜传本之书，以评点文法作为札记，至1924年刊成。③ 在为是书所撰序中，唐文治先生针对有人提出“道精而文粗”之疑问，作了如下解释：“道载于文，文所以明道也。‘十三经’权舆，只有本文熟读而精思焉，循序而渐进焉，虚心而涵泳、切己而体察焉，则圣道之奥，不烦多言而解矣。夫然，道与文一，胡精粗之可分？今试约而举之，开而示之：《十翼》之编，消息盈虚，无非洗心之旨也；‘三礼’之学，委曲周详，无非主敬之则也，不为钩沉，孰纲维是也。古文之《书》，为梅赜所造，而浅者罔识其为赝鼎也；邱明之传，为刘歆所窜，而懵者莫知其为媚新也，不为摘伏，孰辨别是也。他如《孝经》，则养正之基也；《尔雅》，则识字之本也；《论语》，则群经之喉舌也；《孟子》，则六艺之藩篱也。是数经者，人皆于小学时习之，不为阐微，孰会通是也。……今者句读、节目之不谙，遑论乎通经乎？然则求道之津筏与其指南，必在于斯编矣。”并由此而强调道：“夫欲救世，先救人；欲救人，先救心；欲救心，先读经；欲读经，先知经之所以为经。”④

在提供给何炳松先生主持的《教育杂志》征求关于读经问题的意见中，唐文治先生以《读经条议》为题，表明了自己的主张。其中尤可注意者，一是强调了“吾国经书不独可以固结民心，且可以涵养民性、和平民气、启发明智。故居今之世，而欲救国，非读经不可”。二是指出“读经所以无统系者：一、程度浅深，极难支配；二、难得通达之教师；三、难得显明易解之善本。以上三端，以得善本为尤要”。三是主张“读经贵乎致用，而致用之方，必贵于躬行实践”，为此，“凡讲

① 唐文治：《读经救国论序》，《茹经堂文集二编》卷五，第790—791页。

② 唐文治：《施刻十三经序》，《茹经堂文集》卷四，第257—260页。

③ 茆萌、陈国安：《唐文治编纂〈十三经读本〉论略》，《学术界》2016年第5期。

④ 唐文治：《施刻十三经序》，《茹经堂文集》卷四，第260—262页。

经者，必须令学生一一反诸于身、验诸于心，养成高尚人格，庶可造就其德性才能，俾脑经清晰、气质温良、学道爱人，方有实用”，而不可“徒矜考据、务训诂，自命奥博，浮泛不切，或好立新义，乱名改作，非徒无益，而又害之矣”。① 正因唐文治先生态度明确、旗帜鲜明，所以何炳松刊发专家意见时，将其文列于70余篇来稿之首，并在所分专家三大类意见中，把唐先生归于“绝对的赞成者”一类。②

1948年，唐文治先生八十四岁，是年，在致挚友曹元弼信中，他说：“兄侨寓沪滨，仍前讲学，读经救国四字，永矢弗谖。”③“永矢弗谖”四字鲜明地体现出他对“读经救国”的坚定态度、执着追求和经世之志。

尤需指出者，唐文治先生之汲汲于“读经救国”，实亦蕴含着对传统文化衰落的极大忧虑。1923年，他尝撰《文化论》一文。在文中，他首先对文化状况作了检视，指出：“十年以前谈新文化，人无不䜣䜣焉仰慕而乐道之；近年以来谈新文化，闻之者疾首蹙额，十居其七八，甚者哂笑退避，默然以去，何心理之相远若是也？盖文化者，有文而后有化。今之新文化其文固安在乎？夫焉得而有化！其不能持久也，曷足怪哉。”进而对“中国文化之本原”揭示道：

> 自来言中国之文化者，莫盛于尧舜禹汤文武周公。史臣之赞尧曰文思安安，赞舜曰浚哲文明、曰诞敷文德，赞禹曰文命敷于四海。孔子之赞文王曰文明柔顺，《曲台记》之赞文王曰以文知。是为吾国文化之权舆。窃尝推原三代而上，大抵文章与道德合而为一，文章、道德与政治又合而为一。……此中国数千年来文化之大较也。然则文学之关系于政治，岂不重哉！亦岂虚言所能缘饰哉！虽然，此犹言其迹也，试更言其理。……今也无理而欲言文，因无文而并欲废理，呜呼！无文无理之徒而可以治天下乎？何怪风俗人心如江河之日下乎？

并开出了一个救治之方：

> 夫振兴文化之道奈何？宜取所定《国学专修学校学规》，布诸各省而仿行之，颁诸各邑各乡而遍设之。本诸十三经以正其心，本诸二十史以考其事，本诸汉唐以来文集、奏疏、函牍、言论以广其见闻、养其知识，庶几文化渐渍于人心，国家可得而理欤！④

更可注意的是，唐文治先生甚至把文化视为国家之魂。在《叶长青国魂集序》中，他强调道：

> 吾国有国性，仁义礼智信是也；有国情，恻隐羞恶辞让是非是也；有国

---

① 唐文治：《读经条议》，《茹经堂文集四编》卷四，第1605—1607页。

② 详参《教育杂志》第25卷第五期（1935年5月10日）；龚鹏程主编：《读经有什么用：现代七十二位名家论学生读经之是与非》，上海：上海人民出版社，2008年。

③ 唐文治：《答曹君叔彦书》，《茹经堂文集六编》卷三，第2116页。

④ 唐文治：《文化论》，《茹经堂文集三编》卷二，第1269—1271页。

纪,君臣父子夫妇昆弟朋友是也;有国宝,《易象》《诗》《书》《礼》《乐》《春秋》是也;有国器,临冲钩蔺石渠答轮舆飞舶是也。之数者,或有形,或无形,谁其尸之?魂实主之。唐虞之时,魂寄于尧舜;三代之时,魂寄于禹汤文武;春秋之时,魂寄于孔孟;唐之时,魂寄于张许颜陆韩;宋之时,魂寄于周程张朱文陆;明之时,魂寄于薛王左史;清之时,魂寄于顾陆胡曾左。乾坤不息,国魂亦一日不息。若夫不仁不智,戕其魂者也;无礼无义,役其魂者也;搥孝糅弟,寡廉鲜耻,偵倒其魂者也。①

唐文治先生之大声疾呼弘扬传统文化,还有一个考虑,即应对国外文化的威胁。1936年,为纪念国学专修馆创办十五周年,国学专修学校专门制作了一个纪念册,唐文治先生应请撰序。在序中,他感慨道:"横览东西洋诸国,靡不自爱其文化,且力谋以己之文化扩而充之,深入于他国之人心。而吾国人于本国之文化、孔孟之道德礼义、修己治人之大原,转略而不讲,或且推去而任人以挽之,悲乎哉!文化侵略瞬若疾风,岂仅武力哉!"也正是基于这一挑战和困境,他不畏重重困难,创办、撑持无锡国学专修馆,期望"文人学士之来游兹土者,观感兴起,动读经尊孔之思,而吾校生徒春诵夏弦,更得怡情高旷,祛鄙吝而涤烦襟。圣人所谓智动仁静,《礼记》所谓藏修息游,吾中国文化或藉此为权舆,其复见天地之心乎"?②

尽管其时中国面临各种冲击和威胁,唐先生并未心灰意冷,而是充满了信心。1933年,在苏州国学会演讲时,他曾表示:"犹忆民国初年,英使朱尔典回国时,尝谓福建严又陵先生曰:'中国决不至于亡国,盖国有大宝,如四书五经,诚能发扬而光大之,取之无尽,用之不竭,富强可立而待。'此言与鄙见不谋而合。"③正是基于此一对中国文化的自信,他主张"今欲兴盛我中国,必须求精神上之建设,推广到文化上之建设"④,其建设之道,则在于保存、推广和陶铸。⑤ 由此,亦不难窥知唐文治先生何以要一以贯之地大力倡导"读经救国"了。

---

① 唐文治:《叶君长青国魂集序》,《茹经堂文集五编》卷五,第1963—1964页。

② 唐文治:《国学专修馆十五周纪念册序》,《茹经堂文集五编》卷五,第1956页。

③ 唐文治:《苏州国学会演讲录》,《茹经堂文集三编》卷三,第1309页。类似记述,又见《读经条议》(《茹经堂文集四编》卷四)、《香港孔道学院演讲录》(《茹经堂文集五编》卷二)、《粹芬阁四书读本序》(《茹经堂文集五编》卷五),文字略有不同。按严复《与熊纯如书》(四十七)中曰:"此番英使朱尔典返国,仆往送之,与为半日晤谈,抚今感昔,不觉老泪如绠,朱见慰曰:'严君,中国四千余年蒂固根深之教化,不至归于无效,天之待国犹人,眼前颠沛流离,即复甚苦,然放开眼孔看去,未必非所以玉成之也,君其勿悲。'复闻其言,稍为破涕也。"(王栻主编:《严复集》第3册,北京:中华书局,1986年,第659页)

④ 唐文治:《香港孔道学院演讲录》,《茹经堂文集五编》卷二,第1899页。

⑤ 在《重绘娄东十老图后记》中,唐先生强调:"保存文化与推广文化,功孰大?曰:推广为大。推广文化与陶铸文化,功孰大?曰:陶铸为大。然惟能保存而后能推广,能推广而后能陶铸,则三者亦未可以轩轾论也。"(《茹经堂文集四编》卷七,第1814页)

七、反思汉宋学

唐文治先生学术思想特色的形成，不惟基于以上思索和取向，还与其对汉宋学关系的认识密不可分。

早在光绪十二年（1886），二十二岁的唐文治先生肄业南菁书院时，就于究心《孟子》过程中，对清代学术和汉宋学进行了如下反思：

> 焦理堂《孟子正义》，考据详核，高出旧疏远甚！其尤善者，每章末皆标明赵氏《章指》，以纠旧疏剽窃，使人居然见赵氏原本焉。然蒙于此书，有不能无讥者。夫《孟子》一书，大要在崇仁义、辨心性、别王霸。而仁义、心性、王霸之辨，则莫精于宋儒。自朱子《集注》行，后之潜研理学者，萃诸儒之说，编为《大全》，精谈性道，辨析毫芒，此诚赵氏之所不逮。后之学者，或因宋儒之说，而束古注而不读，固不免有拘墟之讥。然如理堂之专守古注，力扫名理，宋儒之说虽善而不采，毋亦未能虚心与！观《正义》于每章之言心言性言仁义者，辄引戴东原《字义疏证》为说。夫东原固好诋宋儒者也，驰骋辨驳，已不免有喧嚣之习。理堂数采其说，而间参己意。论性善，则杂饮食男女以为言；论理气，则合程朱与老释并讥；论尽心知性，则援血气嗜欲以为自然之极致，牵引杂糅，岂有得于孟子意耶？蒙尝谓治他经之学，或可专守汉注，而《论语》及《孟子》两书，辨别仁义、心性、王霸，必屏宋儒而不用，其惑者既失精微，而僻者又随时抑扬，违离道本。班氏《艺文志》儒家论，实今世之药石也。夫汉学崇尚家法，墨守一先生之言，不敢有所出入。焦氏《孟子正义》主张戴东原学，而扬波逐靡，必欲侪孟子于荀卿之流，蒙不知其所为家法者安在？①

1916 年，在为黄世荣所作传中，他又指出：

> 吾国自道咸以来，汉宋学争哄非一日矣。言汉学者则破碎而支离，言宋学则空疏而黯陋，彼此标榜，互相诋諆。其甚者，曲学阿世，投贵人之所好。学术受其害，而人心随之。②

翌年，他又在所撰刘岳云神道碑中强调：

> 盖吾苏自钱宫詹、阮文达两先生后，经术凋敝，缀学之士掇拾碎义，捋撦琐节，自诩博闻，或且穿凿附会，枉道以阿名公贵人，菲薄宋儒义理之学，以为空疏，驰说骋辞，迷谬不谕。经学之坏，于斯极矣！③

鉴于以上为学之弊，唐文治先生一方面从文的角度对汉宋儒作了辨析，认为

---

① 唐文治：《读焦理堂孟子正义》，《茹经堂文集二编》卷一，第 629—631 页。
② 唐文治：《黄君暗伯传》，《茹经堂文集二编》卷六，第 937—938 页。
③ 唐文治：《刘佛卿先生神道碑》，《茹经堂文集二编》卷八，第 1041—1042 页。

"圣学之传,分为汉宋两家。汉儒之文尚训诂,兼阴阳之美者也,而其弊也为穿凿、为琐碎,由无大气以举之,则阴柔之过也;宋儒之文尚义理,兼阴阳之美者也,而其弊也为幽渺、为俚俗,由无大气以举之,亦阴柔之过也。因文以察天下之变,士大夫皆主阴柔之过,而积弱随之"①。另一方面,从师法、道统的关系,阐述了治经的归趣,主张"治经之要,汉儒重师法,宋儒尊道统。余谓师法者,道统之所寄,非师法末由传道统。后人强分门户,陋且偾矣"②!基于这些认识,他对黄世荣之"治身当法宋儒,而去其矜张;治经当法汉儒,而去其穿凿。……考证亦学问之事,但当审其本末;非然者,玩物丧志矣"③、刘岳云之"讲求经学,一以实事求是为宗旨,屹然不为世风所挠。……汉学之要,在典章制度,而非仅训诂字句;宋儒所讲,即圣人微言大义,而非若阔论空谈。……以为为己者,治宋学真儒也,即治汉学亦真儒;为人者,治汉学伪儒也,即治宋学亦伪儒"④、朱诵韩之"读经兼采汉宋,朴属贯通,……既不墨守,亦不苟同"⑤、黄鸿图之"居恒治经,不分汉宋门户,惟以实事求是为归"⑥等很是欣赏、认同,而这也正彰显出唐文治先生自己的取舍所在。

唐文治先生之剖判汉宋学,当然并非简单出于学术是非的考量,而是有着更深层的寄寓。其在答高二适函中曾明确指出:"窃以为吾人为学,救世而已矣。凡合于孔孟家法者,皆是也,不问其为汉为宋也;其不合于孔孟家法者,皆非也,亦不论其为汉为宋也。"之所以不主张汉学、宋学分途,是因为在他看来,"孔子不称春秋学,孟子不称战国学,则郑君岂得限以汉学、朱子岂得范以宋学哉!……彼入主出奴者,钓弋声闻,即有文弁陋,此争端所由起、国性所由漓。吾国人所以不能合群者,士人度量狭隘,不得不尸其咎也"。而鉴于圣贤之讲学,"以德为大本,以量为大用",其立教更"因时制宜,道在救世而已矣",他为学人指明了如下一条治学之途径:

> 吾辈今日欲为理学,宜自清初二陆二张及汤文正、李文贞诸先生入手,以上溯紫阳、姚江;欲为经学,宜自顾亭林、段懋堂、阮文达、陈东塾入手,以追踪郑、许。然亭林先生有言,经学即理学,理学即经学,道原一贯。若治经,则自《论》《孟》以达《诗》《书》《礼》《春秋》,自《学》《庸》以通《周易》,如是则吾国之哲学全,而修己治人之道罔不备矣。⑦

唐文治先生于光绪二十二年(1896)为吴镜沅作六十寿序中曾慨叹:"夫自

① 唐文治:《国文阴阳刚柔大义绪言》,《茹经堂文集三编》卷一,第1226页。
② 唐文治:《朱生贯微读经笔记序》,《茹经堂文集四编》卷六,第1715页。
③ 唐文治:《黄君暗伯传》,《茹经堂文集二编》卷六,第938页。
④ 唐文治:《刘佛卿先生神道碑》,《茹经堂文集二编》卷八,第1042—1043页。
⑤ 唐文治:《朱生贯微读经笔记序》,《茹经堂文集四编》卷六,第1715页。
⑥ 唐文治:《临川黄稺棠先生家传》,《茹经堂文集六编》卷五,第2152页。
⑦ 唐文治:《答高君二适书》,《茹经堂文集四编》卷五,第1674—1676页。

乾嘉以来，考据家累轨相望，缀学之士相与钩章棘句，动称汉京。而其末流之弊，乃或以私意分别门户，意气儇佻，佼言逾奢。沿及今世，士尚诡奇，人善其所私学，诐淫邪遁、非经侮圣之徒，乃得乘其敝而起。故昔者之患，患在学术，今者之患，患在人心。"①又在为黄世荣作的传中曰："汉宋学之争熄，而新旧学之争又起。言新学者张大其气，浮诞其辞；言旧学者陈腐其心，迂缓其貌。识者曰：此汉宋学之变相也，其为媒名利一也。"②观此不难看出，唐文治先生开示的以上治学途径，显然是有感而发的。

八、"正人心，救民命"

唐文治先生不惟在求学、治学过程中思想愈益成熟、自成体系，而且行诸文字，推出很多厚重而有特色的著述。据其自订年谱（七十岁后，为其子庆诒续编）、冯振编《茹经先生著作年表》，可知唐文治先生自少时至八十四岁，无不勤于撰著，笔耕不辍。其间，不论是《茹经堂文集》（共六编）的结集，还是《国文大义》《古人论文大义》《国文阴阳刚柔大义》之关注国文，《论语大义》《孟子大义》《大学大义》《孝经大义》《十三经提纲》《性理学大义》《紫阳学术发微》《阳明学术发微》《周易消息大义》《尚书大义》之阐发经义，以及《人格》《性理救世书》《孝经救世编》《孟子救世书》之系心世道等，无不彰显出唐文治先生治学之博大、笃实与识见之精深、通透。

尤为别具一格的是，唐文治先生著述多以"大义"为名，计有20余种，显然不是随意为之，"此当别有怀抱与寓意"。那么，他何以要用"大义"这一词呢？于此，虞万里先生尝加以探究。通过考察"大义"自先秦至清代意涵的嬗变，他得出这样一种判断："蔚芝先生少从王祖畬受性理之学，复入南菁书院从黄以周受训诂义理合一之学。虽不废考据，而处风雨鸡鸣之世，慨然以拯人心、图强中国为己任。他曾大声疾呼欲以人道、人伦、人格、人心救国，舍孔孟之学而无他途，故其一生于《论》《孟》两书用力最深。既欲以《论》《孟》救世，使世人有理可据，有路可循，必将其精义揭橥方可。且清末民初政局鼎革，中西文化激荡，新旧思想冲突，废经倒孔，精神失所依凭，道德一堕千丈，又一次演'夫子殁而微言绝，七十子卒而大义乖'新局。此时要想揭示孔孟思想旨要，必须直截了当，不汲汲于辨析细微末节之是非，无容作繁琐异同之考证。于是遥承汉儒经世思想，将自己一系列经学著作径直标举'大义'一名，自有其深远之学术历史意义与深切之社会现实意义。处此蜩螗沸羹、神州晦暝之际，'大义'一词，既有直抉奥

① 唐文治：《吴粤生先生六十寿序》，《茹经堂文集二编》卷七，第998—999页。

② 唐文治：《黄君暗伯传》，《茹经堂文集二编》卷六，第938页。

义、标举简约之意，复寓醒世惊心、凛然不拔之志。”①洵可谓体贴入微、得其三昧矣。若以20世纪学术分疏来论，唐文治先生或可归入既非一味求新亦非固守传统的文化坚守者之列。

唐文治先生一生之所以孜孜于学问、著述、阐发“大义”，归根究底，用他经常强调的话来说，乃在于“正人心，救民命”两端。而这也正是他念兹在兹的宏愿，以及用之作为家训、校训陶铸子孙和有志莘莘学子以挽救世运的良苦用心之所在。

在1920年所定的《无锡国学专修馆学规》中，唐文治先生于“维持人道”条中强调“正人心，乃所以维持人道也”。② 1931年，作《高忠宪公朱子节要后序》，他又强调：“救世之道，宏纲有三：一曰正人心，二曰立人品，三曰拯人命。”③1933年，为新安讲学会第二集讲义作序，他认为“今日吾辈应尽之职分，惟在正人心、救人命两端，而所以维持人心者，仁而已矣”，并希望该会诸君“相与发明朱子之学说，以上接孔孟之真传，正人心，救人命，吉凶与民同患”，为太平之治贡献一份力量。④ 同年，在苏州国学会演讲中，他表明自己的为学取向时曰：“鄙人之所以主尊孔读经者，在救人心与救人命。”⑤又在《周易消息大义自叙》中说明撰是书之意图曰：“将以晓学者，达神恉，正人心，拯人命，吉凶与民同患。”⑥1934年，为周仁寿作墓碑铭，他认为“今日救国之策，惟有正人心、拯民命两端，培养元气无过于此”⑦！1936年，作《读经条议》，“深望海内贤豪，相与讲道论德，以期经明行修，正人心以拯民命，救中国以救世界”⑧。同年，为《国学专修馆十五周纪念册》作序，针对“今兹世界，一大战国也”之局势，他提出“欲拯民命，先救人心，欲救人心，先明正学。……善教者使人继其志，则夫开鹿洞、表鹅湖、绍龙场之心传，与夫正人心、救民命之事业”。⑨ 1937年，于致友人高二适函中，他明确表示自己鉴于世道衰微，“常以‘正人心，救人命’六字为讲学宗旨”⑩。1938年，作《论妖孽》一文，他认为“凡一代之混乱，必生一代之圣贤，艰苦卓绝，旋转乾坤，

---

① 虞万里：《唐文治〈论语大义〉探微》，《经学文献研究集刊》第十六辑，上海：上海书店出版社，2016年，第233—234页。

② 唐文治：《茹经堂文集》卷二，第204—206页。

③ 唐文治：《高忠宪公朱子节要后序》，《茹经堂文集三编》卷五，第1341页。

④ 唐文治：《新安讲学会第二集序》，《茹经堂文集三编》卷五，第1375—1377页。

⑤ 唐文治：《苏州国学会演讲录》，《茹经堂文集三编》卷三，第1309页。

⑥ 唐文治：《周易消息大义自叙》，《周易消息大义》卷首，第2页。

⑦ 唐文治：《周君敬甫墓碑铭》，《茹经堂文集三编》卷八，第1494页。

⑧ 唐文治：《茹经堂文集四编》卷四，第1608页。

⑨ 唐文治：《国学专修馆十五周纪念册序》，《茹经堂文集五编》卷五，第1955—1957页。又见无锡国专编：《无锡国学专修学校十五周纪念册》卷首（题为《弁言》），第224—225页。

⑩ 唐文治：《答高君二适书》，《茹经堂文集四编》卷五，第1674—1676页。

以正人心,以息邪说,以救生民"。[①] 同年,在香港孔道学院演讲,他更表露心迹道:"迩来人道教育废弃尽矣,鄙人不揣固陋,常以正人心、救民命勉为家训、校训,深望吾国青年从事修养,动心以致其灵警,忍性以致其深沉,上之为圣贤,次之可为英雄,振兴中国,企予望之。"[②]1939 年、1940 年,于《曹君松乔手抄四书集注序》《粹芬阁四书读本序》中,他又提出救国必先救民、救民必先救心,以及从何入手的主张。[③] 1943 年,跋《茹经堂文集四编》时,他自道为学旨趣曰:"五十以后,时局愈棼,无可言者,惟矢志讲学,于正人心、救民命两端,兢兢焉以之自勉,兼以勖同志,弗敢失坠。随时著为文章,议论虽略有异同,而宗旨则始终不变也。……然世之读是编者,倘能于正人心、救民命两端,扩而充之,播诸社会,行诸政治,吾国太平,其不远矣乎!"[④]1945 年,序《茹经堂文集五编》时又申言之曰:"余行年五十后,专心讲学,惟以正人心、救民命为宗旨。……拙著文集初、二、三、四编,大都以正人心、救民命为当务之急。"[⑤]1946 年,在所撰施肇曾墓志铭中说:"余尝作六字箴为教育宗旨,曰正人心、救民命。"[⑥]1948 年,八十四岁高龄的唐文治先生,跋《茹经堂文集六编》,满怀感慨地说:"余虽怀救民之诚,奈无斧柯之假,日闻吾民之呼号于吾前,而无挽救之术,爰以正人心、救民命之说,唤醒世人之良知。予手拮据、予口卒瘏矣,然闻吾说者未尝无感动于中也。斯集之印行,岂非一阳之硕果乎!"[⑦]而在为《茹经堂文集五编》所作跋中,瞿世镇(唐文治先生门人)亦指出:"太仓蔚芝夫子,蓄道德而能文章,炳炳麟麟,卓然为当代师表。……比年来,夫子讲学沪上,著述尤多,益闳其教,而尤以正人心、救民命为宗旨。当世衰道微之今日,而能植纲常、抚名教、哀矜寡、恤孤独,为往圣继绝学,为万世开太平,是真百世之师也,岂特为当今之师表已哉!……爰谨叙夫子学说之主旨,暨刊行是编之崖略,系于卷末,俾夫子之道德与文章,正人心、救民命之宏愿,播诸社会,罔间遐迩,皆能闻其言而兴起,则往圣之绝学,将自吾夫子而永传不替,而有志之士于是焉而解救民生疾苦,保合太和元气,往昔郅治之隆,其可重睹于来日也夫。"[⑧]由上不难看出,唐文治先生虽然用词略有不同,其于人心世道之关注及殚精竭虑以谋正之、救之之努力,是一以贯之的。

对于唐文治先生"正人心,救民命"之提倡,有人提出疑问,以为力有所不逮。于此,唐文治先生强调:"力不足者,独不可腾于口说、传于文字乎!一二人

---

① 唐文治:《论妖孽》,《茹经堂文集五编》卷二,第 1895—1896 页。

② 唐文治:《香港孔道学院演讲录》,《茹经堂文集五编》卷二,第 1901 页。

③ 唐文治:《茹经堂文集五编》卷五,第 1594、1952 页。

④ 唐文治:《茹经堂文集四编》跋,《茹经堂文集四编》卷末,第 1873 页。

⑤ 唐文治:《茹经堂文集五编》序,《茹经堂文集五编》卷首,第 1875 页。

⑥ 唐文治:《钱塘施公省之墓志铭》,《茹经堂文集六编》卷六,第 2195 页。

⑦ 唐文治:《茹经堂文集六编》跋,《茹经堂文集六编》卷末,第 2233 页。

⑧ 瞿世镇:《茹经堂文集五编》跋,《茹经堂文集五编》卷末,第 2071 页。

播之口说，传之文字，什百人应而和之，则有力救人者出矣。”①又有人以为“夙夜讲贯，于正人心一端，或可收效矣。若夫救民命一事，现在满目疮痍，野有鸿嗷，屋无乌止，岂无尺寸之柄者所能措手乎”？唐文治先生开示道：“不患不立志耳，苟立志拯民于水火之中，哓音瘏口以宣传之，著书立说以缘督之，人性皆善，必有闻吾言而兴起者，一人传十，十人传百，小以成小，大以成大，举世之士皆以担任救民为事，安在无同声相应、同气相求者！”②

其实，唐文治先生之汲汲于“正人心，救民命”，不仅大声疾呼，而且行诸文字，如撰《性理救世书》《孝经救世编》《孟子救世编》等书，以及《劝施衣施米并设施粥厂文》《续劝施衣施粥文》《穷民叹》等文，以唤醒世人、示以途径，更亲身参与设粥厂、募善款的事务中，③以实际行动践行了自己的宏愿和理念。唐文治先生究心于中国政治学，著《政治学大义》一书，以抉发外交学、财政学、军政学、刑政学、选举法、教育法、工政商政学之本，亦彰显出其“救世之意”。正如其所强调的：“世未有不精于学问，而可以言经济者也，亦未有不正其心术，而可以求学问者也。”④

唐文治先生曾言：“吾儒之学，为天地立心、为生民立命。夫天地之心、生民之命，何所寄托乎？亦寄托于一二人之道与其所传之书而已。……吾谓以圣学为无所用而废之者，必有亡国破家之惨，如是而求其太平宁静也，不亦远乎！有志之士，日夕惕厉，思所以救之。顾救之之方，不外乎传圣贤之道与其书而已矣。”⑤又曰：“孟子言禹思天下有溺者由己溺之也……岂其责任固当如是乎？古之圣人，一夫不得其所，曰时予之辜，即非吾之责任者，亦当引为天职。……余拟补孟子之文曰：思天下有寒者由己寒之也，而辗转流离号呼无告者，尤当亟为之拯救也。……夫周于利者何为乎？非欲推其利以救吾民乎！苟专利而不知救民，其利庸可保乎？顾亭林先生曰天下存亡匹夫有责，非先以救民为先务之急乎！非吾辈之天职乎！”⑥更多次强调：“人生惟有廉节重，世界须凭气骨撑。”⑦

---

① 唐文治：《论不忍》，《茹经堂文集五编》卷一，第 1882 页。

② 唐文治：《茹经堂文集五编》序，《茹经堂文集五编》卷首，第 1875 页。

③ 详参唐文治：《辞贺重宴鹿鸣文》《茹经堂文集五编》卷二，《太仓粥厂图画记》（《茹经堂文集五编》卷六，第 2032—2033 页）、《太仓钱君诵三墓志铭》（《茹经堂文集五编》卷七，第 2057 页）。

④ 唐文治：《政治学大义序》，《茹经堂文集》卷四，第 284 页。另详参《示郁儿书》，《茹经堂文集二编》卷四，第 729 页。

⑤ 唐文治：《曹月川先生集序》，《茹经堂文集》卷四，第 289—291 页。

⑥ 唐文治：《论行善为吾辈之天职》，《茹经堂文集五编》卷一，第 1884—1885 页。

⑦ 详见唐文治：《演说稿丁亥九月二十七日，南洋大学诸旧同学来请演讲》（《茹经堂文集六编》卷一，第 2085—2086 页），《赠吴生常焘序》《答冯君振心书》（《茹经堂文集六编》卷三，第 2105、2116 页），《上海交通大学文治堂行奠基礼记》（《茹经堂文集六编》卷五，第 2182 页）。

观此，可知唐先生之所以孜孜于潜研学问、务揭大义，并汲汲于"读经救国""正人心，救民命"，实乃具有文化、经世之担当精神！不惟如此，他不仅自己有此自觉意识，而且更希望弟子们能有此担当。所以，在致弟子李联珪函中，他强调："吾弟有志之士也，务望慎守吾言，以理学为体，以经济为用，勿读无益之书，勿作无益之事，异日担荷斯道，维持人心，力为剥阳时之硕果、风雨时之鸡鸣，有以存圣学于一线，而不至于中绝，此则鄙人之所厚望也！"①他还对无锡国学专修馆校友寄予厚望：

> 诸君均系吾门杰出人才，以后建功立业，未可限量。须知传嬗鄙人学说，实系传嬗鄙人精神。自古圣贤所以承继而不绝者，惟在精神而已。孟子论伯夷、柳下惠奋乎百世之上、百世之下，闻者莫不兴起，非由精神振作而何？孟子又论豪杰之士虽无文王犹兴，非因精神之振作乎？尧舜禹汤周文孔子，或见而知，或闻而知，知者，精神所寄托也。……汉学家之考据名物，宋学家之穷理尽性，罔非精神之所推衍。……纵览"十三经""二十四史"，无论治乱贤奸，所以彰善瘅恶、衷是去非者，皆前人精神之所寓。先圣先贤以精神递传于吾辈，吾辈即以精神递传于后人。夫如是，道统事业，绵延而不绝。然则吾人可妄自菲薄乎！……故今日诸君欲传嬗鄙人之精神，请将鄙人所撰《孝经、论语、孟子大义》及《孝经、孟子救世编》，详细为学者讲授，则精神充周本校，且远及于一乡一邑一国矣。更有进者，读文一事，虽属小道，实可以涵养性情、激励气节。近时诸同学为鄙人读文灌音，本月杪可出版问世。诸同学注意读文，则精神教育即在于是，他日家弦户诵，扩充文化为文明，教育最盛之邦，其责任实在于我诸同学，鄙人窃盺夕望之、馨香祝之。②

综观而言，唐文治先生一生，迭经世变，亦经历了由学而仕而教的艰辛和磨砺。然而，面对世事之纷更、国家之危难、学风之歧异，③他并未与世浮沉、随波逐流，而是潜心学问、学有宗主、自成一格。在其学问人生中，既不一味趋新，亦

① 唐文治：《与李生颂侯书》，《茹经堂文集二编》卷四，第723页。

② 唐文治：《无锡国专校友会春季大会训辞》，《茹经堂文集六编》卷一，第2087—2088页。

③ 钱基博先生尝以《荀子·劝学篇》的为学层次，对章太炎、罗振玉、王国维、胡适、康有为、梁启超、张尔田、孙德谦、梁漱溟等人的治学风格和不足进行了剖判，而于唐文治先生之为学，则甚为推崇，其言曰："余读《荀子·劝学》之篇……窃尝有味乎其言，而持之以盱衡当世学者，盖稽于数者有人矣，昭其义者有人矣，独未见有为其人以处之如唐先生者也。……然后知先生躬行君子，不徒沾沾词章记诵之末。其学以孔子六经为奥窍，以宋五子书为入德之门。孝友齐于家庭，温恭溢于辞色。世态幻变，而制行有常，穷不失义，达不失道，威仪翼翼。虽未识视古圣贤何如，傥所谓君子之学，入耳著心，布四体，形动静，端言蠕动，一可为法则者，而今殆见其人欤！而今殆见其人欤！"（《茹经堂文集二编》序，第523—524页，第530页）

不固执守旧，且不为门户之见所囿，而务探经典之大义、先贤之精神，并致力于人心世道之救挽。观其所思所想、所论所著、所行所践、所教所育，实可称经师人师兼具、为学为人合一，体现出作为一名知识分子的修为、品格和担当精神。尽管时代的演变没能给唐文治先生大展抱负和实现宏愿的空间，但他知其不可而为之的执着、久历风霜而不改的坚持、勇往直前而不悔的奋争，无疑在跌宕起伏的时代洪流中，谱写了一曲耐人寻味的生命交响曲，树立了一个立身为学的人生大境界。《论语·为政》记有人问孔子“奚不为政”，孔子答道：“《书》云：‘孝乎惟孝，友于兄弟，施于有政。’是亦为政，奚其为为政？”唐文治先生之大声疾呼“读经救国”“正人心，救民命”，或可视为其以学经世的“是亦为政”吧。

（作者：林存阳，中国社会科学院古代史研究所研究员；韩晓，山东财经大学图书馆馆员）

乡村治理视野下妈祖文化研究的新高度

——评《闽台妈祖信俗与乡土文化互动发展研究——基于乡村治理视角》

◇王震中

妈祖文化传承千年，历久弥新，在世界众多国家和地区产生巨大而深远的影响。2009 年 9 月，联合国教科文组织将妈祖信俗正式列入《人类非物质文化遗产代表作名录》，妈祖文化成为人类共同的文化财富。2016 年，以妈祖信俗为核心的妈祖文化正式写入国家“十三五”规划，标志着妈祖信俗在国家战略发展中占有一席之地。2017 年，习近平总书记在会见全国精神文明单位代表时，嘱托要“保护好湄洲岛”，对妈祖信俗的作用发挥再次给予高度关注。妈祖文化研究是个多学科研究范畴，国内外不同学者已分别从宗教学、民俗学、文献学、历史学、人类学、社会学、传播学、文学、艺术学等角度进行了研究，取得了较多的研究成果。特别是进入新世纪以来，妈祖研究不断升温，成为新的学术增长点，出现了很多重要的研究成果。宋建晓教授的新著《闽台妈祖信俗与乡土文化互动发展研究——基于乡村治理视角》（以下简称《互动发展研究》）基于乡村治理的视角，探讨闽台妈祖信俗与乡土文化互动发展的轨迹、模式及对现存问题进行反思，并以实证分析的方法，比较闽台妈祖宫庙对乡村社会治理的作用方式，借鉴日本佛教文化对社会治理的经验，提出福建省利用妈祖信俗与乡土文化促进乡村治理的策略，提升了妈祖文化研究的新高度。以下从三方面评析该书：

首先，拓展妈祖文化与时代相适应的新功能，为乡村治理把脉开方。2016 年，我在《福建日报》上发表了《妈祖文化的三大功能与我国当前发展战略》一文，提出妈祖文化有三大功能，即传承中华优秀传统文化，与社会主义核心价值观相承接；促进海峡两岸的“文化认同”与“民族认同”；担当海上丝绸之路的和平文化使者，传播中国的海洋文明观。妈祖信俗被列入《人类非物质文化遗产代表作名录》，从一个侧面说明妈祖信俗作为活态的文化传统，在现代社会依然具有重要的现实意义；但其现实意义具体体现在什么方面，学界并没有一个统一的说法。现在，这部新著使我们意识到妈祖文化还有一大功能，即在闽台妈祖文化与乡土文化互动发展中对于乡村治理的重要意义和作用。从乡村治理着眼，台湾妈祖信俗与乡土文化如何互动发展，它为我们提供了哪些可借鉴的经验呢？

书中概括为“文化纽带”“整合器”“助推器”“规制工具”四个方面。

所谓“文化纽带”，即妈祖文化是台湾村社和谐的“文化纽带”。在台湾，妈祖文化之所以能够成为乡村建设中的重要构成元素，就在于它具有维系乡土认同、增强社会凝聚力及整合社会意识的“文化纽带”功能。其中一个重要的环节是把对妈祖的崇敬内化为对邻里乡亲的爱与和善，引导人们一心向善，努力使自己的行为符合道德和法律的规范，积极适应时代的变化和发展，使生活呈现出文明和谐的人文感受。

所谓“整合器”，即妈祖宫庙在台湾是兼具神圣性和地方公业双重属性的重要场所，宫庙负责人虽然没有基层干部的身份，却能够在调解民间纠纷、组织村民集体参加公益事业时发挥作用。这也说明当代妈祖信俗主旨已转向教化百姓和谐向善，这与提倡节约、文明和环保等现代社会的主流价值是契合的。“整合器”的意义在于把社会上各个不同利益集团的价值观综合统一起来，形成一个供大家共同遵守的规范，以此增强社会的稳定性。

所谓“助推器”，即妈祖宫庙对台湾村社经济、旅游经济的发展有直接或间接的促进作用；在有些地方还形成一整条“寺庙”产业链，甚至成为一个地区的商业和经济活动中心。台湾妈祖庙会现已成为当地一个标志性的文化符号和文化印记，对吸引两岸同胞乃至全球华人华侨的观光旅游起到了重要的作用，对区域经济发展有推动作用。

所谓“规制工具”，即妈祖信俗的主旨随着时代的变迁不断丰富，目前除可以延伸到保护传统文化和人文景观的作用，诚实、公正、守信等在经济生活中至关重要的美德，也能以潜移默化的方式传递给信众并对其他社会成员造成影响，产生一定的“规制”作用，使遵守道德规范和法律程序内化于广大民众的自觉行为当中，从而对提升台湾社会的文明和谐程度、减少村社管理成本奠定了重要的价值基础。

其次，创新性地提出了妈祖文化运用于社会治理的具体路径。在我国大陆的许多地方，对于乡村治理普遍存在误区，认为乡村治理主要是政府机构、村两委负责的事，与民间组织机构关系不大，很少意识到把民间文化与乡土文化相融合发展，发挥其在乡村治理中的作用。妈祖文化作为优秀的乡土文化，关于其现代价值学术界已经形成共识，但如何将妈祖信俗充分运用于社会治理中，学术界至今尚未提出切实可行的举措。《互动发展研究》通过借鉴台湾优秀的乡土文化发展模式和经验，从乡村治理的角度对利用妈祖信俗与乡土文化进一步完善乡村治理提出四条具体路径，具有前瞻性和创新性。

一是深入挖掘妈祖信俗与乡土文化融合发展的丰富内涵，促进乡村治理目标形象化。妈祖信俗作为一种民俗文化，旨在建立人与人之间友爱关系并促进社会的和谐共荣，这与乡村治理的目标不谋而合，使乡村治理的目标更具形象化。妈祖信俗是一个彼此连贯而又各具不同时代特色的文化体系，具有极为丰富的内涵,其所追求的和谐共荣,具有广泛性、兼容性、海洋性、功能性。正是因为这些特性,妈祖信俗文化才具有旺盛的生命力,千百年来为人们所推崇,不断得到发扬光大,闪烁着耀眼光辉。在乡村治理中要对妈祖信俗文化中的积极因素进行挖掘、继承、弘扬和践行,使之与社会主义核心价值观相适应,发挥其正能量作用。二是充分利用妈祖信俗与乡土文化融合发展的有效载体,促进乡村治理主体多元化。民间信仰文化历史悠久,是我国传统文化的有机组成部分和重要载体。妈祖信俗活动亦属于民间信仰活动。在乡村治理中,不同的主体发挥不同层面的作用。要充分利用妈祖信俗的有效载体,如宫庙、祠堂、村规民约等,促进乡村治理主体多元化。三是切实把握妈祖信俗与乡土文化融合发展的具体途径,促进乡村治理手段现代化。要把妈祖信俗与文化旅游活动相融合,把妈祖信俗与文化产业发展相融合,把妈祖信俗与新媒体发展相融合。四是着力创新妈祖信俗与乡土文化融合发展的传承机制,促进乡村治理工作规范化。一个国家的治理体系与治理能力同这个国家的传统文化与历史传承紧密相关,中国问题的解决道路与办法只能在中国的大地上探寻。充分利用好传统文化资源,将其融入到当代乡村治理之中,有效推进乡村治理,进而推动乡村振兴发展。当代乡村要实现良治,需要释放妈祖文化发挥作用的空间,将妈祖文化理念、文化活动、日常伦理、社会风尚等融入到乡村治理之中,寻求妈祖文化新的时代表达方式和内容。

最后,研究方法创新,视角新颖,创造新的学术增长点。随着“十三五”规划的实施,“一带一路”倡议的推进,弘扬和发展妈祖文化成为大势所趋。本研究顺应时代潮流,对于当前经济社会发展具有重大战略意义。妈祖文化研究虽然已经取得丰硕的成果,但是缺乏具体调查工作的实证研究。《互动发展研究》立足于闽台区域发展的比较视角,融合社会学和公共管理学等多门学科方法,在大量查阅档案资料和史志资料,收集关于妈祖信俗、乡土文化及乡村治理的原始资料的基础上,采用个案实证分析的方法,并在重点环节中辅之以必要的理论框架和数理统计模型,实现了文献阅读和实证研究的充分融合,其宽广的视角、严密的论证、科学的方法,开辟了妈祖信俗文化研究的新天地。

这本书使我们看到,围绕着妈祖文化,闽台等地的文化社会学大有英雄用武之地。今后,学者和研究人员做社会学调查时,在闽台地区,妈祖文化与乡土文化、乡村治理既是一个学术增长点,也可形成社会学中的文化社会学这样一个分支。做这样的学问,既可做出学术创新,也可给政府决策提供有益的参考,有利于乡村社会的健康发展。我期待着在这个著作的基础上,宋建晓教授和他的团队做出新的成就!

(作者:王震中,全国政协委员,中国社会科学院学部委员,中国社会科学院历史学部副主任,中国殷商文化学会会长,中华炎黄文化研究会副会长)

孟子的历史地位、影响与当代价值

◇陈　来

孔子是儒家学派的创始人,后世对发扬孔子之道贡献最大、影响最大的非孟子莫属。因此,就儒家而言,孔子为至圣,孟子为亚圣,孔孟之道也就成为儒家学说的代名词。在历史上,颜回、荀子也曾被称为亚圣。颜回虽被孔子一再称赞,在孔门中地位最高,但可惜他没有著述传下来。荀子在汉唐虽也有一定影响,但进入宋明时期,总体上是尊孟排荀,以孟子为孔学嫡传,盖性善说终究最为契合中国人的心理。

孟子以雄辩著称,在当时就很有影响,他以辟杨墨、弘扬孔子之道自任,有很强的道统意识。虽然其后荀子学派对孟子有比较激烈的批判,但进入汉代,陆贾、贾谊、韩婴、董仲舒、司马迁、刘向、扬雄等一流思想家都不同程度地对孟子表示肯定,或受到孟子思想的一定影响。汉代开始就有学者给《孟子》作注,我们现在能看到的最早的注本是东汉赵岐的《孟子章句》,也是他最早把孟子尊为"亚圣"的。

叙述儒学的发展,一般认为有一个从"周孔"到"孔孟"的历史转变过程,认为强调"周孔"往往比较凸显儒家的外王向度,而强调"孔孟"则较为重视心性修养的内圣层面,这个区别和转变似乎也大体对应"五经"与"四书"时代。这样,也就多把"孔孟"并称视为是在宋代"四书"观念兴起的时期。实际上并非如此,"孔孟"并称出现得比较早。东汉马融在《长笛赋》中就说"温直扰毅,孔孟之方也",东晋葛洪在《抱朴子》中说"子以天不能使孔孟有度世之祚,益知所禀之有自然,非天地所剖分也",南朝宋时期的何承天在《上邪篇》中说"承平贵孔孟,政敝侯申商",《南齐书·王融传》载王融上疏称自己熟悉"战阵攻守之术,农桑牧艺之书,申商韩墨之权,伊周孔孟之道",等等,一直到隋唐时期(如王通、权德舆等)也不断有学者并提"孔孟"。

唐代韩愈极力推崇孟子,拉开了唐宋时期孟子大幅度升格运动的序幕。隋唐时期总体上来说,儒门淡泊,佛老兴盛。为了对抗佛教,振兴儒学,韩愈想了很多办法,其中一个很重要的方面就是他构造了儒家的道统说,认为从尧、舜、禹、汤,到文、武、周、孔,再到孟子,儒家之道依次传承,孟子为儒学道统的嫡传,他去世后,这个道统就断掉了。这就把孟子的地位抬得很高。随后,李翱、皮日休等人也都大力推尊孟子。伴随着唐宋古文复兴运动,与之呼应的是一场声势浩大的儒学振兴运动，在这场运动中孟子的地位越来越高，经过孙复、范仲淹、王安石、“二程”、朱熹、陆九渊等人的不断颂扬，孟子的亚圣地位最终得以确定，得到公认。宋明理学各大派系，无论是程朱还是陆王，尽管有各种分歧，但在推崇孟子方面是一致的。孟子思想深刻影响到中国哲学特别是宋明理学的形成与发展。

为什么孟子在唐宋时期不断升格？这有多方面的原因，最重要的可能是其以性善论为主导的心性修养论契合了时代思潮和社会人心。魏晋唐宋时期，人们普遍对性命之道感兴趣，这是佛老兴盛的重要背景。儒学本来也有这方面的资源，但在汉代没有很好地发扬出来。为了对抗佛老，儒学在唐宋时期就开始发掘心性方面的资源，重构自己的内圣外王之道。孟子性善论与中国佛教特别是禅宗宣扬的佛性人人内在本有的思想，确实也有遥相契合的一面。这是佛教特别是禅宗流行中国后孟子大盛的重要原因。

孟子性善论认为仁、义、礼、智皆内在根植于人心，这四个方面的德性为人所本有。在汉代，“四德”又加上“信”成为“五常”之德，为儒家道德价值的基本观念，在历史上影响甚大，一直到今天，“五常”作为儒家的核心价值在社会大众层面仍然流传甚广，深入人心。在伦理层面，孟子提出“父子有亲，君臣有义，夫妇有别，长幼有序，朋友有信”，这种富有温情的人伦学也明显优于后来董仲舒、《白虎通》提出的“三纲”之说。孟子的柔性五伦说，其伦理精神和指导原则在今天仍有一定价值。

在君子人格修养和人生哲学信念方面，《孟子》中的很多名言警句，在社会文化层面，其影响范围之广之深，可以说仅次于孔子。如“浩然之气”“良知良能”“舍生取义”“与人为善”“万物皆备于我”“上下与天地同流”“天时地利人和”“生于忧患，死于安乐”“不孝有三，无后为大”“不以规矩，无以成方圆”“得道者多助，失道者寡助”“穷则独善其身，达则兼善天下”“若夫豪杰之士，虽无文王犹兴”“登泰山而小天下，观于海者难为水”“天将降大任于斯人也，必先苦其心志，劳其筋骨，饿其体肤，空乏其身，行拂乱其所为，所以动心忍性，增益其所不能”，这些震烁千古的名言格言至今熠熠生辉，为中国人所乐道。孟子个性鲜明，有英气、豪气、浩然刚大之气，他的很多话特别能鼓舞振奋人心、激发砥砺士气。孟子还强调，“居天下之广居，立天下之正位，行天下之大道”“富贵不能淫，贫贱不能移，威武不能屈”。这“三天下”和“三不能”，集中体现了士君子刚大、弘毅的境界。“三天下”可见其胸怀广阔，“三不能”可见其所代表的凛然正气。我们今天提倡自由和独立的人格，应该说孟子上述六句讲的就是自由和独立的人格，自由就是要独立于富贵的吸引、贫贱的压力和社会的权威，强调的是士的主体人格。孟子所讲的人格，不仅包含我们今天讲的强调自由独立的人格，而且还强调正大的人格、道义的精神。有了这样的心胸，士君子才能有浩然正气。浩然正气一定是一种有道义的胸怀，是因坚持真理和正义而充溢于心的道德精神。

这样的人所体验到的身心精神状态是一种至大至刚的气，能够塞于天地。正气就是我们今天讲的社会正能量，可以说孟子思想里充满了道德正气。

习近平总书记对于什么是中华优秀传统文化的时代价值，曾总结了六条：讲仁爱、重民本、守诚信、崇正义、尚和合、求大同。其中第一条就是讲仁爱，第二条是重民本，而这两条恰恰与孟子思想有着特别直接的关系。孟子思想能够对我们涵养社会主义核心价值观提供两个最直接、最重要的基础，即讲仁爱和重民本。孟子讲仁爱的重点不是放在个人的道德修身层面，而是把其扩大到一个社会的价值层面。所以我们现在讲仁、义、礼、智时，也不仅仅把它作为一个传统的个人的道德，而是从道德和价值的关系角度看其在社会层面的价值。在这一点上，孟子的贡献非常突出，他把原来孔子重点放在个人的道德、修身这方面的仁扩大到整个社会层面。从社会的层面来讲仁爱，即为仁政。孟子曾讲过，发政施仁要把仁这个理念贯彻到整个政治和行政中去。所以仁就不仅是个人的道德，而且是治国理政的一个根本的法则，并经过演变最终构成一个社会的通用价值。与当下实际联系，社会主义核心价值观亦有三个层面，即国家层面、社会层面和个人层面。早在孟子所处的时代，他就把儒家的仁、义、礼、智在社会层面展开了，将其从个人的层面扩大到个人以外的社会的、国家的层面，这也是我们今天能够在社会性的价值方面发挥孟子思想的一个重要根据。孟子以仁政为中心观念的政治思想，不仅继承了《尚书》的政治学精神，也进一步发展了儒家的仁学。“以民为本”是孟子全部政治思想的核心和基点，它本身就是目的，而非手段，对民众的同情也就成了最基本和最重要的道德价值。孟子的这个思想是儒家人道主义与儒家社会主义的基础。仁政的核心是民生主义，就是要努力保证人民的生活不饥不寒。解决广大人民群众的温饱问题，这是政治的重要底线；在经济有一定发展的基础上，还要丰富人民的精神文化生活，提升全民思想觉悟和道德素养，这也是孟子仁政思想的内涵。

民本思想是儒家政治哲学的一个非常古老的传统，《尚书》里面早就说过“民惟邦本”“民之所欲，天必从之”“天视自我民视，天听自我民听”，孟子继承并发展了这种民本思想，提出“民为贵，社稷次之，君为轻”的著名观点，强调要“乐民之乐”“忧民之忧”，“乐以天下”“忧以天下”。这些不仅是孟子对君主的要求，实际上也是儒家知识分子的理想价值。可以说，在中国古代对“民”的重视和强调方面，孟子是最为突出的代表人物。当然，孟子民本思想体系里也正是因为有一个仁的思想，从仁推出民本，才使得民本在儒家思想里显得更合理，更坚实有力。在君臣关系上，孟子甚至还提出“君之视臣如手足，则臣视君如腹心；君之视臣如犬马，则臣视君如国人；君之视臣如土芥，则臣视君如寇仇”，这段话在君主专制时代可谓惊世骇俗之论。在孟子看来，仁义是最高的原则，任何君主都不能违反和伤害这些原则。孟子思想中仁义原则高于皇权原则的革命性和激进性，显示出儒家左翼与封建皇权及其价值观念的紧张关系。孟子还认为君主不过是人民委托他来治理国家,因此君主要尽职尽责为大家服务,而不能作威作福、胡作非为,其思想的价值立场和理念,与近代以来人民选举政治领导的民主制度是完全契合的。

总之,孟子的思想价值是多方面的,无论是在人格和精神修养方面,还是在社会政治层面,他的很多思想主张在今天愈发显现出跨越时空的永恒魅力。孟子不但深刻影响到中国的历史文化,对韩国、日本等东亚世界也有广泛影响。近现代以来,很多学者结合西方的人文社会科学对孟子思想作了新的发挥与诠释,使得孟子学走向了世界,得到新的发展。当前,孟子学在山东、中国乃至世界都引起了很多人的关注,相信《孟子文献集成》的出版会进一步有力推动孟子学的发扬光大!

(作者:陈来,清华大学国学研究院院长,中国孟子研究院学术委员会主任)

书评

孟子文献与文化传承

◇王志民

《孟子文献集成》(以下简称《集成》)的整理、影印出版,对孟子文献的保护、传承与研究意义重大。现已出版的200册(含604种)文献中,除自清代以来被收入《四库全书》的77种及近年北京大学《儒藏》"精华编"20余种校点整理本外,其余传世文献或尘封馆阁,或孤悬海外,或隐于民间,绝大多数都未曾面世和公开出版;90%以上未经整理。宋元时代濒危绝版的珍藏秘本,经本次影印出版后,实为抢救性保护;明代刊刻的158个底本中,有92个来自日本、美国,皆为国内所未见。其中日本龙谷大学的16种明代文献,有15种是孤本,为龙谷大学所仅存,而且其卷帙丰厚,保存完整,朱墨套印,刊刻精良,为国内未见,弥足珍贵。

从文献内容分类来看,《集成》所收文献有经文注释、文本辨讹、章句析义、文章批点、经书考证、义理阐发、孟子年谱、人物考索、思想论说等,不一而举,足见题材多样、内容宏富。

纵览《集成》所收文献,从孟子学史的角度看,大致说来:宋元文献多义理阐发,以朱熹《孟子章句集注》为代表;明代文献多从心性之学发掘孟子丰富的思想内涵,以王夫之《读四书大全说》为代表;清代孟子学最盛,不仅产生了以乾嘉学者戴震《孟子字义疏证》、崔述《孟子事实录》为代表的大量考据、辨伪著作,还出现了集前人成果之大成的焦循《孟子正义》。大致可以说,以东汉赵岐《孟子章句》为发端,历代学者对孟子虽有所阐研,但唯宋元以降,孟子学方为千年之"显学"。这个时期对孟子及《孟子》一书研究范围之广、探究辨析之深,都是前无古人、后难为继的。尤为重要的是,历代学者秉持儒家之人生价值观,一生所系,立德立言,以"为往圣继绝学"为生命追求之本,往往倾其一生,终研一经。孟子文献不仅真实系统地展示了孟子学乃至儒学传承发展的历史,也留下了历代学者精于治学的心路历程。编纂《集成》,汇聚孟子文献于一体,不仅为全方位深入研究孟子学、深入挖掘孟子思想之精髓提供资料文献之便利,也有利于加强珍贵文献的保护,展示《孟子》世代传承的历史场景,泽被后代,惠及子孙,其意义之重大,定会随着时代的发展而越来越显示出来。

《集成》的编纂始自2013年,这一年,习近平总书记视察曲阜,发表了重要讲话,强调传承儒家优秀传统文化,大力弘扬中华传统美德,这无疑给《集成》的编纂带来莫大的鼓舞。在六年来的编纂过程中，我们对孟子思想在中华文明发展进程中的传承，尤其是近千年来孟子对中国政治、社会、文化乃至中国人精神世界的巨大影响，有了更深入和清晰的认识。

一、孟子的地位经历了千余年不断提升的过程

孟子是仅次于孔子的儒家学派最重要的代表人物。他一生以孔子的"私淑弟子"和继承人自居，以"乃所愿，则学孔子也"为一生追求目标；以"舍我其谁"的责任担当，在"天下并争于战国，儒学既黜焉"的时代，扬孔学、斥杨墨、辟邪说，传承、创新、发展孔子学说，是先秦原始儒学体系的主要创始者之一。正如韩愈、程颐所说："自孔子殁，独孟轲氏之传得其宗"，"孟子有功于圣门，不可胜言"。

但是，在宋代以前，孟子文献的传世文本只有赵岐的《孟子章句》，孟子在孔门和儒学中一直地位不高，甚至到唐玄宗追封孔子为"文宣王"，封颜渊为"亚圣"、兖国公，封"孔门十哲"和"七十子"为侯、伯时，亦不提孟子。直到唐代中后期的韩愈始发起"尊孟"思潮，至两宋时代，孟子地位骤升，封爵号、陪享孔庙，《孟子》一书列入儒家"十三经"之中，进而超越"五经"，入"四书"之列，这个过程被前辈学者周予同称为孟子升格运动。当代学术界对孟子升格运动已多有研究，基本的认识是：所谓孟子升格运动，"中唐至晚唐为滥觞期，北宋庆历前后为初兴期，北宋熙、丰前后为勃兴期，南宋中叶及稍后为完成期"，前后大约五百年。①

编纂《集成》，纵览孟子传世文献的形成与发展态势，可以看出孟子升格运动并没有随着南宋的灭亡而完成和终结，在此后的元、明、清三代，孟子升格运动仍在持续，直到清代乾嘉时期才达到高峰。其主要标志有：

（一）地位升格，"亚圣"确立。两宋时期，虽经升格运动孟子地位大为提升，但实际并未定格。元代统治中国不足百年，却完成了孟子定格的三件大事：一是首封孟子父母。元延祐三年（1316）首封孟父为邾国公，封孟母为邾国宣献夫人。二是首赐祭田。元泰定五年（1328）拨赐孟庙祭田三十顷，并拨钱扩建孟子府庙。三是元至顺元年（1330），孟子代颜渊被封为"亚圣公"，正式确立了孟子在儒学、孔门中的"亚圣"地位，一改此前千余年来"周孔""孔颜"并称的局面，而为"孔孟"并称，"孔孟之道"也成为儒学的代称。《集成》所收历代刻本的元代学者文献即有 17 种，内容包含孟子文本解读及义理阐发等多个方面。其中吴真子《孟子集成》一书为元刻孤本，辑录了大量的宋元时期诸家学者的解孟之说，可窥见元代孟子地位提升后对文献产生的巨大影响。

---

① 徐洪兴：《唐宋间的孟子升格运动》，《中国社会科学》1993 年第 5 期。

（二）地位持续提升，不断完善。明清两朝，不断采取增补、完善措施，进一步巩固孟子的地位：明代宗时期始授封孟子后裔世袭“翰林院五经博士”；清康熙二十六年（1687）赐《御制孟子庙碑》；雍正赐孟府“七篇贻矩”匾额；乾隆不但御书《亚圣孟子赞》，颁定孟庙祭器，并两次亲临孟庙祭孟。可以说，宋代以后元、明、清三朝的五百年间，孟子的地位一直在升格之中，而到清代达于高峰。这与我们在编纂《集成》过程中所看到的孟子文献形成的数量、质量及高度、广度、深度是相辅相成的。

二、《孟子》一书在元、明、清三代的提升，与“四书”地位的受尊崇紧密联系在一起

宋代以后，朱熹及《四书集注》受到历代的尊崇和重视，促进了大量孟子文献的产生。从《集成》目前所收 604 种文献看，由“四书”中析出者为 390 种，占比三分之二。元代承接南宋朱熹之学，将理学尊为正统，将朱熹《四书集注》定为官学，所存孟子文献多如许谦《读四书丛说》之类。明永乐年间编纂《四书大全》，“实欲颁布于天下，俾人皆由于正路而不惑于他歧。家孔孟而户程朱，必获真儒之用”（《皇明文集・进书表》）。清代从清初即重“四书”。康熙十年（1671）二月设日讲官一职，专为康熙服务，至康熙十六年（1677）“四书”讲毕，成《日讲四书解义》26 卷。上重如此，下必效之，整个社会兴起“四书”解读、学习研究的热潮。“四书”之中，《大学》《中庸》虽为儒家思想的核心经典，但皆以传承、解读孔子经说为宗旨。《大学》被程颐称为“孔氏之遗书”。《中庸》为子思所作，“子思惧夫愈久愈失其真也，于是推本尧舜以来相传之意，质以平日所闻父师之言，更互演绎，作为此书，以昭后之学者”（朱熹序），因而从第二章到第十一章都是以记孔子之言为主。所以从根本上说，所谓“四书”，实为孔孟之书；推崇“四书”，实为推崇孔孟，这就大大提升了孟子及《孟子》一书的地位。有清一代，“四书”、《孟子》文献丛出，固有印刷术改进、考据学盛行的原因，但其主因还是“四书”及《孟子》地位之提高。值得关注的是，在“四书”的光芒下，《孟子》已独立的版本有 214 种，占《集成》所收孟子文献的三分之一，也足见孟子的地位和影响。

三、千余年来，孟子思想与精神随科举考试长久而深刻地影响了童蒙、士子与仕宦之人，进而对整个社会产生了重大影响

《孟子》一书从宋代进入科考，元、明、清以来，“四书”作为科考主要对象。元仁宗皇庆二年（1313），首下诏恢复科举，即以朱熹《四书集注》作为考试标准。

明代亦以“四书”为科考对象。在目前所收入的明代174种文献中,竟有101种是为科考所用之书。清初科考分三场进行,最重是首场,而首场中,“四书”出三题,“五经”出四题。乾隆二十二年(1757)将“五经”移至二场,首场专考“四书”,其中《论语》一题,《大学》《中庸》共一题,《孟子》一题,于此可见《孟子》在科考中的地位。值得我们对《孟子》一书作进一步分析的是,在“四书”中,其他“三书”更多带有说教性,《孟子》则充分展现其雄辩的特色,活现出孟子知行合一的思想实践及其品格、气质、德行、操守和精神世界,换言之,唯有《孟子》一书更多地展现出孟子其人。孟子的养气、性善、王霸、民本、仁政等思想及“人皆可以为尧舜”的“内圣外王”思想带有更强的实践激励性。《孟子》以“四书”进入科考,孟子其人对童蒙教育、士子人格、政德官品影响是最大的。孟子以其思想、形象对社会和人的精神塑造产生的深刻而巨大的影响使所谓升格运动达到了高峰,从而使其成为千余年来对传统社会影响最大的思想家之一,这也是今天我们编纂《集成》重大意义之所在。

(作者:王志民,山东师范大学教授,孟子研究院特聘院长,《孟子文献集成》主编)

书评

新时代呼唤新作品

——“数读清史”丛书评介①

◇朱昌荣

2020 年 1 月 9 日，由著名清史专家、国家清史编纂委员会委员李治亭先生，中国人民大学原图书馆馆长杨东梁先生联袂主编的“数读清史”丛书推介会在中国国际展览中心举行。通读全书，我认为这是一套值得向全社会推荐的好书。

24 年前，当我刚迈入大学校门学习通史课程时，教授清史的老师给我们讲解清史学科重镇的情形至今仍记忆犹新。老师说，研读清史，必须先弄清楚国内有几大主要的学术团队，代表人物都有哪些。他们是：南开大学以郑天挺先生为首的团队，中国人民大学以戴逸先生、李文海先生、王思治先生为首的团队，中央民族大学以王钟翰先生为首的团队，中国社会科学院历史研究所（今古代史研究所）以杨向奎先生、王戎笙先生、何龄修先生为代表的团队，以及以李洵先生、李治亭先生先后为主力的东北地区学者团队。如今，上述诸位先生或已作古，或已年老疾病缠身，再难从事学术研究。李治亭先生尽管年届八十，但仍耳聪目明，精力充沛，由其领衔做出这样一套丛书，无疑是一件嘉惠学林的好事。其突出贡献，我想主要有四点：

一、清代通史研究的精品

清亡不久，民国开清史馆，开始编纂《清史稿》，中国传统社会中最后一部官修正史面世。此后，孟森先生以一己之力撰著《清史讲义》，允为后世私家撰写清史的开山鼻祖。历不同时期，中外学界均推出不少有分量的成果，如日本学者稻叶君山先生的《清朝全史》、郑天挺先生的《清史》、戴逸先生的《简明清史》、王戎笙先生等主编的《清代全史》、李治亭先生的《清史》等。上述作品很大一部分都是改革开放后、在清史研究热潮方兴未艾的背景下撰著出版的，今天看来仍是当时最好的研究成果。“数读清史”丛书在编撰过程中，力图克服已有清代通

① 本文是“中国历史文化展示与传播研究”课题（编号：LSYZD2019006）阶段性研究成果。

史著作因各种原因所限，对学界最新研究成果未能完全准确吸纳的不足，充分反映了近30年学界的新认识。此外，在编纂体例上，近来史学著作多采用西方的章节体，章下设节，节下立目，千文一貌，千篇一律，而该丛书则采用我国传统的纪事本末体，通过一件件具体的事件将有清一代的历史有机贯串起来，读起来线索清晰，历史发展的脉络揭示得很明白。

二、以“大清史”“新清史”书写清史

研治清史的人总有一个疑问，即清朝到底享国多少年。应当讲，清史下限定为宣统三年(1911)学界无异议，但上限从何时开始算，分歧就比较大了。目前学界至少有三种说法：一说认为，清史应当以顺治元年(1644)清军入关、定鼎中原为起始，享国268年，这也是目前学界的主流观点。一说认为，清史应当从明万历四十四年(1616)努尔哈赤建立后金政权为开端，享国296年。再一说认为，清史应当从明万历十一年(1583)努尔哈赤以“七大恨”起兵为起始，享国329年。“数读清史”丛书采纳了第三种说法，这显然是“大清史”意义上的使用。我个人认为，这种认识是有道理的，有助于系统梳理有清一代从关外一地的地方政权，到入主中原，再到完成国家统一，直至最后走向覆灭的全过程，避免了把清史做截头去尾式理解的不足。更重要的是，这种“大清史”意义上的理解，更加有助于旗帜鲜明地讲明白清入关前史是清史的有机组成部分，以满洲贵族为主体的清政权入主中原并最终取得全国统治，是中华民族内部兄弟民族间的战争，而不是一些西方及日本学者所宣称的“夷狄入主”，中华覆灭。这或许是作者微言大义的所在。从该丛书核心的研究思路看，也遵循了李治亭先生《清史》一书的基本观点，既梳理清楚了有清一代历史发展的基本线索，又着重关注国家统一、边疆治理、教民起事等核心内容，牵住了牛鼻子。

主编在前言中开宗明义，明确宣称要用“新清史”观来撰写清代历史。做清史的人，最大的困惑就是清代史料浩如烟海，如何遴选材料、怎么驾驭材料，进而服务于科学研究，这无疑是考验研究者功底和智慧的大难题。换言之，应当采用什么样的新思路来撰写清史更合适呢？“数读清史”丛书充分彰显了全体作者的集体智慧，尤其是主编的智慧，所谓“成于众人之手，定于一尊”。这个“一尊”指的就是体例的谨严和统一，核心理念和主要观点的一脉相承。我认为，这套丛书是由真正的专业领域里的著名专家学者领衔，由相关领域的中青年优秀学者亲自撰写的好书，很好地凸显了两位主编对全书“四新”的定位，即“新定位”“新解释”“新体例”“用数字写清史”。

三、以正确历史观书写清史

“数读清史”丛书宣称,研究历史要“坚持求实求真的优良学术传统”,撰写史学著作的“目的是经世致用”,对此,我尤为推崇。这些年,社会风气有一些不好的倾向,浮躁有余,谨严不足,自我宣传有余,脚踏实地不足,历史研究领域难以幸免。突出的表现为在文学创作领域、电影电视作品乃至严肃的学术研究中,各种“戏说”“正说”及标榜“实说”之作大受吹捧,大行其道,各种名目和吸引眼球的语言表述层出不穷。诸如孝庄和多尔衮的情史、顺治帝和董小宛的爱史、李光地和康熙帝之女的恋史、雍正组织血滴子刺杀政敌等。总之,一部清史被活脱脱写成或讲成了一部情史、爱史、阴谋史,我每每思此,便无言以对。

平心而论,那些反复标榜自己要讲“正史”、写“实史”的人,真做到“正”的能有几人？真做到“实”的又有几人？“数读清史”丛书旗帜鲜明地指出要和“戏说”划清界限,尤其是和胡说划清界限,尤为值得赞赏。

与“戏说”历史相较,更为严峻的是,历史研究领域不再讲求经世,不再讲求致用,沉湎于躲在书斋研究某某皇帝脸上有没有麻子,某某人是不是同性恋等“碎片化”问题,历史虚无主义甚嚣尘上。更有甚者,一些学者不再关注重大的理论问题和历史问题,干脆躲进小楼成一统,将宝贵精力关注于探究历史的细微末节,缺乏用联系的、发展的、全面的思维方式进行综合研究的素质,习惯以简单的描述或叙事取代必要的、正确的理论分析。一些学者远离正确历史观的指导,对历史虚无主义的表现、本质和危害缺少起码的认识。他们往往数典忘祖,对国家和民族的历史妄自菲薄,在大是大非面前站不稳立场、定不住脚跟。他们指导历史研究的基本思路是错误的,得出的结论也是经不起推敲的。“数读清史”丛书始终依托严谨扎实的学术研究,倡导用鲜活的语言、灵动的文风进行写作,因此推出的成果既可面向专业的史学研究工作者,也可面向普通大众。

四、开创以数字书写清史的先河

“数读清史”丛书开创了近数十年来用数字书写历史的先河。重视“数”的运用是我国史学叙事的优良传统。一部中国古代史,从《史记》到《清史稿》都是如此。清代名臣兼大儒阮元就说“数为六艺之一,而广其用,则天地之纲纪,群伦之统系也”。该套丛书凡 9 册,每册的标题均用数字,所采用的数字均构成历史事件的中心,讲明其始末。如努尔哈赤以“七大恨”起兵,是清史的上限;康熙中叶,圣祖两举“千叟宴”,是清代步入盛世的标志;清末张之洞、刘坤一联合上“江楚会奏变法三折”,是清末新政纲领性文件;等等,不胜枚举。

要注意的是,作者对数字的使用,不是生硬拼凑,更不是故弄玄虚,而是在充分掌握和研究清史基本事实的基础上,抓住各时段里最关键、最重要的核心信息展开研究,既好看,又值得看。

清朝是中国最后一个封建王朝,系统梳理并总结清代国家治理的成功经验与失败教训,无疑具有十分重要的现实意义和时代意义。清朝承载着中国数千年的厚重历史,是中国悠久文明最深厚的积淀时期,同时又是传统中国与现代中国的关键节点。理解当下中国政治、经济、军事、文化、外交等方面的现实,追溯其历史渊源,都不得不回到清代去。可以说,清代历史的诸多方面直接融入到了近代以来的中国社会中,是中国特色社会主义发展道路的重要历史基点。

新时代历史学要肩负起时代赋予的神圣使命和光荣职责。正如习近平总书记在致中国社会科学院中国历史研究院成立的贺信中提出的,广大史学工作者要善于"总结历史经验,揭示历史规律,把握历史趋势,加快构建中国特色历史学学科体系、学术体系、话语体系"。世界潮流浩浩荡荡,屹立时代潮头,高举史学研究求真求实传统,我们与有责焉。

(作者:朱昌荣,中国社会科学院古代史研究所研究员)

“海峡两岸炎帝神农文化论坛”综述

2019年是湖南省炎帝陵基金会的“炎帝文化宣传”年，为弘扬炎帝文化，进一步扩大炎帝陵的影响，按照“大主题、大活动、大媒体、大影响”的原则，炎帝陵基金会开展了一系列炎帝文化宣传活动，其中以“海峡两岸炎帝神农文化论坛”和“全国炎帝文化进校园交流研讨会”影响最为突出。

2019年10月13日，“海峡两岸炎帝神农文化论坛”在湖南省株洲市炎陵县和一酒店举行，主办单位是湖南省炎帝陵基金会和台湾中华神农大帝协进会，论坛主题为“中华同始祖，两岸一家亲”，来自海峡两岸的领导、政要，中华炎黄文化研究会领导、专家，台湾炎帝神农文化专家学者，台湾妇女联合会代表，台商代表及国内有关省份炎黄文化研究机构专家学者500余人出席。论坛由中华炎黄文化研究会常务副会长兼学术委员会常务副主任、北京外国语大学特聘教授任大援主持并作学术总结，中共株洲市委书记毛腾飞致辞，新党主席郁慕明作主旨演讲，四位来自海峡两岸的专家学者作学术演讲，他们分别是：全国政协委员，中国社会科学院学部委员，中国社会科学院历史学部副主任、历史研究所原副所长，中华炎黄文化研究会副会长王震中，演讲题目为《炎帝对农业的贡献与湖南在农业起源及早期发展上的独特地位》；台湾妇女联合会副理事长曾永红，演讲题目为《炎帝神农精神对台湾农业的贡献》；湖南大学岳麓书院国学院院长，湖南大学学术委员会副主任、博士生导师，国际儒学联合会副理事长，中华孔子学会副会长，湖南省政府文史馆馆员朱汉民，演讲题目为《炎帝神农的文化意蕴：湖湘与中华》；台湾中华神农大帝协进会理事长游炎川，演讲题目为《炎帝文化在台湾的传承与发展及其对台湾的社会影响》。湖南省台湾事务办公室主任肖祥清在总结讲话中指出：整场论坛就是一场深化两岸交流、加强心灵契合的文化盛宴，两岸同胞同根同祖、同种同文的认知与共识将大家紧紧地凝聚在一起，这对于促进两岸同胞共同弘扬中华文化、传承民族精神、维护和推动两岸关系和平发展具有积极意义，对于促进湘台同胞增进了解融洽感情、弘扬湖湘文化、推动和深化湘台文化交流合作具有重要意义。

10月15日，全国“炎帝文化进校园交流研讨会”在湖南省株洲市凯悦酒店举行，指导单位是中华炎黄文化研究会，主办单位是湖南省炎帝陵基金会和株洲市人民政府，会议主题为“传承中华优秀传统文化从青少年抓起的尝试与创新”，来自全国14省23市的炎黄文化研究与教育机构代表100多人与会。会议由株洲市政府副秘书长董小平主持，株洲市政府副市长杨胜跃致辞，湖南省炎帝陵基金会介绍了炎帝文化进校园的试点工作，株洲市教育局作了精彩的交流演讲，株洲市炎帝文化进校园试点学校代表芦淞区樟树坪小学、炎陵县明德小学作了汇报交流，来自兄弟省市炎黄文化研究机构和教育机构代表交流了发言，他们分别是：湖北省社会科学院原副巡视员、研究员，湖北省炎黄文化研究会常务理事刘纪兴；安徽省全椒原襄河中学德育校长、中学高级教师赵龙；河北省望都县教育局原副书记、副局长，教育部教师基金会课题组讲师团讲师，河北省教育厅干部学院客座教授，河北大学教育硕士研究生导师王宝寨；山东省德州齐河三中校长段风玲。他们分别就文化自信与青少年的自立自强、培根铸魂立德树人、优秀传统文化与学校幸福教育课程体系与实施要点、践行传统文化纪实等方面进行了交流研讨。中华炎黄文化研究会常务副会长张补旺总结讲话时指出：株洲市精彩纷呈的炎帝文化传承教育展示，给与会人员留下了美好而深刻的印象。整个会议学术氛围浓厚，气氛热烈，对推进中华优秀传统文化在青少年学生中的传承普及具有很强的针对性和指导性，是一场贯彻习近平新时代中国特色社会主义文化思想、推进中华优秀传统文化大传承、大发展的教育文化盛宴。

活动结束后社会各界反响非常好，大家一致认为“海峡两岸炎帝神农文化论坛”巩固深化了两岸炎黄子孙的文化认同、历史认同、民族认同，是顺天意、得民心之举，通过两岸专家的演讲交流加深了相互理解，增进了互信认同。“炎帝文化进校园交流研讨会”创新了炎帝文化普及及传承的方式，来自全国各省市的专家及教师在研讨会上的精彩演讲，展现了全国各地在实施传承中华优秀传统文化工程上的创造性转化与创新性发展。

本次活动受到了两岸媒体的广泛关注和宣传报道，新华社、《人民日报》、中央电视台、《光明日报》、《台湾联合报》、TVBS电视台、《香港商报》等30多家主流媒体聚焦株洲。新华社总社向全球编发通稿2篇，被200多家境内外媒体转载，译成韩文、日文等多种文字；中央电视台新闻频道在重要时段播出两条活动新闻；中央电视台国际频道制作活动新闻专题在《海峡两岸》栏目播出；《人民日报》《光明日报》和《中国新闻报》刊发了整版炎帝陵宣传向“国庆七十周年”献礼；《人民日报》(海外版)两期均在版面显要位置刊登了本次活动的新闻图片报道；新媒体对两个产业对接会、开幕式、祭祀大典进行现场直播，总计超过200万人次在线收看。本次活动是“海峡两岸炎帝神农文化祭活动”第一次被中央电视台新闻频道报道推介，第一次被中央电视台国际频道《海峡两岸》栏目专题宣传推介，第一次被新华社总社多语言全网报道，第一次采用专业设备在全网直播，活动一度登上微博热搜榜，影响非常之大。